BFL 총서 4

국제금융법의 현상과 과제 (제1권)

BFL 총서 ④

국제금융법의 현상과 과제 (제1권)

석광현 · 정순섭 편저

小花

BFL 총서 4

국제금융법의 현상과 과제 (제1권)

초판 발행 | 2009년 3월 30일

지은이 | 석광현 · 정순섭 편저
발행인 | 고화숙
발행처 | 도서출판 소화
등록 | 제13-412호
주소 | 서울시 영등포구 영등포동 7가 94-97
전화 | 2677-5890
팩스 | 2636-6393
홈페이지 | www.sowha.com

ISBN 978-89-8410-356-6 94080
ISBN 978-89-8410-284-2 (세트)

값 20,000원

:: 머리말

이 책은 그동안 서울대학교 금융법센터에서 발간하는 BFL에 '국제금융법의 현상과 과제'라는 제목으로 연재된 글 중 일부를 모은 것이다. 지난 수십 년간 우리나라에서도 경제의 국제화와 함께 국제금융의 중요성이 꾸준히 증가해 왔음에도 불구하고 우리나라에서는 국제금융에 관한 법적 논의는 상대적으로 부족하였다. 이러한 결과는 무엇보다도 국제금융이라는 현상에 대한 접근성이 제한되어 있기 때문이라고 생각된다. 즉, 국제금융은 소수의 전문법률가들의 관여하에 이루어지는 전형적인 실무주도형의 분야이기 때문에 통상의 법률가들이 접근하기에는 한계가 있었다고 할 수 있다.

이론과 실무의 가교역할을 자임하고 있는 BFL로서는 이러한 간극을 메우기 위한 노력이 필요하다는 사실을 절감하여 국제금융법의 현상과 과제에 대한 연재를 기획하게 되었다. 그동안 BFL에서는 2004년 1월 '국제금융법의 현상과 과제 : 연재를 시작하며'라는 제목의 글을 시작으로 국제금융과 국제사법, 국제대출, 국제채권, 국제주식거래, 항공기나 선박금융과 같은 국제금융의 기본형태, 국제금융을 위한 담보수단과 국제도산 등 국제금융의 기본적인 주제들을 다루었다. 이제 그러한 노력의 결실 중 일부를 단행본으로 엮어 발간하게 되었다.

그동안 서울대학교 금융법센터에서는 『지주회사와 법』, 『새로운 금융법 체제의 모색』, 『적대적 기업인수와 경영권 방어』 등 3권의 BFL 총서를 발간하였다. 이 책은 네 번째 BFL 총서로서 발간되는 것이다. 2009년 3월 현재 세계는 그 정도와 규모에서 전례를 찾아보기 어려울 정도의 심각한 금융위기의 한가운데에 서 있다. 이 책은 금융위기와 관련된 직접적인 논의를 담고 있지는 않지만, 국제금융법의 현상과 과제를 다루는 이 책의 논의가 금융위기를 이해하는 데 필요한 기초자료가 될 수 있기를 기대한다. 또한 이 책을 통하여 우리나라에서도 보다 많은 법률가들이 국제금융의 실무와 법리를 이해하고, 국제금융에 관한 법적인 논의를 심화시켜 나갈 수 있게 되기를 기대한다.

이 책이 만들어지기까지 많은 분들의 노력이 있었음을 밝혀 두고자 한다. 먼저 각 장의 옥고를 작성해 준 필자들께 깊은 감사의 말씀을 드린다. 특히 필자들은 모두 국제금융법의 현장에서 실무와 이론의 발전에 기여하고 있는 분들로서, 고귀한 경험과 지식을 공유하게 해주신 점 다시 한 번 감사드린다. 그리고 서울대 법대의 김건식 학장님을 비롯한 BFL 편집위원님들께 깊이 감사드린다. BFL 발간을 비롯한 금융법센터의 실무를 담당하고 있는 이경희 씨에게도 감사드린다. 아울러 이 책의 출간을 맡아 준 도서출판 소화의 관계자 분들에게도 깊은 감사의 말씀을 전하고 싶다.

2009년 3월

석광현 · 정순섭

차례

제1장 국제금융과 국제사법*

석광현**

1

I. 머리말

우리 기업들과 은행들(이하 '우리 기업')의 활동이 국제화됨에 따라 국제금융거래에의 참여도 점차 깊이와 폭을 더해 가고 있다. 국제금융거래는 국내금융거래와 달리 외국적 요소(foreign element)를 포함하므로 국제사법적(國際私法的) 논점을 제기한다. 국제금융법에는 국제금융거래법 외에도 국제금융규제법이 있는데, 규제법은 공법적 색채

* 필자는 당초 BFL 제4호(2004. 3), 93면 이하에 게재한 글을 확대하여 국제사법과 국제소송 제4권, 박영사, 2007, 551면 이하에 수록하였는데, 이는 그 글과 유사하나 조금 업데이트한 것이다. 여기에서는 참조하지 못하였으나, 국제금융거래와 국제사법에 관한 전반적인 서술로는 영국 변호사인 Philip R. Wood, Conflict of Laws and International Finance (2007)가 있다.

** 서울대학교 법학전문대학원 · 법과대학 교수

가 강한 분야이므로 관련 국가가 자국법을 적용하려는 경향이 있다. 반면에 국제금융거래법은 주로 금융거래의 계약법, 물권법 및 도산법상 효력을 대상으로 하는 법인데, 이는 사법적 색채가 강한 분야이므로 관련 준거법에 의하여 규율된다. 국제금융거래의 유형으로는 해외차입, 유가증권(사채 또는 주식)의 해외발행,[1] 국제증권투자신탁, 국제프로젝트금융(project finance),[2] 국제리스(lease), 국제팩토링(factoring)[3] 또는 국제채권금융(receivables finance),[4] 항공기금융[5]과 선박금융[6] 등의 국제자산금융(asset finance), 국제적인 파생금융상품(financial derivatives) 거래, 유동화증권(ABS, asset-backed securities)의 해외발행 기타 구조(화)금융(structured finance)[7] 등을 들 수 있는데, 각각의 거래유형에 관한 논

1) 외국에서의 주식 발행에 관하여는 정성구, "해외원주상장과 관련한 국내법상의 문제점," BFL 제14호(2005. 11), 67면 이하 ; 개관은 강희주/이제원, "국제 주식거래의 현황과 과제," BFL 제13호(2005. 9), 92면 이하 참조.

2) 반기로, 프로젝트 파이낸스(제3판), 2003 ; 박훤일, "민간주도에 의한 프로젝트 금융의 법적 연구," 경희대학교 대학원 법학박사 학위논문, 2000 ; 허익렬, "프로젝트 파이낸스와 한국법상의 문제점에 관하여," 민사판례연구 XXIII(2001), 815면 이하.

3) 팩토링에 관하여는 1988년 「국제팩토링에 관한 협약」(Convention on International Factoring. 이른바 오타와협약)이 있다. 동 협약에 관하여는 우선 정재곤, "국제팩토링 협약에 관한 법적 고찰," 국제거래법연구 제2집(1993), 217면 이하 참조.

4) 이에 관하여는 박수만, "외화매출채권, 받을어음의 금융," BFL 제16호(2006. 3), 81면 이하 참조. 이 글에서는 소개하고 있지 않지만 매출채권금융을 위하여 UN은 「국제거래에서의 채권양도에 관한 UN협약(United Nations Convention on the Assignment of Receivables in International Trade)」을 채택하였다. 그에 관하여는 석광현, 국제채권양도협약, 법무부, 2002 참조. 석광현, "국제연합의 국제채권양도협약—협약의 소개와 민법 및 자산유동화에 관한 법률에의 시사점—," 국제사법과 국제소송 제3권, 박영사, 2004, 616면 이하 참조.

5) 이에 관하여는 석광현/조영균, "국제항공기금융에 관한 법적 문제점," BFL 제18호(2006. 7), 62면 이하 참조.

6) 이에 관하여는 정우영, "선박금융의 실무 소개," BFL 제19호(2006. 9), 89면 이하 참조.

7) 구조(화)금융에서의 ABS의 이용에 관하여는 예컨대 이종구/조영희, "주택저당채권의 해외 유동화 사례분석," BFL 제14호(2005. 11), 53면 이하 참조.

의를 국제금융거래법의 각론이라고 할 수 있다.[8)]

여기에서는 국제금융거래에서 제기되는 국제사법적 논점으로서 준거법에 관한 일반적 논점(II), 국제금융거래의 유형에 따른 준거법 관련 논점(III), 국제재판관할(IV), 외국판결의 승인 · 집행(V)과 국제도산법(VI)에 관한 논점을 살펴보고 국제금융계약[9)]의 준거법에 관계없이 우리 법이 규율하는 사항을 간단히 정리한다(VII).[10)] 마지막으로 근자에 문제되고 있는 국제증권거래법(또는 국제자본시장법)의 논점을 언급한다(VIII). 그 밖에도 국제금융에서도 담보권의 신탁, 사채신탁 또는 자산유동화에서 보듯이 신탁이 활발히 이용되고 있으므로 신탁과 관련하여 국제재판관할과 준거법의 결정이라는 국제사법적 문제가 발생하나, 그에 대한 논의는 생략한다.[11)] 또한 국제무역금융 특히 신용장(letter of credit) 거래와 관련된 국제사법적 문제에 대한 논의도 생략한다.

법원은 법정지의 국제사법을 적용하여 준거법을 결정하므로 국제재판관할의 결정이 준거법의 결정에 논리적으로 선행하지만, 좀더 중요한 준거법을 먼저 논의한다. 실무상 많은 국제금융거래의 준거법은 국제금융의 중심지인 영국과 또는 뉴욕주의 법이고 또한 영국 또는

---

8) 금융법 전반에 관한 일본자료는 우선 西村總合法律事務所(編), ファイナンス法大全(上)(下), 2003 참조. 우리 문헌으로는 김건식/석광현/정순섭, "국제금융법의 현상과 과제 : 연재를 시작하며," BFL 제3호(2004. 1), 85면 이하와 BFL에 연재되는 논문들 참조.

9) 여기에서는 이를 예컨대 대출계약, 스왑계약 등과 같이 국제금융거래에서 체결되는 계약을 가리키는 의미로 사용한다.

10) 국제금융거래와 관련한 국제사법상의 제 논점에 관하여는 Philip R. Wood, Comparative Financial Law (1995), p. 135 et seq. 참조.

11) 이에 관하여는 석광현, "국제금융에서의 신탁과 국제사법," BFL 제17호(2006. 5), 60면 이하 ; 국제사법과 국제소송 제4권, 2007, 551면 이하 참조.

뉴욕주법원에 국제재판관할을 부여하는 합의를 하는 예가 많은바, 여기에서는 우리 국제사법상의 논점을 중심으로 하되, 뉴욕주와 영국의 국제사법도 언급한다. 국제사법규범도 국가에 따라 상당한 차이가 있다. 국제상사중재도 광의의 국제사법적 논점이나 국제금융거래에서 국제상사중재를 선택하는 것은 다소 이례적이므로 일단 제외한다.[12)]

국제금융거래의 경우 우리 변호사는 한국법이 규율하는 사항에 관한 법률의견(legal opinion)[13)]을 내는데 그곳에서 준거법합의와 관할합의가 유효하고, 영국 또는 뉴욕주에서 받은 외국판결을 일정한 요건하에 한국에서 승인 · 집행할 수 있음을 확인한다. 그러므로 국제금융거래에 따른 당사자들의 권리 · 의무를 정확히 이해하기 위해서는 물론이고, 법률의견을 정확히 내기 위하여도 국제사법에 대한 이해가 필수적이다.

---

12) 그러나 최근에는 국제금융거래에서도 중재를 포함한 대체적 분쟁해결(alternative dispute resolution)의 중요성이 점차 커지고 있다. J. D. Berchild, Jr. and Joseph J. Norton, "The Evolving United States Experience with Alternative Dispute Resolution Respecting Financial Institution Disputes," Norbert Horn and Joseph J. Norton (eds.), Non-Judicial Dispute Settlement in International Financial Transactions (2000), p. 180 et seq.는 그 이유로 구조(화)금융(structured financing)의 증가, 여신제공자들 간의 쟁점, 환경과 같은 특별한 기술적인 쟁점, 국제금융분쟁의 해결에 관한 국제조약의 규정(예컨대 NAFTA) 및 사적인 구조조정의 증가 등을 든다.

13) 한국 변호사는 법률의견서에서 예컨대 "채무자가 체결한 계약서는 적법하고 유효하며 채무자를 구속한다"라고 하는데 그의 의미가 문제된다. 즉 그것이 "한국법이 준거법이라고 가정할 경우 한국법상 채무자가 체결한 계약서는 적법하고 유효하며 채무자를 구속한다"라는 의미인지 아니면 한국 법원이 준거법인 외국법을 적용할 것임을 재확인하는 의미인지 하는 것이다.

II. 준거법에 관한 일반적 논점

여기에서는 준거법에 관한 일반적 논점을 간단히 논의하고 거래유형별 논점은 아래(III)에서 별도로 논의한다.

1. 회사의 준거법[14)]

국제금융거래의 주체는 주로 법인인 회사이다. 금융기관 등의 통상적인 회사가 국제금융거래의 당사자가 되는 경우 회사의 속인법은 별로 문제될 것은 없다. 그러나 프로젝트금융 또는 구조화금융과 관련하여 이른바 조세피난처(tax haven)에 특수목적회사(SPC, special purpose company)를 설립할 경우 문제가 있다. '회사의 속인법(lex societatis)'의 결정에 관하여는 전통적으로 당사자이익을 중시하는 영미계의 설립준거법주의[15)]와 법적 안정성과 거래이익을 중시하는 대륙법계의 본거지법주의가 대립하고 있다.[16)] 속인법은 회사의 설립, 권리능력의 유무와 범위, 행위능력, 조직과 내부관계, 사원의 권리와 의무, 합병 등 회사의 설립부터 소멸까지 법인 또는 단체의 모든 사항을 규율한다. 어느 회사의 행위가 ultra vires(능력 외 행위)인지도 순거법에 의한다.

---

14) 상세한 것은 석광현, "국제회사법의 몇 가지 문제점," 국제사법과 국제소송 제2권, 박영사, 2001, 193면 이하 참조.

15) 미국에서는 'internal affairs rule'이라고도 한다.

16) 최근 유럽연합에서는 역내 영업의 자유를 정한 유럽연합조약과의 관련하에서 유럽법원의 1999년 3월의 Centros 사건 판결, 2002년 11월의 Ueberseering 사건 판결과 2003년 9월의 Inspire Art 사건 판결 등을 통하여 설립준거법주의가 점차 득세하고 있다. 상세한 것은 MünchKommBGB/Kindler, Band 11 Einführungsgesetz, Internationales Privatrecht 4. Auflage (2006), IntGesR Rn. 97ff. 참조.

국제사법(제16조)은 회사의 속인법에 관하여 설립준거법주의를 원칙으로 하고, 다만 외국에서 설립된 법인 또는 단체가 한국에 주된 사무소가 있거나 한국에서 주된 사업을 하는 경우에는 한국법에 의하도록 함으로써 예외적으로 본거지법주의를 취함으로써 결국 양자를 결합한 것이다. 단서는 상법 제617조의 취지를 수용한 것인데, 단서의 결과 우리 상법상의 사채발행한도에 대한 규제를 피하고자 외국에 SPC를 설립하더라도 SPC가 한국에서 주된 사업을 하는 경우에는 상법상의 사채발행한도는 여전히 적용된다.

국제회사법은 아래에서 언급하는 국제증권거래법 또는 국제자본시장법과 밀접한 관련을 가지며 그 구별이 어려운 경우도 있다.

2. 준거법합의(choice of law 또는 governing law clause)[17]

위에서 언급한 바와 같이 국제금융거래, 특히 국제금융계약의 준거법은 국제금융에서 주도적인 지위를 가진 영국법 또는 뉴욕주법이 된다. 이는 영국과 뉴욕주가 국제금융의 중심지로서 발전된 국제금융거래와 관련된 법과 풍부한 판례를 가지고 있기 때문이다. 영국법이 선호되는 이유는 당사자의 합의를 존중하고, 신의성실의 원칙에 기초한 법원의 과도한 자의적 개입을 차단함으로써 '형평보다 확실성(certainty over equity)'을 선호하는 '영국 계약법의 엄격성' 때문이기도 하다. 이처럼 당사자가 합의한 법이 국제계약을 규율하는 것을 '당사자자치(party autonomy)의 원칙'[18]이라고 하는데 국제사법(제25조)도 이를 명시

17) 국제사법의 해설은 석광현, 2001년 개정 국제사법 해설(제2판), 2003, 200면 이하 참조.

18) 당사자자치에 관하여는 Peter Nygh, Autonomy in International Contracts (1999) 참조.

하고 있고, 이는 영국과 뉴욕주에서는 물론이고 국제적으로 널리 인정되고 있다. 영국의 1990년 '계약(준거법)법〔The Contracts (Applicable Law) Act 1990〕' 제3조는 위 원칙을 명시하고, 미국의 통일상법전〔§1-301(c)(2)〕[19]과 미국법률가협회의 Restatement of the Law Second : Conflict of Laws(§187)도 이를 명시하고 있으며 판례들도 이를 따른다. 다음 두 가지를 주목할 필요가 있다.

첫째, 영국의 계약(준거법)법은 1980년의 「계약채무의 준거법에 관한 유럽공동체협약」(Convention on the Law Applicable to Contractual Obligations. 이하 '로마협약')[20]을 국내법화하기 위하여 제정된 것인데, 2001년 7월 1일 발효된 국제사법도 로마협약을 대폭 수용한 결과 국제계약의 준거법에 관한 한 영국의 위 계약(준거법)법과 매우 유사하다는 점이다.

둘째, 뉴욕주법을 준거법으로 합의하는 경우 다소 특이한 점이 있다. 즉 그 경우 "This Agreement shall be governed by and construed in

---

19) 이는 과거 §1-105를 개정한 것이다. 과거에는 어느 주법을 준거법으로 지정하기 위해서는 당해 계약이 당해 주와 합리적인 관련이 있어야 하였다. 다만 뉴욕주의 경우 이러한 요건은 1984년 7월 19일 발효된 뉴욕주의 General Obligations Law 제5-1401조가 추가됨으로써 적용이 배제되었는데, 그에 따르면 계약금액이 미화 25만 달러 이상이면 뉴욕주법을 준거법으로 합의할 수 있다. Erik Jayme/Helmut Nicolaus, "Rechtswahl- und Gerichtsstandsklauseln—Gesetzesnovelle in New York," IPRax (1987), S. 131 ; Carsten-Thomas Ebenroth/Regina Tzeschlock, "Rechtswahlklauseln in internationalen Finanzierungsverträgen nach New Yorker Recht," IPRax (1988), S. 198 참조.

20) 위 협약에 관하여는 석광현, "계약상 채무의 준거법에 관한 유럽공동체 협약(일명 로마협약)," 국제사법과 국제소송 제1권, 박영사, 2001, 53면 이하 참조. 현재 로마협약의 법적 형식을 이사회규정(council regulation. 이른바 '로마규정 I')으로 전환함과 동시에 내용을 개정하기 위한 작업이 진행 중이다. 2005년 12월 유럽위원회가 제안한 로마규정 I의 초안이 있다. COM (2005) 650 final, 2005/0261 (COD) of 15 December 2005. 이는 http://europa.eu.int/eur-lex/lex/LexUriServ/site/ en/com/2005/com2005_0650en01.pdf.를 참조.

accordance with the laws of the State of New York, United States of America without regard to the conflict of laws provisions thereof" 라는 식의 규정을 두는 예가 많다. 이 중 밑줄 친 부분은 당사자들이 선택한 준거법은 뉴욕주의 실질법(즉 계약법)이고 국제사법규정은 포함하지 않음을 명확히 하는 것이다. 만일 후자가 포함된다면 반정(反定, renvoi)의 결과 뉴욕주 계약법이 적용되지 않고 다른 주 또는 국가의 법이 적용될 가능성이 있기 때문이다. 국제사법(제9조 제2항 제1호)은 당사자들이 준거법을 합의한 경우 반정을 허용하지 않으므로 우리의 입장에서는 밑줄 친 문언은 불필요하다.

계약의 준거법은 약인(consideration)의 요부, 계약의 해석, 채무의 이행과 소멸,[21] 채무불이행의 결과, 계약 무효의 결과, 법률상의 추정 및 입증책임의 분배 등을 규율한다. 영미법계와 대륙법계가 차이를 보이고 있는 소멸시효, 손해배상액의 산정, 이른바 구두증거배제의 법칙

21) 다만 준거법이 상이한 자동채권과 수동채권의 상계의 준거법에 관하여는 논란이 있다. 독일의 다수설은 상계는 이행과 마찬가지로 채무의 소멸의 문제이고, 채권자보호를 위하여 수동채권의 준거법을 따른다고 보나(스위스 국제사법 제148조 제2항은 이를 명시한다) 종래 우리나라, 일본과 프랑스의 다수설과 독일의 소수설은 양 채권의 준거법을 누적적으로 적용한다. MünchKommBGB/Spellenberg, Band 10 Internationales Privatrecht 4. Auflage (2006), Art. 32 Rn. 65. 신창선, 국제사법(4판), 2005, 326면. 독일에서는 선택적 연결을 주장하는 견해도 있다. 한편 상계계약의 준거법에 관하여는 아직 정설이 없다. 상계계약이 예컨대 상호계산계약의 일부로 체결되는 경우 그에 종속적으로 연결될 것이나, 독립적으로 체결될 경우 당사자가 지정한 준거법에 의하고, 그것이 없을 때에는 가장 밀접한 관련이 있는 법에 따른다는 견해가 유력하나 구체적으로 이를 어떻게 결정할지가 문제된다. Reithmann/Martiny/Martiny, Internationales Vertragsrecht 6. Auflage (2004) Rz. 311 참조. 상계에 관한 이탈리아, 프랑스와 영국 실질법의 소개는 Matthias N. Kannengiesser, Die Aufrechnung im internationalen Privat-und Verfahrensrecht (1998), S. 3ff. 참조.

(parol evidence rule)[22]과 특정이행(specific performance)의 허용 여부 등도 계약의 준거법에 따른다고 보나, 특정이행에 관하여는 논란의 여지가 있다. 실체(substance)인가 절차(procedure)인가의 문제는 법정지법인 우리 법으로부터 출발할 사항이므로 영미법의 성질결정(characterization)과 다를 수 있다. 일정한 유형의 계약에 대하여 서면에 의할 것을 요구하는 영미, 특히 미국의 사기금지법(statute of frauds)[23]의 문제는 일응 계약의 방식의 문제로서 계약의 준거법 또는 계약체결지법에 따를 사항이라는 견해가 유력하다.

3. 약관에 의한 준거법합의[24]

약관의 규제에 관한 법률(이하 '약관규제법')은 불공정한 내용의 약관을 규제하여 건전한 거래질서를 확립함으로써 소비자를 보호하는 것을 목적으로 한다(동법 제1조). 국제금융거래의 준거법과 관련한 약관에 대한 통제는 두 단계로 나누어 볼 필요가 있다.

---

22) 이는 계약이 서면으로 된 경우 당사자들은 이 계약서에 어떤 조항을 부가하거나 개변하거나 또는 이 서면에 기재된 조항에 이의를 제기하기 위하여 서면에 기재되지 않은 어떤 외부적 증거를 원용할 수 없다는 원칙을 말한다. 이호정, 영국계약법, 2003, 107면. 이를 통상 구두증거배제의 원칙이라고 번역하지만 반드시 구술증거만을 배제하는 것은 아니고 계약문서의 외부에 존재하는 즉 계약문서에 기재되지 않은 모든 증거가 배제된다. 이호정, 앞의 책, 108면.

23) 미국 통일상법전 §2-201에 따르면 미화 500달러 이상의 매매계약은 원칙적으로 서면에 의하지 않으면 강제할 수 없다(is not enforceable). 그의 실질법적 의미와 국제사법적 의미는 장준혁, "법률행위의 방식과 절차 문제의 구별," 국제사법연구 제12호(2006), 300면 이하 참조.

24) 상세한 것은 석광현, "국제거래와 약관의 규제에 관한 법률의 적용," 국제사법과 국제소송 제3권, 2004, 165면 이하 참조.

(1) 준거법합의(준거법조항) 자체에 대한 통제

약관규제법(제14조)은 고객에게 부당하게 불리한 재판관할의 합의조항은 무효로 하지만, 계약의 준거법을 외국법으로 지정하는 준거법조항은 규제하지 않는다. 따라서 국제계약의 준거법합의(준거법조항) 자체를 어떻게 통제할 것인가가 문제된다. 국제사법(제29조)에서 보는 바와 같이 계약의 성립 및 효력은 당해 계약의 준거법에 따를 사항이나, 어떠한 준거법의 지정의 허용 여부는 법정지의 국제사법에 따를 사항이다. 우리 국제사법상으로도 '현저하게 불합리하고 불공정한 준거법합의'는 공서양속에 반하는 법률행위로서 무효라고 볼 수 있을 것이다.[25] 예컨대 소비자가 모든 사정에 비추어 전혀 예상할 수 없는 뜻밖의 법을 준거법으로 지정하는 조항은 그에 해당할 것이다. 준거법조항이 무효인 경우에는 준거법합의가 없는 것이 되고 준거법은 객관적 연결에 의하여 결정된다.

(2) 기타 약관조항의 편입통제와 내용통제

외국법이 유효한 준거법조항 또는 기타의 방법에 의하여 국제계약의 준거법으로 유효하게 지정된 경우에도 준거법조항 이외의 약관조항에 관하여 약관규제법을 적용하거나 그 취지를 고려하는 것이 가능

25) 국제재판관할합의에 관한 대법원 1997. 9. 9. 선고 96다20093 판결은 한국 법원의 관할을 배제하고 외국법원을 관할법원으로 하는 전속적인 국제재판관할의 합의는 현저하게 불합리하고 불공정한 경우에는 공서양속에 반하는 법률행위에 해당하는 점에서도 무효라고 판시하였던바, 이러한 취지를 준거법합의에도 유추 · 적용한 것이다.

한가가 문제된다. 사견으로는 준거법이 외국법인 국제계약의 경우 우리 약관규제법은 적용되지 않으므로 약관규제법상의 편입통제(약관의 명시 · 설명 의무를 정한 제3조)와 내용통제(제6조와 제7~14조)는 모두 적용되지 않는다. 즉 약관의 편입통제와 내용통제는 계약의 준거법에 따를 사항이다.[26]

4. 외화금전채권에 관한 제 문제[27]

(1) 통화의 준거법

국제금융계약의 준거법이 외국법인 경우 채권 · 채무의 내용과 이행은 당해 외국법에 따라 규율된다. 대출계약과 같이 일정금액의 미 달러를 지급할 것을 내용으로 하는 외화채권의 경우 '계정통화(money of account)'[28]와 '지급통화(money of payment)'가 구별되는데, 전자는 채권의 금액을 표시하는 통화이고 후자는 지급을 하는 통화를 의미한다.

지급통화는 통상 계정통화와 일치하나 채무자가 대용급부를 하는

26) 가사 우리 약관규제법이 적용된다는 견해를 취하더라도 국제적으로 통용되는 금융업의 약관에 대하여는 약관규제법 제7~14조는 적용되지 않는다(약관규제법 제15조, 동법시행령 제3조). 그 경우에도 제3조는 여전히 적용되나, 대법원 1999. 12. 10. 선고 98다9038 판결에 따르면 제6조도 적용되지 않는다. 사견으로는 제6조는 적용된다고 본다.

27) 상세한 것은 Charles Proctor, Mann on the Legal Aspect of Money, Sixth Edition (2005) ; Helmut Grothe, Fremdwährungsverbindlichkeiten (1999), 특히 S.95-235 참조. 우리 문헌으로는 우선 주석민법(제3판), 2000, 227면 이하〔채권총칙(1)의 안법영 집필 부분〕; 석광현, 국제사법과 국제소송 제1권, 2001, 42면 이하 참조.

28) 이는 '계약통화(money of contract)'라고도 한다.

경우에는 일치하지 않는다. 국제사법상으로는 통화의 개념과 내용은 통화의 소속국법에 따르고, 채무의 범위에 대한 통화의 효력(예컨대 가치보전조항의 허용성, 현실지급조항의 의미와 효력 등)은 채무의 준거법에 따를 사항이다.

(2) 채권자의 대용급부청구권

민법 제378조는 "채권액이 다른 나라 통화로 지정된 때에는 채무자는 지급할 때에 있어서의 이행지의 환금시가에 의하여 우리나라 통화로 지급할 수 있다"라고 하여 채무자의 대용급부권을 명문으로 인정한다. 종래 민법상 채권자에게도 대용급부청구권이 있는가가 다투어졌는데 대법원 1991. 3. 12. 선고 90다2147 전원합의체 판결은 이를 긍정하였다.

따라서 채무자 및 또는 채권자의 대용권이 채권의 내용 또는 채무의 이행의 문제라면 이는 국제금융계약의 준거법인 영국법에 따라 결정될 사항이고 원칙적으로 우리 민법이 개입할 여지는 없다. 그러나 국제금융계약상의 지급의무의 이행지가 한국인 한 민법 제378조가 적용된다고 볼 수 있다. 그 근거로 대용권을 지급통화에 관한 문제로서 채무이행의 방법의 문제로 보거나, 민법 제378조를 준거법이 외국법인 경우에도 적용되는 '숨은 저촉규범'이라고 보아 준거법에 관계없이 적용된다고 설명할 수 있다.

(3) 외화지급을 명하는 판결과 대상청구

법원이 국제금융계약이 정한 바에 따라 외화지급을 명하는 판결을 선고할 수 있는지에 관하여 논란이 있는 국가도 있지만,[29] 우리나라에서는 종래 별 의문 없이 당연히 가능한 것으로 본다. 한편 대상청구라 함은 본래의 청구가 이행불능 또는 집행불능일 경우에 대비하여 그 이행에 갈음하는 이익, 즉 전보배상을 구하는 것이다. 외국통화의 지급을 명하는 판결도 금전채권의 일종으로 집행할 수 있고 집행불능이라는 것은 있을 수 없으므로 원고가 예비적으로 대상청구를 한 경우에도 법원으로서는 대상지급을 명할 수 없다는 견해도 있지만, 외환허가를 받지 않은 경우처럼 집행불능인 경우도 있으므로 원화지급을 명할 필요가 있고 따라서 대상지급을 명할 수 있다는 견해도 있다. 법원의 실무는 나뉘어 있는 것으로 보인다.

5. 외환규제

(1) 법정지의 국제적 강행법규

우리 기업이 국제금융거래의 당사자가 되는 경우 외국환거래법은 법정지의 국제적 강행법규로서 준거법에 관계없이 적용된다. 국제사법(제7조)은 국제적 강행법규(internationally mandatory rules)의 개념을 정식으로 도입하였다. 또한 우리나라 은행이 외국 기업과 국제금융거래를 하면서 한국법을 준거법으로 지정한 경우 외국환거래법은 준거법의 일부로서 또는 특별연결이론에 의하여 적용된다.

---

29) 영국의 귀족원(House of Lords)이 Miliangos v George Frank (Textiles) Ltd., (1975) 3 All ER 801에 의해 종전의 견해를 변경하기 전까지는 영국법원은 영국의 파운드에 의한 지급만을 명하였다.

(2) 국제금융거래와 International Monetary Fund Agreement

그러나 외국환거래법에 관하여는 국제조약인 International Monetary Fund Agreement(이하 'IMF 협정')[30] 제8조 2(b)가 국제통화제도의 협력을 위하여 회원국에게 다른 회원국의 외환에 관한 법규를 적용할 의무를 부과하고 있으므로, 외국의 외국환거래법에 대하여는 국제적 강행법규에 관한 일반적인 논의가 타당하지 않고, 회원국은 제3국의 외국환거래법을 적용할 조약상의 의무를 부담한다. 동조는 다음과 같다.

> Exchange contracts which involve the currency of any member and which are contrary to the exchange control regulations of that member maintained or imposed consistently with this Agreement shall be unenforceable in the territories of any member(가맹국의 통화에 관련된 환계약으로서 본 협정에 부합되게 유지 또는 부과되어 있는 그 가맹국의 환관리규정에 배치되는 환계약은 여하한 가맹국의 영토 내에서도 이를 집행할 수 없다).

여기에서 'exchange contract'와 'unenforceable'의 개념이 문제되는데 exchange contract의 개념을 넓게 보는 독일, 프랑스 등의 견해와 좁게 보는 영국, 미국의 견해가 나뉜다. exchange contract의 범위를 넓게 파악하면 그만큼 다른 국가의 외국환거래법을 적용할 가능성이 커지므로 국제금융의 중심지인 영국이나 뉴욕주에서는 종래 'exchange'에 '교환'이라는 의미를 부여하여 그 범위를 제한하는 견해가 유력하다.

---

30) 상세한 것은 Charles Proctor, 앞의 책, Chapter 14 ; Werner F. Ebke, Internationales Devisenrecht(1991), S. 158ff. 참조. 우리 문헌으로는 석광현, "외환허가를 받지 아니한 국제보증과 관련한 국제사법상의 문제점," 국제사법과 국제소송 제1권, 2001, 37면 이하 참조.

이에 의하면 통상의 대출계약과 사채는 이에 해당하지 않으나 이종통화 간의 스왑거래와 이른바 'dual currency bond'는 이에 해당된다.

III. 국제금융거래의 유형에 따른 준거법 관련 논점

1. 대출계약

(1) 차관단대출의 법적 성질

대법원 2001. 12. 24. 선고 2001다30469 판결[31]은 신디케이티드 론(syndicated loan), 즉 차관단대출에 관한 최초의 우리 대법원판결이다. 직접적인 쟁점은 대주가 파산하여 대출을 실행할 수 없게 된 것을 이유로 차주가 준거법이 영국법인 대출약정을 해제한 경우 관리수수료와 약정수수료를 반환할 의무가 있는지였다. 이와 관련하여 신디케이티드 론의 법적 성질, 신디케이트(차관단)의 법적 성질과 차주가 어느 하나의 대주와의 대출약정을 해제할 수 있는지, 나아가 차주가 어느 하나의 대주은행만을 상대로 소를 제기할 수 있는지가 문제되었다.

31) 이에 관하여는 석광현, "국제적인 신디케이티드 론 거래와 어느 대주은행의 파산," 국제사법과 국제소송 제3권, 2004, 543면 이하 ; 강일원, "Syndicated Loan 거래의 법적 구조," 민사재판의 제문제 11권, 2002, 385면 이하 참조. 신디케이티드 론 일반에 관하여는 Philip R. Wood, International Loans, Bonds and Securities Regulation (1995) 참조. 우리 문헌으로는 석광현, "국내기업의 해외차입의 실무와 법적인 문제점 — 국제계약법적 논점을 중심으로 —," 국제사법과 국제소송 제1권, 2001, 573면 이하 ; 이미현/고훈, "국제대출계약의 특징과 구조 — 신디케이티드 론을 중심으로," BFL 제5호(2004. 5), 107면 이하 참조.

대법원판결은 차관단대출계약의 경우 다수의 대출약정이 병존하는 것으로 보았다. 따라서 어느 대주의 채무불이행시 차주는 그 대주와의 대출약정을 해제할 수 있고, 차주가 그 대주만을 상대로 소를 제기할 수 있다고 보았다. 이런 견해를 따르면 차관단대출계약의 경우 대주들은 분할채권을 가진다. 그러나 이러한 결론이 차관단대출로부터 당연히 도출되는 것은 아니다. 대법원판결도 관련 대출계약서의 조항을 기초로 그러한 결론을 내린 것임을 주의해야 한다. 따라서 그러한 취지를 계약서에 명시하는 것이 중요하다.

(2) 관련이 없는 법 또는 중립적 법의 선택

미국의 과거 통일상법전(§1-105)에 따르면 당사자는 당해 거래와 합리적인 관련(resonable relation)을 가지는 주 또는 국가의 법을 선택할 수 있을 뿐이고 아무런 관련이 없는 중립적인 준거법의 선택은 허용되지 않았다. 그러나 최근 개정된 통일상법전〔§1-301(c)(2)〕은 소비자계약이 아닌 경우 이러한 제한을 삭제하였다. 영국법과 우리 국제사법상으로는 이러한 제한이 없다.

(3) 대출계약과 담보계약의 준거법

대출계약과 담보계약의 준거법은 상이할 수 있다. 실무상 문제된 것은 준거법이 영국법인 은행단대출계약에 따라 분할채권을 가지는 채권자들이 한국법이 준거법인 항공기근저당권설정계약에 따라 근저당권을 준공유할 수 있는가인데 긍정할 수 있을 것이다.

(4) 소송촉진 등에 관한 특례법(이하 '특례법')에 따른 이자

현행 특례법 제3조 제1항과 관련 규정에 따르면 금전채무의 이행을 명하는 판결을 선고할 경우에 법원은 채무자가 이행의무의 존부나 범위에 관하여 다투는 것이 상당한 때가 아니라면 소장 송달 다음날부터는 법정이율에 의한 금전의 지급을 명할 수 있는데, 그 법정이율은 현재 연 2할이다. 이는 소송을 촉진하여 신속한 재판을 받도록 하기 위한 것이다. 문제는 특례법상의 이자에 관한 규정은 채무의 준거법이 한국법인 경우에 적용되는 것인지 아니면 채무의 준거법에 관계없이 법정지가 한국이고 동법이 정한 요건이 구비되면 적용되는가 하는 것이다. 대법원 1997. 5. 9. 선고 95다34385 판결은 전자의 견해를 취하였다. 국제사법 이론상 연체이자는 당사자의 권리 · 의무에 관한 것이므로 실체(substance)에 속하는 사항이지만, 특례법상의 연체이자는 한국에서의 소송을 촉진하기 위한 소송정책적인 고려에 기한 것이므로 대법원판결의 타당성은 의문이다. 물론 법정지법에 의할 것이라는 견해를 따르더라도 소송촉진을 이유로 연 2할의 과도한 연체이자를 부과하는 것은 이례적이므로 준거법이 외국법인 사건의 경우 특례법의 적용은 매우 신중히 해야 할 것이다.

(5) 채권양도의 준거법[32)]

섭외사법(제14조)에 따르면 채권양도의 채무자 및 제3자에 대한 효력은 채무자의 주소지법에 의하였다. 따라서 채무자가 우리 기업인

32) 상세한 것은 석광현, 국제사법과 국제소송 제4권, 2007, 39면 이하 참조.

경우 민법에 따라 제3자에 대한 대항요건을 구비하기 위하여 확정일자에 의한 승낙을 받았다. 그러나 국제사법(제34조 제1항)[33]에 따르면 이는 양도되는 채권의 준거법에 따를 사항이다. 채권양도의 준거법에 관하여 주목할 것은 2001년 UNCITRAL이 채택한 「국제거래에서의 채권양도에 관한 협약」(United Nations Convention on the Assignment of Receivables in International Trade)이 국제사법규칙을 두고 있는 점이다.[34] 동 협약에 따르면 양도된 채권에 대하여 양수인과 경합하는 권리주장자 간의 우선권은 양도인 소재지 국가의 법에 의한다. 협약이 주로 상정하는 채권양도가 다수채권의 일괄양도임을 고려할 때 채권 자체의 준거법(국제사법의 입장) 또는 채무자의 주소지법(섭외사법의 입장)에 연결하는 것은 현실적인 어려움이 있다. 왜냐하면 그 경우 채권별로 준거법이 구구하게 되어 담보권자의 입장에서는 복수의 준거법상의 요건을 모두 구비해야 하고, 더욱이 장래채권의 경우 채권의 준거법을 미리 알 수 없기 때문이다.

주목할 것은 2005년 12월 유럽위원회가 제안한 로마규정의 초안(제13조 제3항)은 채권양도의 제3자에 대한 효력의 준거법을 양도시 양도인의 상거소 소재지법에 의하도록 규정하는 점이다. 그러나 이는 최종 로마규정(제14조)에서 삭제된 결과 로마협약의 태도가 유지되고 있다. 또한, 2006년 6월 공포된 일본의 개정된 법례, 즉 「법의 적용에 관한 통칙법」 제23조는 우리 국제사법과 동일한 태도를 취한다.[35]

---

33) 국제사법은 제3자에 대한 효력을 명시하는 점에서 로마협약이나 영국의 계약(준거법)법과 차이가 있다.

34) 협약의 상세한 내용은 석광현, 국제채권양도협약, 법무부, 2002 참조.

35) 미국 통일상법전의 태도와 최근 유럽과 일본의 입법동향은 석광현, 국제사법과 국제소송 제4권, 2007, 64면 이하 참조.

2. 국제채의 발행[36)]

우리 기업이 발행하는 국제채(international bonds)[37)]는 통상 사채의 조건에 준거법조항을 두어 사채와 이권(이표)에 따른 권리 · 의무에 대하여 영국법 또는 뉴욕주법을 준거법으로 지정한다. 따라서 국제채에 따른 사채권자의 권리는 화체된 권리의 준거법에 따른다. 이와 관련하여 첫째, 기한의 이익 상실사유와 둘째, 사채권자집회의 결의의 발효를 위한 법원의 인가요건과 관련하여 상법의 적용 여부가 문제된다.

상법(제505조)은 사채의 발행인이 이자지급을 해태하더라도 당연히 기한의 이익을 상실하는 것으로 하지 않고, 그 경우에도 사채권자의 결의에 의하여 2개월 이상의 일정기간을 정하여 서면으로 변제를 최고하고 발행인이 이를 불이행하는 경우에 기한의 이익을 상실하도록 한다. 상법(제505조)이 기한의 이익 상실사유를 제한적으로 열거한 강행규정인지 여부와 만일 그렇다면 동조는 준거법이 외국법인 국제채

---

36) 유로채의 발행에 관하여는 Wood, 앞의 책, p. 119 이하 참조. 우리 문헌으로는 석광현, "국내기업의 해외사채 발행의 실무와 법적인 문제점—유로채(Euro bond) 발행 시 우리 법의 적용범위에 관한 문제를 중심으로—," 국제사법과 국제소송 제1권, 2001, 597면 이하 ; 석광현, "우리 기업의 해외증권 발행과 관련한 법적인 미비점과 개선방안," 증권법연구 제3권 제2호(2002), 49면 이하 참조. 해외사채발생의 실무는 최병선, "해외사채발행 실무해설," BFL 제8호(2004. 11), 85면 이하, 교환사채에 관하여는 최병선, "우리 기업의 해외증권 발행—교환사채를 중심으로—," 증권법연구 제3권 제2호(2002), 95면 이하 참조. 사채신탁에 관하여는 석광현, "국제금융에서의 신탁과 국제사법," BFL 제17호(2006. 5), 73면 이하 참조.

37) 국제채는 내국채에 대비되는 것으로서 외국채(foreign bond)와 유로채(euro bond)로 구분되는데, 스위스프랑채, 양키본드와 사무라이본드 등이 외국채에 속한다. 우리나라에서도 간접보유하는 국제채에서 사채권자가 누구인가라는 흥미로운 쟁점이 다투어진 바 있다. 스위스프랑채에 관한 서울서부지방법원 2004. 12. 15. 선고 2002가합5514 판결, 유로채에 관한 서울중앙지방법원 2006. 6. 22. 선고 2005가합13146 판결과 그의 항소심인 서울고등법원 2008. 6. 27. 선고 2006나64865 판결 참조.

에도 적용되는가가 문제된다. 위 규정은 당사자들이 기한의 이익 상실사유를 정하지 않은 경우에 보충적으로 적용될 것은 상정한 취지라고 생각되므로 강행규정이 아니다. 따라서 준거법에 관계없이 적용될 이유가 없다.

한편 상법은 사채권자집회제도를 두고 그 소집, 권한, 결의방법, 결의의 효력발생 및 집행 등에 관하여 규정한다. 우리 기업이 국제채를 발행하는 경우 사채권자집회에 관한 상법의 규정이 적용되는가가 문제된다. 우리 기업이 사채를 발행하는 한 상법은 당연히 적용된다든가 사채권자집회는 회사의 내부조직에 관한 문제라는 이유로 적용을 긍정하는 견해도 가능하나, 종래 실무는 사채권자집회제도를 사채의 준거법 내지는 관련 계약에 따를 사항으로 취급하여 왔고 이는 정당하다.[38] 따라서 외국법이 준거법인 국제채의 경우 사채권자집회에 관한 상법규정은 적용되지 않는다. 그 결과 사채권자집회의 결의의 발효를 위하여 우리 법원의 인가는 불필요하다. 다만 입법론으로는 상법에 명시적인 규정을 두는 방안이 바람직할 것이다. 2006년 11월 현재 상법 회사편의 개정작업이 진행 중인데 개정안에 따르면 이러한 문제점은 상당부분 해소될 것으로 기대된다.

신탁계약도 다른 국제계약들과 마찬가지로 당사자자치의 원칙에 따르는 것으로 이해되고 있으나, 특히 영미법에 따른 신탁계약의 경우 다음을 유의할 필요가 있다. 첫째 신탁계약의 준거법은 위탁자와 수탁자 간의 계약관계뿐만 아니라 수탁자와 수익자들(즉 사채권자들)의 관계도 규율한다. 다만 사채신탁의 경우 신탁계약의 채권법적 측

38) 준거법이 뉴욕주법인 해외사채를 발행한 한국전력공사가 사채발행조건의 변경을 위하여 사채권자집회 결의허가를 신청한 사건에서 서울지방법원 2002. 9. 25.자 2002비합37 결정도 이러한 견해를 취하였다.

면만이 강조되고 있지만, 사채신탁을 신탁으로 보는 한 신탁계약의 준거법 지정은 신탁(trust) 자체의 준거법을 지정하는 의미가 있다. 종래 우리나라에서는 신탁계약의 준거법이 규율하는 사항의 범위에 관하여 논의가 없으나 1985년 7월 1일의 「신탁의 준거법과 승인에 관한 헤이그협약」(이하 '신탁협약'. 제8조)이 참고가 된다. 즉 우리 국제사법의 해석론으로도 신탁의 유효성, 해석 및 효력과 신탁의 사무처리와 그 밖에 동조가 열거하는 사항들이 신탁의 준거법에 의하고, 수익자가 형평법상의 권리(equitable interest)를 가지는지도 신탁의 준거법에 의한다고 본다. 다만 신탁협약(제4조)에서 보듯이 신탁의 설정을 위하여 수탁자가 사채권 기타 재산권을 취득하였는지는 당해 재산의 준거법에 따를 사항이다.[39]

둘째, 사채와 관련계약의 준거법이 외국법이더라도 발행회사의 능력, 사채발행한도의 제한과 주식연계사채인 전환주식의 전환권과 신주인수권부사채의 신주인수권은 주식과 관련된 문제로서 발행회사의 속인법인 한국법이 규율할 사항이다.

3. 국제금융을 위한 담보[40]

국제금융거래를 위하여 다양한 인적 담보와 물적 담보가 사용된다.

---

39) 또한 위와 같이 신탁의 준거법이 결정되더라도 신탁협약(제15조 제1항)에서 보듯이 ① 소유권의 이전과 담보권, ② 도산사건에서의 채권자의 보호와 ③ 그 밖에 선의의 제3자의 보호 등에 관하여는 법정지의 국제사법에 의하여 지정된 강행법규의 적용이 배제되지 아니하는 것과 같은 한계가 있음을 유의할 필요가 있다. 상세한 것은 석광현, 국제사법과 국제소송 제4권, 2007, 65면 이하 참조.

40) 일반적인 논의는 김용호/선용승, "국제금융을 위한 담보수단—개관 및 몇 가지 관련문제—," BFL 제10호(2005. 3), 101면 이하 참조.

인적 담보는 대개 보증서나 독립적 보증(independent guarantee)[41]의 형식을 취하므로 그의 준거법은 대출계약과 마찬가지로 통상 영국법 또는 뉴욕주법이 된다.[42] 보증인이 채권자에게 보증채무를 이행한 경우 보증인이 채권자의 권리를 대위하는지의 여부는 구채권자와 신채권자의 법률관계, 즉 보증계약의 준거법에 의한다(국제사법 제35조 제1항).

한편 물적 담보 즉 담보권은 물권이므로 당사자자치의 적용에는 한계가 있다. 담보권의 준거법은 담보물의 종류에 따라 상이하다. 담보권의 국제사법규칙은 국제적으로 통일되지 않은 상태인데, 국제사법의 연결원칙은 다음과 같다.[43]

(1) 채권 또는 주식 등에 대한 담보

채권 · 주식 그 밖의 권리 또는 이를 표창하는 유가증권(예컨대 사채권, 주권)을 대상으로 하는 약정담보물권은 담보대상인 권리의 준거법에 의한다(국제사법 제23조). 그러나 이 경우에도 유가증권 자체에 대한

41) 이는 우리 법상으로는 손해담보계약의 성질을 가진다.

42) 다만 독립적 보증이 보증신용장의 형식을 취할 경우 국제상업회의소의 신용장통일규칙(UCP)이 적용된다. 또한 국제상업회의소는 1998년 국제보증신용장규칙(ISP98, International Standby Practices)을 승인하였고 이는 1999년 1월 1일부터 발효되었다. 한편 UN은 1995년「독립적 보증과 보증신용장에 관한 협약」(Convention on Independent Guarantees and Stand-by Letters of Credit)을 채택함으로써 독립적 보증과 보증신용장을 함께 규율하는데 이는 2000년 1월 1일 발효되었다. 우리나라는 이에 가입하지 않았다.

43) 그 밖에도 예컨대 다수의 금융기관들로 구성된 차관단(syndicate)이 담보부대출을 하면서 모든 대주들을 담보권자로 하는 대신 대리은행을 수탁자로 하여 담보권을 설정하는 경우와 같이, 차주 또는 물상보증인인 제3자가 담보권자를 수탁자로 하고 대주들을 수익자로 하여 담보권을 설정하는 담보권의 신탁의 문제가 있다. 석광현, "국제금융에서의 신탁과 국제사법," BFL 제17호(2006. 5), 78면 참조.

물권(예컨대 유가증권의 점유의 이전)은 증권 소재지법에 의한다. 다만 무기명증권인 경우에는 아래 (2)의 원칙에 따른다.

(2) 무기명증권에 대한 담보

국제사법(제21조)에 따르면 무기명증권에 관한 권리의 득실변경은 그 무기명증권의 소재지법(lex cartae sitae)에 의한다. 무기명증권이 실물에 의하여 거래되는 경우 마치 동산처럼 취급되기 때문이다. 이는 국제적으로 널리 인정되는 원칙이다. 그러나 무기명채권에 화체된 권리의 조건변경은 국제사법(제21조)의 문면에도 불구하고 증권의 소재지가 아니라 화체된 채권의 준거법에 의한다.

문제는 무기명증권이 실물에 의해 거래되지 않고, 중개기관(intermediary)의 계좌이체에 의하여 거래되는 경우이다. 부동화(immobilization)의 경우가 이에 해당한다. 이 경우 마치 동산처럼 취급된다는 무기명증권의 특성이 사장되고, 무기명증권의 소재지가 결정적인 의미를 갖지 않으므로 제21조를 적용하는 것은 적절하지 않다. 더욱이 그 경우 포괄증권 또는 무기명증권 실물의 소재지는 우연적인 요소에 의해 결정된다. 이 경우 담보설정자가 자신의 계좌를 개설하고 그를 통하여 유가증권을 보유하는 중개기관 소재지법을 준거법으로 보는 견해가 유력한데 이것이 PRIMA(place of the relevant intermediary approach, 관련중개기관 소재지 접근방법)이다. 국제사법의 해석론으로서도 PRIMA가 설득력이 있고 국제적인 증권거래의 현실을 직시한다면 이는 부득이하다.[44]

---

44) 한국 회사(대우전자주식회사)가 발행한 전환사채가 룩셈부르크에 있는 클리어스

주목할 것은 2002년 12월 헤이그국제사법회의(Hague Conference on Private International Law)에서 채택된 유가증권협약[45)]이다. 이는 PRIMA를 수정하여 새로운 연결원칙을 취하고 있다. 즉 유가증권협약(제4조)은 미국 통일상법전(제8-110조, 제9-305조)과 유사하게 중개기관을 통하여 보유하는 유가증권의 처분(담보를 포함)을 일차적으로 계좌보유자와 관련중개기관이 합의한 준거법에 따르도록 한다. 그러나 현행 국제사법의 해석론으로서는 실제의 계좌관리지가 중요하고, 중개기관과 권리자가 합의한 준거법 또는 합의한 증권계좌의 관리지의 법에 의할 수는 없다. 우리나라도 위 협약에의 가입을 전향적으로 검토할 필요가 있다.[46)]

(3) 항공기와 선박에 대한 담보권

동산에 관한 담보권은 동산소재지법(국제사법 제19조 제1항), 항공기에 관한 담보권은 그 국적소속국법(국제사법 제20조), 선박에 관한 담보

트림 뱅킹에 개설된 계좌의 이체를 통해 양도된 사안에서 서울서부지방법원 2004. 12. 15. 선고 2002가합5514 판결은 국제사법(제21조)을 근거로 사채권의 소재지법인 룩셈부르크법을 적용하였다. 위 사건에서 전환사채는 계좌이체에 의하여 양도되었으므로 관련중개기관 소재지법을 준거법으로 보더라도 룩셈부르크법이 준거법이 되는 결론은 동일할 것이나, 위 판결의 논거는 지지하기 어렵다.

45) 정식명칭은 「중개기관에 보유하는 유가증권에 관한 일부 권리의 준거법에 관한 협약」(Convention on the Law Applicable to Certain Rights in respect of Securities held with an Intermediary)이다. 초안의 소개는 석광현, "국제적인 증권담보거래의 준거법 — PRIMA와 관련하여 —," 증권법연구 제3권 제1호(2002), 97면 이하 ; 협약의 소개는 석광현, 국제사법과 국제소송 제4권, 2007, 277면 이하 참조.

46) 유가증권협약에 관하여는 국제사법연구 제11호(2005), 3-163면에 수록된 논문들과 석광현, 국제사법과 국제소송 제4권, 2007, 277면 이하 참조. 미국과 스위스는 2006년 7월 5일 공동으로 협약에 서명하였다.

권은 선적국법에 의한다(국제사법 제60조 제1호, 제2호). 이러한 연결원칙도 국제적으로 널리 인정되는 것이지만, 선박우선특권(maritime lien)의 준거법에 관하여는 다양한 견해가 주장되고 있다.[47]

주목할 것은 고가의 이동장비(mobile equipment)에 대해 담보권의 설정과 실행을 원활하게 함으로써 금융기관의 대출위험을 낮추고 금융비용을 절감하며 담보부채권의 유동성을 제고하기 위한 방안으로, 사법통일을 위한 국제협회(UNIDROIT)는 국제민간항공기구(ICAO)와 공동으로 항공기를 포함한 국제적 이동장비(철도차량, 우주시설)에 대한 국제적 담보권에 관한 케이프타운협약과 항공기의정서를 2001년 11월 채택하였고,[48] 미국, 아일랜드와 말레이시아 등이 협약과 의정서에 가입함으로써 협약은 2004년 4월 1일, 항공기의정서는 2006년 3월 1일 각각 발효되었다는 점이다.[49] 이는 과거 국제적인 통일(내지는 조화)이 어렵다고 인식되던 물권법분야의 국제조약이라는 점에서 주목을 받고 있다. 철도차량에 관한 의정서도 2007년 2월 23일 채택되었고, 현재 우주장비에 관한 의정서를 채택하기 위한 작업이 진행 중이다.

---

47) 1993년 「선박우선특권 및 저당권에 관한 국제협약」(International Convention on Maritime Liens and Mortgages)이 있으나 우리나라는 가입하지 않았다. 동 협약에 관하여는 김현, "1993년 선박우선특권 및 저당권조약," 법조 통권 478호(1996. 7), 193면 이하 참조.

48) 정식명칭은 「이동장비에 대한 국제적 담보권에 관한 협약」(Convention on International Interests in Mobile Equipment)이다. 협약과 항공기의정에 관하여는 Sir Roy Goode, Official Commentary (2002) 참조. 우리 문헌으로는 석광현, "항공기에 대한 국제적 담보거래—케이프타운협약과 항공기의정서를 중심으로—," 국제거래법연구 제12집(2003. 12) ; 윤여균/장선, 운송장비의 국제담보권협약 연구, 법무부, 2001 참조.

49) 그에 따라 이제는 항공기의 국제적 등록이 활발히 논의되고 있다. Unidroit의 Uniform Law Review Vol. XI (2006)은 특집으로서 항공기의 국제등록제도(The International Registration System for Aircraft Objects)에 관한 논문들을 싣고 있다.

(4) ISDA의 담보관련 부속서류(credit support annex)

파생금융상품거래에 관여하는 당사자는 이른바 일괄정산네팅(close-out netting)[50]에 의하여 신용위험을 상당부분 완화할 수 있다. 과거에는 일괄정산네팅의 효력에 관하여 논란의 여지가 있었지만 2006년 4월 1일 발효된 채무자회생 및 파산에 관한 법률(제120조)은 이를 입법적으로 해결하였다.[51] 그러나 그 경우에도 정산 후 잔액에 관한 한 여전히 신용위험이 존재하므로 이러한 위험을 담보할 필요가 있다. 주로 유가증권의 담보제공을 위해 ISDA는 표준담보계약서의 양식(credit support annex)을 작성하였는데, 표준양식에는 준거법에 따라 ① 담보설정방식을 취하는 뉴욕판,[52] ② 양도방식(transfer annex)과 담보설정방식(deed)의 두 가지를 별도로 규정하는 영국판[53]과 ③ 질권설정방식(또는 양도담

50) 일괄청산네팅은 양 당사자가 미리 기본계약서에서 일정한 범위의 거래로부터 발생하는 채권, 채무에 관하여 당사자의 일방에게 파산 신청과 같은 채무불이행사유가 발생한 경우 당사자 간에 존재하는 모든 거래를 종료시키고 지급통화 및 지급일에 관계없이 모든 채권 · 채무를 일괄적으로 청산하여 이행기가 도래한 하나의 채권으로 전환하는 것을 말한다. 상세한 것은 석광현, "스왑거래의 법적 문제점," 민사판례연구〔XXIII〕(2001), 661면 이하 참조. 과거에는 '일괄청산네팅'이라는 용어가 주로 사용되었으나 통합도산법에서는 '정산'이라고 한다.

51) 상세한 것은 정순섭, "통합도산법상 금융거래의 특칙에 관한 연구—채무자회생 및 파산에 관한 법률 제120조 제3항의 해석론을 중심으로—," 증권법연구 제6권 제2호(2005), 245면 이하 ; 임치용, "지급결제제도에 관한 회생 및 파산절차의 특칙—제120조의 해석론," 인권과 정의 통권 제356호(2006. 4), 99면 이하 참조.

52) 뉴욕판에 대한 상세한 설명은 Anthony C. Gooch/Linda B. Klein, Documentation for Derivatives : Credit Support Supplement—Annotated Sample Credit Support Provisions for Over-the-Counter Derivative Transactions (1995)을 참조. ISDA Master Agreement에 관하여는 우선 정순섭, "2002 ISDA 마스터 계약서의 주요개정사항 해설," BFL 제1호(2003. 9), 97면 이하 참조.

53) 전자는 1995 ISDA Credit Support Annex (Transfer—English Law)이고, 후자는 1995 ISDA Credit Support Deed (Security Interest—English Law)이다.

보방식)과 '소비대차+상계예약'을 결합한 방식을 취하는 일본판이 있다. 일본판은 두 가지 방식을 하나의 담보계약서에 규정하는 점에서 영국판과 차이가 있다. 이는 담보목적물의 소재지, 보다 정확하게는 담보목적물에 따라 결정되는 담보계약서의 준거법[54)]에 따라 담보권의 설정과 효력 등에 차이가 있기 때문에 준거법에 따라 적절한 양식을 사용하도록 하기 위한 것이다.[55)]

일본판의 '소비대차+상계예약'을 결합한 방식은 담보권자가 담보목적물을 상대방에게 소비대차한 것으로 하고, 담보물 반환채무와 정산 후 잔액채권을 상계할 것을 예약하는 방법을 취한다. 질권설정방식(또는 양도담보방식)의 경우 담보권자는 담보목적물을 자유로이 처분할 수 없으나, '소비대차+상계예약'의 방식을 취하는 경우 담보권자는 담보목적물을 자유롭게 처분할 수 있는 장점이 있다. 그러나 일본판의 경우, 담보제공자의 채권자가 담보목적물의 반환청구권을 가압류 · 압류하거나 또는 담보제공자가 도산한 경우 그러한 합의의 효력이 인정될 수 있는가의 문제가 제기된다. 일본판은 담보목적물의 반환채무와 정산 후 잔액채권 간의 상계가능성을 명확히 하기 위해

54) 국제사법에는 규정이 없지만 '유가증권 자체의 준거법(Wertpapiersachstatut)'과 '유가증권에 화체된 권리의 준거법(Wertpapierrechtsstatut 또는 Hauptstatut)'을 구별할 필요가 있다. 전자는 유가증권 자체에 대한 소유권 기타 제한물권 등(Recht am Wertpapier)의 취득, 상실에 관한 준거법으로 이는 동산에 관한 국제사법 원칙에 따라 증권 소재지의 법에 따른다. 반면에 후자는 유가증권에 화체된 권리의 내용에 따라 다르다. 국채와 같이 화체된 권리가 채권인 경우 채권계약에서처럼 당사자자치가 인정되어 당사자가 지정한 법이 준거법이 된다. 따라서 우리나라의 국채를 담보목적물로 하는 담보계약서의 준거법은 한국법이어야 하고, 만일 한국법이 증권의 교부를 요구하는 경우 증권의 소재지법에 따라 교부하면 된다.

55) ISDA의 담보계약서에 관하여는 정순섭, "신종금융거래의 담보화에 관한 연구," 증권법연구 제4권 제1호(2003), 160면 이하 ; 박훤일, "파생상품거래의 담보화에 따른 법적 문제," 경희법학 제39권 제1호(2004), 190면 이하 참조.

담보권자의 반환채무를 목적물의 반환채무와 시장에서 평가한 금전채무의 선택채무로 구성한다.[56)]

우리나라에서도 파생금융상품거래 또는 스왑거래와 관련하여 담보를 설정하는 예가 많이 있는데, 아직 국내에서는 담보설정계약서의 통일적인 양식은 없고, 당사자의 선택에 따라 뉴욕판, 영국판 및 일본판 중 어느 것을 골라 그에 부분적인 수정을 가하여 담보설정계약서를 작성하고 있는 것으로 보인다. 하지만 우리나라에서도 이제 표준적인 담보계약서의 양식을 작성하는 것이 바람직할 것이다. 물론 그 경우 2006년 4월 1일 발효된 「채무자회생 및 파산에 관한 법률」(이하 '통합도산법' 제120조 제3항)의 요건을 구비하여야 한다.[57)]

IV. 국제재판관할[58)]

1. 국제재판관할의 합의

국제재판관할이라 함은 국제민사사건에서 제기되는 법적 쟁송에

56) 일본판에 관한 논의는 우선 ISDA, User's Guide to the 1995 ISDA Credit Support Annex (Security Interest Subject to Japanese Law) ; 西村總合法律事務所(編), ファイナンス法大全(上), 2003, 614면 이하(伊藤剛志 집필 부분) 참조.

57) 정순섭, 앞의 논문, 166면 이하는 일본판을 기초로 우리 법상의 담보계약서의 구체적인 방향을 제시하는데, '소비대차+상계예약' 방식이 가장 현실적인 방식이라고 한다. 그러나 실무적으로는 소비대차를 위한 소유권이전시 이자에 대한 원천징수의 문제와, 금융기관 등의 증권대차에 대한 규제의 문제가 있고, 또한 소비대차에 의한 소유권이전이 통합도산법(제120조)의 담보에 포함되는지에 관하여 논란이 있는 것으로 보인다.

58) 상세한 것은 석광현, 국제재판관할에 관한 연구, 서울대학교출판부, 2001 참조.

대하여 어느 국가의 법원이 재판할 권한을 가지는가 또는 재판임무를 어느 국가에 배당할 것인가의 문제이다. 이는 재판에 의해 법적 쟁송사건을 해결할 수 있는 국가권력 또는 법질서 실현을 위한 국가의 권능을 의미하는 재판권(또는 사법권)과는 구별된다.[59] 지금으로서는 국제적으로 통용되는 국제재판관할규칙이 없기 때문에 각국은 자국법을 적용하여 판단하므로 과연 어느 국가에 국제재판관할이 있는지에 관하여는 불확실성이 존재한다. 국제금융거래의 경우 당사자들은 국제재판관할합의를 통하여 이러한 불확실성을 제거한다.

위에서 언급한 바와 같이 국제금융거래의 경우 준거법에 상응하여 영국 또는 뉴욕주법원에 비전속적 관할을 부여하는 관할합의조항(choice of forum 또는 jurisdiction clause)을 두는 것이 보통이다. 이는 '관할을 부여하는 합의(prorogation)'이다. 따라서 채권자는 관할합의에 의하여 지정된 법원에 소를 제기할 수 있고, 나아가 일반원칙에 따라 채무자에 대하여 국제재판관할을 가지는 국가의 법원에 소를 제기할 수 있다. 그에는 채무자의 주소(또는 주된 사무소) 소재지 국가가 포함된다. 그러한 국가는 일반관할(general jurisdiction)을 가지는 것으로 국제적으로 널리 인정되기 때문이다.

대법원 1997. 9. 9. 선고 96다20093 판결은 한국 법원의 관할을 배제하고 외국법원을 관할법원으로 하는 전속적인 국제재판관할의 합의가 유효하기 위해서는 ① 당해 사건이 한국 법원의 전속관할에 속하지 아니하고, ② 지정된 외국법원이 그 외국법상 당해 사건에 대하여 관할권을 가져야 하는 외에 ③ 당해 사건이 그 외국법원에 대하여 합

59) 재판권은 통상의 경우 문제되지 않으나 일방당사자가 국가, 중앙은행 등인 경우에 주권면제의 문제로서 다루어진다.

리적인 관련성을 가질 것이 요구된다고 하고, 나아가 ④ 전속적인 관할합의가 현저하게 불합리하고 불공정한 경우에는 그 관할합의는 공서양속에 반하는 법률행위에 해당하는 점에서도 무효라고 판시하고, 당해 사건에서의 관할합의는 사건이 그 지정된 외국법원에 대하여 합리적인 관련성을 결여한 것으로서 무효라고 판시하였다.[60] 참고로 2005년 6월 헤이그에서 개최된 외교회의의 결과 2005년 6월 30일「관할합의에 관한 협약」(Convention on Choice of Court Agreements. 이하 '관할합의협약')이 채택되었다. 이는 국제소송에 있어서 외국중재판정의 승인 및 집행에 관한 뉴욕협약에 상응하는 중요한 조약이 될 것이다. 그러나 국제금융거래의 경우 비전속적 관할합의를 하는 것이 관례이므로 국제금융거래에 관한 한 원칙적으로 비전속 관할합의만을 규율하는 위 관할합의협약은 별 도움이 되지 않을 것이다. 다만 관할합의협약(제22조)에 따르면 체약국의 선언에 의하여 동 협약이 비전속적 관할합의에도 적용될 수 있음을 주의해야 한다.[61]

주의할 것은 일방 당사자가 미국인인 경우는 문제가 없지만,[62] 예컨대 우리나라 은행이 인도네시아 차주에게 대출하는 경우처럼 미국의 시각에서 볼 때 외국인 간의 금융계약에서 연방법원을 지정하는 관할합의(예컨대 뉴욕주법원이 아니라 뉴욕주 소재 연방법원을 관할법원으로 지

60) 위 대법원판결에 대한 평석은 석광현, "선하증권에 의한 국제재판관할합의의 문제점 — 대법원 1997. 9. 9. 선고 96다20093 판결—," 국제사법과 국제소송 제2권, 2001, 212면 이하 참조.

61) 관할합의협약에 관하여는 석광현, "2005년 헤이그 재판관할합의협약의 소개," 국제사법연구 제11호(2005), 192면 이하 참조. 동 협약의 국문시역과 영문은 같은 책, 369면 이하 참조.

62) 일방 당사자가 미국인이고 상대방이 외국인인 경우 연방법원은 아래에서 말하는 diversity jurisdiction(이주민 간 관할권)을 가지는데 그 경우를 특별히 'alienage jurisdiction'이라고 부르기도 한다.

정하는 경우)는 무효라는 점이다.[63] 미국의 법원이 어떤 국제적 사건을 재판하기 위하여는 대인관할권(in personam jurisdiction)과 사물관할권(subject matter jurisdiction)의 양자를 가져야 하는데, 외국인 간의 소송의 경우 연방법원은 사물관할권이 없고 사물관할권은 관할합의에 의하여 창설되지 않기 때문이다.[64] 즉 미국에는 연방법원과 주법원이라는 이원적인 독립된 법원제도가 존재하고 연방법원의 사물관할권은 주법원의 그것과 달리 헌법과 의회제정법에 명시적인 근거가 있는 사건에 한정되는데, 연방법원의 사물관할권의 일반적인 두 가지 근거는 연방문제와 이주민 간의 사건에 관한 관할권이고—전자를 'federal question jurisdiction(연방문제 관할권)', 후자를 'diversity jurisdiction(이주민 간 관할권)'이라 한다—외국인 간의 소송에는 이주민 간 관할권이 미치지 않는다.[65]

관할합의와 관련하여 문제되는 것은 특정한 거래에서 우리나라의 국제적 강행법규(예컨대 외국환거래법)의 적용을 회피하기 위하여 외국

63) 노태악, "디지털재화의 거래와 국제재판관할," 인권과 정의 제359호(2006. 7), 67면 각주 42. 다만 계약금액이 미화 100만 달러 이상이고 준거법이 뉴욕주법인 경우 당사자들은 뉴욕주와 다른 관련이 없어도 뉴욕주법원을 관할법원으로 합의할 수 있다. 뉴욕주 General Obligations Law 제5-1402조. Gooch/Klein, 앞의 책, p. 43 ; Jayme/Nicholas, 앞의 논문, S. 132 참조. 실무상으로는 대부분 "the courts of the State of New York or of the United States for the Southern District of New York"라고 하여 연방법원과 주법원을 함께 관할법원으로 지정한다.

64) 상세한 것은 석광현, "항공기에 대한 국제적 담보거래—케이프타운협약과 항공기의정서를 중심으로—," 국제거래법연구 제12집(2003. 12), 95면 이하 참조. 관할합의협약 제5조 제3항도 후자의 점을 명시한다.

65) 전자는 사법절차(judiciary and judicial procedure)를 정한 미국연방법률 28 U.S.C. §1331, 후자는 28 U.S.C. §1332 참조. 설명은 한충수, "미국법상의 관할체계, 연방법원의 민사사건 관할권(federal subject matter jurisdiction)을 중심으로," 한양대학교 법학논총 제15집(1998), 190면 이하도 참조.

의 법원에 관할을 부여하는 합의의 유효성이다. 이를 무효라고 보는 견해도 있지만 찬성하기 어렵다.

그 밖에도 약관에 의한 국제재판관할합의의 문제가 있다.[66] 약관에 의한 국제재판관할합의에 대하여는 우선 국제계약의 준거법과 약관규제법의 적용 여부, 만일 준거법이 외국법인 경우에도 약관규제법이 적용된다면 근거는 무엇인가, 약관에 의해 우리 법원에 관할을 부여하거나, 우리 법원의 관할을 배제하는 경우에는 당연히 적용되는가, 약관규제법 제14조의 '부당하게 불리한'의 의미, 특정약관에 대한 약관규제법 제6조의 적용 여부 — 물론 대법원 1999. 12. 10. 선고 98다9038 판결이 있다 —, 상인의 경우와 비상인인 소비자의 경우의 적용상의 차이 등을 체계적으로 검토할 필요가 있다.

2. 송달대리인의 지정[67]

송달에 관한 법제는 대륙법계의 직권송달주의와 영미법계의 당사자송달주의로 나뉘어 있다. 대륙법계에서는 송달을 국가주권의 행사로 이해하므로 법원이 직접 외국으로 송달을 하는 것은 외국의 동의가 없는 한 외국의 주권을 침해하는 것이 된다. 이러한 문제를 극복하

---

66) 상세한 것은 석광현, "국제거래와 약관의 규제에 관한 법률의 적용," 국제사법과 국제소송 제3권, 2004, 175면 이하 참조.

67) 송달대리인과 우리 법상의 송달영수인의 차이에 관하여는 석광현, "외국판결 승인요건으로서의 송달 — 대법원 1992. 7. 14. 선고 92다2585 판결에 대한 평석을 겸하여 —," 국제사법과 국제소송 제1권, 2001, 376면 이하 참조. 다만 2002. 7. 1. 개정된 민사소송법(제184조)은 송달영수인의 신고의무제를 폐지하고 임의적인 것으로 하였다. 석광현, "국제소송의 외국인당사자에 관한 몇 가지 문제점," 변호사(2006), 310면 이하 참조.

기 위하여 헤이그국제사법회의는 1965년 송달협약[68]을 채택하였다. 그러나 통상 국제금융계약서는 관할합의조항에 추가하여 관할법원의 소재지에서 한국의 채무자를 대신하여 송달받을 송달대리인(agent for service of process)을 지정하도록 요구한다. 이는 간편한 송달방법을 확보함으로써 소송절차의 지연을 피하기 위한 것이다. 만일 송달대리인을 지정하지 않는다면 당사자 또는 관할법원은 당해 국가의 법, 국제조약 및 우리 국제민사사법공조법이 정하는 절차에 따라 사법공조의 방법에 의하여 채무자에게 송달하여야 하므로 송달에 상당한 기간이 소요되어 소송절차의 지연이 불가피하기 때문이다. 따라서 채무자는 국제금융계약서가 정하는 바에 따라 자신의 현지법인, 지점 등을 송달대리인으로 지정하거나 마땅한 대리인이 없는 경우에는 송달대리업무를 전업으로 하는 현지의 기업을 송달대리인으로 지정하고, 송달대리인 지정서와 송달대리인의 승낙서를 채권자에게 제출한다. 문제는 이러한 송달대리인에 대한 송달이 적법한가의 여부인데 이를 긍정해야 할 것이다. 주의할 것은 우리나라는 헤이그송달협약에 가입시 법원행정처를 중앙당국(central authority)으로 지정하면서도 이를 통한 송달만을 허용하였고 다른 간편한 송달방법에 대하여는 모두 이의하였으므로 예컨대 우편에 의한 송달 또는 사적 송달은 허용되지 않는다는 점이다.

68) 정식명칭은 「민사 또는 상사의 재판상 및 재판 외 문서의 해외송달에 관한 협약」(Convention on the Service Abroad of Judicial and Extrajudicial Documents in Civil or Commercial Matters)이다. 헤이그송달협약은 2000년 8월 1일부터 우리나라에 대해 발효되었다. 협약에 관하여는 석광현, "헤이그송달협약에의 가입과 관련한 몇 가지 문제점," 국제사법과 국제소송 제2권, 2001, 287면 이하 참조.

3. 부적절한 법정지의 법리

영미에서는 '부적절한 법정지(forum non conveniens)'의 법리가 인정되는데, 이는 소가 제기된 경우 법정지국이 국제재판관할을 가지더라도 외국에 대체법정지가 있고, 모든 요소를 고려할 때 외국 법정지가 분쟁을 해결하기에 더 적절한 경우 법원이 재량에 의하여 소송을 중지하거나 소를 각하함으로써 관할권의 행사를 거부할 수 있는 법리를 말한다. 이 법리에 따르면 국제재판관할의 유무와 행사 여부는 구별된다. 그러나 대륙법계는 전통적으로 이런 법리를 알지 못한다. 우리 국제사법을 개정함에 있어서 동 법리를 규정할 것인지 여부를 검토하였으나 많은 논란이 있어 규정하지 않았다. 따라서 국제사법하에서 과연 그것이 가능한지 여부는 판례와 학설에 따른다. 우리나라에서는 종래 별 논의가 없지만 부정설이 유력할 것이다. 그러나 저자는 엄격한 요건하에서 이를 도입할 수 있다는 견해를 피력한 바 있다.

그러나 영미에서도 당사자들이 관할합의를 한 경우에까지 부적절한 법정지의 법리를 적용할 것인지는 논란이 있고 불가능한 것은 아니지만 매우 이례적일 것이다. 그런데 부적절한 법정지의 법리를 널리 적용할 경우 국제금융거래상의 법적 불안이 발생할 수 있으므로 뉴욕주는 뉴욕주법을 준거법으로 하고 금액이 미화 100만 달러 이상인 계약에서 당사자들이 뉴욕주의 주법원을 관할법원으로 합의한 경우 법원이 관할을 거부할 수 없도록 1984년 입법적으로 명시하였다.[69] 실무적으로는 국제금융거래의 경우 당사자, 특히 채무자는 합의된 법

69) 뉴욕주 Civil Practice Law and Rules §327(b). Jayme/Nicolaus, 앞의 논문, S.132ff. ; Ebenroth/Tzeschlock, 앞의 논문, S. 200 참조.

원에 소가 제기된 경우 부적절한 법정지 또는 불편한 법정지라는 이유로 관할을 다툴 수 있는 권리를 미리 포기하기로 합의한다.[70)]

4. 국제적 소송경합(lis alibi pendens)

동일 당사자 간에 동일한 소송물에 관하여 수개국에 소가 계속하는 경우 즉 국제적 소송경합을 어떻게 처리할 것인지가 문제된다. 이에 관하여는 대륙법계에서는 이른바 승인예측설[71)]을 따르는 데 반하여 영미법계에서는 이를 국제재판관할의 틀 안에서 해결하는 경향이 있다. 종래 우리나라에서는 논의가 활발하지는 않으나 대체로 일본에서와 유사하게 그 밖에도 국제적 소송경합을 허용하는 견해가 있고, 최근에는 저자가 양자를 결합하여 승인예측설을 원칙으로 하되, 항상 전소가 제기된 법원이 우선하는 것이 아니라 외국에서 후소가 제기되

70) 흥미로운 것은 최근 유럽연합에서의 논의이다. 브뤼셀규정(또는 브뤼셀협약)에 따르면 어느 회원국의 법원은 동 규정에 따라 관할이 있으면 관할을 행사하여야 하며 부적절한 법정지라는 이유로 관할의 행사를 거부할 수 없다. 그러나 영국의 법원들은 영국과 비회원국의 관할이 문제된 때에는 부적절한 법정지의 법리에 기하여 재량으로 영국의 관할을 부인할 수 있다는 견해를 취하였다. 그런데 유럽법원은 2005년 3월 1일 Owusu 사건 판결(Case C-281/02)에서 이러한 견해를 배척하였다. 즉 브뤼셀협약 제2조에 따라 국제재판관할을 가지는 체약국의 법원은 비록 다른 체약국의 관할이 문제되지 않고 또한 당해 소송이 다른 체약국과 아무런 연결점이 없더라도, 비체약국법원이 더 적절한 법정지라는 이유로 관할권의 행사를 거부할 수 없다고 판시하였다. 다만 브뤼셀규정이 적용되는 것은 피고의 주소 또는 본거지가 유럽연합 내에 있는 경우이므로 예컨대 외국의 은행이 한국의 차주를 상대로 런던에서 소를 제기하는 경우에는 영국의 관할규칙이 적용된다. 따라서 그 경우 영국법원은 부적절한 법정지의 법리를 적용할 수 있다.

71) 이는 외국에 전소가 계속 중 국내에 후소가 제기된 경우 외국의 소송에서 판결이 선고될 경우 그것이 국내에서 승인 가능한 것으로 예측되는 때에는 중복제소금지의 원칙을 유추하여 국제적 소송경합을 제한하는 견해이다.

더라도 외국이 명백히 보다 더 적절한 법정지인 경우 예외적으로 전소가 제기된 한국 법원이 소송절차를 중지할 수 있다는 견해를 제시하였다. 원고가 미국에서 손해배상을 구하는 소를 제기하여 소송계속 중 한국에서 다시 후소를 제기한 사안에서 서울지방법원 2002. 12. 13. 선고 2000가합90940 판결은 승인예측설을 취하여 후소를 각하하였다.[72]

국제금융거래의 경우 계약서에서 채권자는 중복제소를 할 수 있음을 명시하는 예가 많이 있다. 그러나 한국에서 후소를 제기하는 것이 허용되지 않을 수도 있으므로 그런 문언을 넣는다면 계약서에 '법이 허용하는 범위 내에서' 라는 단서를 추가할 필요가 있다. 법률의견서에서도 이 점을 적절히 반영할 필요가 있다.

V. 외국판결의 승인 및 집행[73]

한국 변호사가 내는 법률의견은 영국 또는 뉴욕주법원이 선고한 판결이 한국에서 일정한 요건하에 승인 및 집행될 수 있음을 확인한다. 따라서 한국 변호사는 민사소송법과 민사집행법이 정한 요건을 정확히 반영하여야 한다. 외국판결의 효력을 전혀 인정하지 않는 국가도 있으나 많은 국가는 일정한 요건하에 그 효력을 인정한다(즉 승인된다). 다만 집행에 관하여는 영미법계는 절차적으로 상대적으로 자유로운 등록제도(registration system)를 취하는 데 반하여, 대륙법계는 보다

---

72) 위 판결에 대한 평석은 석광현, 국제사법과 국제소송 제4권, 2007, 169면 이하 참조.

73) 상세한 것은 석광현, "민사 및 상사사건에서의 외국재판의 승인 및 집행," 국제사법과 국제소송 제1권, 2001, 259면 이하 참조. 이는 구 민사소송법상의 논의이나 대부분 민사소송법과 민사집행법하에서도 타당하다.

엄격한 집행판결(또는 집행가능선언)제도(exequatur system)를 취한다. 우리나라는 양자를 민사소송법에서 규율하였으나 2002년 7월 1일자로 외국판결의 승인은 민사소송법에서, 집행은 민사집행법에서 규율한다. 양자를 국제사법에 통합하여 규정하는 방안이 바람직하다고 본다.

1. 외국판결의 승인

우리 법상 외국판결이 우리나라에서 효력을 가지기 위하여는 다음과 같은 다섯 가지 요건이 구비되어야 한다(민사소송법 제217조). 첫째, 확정판결일 것 둘째, 우리의 법령 또는 조약에 따른 국제재판관할의 원칙상 그 외국법원의 국제재판관할권이 인정될 것 셋째, 패소한 피고가 소장 또는 이에 준하는 서면 및 기일통지서나 명령을 적법한 방식에 따라 방어에 필요한 시간여유를 두고 송달받았거나 송달받지 아니하였더라도 응소하였을 것 넷째, 그 판결의 효력을 인정하는 것이 한국의 선량한 풍속이나 사회질서에 어긋나지 아니할 것과 다섯째, 상호보증이 있을 것이다. 그러나 어느 경우에도 실질재심사(révision au fond)는 허용되지 않는다. 국제금융거래에서는 관할합의를 하므로 합의된 국가의 법원의 판결이라면 관할요건을 구비하는 데는 별 어려움이 없다. 실무상 문제가 되는 것은 아래와 같다.

(1) 확정판결의 개념

확정판결의 '확정'이라 함은 상소와 같은 통상적인 불복방법으로는 수소법원에 더 이상 다툴 수 없게 된 상태를 말하며, 정확히는 외국판결이 판결국법상 한국법의 '형식적 확정력'에 상응하는 효력을 가지게 되었음을 말한다. 영미법상으로는 1심판결이 선고되어 당해 심급을 구속하게 되면 'final and conclusive' 하다.[74] 영미에서는 외국법원의 판결에 대해 항소가 계속 중이더라도 승인의 대상으로 보면서 단지 승인국은 승인 또는 집행을 연기할 수 있다는 입장을 취한다. 그러나 민사소송법은 확정판결일 것을 요구하므로 영미법상으로는 final and conclusive이더라도 만일 항소가 제기되어 계속 중이라면 우리나라에서는 승인될 수 없다.

(2) 상호보증의 요건

상호보증의 존재를 인정하기 위한 요건에 관하여는 견해가 나뉜다. 1설은 판결국이 민사소송법 제217조와 동일하거나 또는 그보다 관대한 조건하에 한국 판결을 승인할 경우에 한하여 상호보증이 있다고 한다. 반면에 2설은 판결국이 민사소송법 제217조의 요건과 중요한 점에서 다르지 않은 조건하에 한국 판결을 승인하면 족하다고 하는 상대적으로 완화된 입장을 취한다. 이 점에 관하여 대법원 2004. 10. 28. 선고 2002다74213 판결은 "우리나라와 외국 사이에 동종 판결의 승인요건이 현저히 균형을 상실하지 아니하고 외국에서 정한 요건이 우리나라에서 정한 그것보다 전체로서 과중하지 아니하며 중요한 점에서 실질적으로 거의 차이가 없는 정도라면 민사소송법 제217조 제4호에서 정하는 상호보증의 요건을 구비하였다고 봄이 상당하"다는 취지로 판시함으로써 2설을 취하였다.[75]

74) 미국의 통일외국금전판결승인법(제2조) 참조.

75) 위 대법원판결에 대한 평석은 석광현, 국제사법과 국제소송 제4권, 2007, 239면 이하 참조.

다수의 하급심판결과 대법원판결을 통하여 이제는 통일외국금전판결승인법(UFMJRA, Uniform Foreign Money-Judgments Recognition Act)을 채택한 주와 한국 간에는 상호보증이 존재하는 것으로 볼 수 있다. 따라서 뉴욕주법원 또는 뉴욕주 소재 연방법원의 판결은 다른 요건이 구비되면 한국에서 승인될 수 있으나 문제는 영국판결이다. 영국의 경우 외국판결의 승인 및 집행은 보통법 또는 제정법에 따라 이루어지는데, 제정법 중 중요한 것은 1933년 외국판결(상호집행)법〔Foreign Judgments (Reciprocal Enforcement) Act 1933〕이다. 후자는 외국판결을 등록함으로써 승인 · 집행이 가능하도록 하는 것인데 외국금전판결에만 적용된다. 우리나라는 1933년 외국판결(상호집행)법이 적용되는 국가에 포함되어 있지 않으므로 우리로서는 보통법상의 요건과 비교하여 판단해야 한다. 영국은 전통적으로 승인에 호의적인 국가로 평가되고 있고, 보통법상의 요건을 보면 위에서 본 민사소송법의 요건과 실질적으로 동등하다고 할 수 있으므로 위 2설을 취한다면 상호보증의 존재를 인정할 수 있을 것이다. 그러나 호주와의 관계에서 상호보증의 존재를 부인한 대법원 1987. 4. 28. 선고 85다카1767 판결은 외국판결을 집행하기 위하여 외국판결을 청구원인으로 하여 일반소송절차에 따라 다시 소를 제기하고 새로운 판결을 받아야 한다는 이유로 상호보증의 존재를 부인한 바 있으므로, 종래 우리 법원이 영국과의 상호보증의 존재를 긍정할 것으로 단언하기는 어려웠다. 그러나 위 대법원판결의 결과 이제는 상호보증의 존재를 긍정할 가능성이 상대적으로 커졌다고 본다.

참고로, 위 UFMJRA가 2005년 통일외국금전판결승인법(Unform Foreign-Country Money Judgements Recogmition Act, UFCMJRA)로 개정되었으므로 상호보증의 유무를 판단함에 있어서 캘리포니아처럼 후자를 채택한 주와의 사이에서는 후자의 요건을 검토해야 한다.

3) 공서위반 여부

특정한 거래에서 우리나라의 국제적 강행법규(예컨대 외국환거래법)의 적용을 회피하기 위하여 외국의 법원에 관할을 부여하고 그 법원의 승소판결을 받거나 당해 외국의 국제재판관할규칙에 따라 소를 제기하여 그 법원의 승소판결을 받아 우리나라에서 승인 및 집행하고자 하는 경우 그의 승인 또는 집행이 우리나라의 공서에 반하는지가 문제된다. 국제적 강행법규에 위반된다고 그의 승인 및 집행이 당연히 공서위반이 되는 것이 아니고, 문제된 당해 국제적 강행법규의 성질 및 취지, 위반의 정도와 효력 등을 종합적으로 고려해서 판단할 사항이고, 국제적 강행법규에 위반한 외국재판의 경우에도 그의 승인 및 집행이 우리의 근본적인 정의관념과 기초적인 국가적 이익에 반하지 않는 한 이를 수인해야 할 것이다.[76] 더욱이 승인이 가능하더라도 외국환거래법에 따른 허가의 취득은 집행의 조건이 되므로[77] 실제로 우리나라에서 외국판결을 집행할 수 있는 것은 아니다.

---

76) 석광현, "민사 및 상사사건에서의 외국재판의 승인 및 집행," 국제사법과 국제소송 제1권, 2001, 313면.

77) 대법원 1975. 4. 22. 선고 72다2161 전원합의체 판결은 외환관리법은 단속법규에 지나지 않으므로 그에 위반한 약정의 효력에는 영향이 없다고 하면서, 채권의 지급에 관한 재무부장관의 허가 등은 집행의 조건이 되는 데 지나지 않는 것이고, 채권금액의 지급을 명하는 판결을 함에 있어서 고려될 사항은 아니라고 판시하였다. 그러나 실제로 집행단계에서 고려될 수 있는지에 대하여 의문을 제기하기도 한다. 최공웅, 국제소송(개정판), 1994, 450면. 위 판결의 판결문도 같은 책, 466-467면에 소개되어 있다.

2. 외국판결의 집행[78)]

(1) 집행판결(exequatur)

외국판결을 집행하기 위하여는 우리 법원에서 집행판결을 받아야 하는데 집행판결을 하기 위하여는 위에서 본 승인의 요건이 구비되어야 한다(민사집행법 제26조, 제27조). 외국판결의 승인, 즉 효력의 확장은 위 요건이 구비되면 별도의 절차 없이 자동적으로 이루어지는 데 반하여 집행을 위하여는 우리 법원의 집행판결을 받아야 하는 점에 차이가 있다.

(2) 집행판결청구의 소와 청구이의사유의 주장

외국판결에 기하여 집행판결을 구하는 소송에서 피고가 승인거부사유로 그 외국판결의 기판력의 기준시 이후에 행해진 채무자의 변제 · 상계 등과 같은 민사집행법상의 청구이의사유를 항변으로 주장할 수 있는가가 문제된다.

집행법원은 외국판결의 실질을 재심사할 수 없음을 근거로 하는 부정설이 있고 이에 따르면 피고는 별도로 청구이의의 소를 제기해야 한다. 그러나 판결의 모순저촉을 막고 분쟁의 일회적 해결이라는 소송경제적인 측면을 고려하는 긍정설이 유력하다. 외국중재판정의 집

78) 여기에서는 외국판결만을 언급하나, 집행판결을 받아야 하는 점은 외국중재판정도 마찬가지이므로 본문의 논의는 외국중재판정에도 타당하다. 다만 외국중재판정의 경우 뉴욕협약에 의하여 승인 및 집행이 보장되는 점에 차이가 있다.

행에 관한 것이지만, 대법원 2003. 4. 11. 선고 2001다20134 판결[79]은 긍정설을 취하였다.[80]

3. 헤이그관할합의협약에 따른 승인 및 집행의 보장

위에서 언급한 헤이그관할합의협약은 또한 관할합의에 기초하여 어느 체약국에서 선고된 재판을 다른 체약국들에서 승인 및 집행될 수 있도록 보장한다. 제8조는 원칙적인 승인 및 집행의무를 규정하고, 제9조에서 승인 또는 집행의 거부사유(승인거부사유)를 규정한다. 이처럼 예외적인 거부사유를 규정하는 것은 뉴욕협약(제V조)과 유사한 소극적인 규정방식이다. 즉 관할합의협약에 따르면 전속적 관할합의에서 지정된 체약국의 법원이 선고한 재판은 협약에 따라 다른 체약국에서 승인되고 집행되며, 승인 또는 집행은 협약에 명시된 근거에 기하여만 거부될 수 있다(제8조 제1항). 승인 또는 집행을 요청받은 국가가 재판의 실질을 재심사(révision au fond)하는 것은 금지되나, 다만 제III장을 적용하기 위한 목적상 필요한 심사, 즉 승인거부사유의 유무를 판단하기 위하여 필요한 경우에는 실질의 재심사가 허용된다(제8조 제2

---

79) 공2003. 6. 1.(179), 1148.

80) 위 판결은 다음의 취지로 판시하였다. "… 중재판정의 성립 이후 채무의 소멸과 같은 집행법상 청구이의의 사유가 발생하여 중재판정문에 터 잡아 강제집행절차를 밟아 나가도록 허용하는 것이 우리 법의 기본적 원리에 반한다는 사정이 집행재판의 변론과정에서 드러난 경우에는, 법원은 뉴욕협약 제5조 제2항 (나)호의 공공질서 위반에 해당하는 것으로 보아 중재판정의 집행을 거부할 수 있다. 이런 해석이 집행판결의 확정 이후에 별도의 청구이의소송을 통하여 다투도록 하는 것보다 소송경제에 부합할 뿐만 아니라, 변론을 거친 판결의 형식에 의하여 집행판결을 하도록 정한 우리 법제에 비추어 타당하다." 이에 대해 비판적인 평석은 석광현, 국제상사중재법연구 제1권, 2007, 373면 이하 참조.

항 1문). 관할합의협약(제9조)은 관할합의의 무효, 당사자의 무능력, 송달요건의 미비, 사기에 의한 재판, 공서위반, 승인국 재판과의 저촉과 선행하는 제3국 재판과의 저촉 등 7개의 승인거부사유를 열거하는데 이는 망라적이다(제8조 제1항 2문). 이 점도 뉴욕협약과 유사하다.

VI. 국제도산법의 제 문제

오늘날처럼 기업이 다수의 국가에 재산을 가지고 있거나 국제적으로 영업활동을 하는 상황하에서는 그 기업에 대하여 어느 국가에서 도산절차가 개시되는 경우 국제도산법의 다양한 논점들이 제기되는데, 이는 국제금융거래에서 특히 중요한 의미를 가진다. 2006년 4월 1일 발효된 통합도산법은 과거의 속지주의[81)]를 버리고 수정된 보편주의를 취한다. 즉 통합도산법은 제5편(제628~642조)에 국제도산에 관한 규정들을 두는데, 이는 국제연합 국제무역법위원회(UNCITRAL)가 1997년 5월 채택한 「국제도산에 관한 모델법」(Model Law on Cross-Border Insolvency. 이하 '모델법')[82)]과 2001년 4월 1일 발효된 일본의 「外國倒産處理手續の承認援助に關する法律」(이하 '승인원조법')의 영향을 많이 받았다. 여기에서는 몇 가지 논점만을 언급한다.[83)]

81) 구법 하에서의 국제도산법에 관하여는 석광현, "국제도산법의 몇 가지 문제점," 국제사법과 국제소송 제1권, 2001, 437면 이하 ; 석광현, 국제사법과 국제소송 제4권, 2007, 363면 이하 참조.

82) 모델법에 관하여는 석광현, "국제도산법에 관한 연구—입법론을 중심으로—," 국제사법과 국제소송 제3권, 2004, 255면 이하 참조.

83) 통합도산법에 따른 국제도산법제에 관하여는 석광현, "채무자회생 및 파산에 관한 법률(이른바 통합도산법)에 따른 국제도산법," 국제거래법연구 제15집 제2호

1. 도산국제사법(또는 도산저촉법)

우리 기업인 채무자에 대해 우리나라에서 도산절차가 개시된 경우 도산에 관한 한 국제금융계약의 준거법에 관계없이 우리 통합도산법이 적용된다. 이것이 도산저촉법(또는 도산국제사법)의 문제이다. 우리 국제사법과 통합도산법은 도산국제사법에 관하여 규정하지 않으므로 이는 판례와 학설에 의해 해결해야 하는데, 종래 절차법적 사항과 실체법적 사항이 모두 도산절차개시국법 또는 도산법정지법(lex fori concursus)에 의한다는 견해가 유력하다. 절차에 관하여는 우선 '절차는 법정지법에 따른다'는 국제사법원칙(lex fori-Prinzip)이 국제도산법에서도 타당하고, 실체에 관하여는 도산절차에서는 절차와 실체가 밀접하게 관련되어 있다는 점과 도산법정지법을 적용함으로써 채권자들의 평등취급이라는 국제도산의 이념과 정의에 보다 충실할 수 있기 때문이다. 다만 실체에 관하여는 도산사건의 모든 실체법적 사항이 아니라 그중 도산절차의 목적에 봉사하는 도산전형적인 법률효과만이 도산법정지법에 의하는 점을 유념해야 한다. 예컨대 도산절차에서의 미이행쌍무계약의 처리라든가 상계 또는 네팅(netting)의 제한 등은 도산법정지법에 따른다. 다만 그 구체적인 범위는 명확하지 않은데 이를 구체화하는 것이 앞으로의 과제이다.[84] 모델법과 승인원조법도

(2006. 12), 319면 이하 ; 임치용, "새로운 국제파산법제," 남효순/김재형(공편), 통합도산법, 2006, 155면 이하 참조. 간단한 설명은 서울중앙지방법원 파산부 실무연구회, 회생사건실무(하), 2006, 257면 이하 ; 법무부, 채무자 회생 및 파산에 관한 법률 해설, 2006, 196면 이하(오수근 집필부분) ; 한민, "국제금융과 국제도산법에 관한 소고1－실무상의 문제점 분석을 중심으로－," BFL 제27호(2008. 1), 102면 이하 ; 한민, "국제금융과 국제도산법에 관한 소고2－hotchpot rule에 관하여－," BFL 제28호(2008. 3), 111면 이하 참조.

84) 예컨대 매수인인 한국 기업과 매도인인 독일 기업 간에 물품매매계약이 체결된

이에 관한 규정을 두고 있지 않지만, 2002년 5월 31일 발효된 유럽연합의 「도산절차에 관한 이사회규정」(이하 'EU도산규정' 제4~15조)은 도산법정지법원칙을 취하고 그에 대한 예외를 상세히 규정하고 있는데,[85] 이는 우리 법상의 해석론과 입법론에 도움이 된다. 위에 언급한 대법원 2001. 12. 24. 선고 2001다30469 판결은 준거법이 영국법인 차관계약상 우리나라 은행인 대주가 파산한 경우 파산관재인은 파산법 제50조에 따라 이행 여부를 선택할 수 있다고 하였던바,[86] 이는 위 법리가 적용된 예이다.

2. 외국도산절차의 대내적 효력

외국도산절차의 개시가 채권자의 개별집행을 금지하는 효력을 가지는 경우 그 효력이 한국 내에도 미치는가 또한 외국도산절차에 의하여 외국의 채무자가 한국 내 재산에 대한 관리처분권을 잃고 외국법원이 선임한 관재인이 관리처분권을 취득하는가 등 외국도산절차

뒤 매수인의 파산선고가 있었다면, 매매계약의 성립 및 효력은 법정지인 우리나라의 국제사법에 따라 결정되는 당해 계약의 준거법(예컨대 CISG 또는 독일법)에 따라 결정되지만, 매수인의 파산관재인이 미이행쌍무계약이라는 이유로 위 매매계약을 해제할 수 있는지는 도산전형적인 법률효과의 문제로서 도산법정지인 우리 통합도산법에 따른다. 상세한 것은 석광현, "도산국제사법의 제문제 : 우리 법의 해석론의 방향," 사법 제4호(2008. 6), 109면 이하 참조.

85) 이는 Council Regulation (EC) No 1346/2000 on insolvency proceedings를 말한다. 그에 관한 상세한 것은 석광현, "유럽연합의 국제도산법제," 국제사법과 국제소송 제3권, 2004, 320면 이하 참조. 2003. 3. 14.자로 개정된 독일 도산법도 제11장 총칙(제335~342조)에서 도산국제사법에 관하여 규정을 두고 있다. 이에 관하여는 한충수, "독일 국제도산법 개정과 우리에의 시사점," 민사소송 제9권 제1호(2005), 280면 이하 참조.

86) 위 대법원판결에 대한 평석은 석광현, 앞의 책(주 85), 543면 이하 ; 강일원, 앞의 논문 참조.

의 대내적 효력의 문제가 있다.

(1) 승인의 대상—주절차와 종절차

모델법〔제2호 (b)호, (c)호〕은 주절차와 종절차를 구분하는데, 본사와 같이 채무자의 주된 이익의 중심(COMI, center of main interests)이 소재하는 국가에서 개시된 절차를 주절차(main proceeding)라 하고, 본사 이외의 영업소 소재지와 같은 그 밖의 장소에서 개시된 절차를 종절차(non-main proceeding)라 한다〔제2조 (b)호, (c)호〕. 일본의 승인원조법(제2조)도 이와 유사한 정의를 두고 있다.[87] 통합도산법 제5편은 외국도산절차의 승인과 관련하여 주절차 · 종절차를 구분하지 않고 그런 개념을 정의하지도 않는다. 다만 동일 채무자에 대한 수개의 외국도산절차의 승인신청이 있는 경우 병합심리(제639조 제1항)와 복수의 외국도산절차가 승인된 경우 법원은 승인 및 지원절차의 효율적 진행을 위하여 주된 외국도산절차를 결정할 수 있다고 규정하므로(제639조 제2항 · 제3항) 주절차와 종절차의 개념을 모르는 것은 아니다.

(2) 승인의 요건—간접관할

통합도산법(제628조 제1호)은 외국도산절차를, "외국법원(이에 준하는 당국을 포함한다)에 신청된 회생절차 · 파산절차 또는 개인회생절차 및 이와 유사한 절차를 말하며, 임시절차를 포함한다"라고 정의한다. 그

87) 정확히는 외국주절차를 정의함에 있어서 주된 이익의 중심지라는 표현 대신 '주된 영업소가 있는 국가'에서 신청된 외국도산절차를 말한다고 한다.

리고 제631조 제1항은 "외국도산절차의 대표자는 외국도산절차가 신청된 국가에 채무자의 영업소 · 사무소 또는 주소가 있는 경우에… 법원에 외국도산절차의 승인을 신청할 수 있다"라고 규정하므로 그러한 외국도산절차만이 승인될 수 있다. 법원이 외국도산절차의 승인신청을 기각하여야 하는 사유는 ① 법원이 정한 비용을 예납하지 아니한 경우, ② 소정의 서류를 제출하지 아니하거나 그 성립 또는 내용의 진정을 인정하기에 부족한 경우 또는 ③ 외국도산절차의 승인이 한국의 선량한 풍속 그 밖에 사회질서에 반하는 경우이다(제632조 제2항). 통합도산법은 명시하지 않지만 외국의 도산법이 우리의 구 도산법처럼 자국도산절차의 대외적 효력을 부인하는 것도 승인거부사유가 된다고 본다.

(3) 승인의 절차—결정승인제

외국도산절차의 승인에는 외국판결의 승인처럼 일정요건이 구비되면 별도의 절차 없이 승인하는 자동승인제와 법원의 재판에 의해 승인하는 결정승인제가 있는데 통합도산법 제5편은 모델법 및 일본의 승인원조법과 마찬가지로 결정승인제를 취한다. 주목할 것은 대법원 2003. 4. 25. 선고 2000다64359 판결[88](이른바 구찌사건 판결)은 속지주의를 취한 구 파산법의 해석론으로서, 미국 파산법원의 파산선고의 효력을 관재인에의 관리처분권의 이전과 개별집행금지, 즉 포괄집행적 효력으로 나누어 전자에 관하여 미국 파산법원의 재판이 민사소송법

88) 평석은 석광현, "미국 파산법원의 재판의 효력과 파산법의 속지주의," 판례연구 제18집(1)(2004), 201면 이하 참조.

의 외국판결 승인요건을 갖춘 것으로 못 볼 바 아니라고 하여 효력을 승인한 점인데, 이는 관리처분권의 이전은 자동승인된다는 태도를 취한 것이다. 그러나 이러한 결론은 통합도산법상은 허용되지 않는다.

(4) 승인의 효력—승인결정에 기초한 법원의 지원

통합도산법 제5편은 외국도산절차의 효력이 우리나라에 그대로 유입되는 것을 막고자 우리 법원이 재량으로 개별적 지원결정을 하도록 한다. 즉 통합도산법(제636조)에 따르면, 승인결정에 의해 외국도산절차 개시국법상의 효력이 우리나라에 확장되거나 통합도산법상의 도산절차의 효력이 발생하는 것이 아니라, 우리 법원이 승인결정을 기초로 지원결정을 하는 체제인데 이는 승인원조법을 추종한 것이다. 승인원조법은 기본적으로 모델법을 수용한 것이지만 이 점에서 큰 차이가 있다. 즉 승인원조법상 외국도산절차의 승인이라 함은 외국도산절차에 따른 관리처분권의 이전과 포괄집행적 효력을 인정하는 것이 아니라, 일본 내에서 승인원조법에 따른 원조처분을 할 수 있는 기초로서 승인하는 데 불과하다.

속지주의를 철저히 따른다면 외국도산절차의 도산관재인은 한국에 있는 재산에 대하여는 관리처분권을 가지지 않으므로 당사자적격을 가지지 않는다고 볼 것이나, 대법원 2003. 4. 25. 선고 2000다64359 판결은 구 파산법의 해석론으로서, 미국 파산법원의 파산선고의 효력을 관재인에의 관리처분권의 이전과 개별집행금지로 나누어 전자에 관한 한 별도의 절차 없이 그 효력을 승인하였다. 그러나 통합도산법에 따르면 외국의 도산관재인이 우리나라에서 관재인으로서의 권한, 나아가 당사자적격을 가지기 위하여는 당해 외국의 도산법상 그가 대외적으로 권한을 가져야 하고, 우리 법원에 외국도산절차의 승인신청을 해서 승인결정을 받고(제632조), 나아가 국제도산관리인으로 선임되어야 한다(제636조 제1항 제4호). 따라서 통합도산법하에서는 위 대법원 2003년 판결은 더 이상 타당할 수 없다.

3. 내국도산절차의 대외적 효력

파산자가 파산선고 당시에 가진 모든 재산은 파산재단에 속하는데(통합도산법 제382조 제1항) 통합도산법은 속지주의를 정한 파산법 제3조 제1항을 삭제하였으므로 위 재산은 소재지에 관계없이 파산재단을 구성한다. 회생절차의 경우도 마찬가지로 속지주의를 정한 회사정리법 제4조 제1항을 삭제하였다. 나아가 통합도산법(제640조)은 "국내도산절차의 관리인 · 파산관재인 그 밖에 법원의 허가를 받은 자 등은 외국법이 허용하는 바에 따라 국내도산절차를 위하여 외국에서 활동할 권한이 있다"라고 함으로써 보편주의를 지향한다. 외국의 법원이 우리 도산절차의 관리인의 권한을 인정할지는 외국법이 정할 사항이지만 우리 법이 이를 스스로 제한할 필요는 없으므로 통합도산법의 태도는 타당하다.

한편 구 도산법하에서는 외국채권자가 우리 기업이 담보로 제공한 담보물을 외국에서 보유할 경우, 회사정리법이 속지주의를 취하였으므로 채권자는 회사정리절차에 관계없이 담보권을 실행할 수 있었다. 그러나 통합도산법에 따르면 특히 담보권의 준거법이 외국법인 경우 과연 통합도산법의 대외적 효력을 주장하여 담보권의 효력 또는 실행을 제한할 수 있는지 하는 까다로운 도산국제사법의 문제가 제기된다.

4. 병행도산절차 간의 조정

도산절차의 병행에는 내국도산절차와 외국도산절차의 병행과 외국도산절차 간의 병행이 있는데 통합도산법은 제638조에서 전자를, 제639조에서 후자를 각각 규정한다. 모델법은 병행도산을 해결하기 위해 미리 마련된 해결책을 강요하는 대신 협력과 대화의 과정을 통해 조정할 것을 규정하는 점에 특색이 있는데 통합도산법은 대체로 모델법을 따른 것이다.

(1) 국내도산절차와 외국도산절차 상호간의 조정

통합도산법(제638조 제1항)은 채무자를 공통으로 하는 외국도산절차와 국내도산절차가 동시에 진행하는 경우 법원은 국내도산절차를 중심으로 제635조(승인 전 명령 등) 및 제636조(외국도산절차에 대한 지원)의 규정에 의한 지원을 결정하거나 이를 변경 또는 취소할 수 있다고 규정한다. '국내도산절차를 중심으로'라는 것은 국내도산절차에 우선권을 주되, 법원의 재량의 여지가 있다는 취지로 보인다.

통합도산법은 모델법과 마찬가지로 병행절차가 진행되는 경우 어느 절차의 도산관재인이 그의 도산절차에 채권을 신고한 채권자를 대리하여 다른 도산절차에 채권의 교차신고(cross-filing)를 규정하고 있지 않다.

나아가 통합도산법(제642조)은 병행절차 간의 조정을 위하여 '배당의 준칙'이라는 제목하에 외국도산절차 또는 채무자의 국외재산으로부터 변제받은 채권자는 국내도산절차에서 그와 같은 조 및 순위에 속하는 다른 채권자가 동일한 비율의 변제를 받을 때까지 국내도산절차에서 배당 또는 변제를 받을 수 없다고 규정한다. 이는 동 순위 채권자들 간의 공평한 배당을 달성하기 위한 방법으로 보통법상 널리 인정되고 있는 이른바 'hotchpot rule'을 명시한 것이다.

(2) 복수의 외국도산절차 상호간의 조정

한편 복수의 외국도산절차가 승인된 경우 법원은 채무자의 주된 영업소 소재지 또는 채권자보호조치의 정도 등을 고려하여 주된 외국도산절차를 결정하고 그를 중심으로 지원을 결정하거나 변경할 수 있다(제639조).

5. 외국법원 및 외국대표자와의 공조

공조는 외국도산의 승인을 전제로 하는 것은 아니고, 병행절차의 존재를 전제로 하는 것도 아니나, 병행절차가 진행 중인 경우 공조가 중요한 의미를 가짐은 명백하다. 공조에는 법원 간의 공조와 도산관재인 간의 공조가 있다.

통합도산법(제641조)은 도산절차의 병행시 우리 법원(도산사건의 담당재판부)이 외국 법원과 직접 공조할 것을 규정하는데, 이는 종래의 법원행정처를 통한 국제민사사법공조법상의 민사사법공조의 수준에 비하면 획기적인 것이다. 결국은 공조범위를 넓혀야 할 것이라는 점에서 통합도산법의 태도를 이해할 수 있지만 실무상 어려움이 예상된다.

한편 국내도산절차의 관리인 또는 파산관재인도 법원의 감독하에 외국법원 또는 외국도산절차의 대표자와 직접 정보 및 의견을 교환할 수 있다(제641조 제3항). 통합도산법도 모델법을 따라 공조의 시기와 방법 등에 관한 결정을 법원과 도산관재인에게(법원의 감독하에) 맡기고 있는데, 이는 법원에게 유연성과 재량을 부여하는 것이 실무적으로 매우 중요하기 때문이다.[89] 통합도산법하에서는 도산관재인 간에 도산관리계약 또는 의정서(protocol)가 체결될 수 있는데, 이는 1991년의 Maxwell 사건을 계기로 병행도산을 조화롭게 운영하는 절차로서, 널리 활용되고 있으며 국제적으로 거의 보편화되어 가고 있으므로 앞으로 우리도 이에 대해 좀더 체계적으로 연구할 필요가 있다.

VII. 국제금융계약의 준거법에 관계없이 우리 법이 규율하는 사항

이상의 논의를 통하여 국제금융계약의 준거법이 영국법 또는 뉴욕주법이더라도 채무자가 우리 기업이 채무자인 경우 우리 법원이 재판하는 때에는 일정한 사항들은 한국법에 의한다는 점을 확인할 수 있었다. 다음 사항들이 그에 포함된다.[90]

① 채무자의 능력
② 이사회결의 등 당해 거래를 위하여 필요한 채무자의 내부절차에 관한 사항
③ 회사를 대표하여 관련 국제금융계약을 체결하고 서명(또는 기명 · 날인)할 자, 사채의 발행에 대한 상법상의 규제사항(예컨대 사

89) UNCITRAL, Guide to Enactment of the UNCITRAL Model Law on Cross-Border Insolvency, para. 178 참조.

90) 그 밖에도 대리는 계약의 준거법에 의하지 않고 독립적으로 연결된다(국제사법 제18조).

채총액의 제한)

위 ① 내지 ③은 우리 기업의 속인법이 규율하는 사항들이다.

④ 우리나라의 외국환거래법 기타 국제적 강행법규
⑤ 도산법정지법인 우리의 통합도산법
⑥ 우리 국제사법
⑦ 우리 절차법이 규율하는 사항(국제재판관할을 포함)—이는 국제사법상 '절차는 법정지법에 따른다'는 원칙(lex fori principle)이 확립되어 있기 때문이다.
⑧ 외국판결의 승인 및 집행에 관한 사항
⑨ 우리 세법과 형법이 규율하는 사항

외국법과 한국법이 교착하는 국제금융거래에서 당사자들의 법률관계를 정확히 파악하기 위하여는 당해 외국법과 한국법의 적용범위를 정확히 획정하여야 한다. 따라서 국제금융거래에 관여하는 우리 변호사는 이를 정확히 이해하여야 하는데, 그러기 위해서는 국제사법적 시각 내지는 마인드가 필수적이다.

여기에서는 우리 기업이 채무자인 경우를 중심으로 논의하였는데, 반대로 만일 우리 기업이 채권자이고 외국(예컨대 인도네시아) 기업이 채무자이며 준거법이 한국법인 경우에는 위의 논의를 적절히 응용하여 무엇이 인도네시아법에 의할 사항인지를 파악하고, 그에 관하여 현지 변호사의 도움을 얻어야 할 것이다. 즉 인도네시아 변호사에게 문의할 사항을 작성하는 데 국제사법적 시각과 마인드가 필수적이다.

VIII. 국제자본시장법—국제증권거래법[91)]

1. 종래의 논의

우리 자본시장의 자유화가 진행됨에 따라 국제적인 증권거래로 인한 여러 가지 법률적인 문제가 제기되고 있다. 가장 전형적인 것인 예컨대 우리 기업이 외국에서 국제채를 발행할 경우 우리 증권거래법에 따른 유가증권신고를 요하는지, 사업설명서의 불실기재를 포함한 증권거래에서의 불공정을 저지른 경우 또는 증권 발행 후의 공시의무를 위반한 경우 우리 증권거래법에 따른 책임을 지는지 등이다.[92)] 그 밖에도 특히 장래 우리 기업의 주식이 우리나라와 외국의 거래소에 동시상장될 경우 외국에서의 내부자거래나 시세조종 등의 행위에 우리 증권거래법이 적용되는지 등의 문제가 제기될 것이다. 그러한 국제적인 증권거래에 따른 쟁점의 준거법의 결정이 국제자본시장법(또는 국제증권거래법)의 주된 과제이고, 그와 관련하여 국제절차법적 쟁점도

---

91) 이 부분은 당초 발표논문에는 없던 것이나 새로이 추가하였다. 여기에서는 논점만 소개한다. 독일 문헌은 우선 MünchKommBGB/Kindler, Band 11 Einführungsgesetz, Internationales Privatrecht 4. Auflage (2006), IntKapMarktR Rn. 28ff. 참조.

92) 그중 국제채의 발행과 관련한 문제는 위에서 간단히 언급하였다. 그 경우 우리 증권거래법의 적용범위에 관하여는 석광현, "국내기업의 해외사채 발행의 실무와 법적인 문제점—유로채(Euro bond) 발행시 우리 법의 적용범위에 관한 문제를 중심으로—," 국제사법과 국제소송 제1권, 2001, 625면 이하 참조. 유가증권신고를 필요로 하는 유가증권의 발행 범위는 2006년 11월 30일자로 금융감독위원회의 「유가증권의 발행 및 공시 등에 관한 규정」 제12조 제1항 제6호가 신설됨으로써 좀더 명확히 되었으나 여러 가지 문제점을 제기하고 있다. 상세한 것은 조민제/조남문/차경민, "해외증권 발행 공시규제에 대한 비판적 소고—유가증권의 발행 및 공시 등에 관한 규정 제12조 제1항 제6호 신설규정을 중심으로—," BFL 제28호 (2008. 3), 90면 이하 참조.

제기되는데 우리도 이 분야에 관심을 가질 필요가 있다.[93] 그러나 종래 우리나라에서는 이러한 국제자본시장법(또는 국제증권거래법)에 관하여는 충분한 논의가 이루어지지 않았고, 미국 증권법의 역외적용에 관한 미국의 판례와 학설의 소개가 중심을 이루었다.[94] 미국 증권법의 역외적용에 관한 논의의 특징은 우리 국제사법에서 보는 바와 같은, 어떤 쟁점에 대해 어느 국가의 법을 적용할 것인가라는 형태의 문제제기가 아니라 주어진 사안에서 법정지 즉 미국법이 적용되는가라는 형태로 문제를 제기하는 점인데,[95] 이는 주로 미국 증권법의 역외적용의 국제공법적 한계라는 관점에서 논의되었다.[96] 다만 서울대학교 금융법센터가 2004년 10월 금융감독위원장에게 제출한 「증권거래법의 역외적용 및 외국감독기관과의 공조제도 정비방안 연구에 관한 최종보고서」에서 증권거래법의 역외적용에 대하여 좀더 체계적인 검토와 논의가 이루어진 것으로 보인다.[97] 그리고 그 결과로 아래에서 언급하

93) 이에 관하여는 우선 고창현/정명재/김연미, "국내외 증권시장 동시상장에 관한 법적 문제점," 증권법연구 제3권 제2호(2002), 133면 이하 ; Herbert Kronke, Capital Markets and Conflict of Laws, Recueil des Cours Tome 286 (2000), pp. 257-385 참조.

94) 과거의 논의는 우선 안문택, 증권거래법체계, 1985, 467-514면(제5장 증권의 국제거래에 대한 규제) 참조.

95) 즉 이는 법률관계로부터 출발하여 그에 적용할 준거법을 탐구하는 사비니적인 접근방법이 아니라, 법규로부터 출발하여 그 법규의 적용범위를 탐구하는 법규분류설적인 접근방법을 취한다. 따라서 이 경우 쌍방적 저촉규정이 아니라 일방적 저촉규정의 정립에 관심을 가진다.

96) 종래 미국 증권법의 역외적용은 우선 다음 두 가지 쟁점을 중심으로 논의되었다. 첫째는 미국 외에서의 국제적인 증권발행과 유통에 대하여 미국 증권법상의 등록요건이 어느 범위에서 적용되는가이다. 이에 관하여는 미국 증권관리위원회의 Regulation S와 Rule 144A가 중요한 의미를 가진다. 둘째는 이른바 '사기금지(anti-fraud)조항'이 어느 범위에서 적용되는가이다. 이에 관하여는 1934년 증권거래소법 제10조 (b)와 미국 증권관리위원회 Rule 10b-5가 문제된다.

97) 필자는 2004년 12월 27일 개최된 세미나에 참석하여 토론할 기회를 가졌는데, 세

는 「자본시장과 금융투자업에 관한 법률 제정안」(이하 '자본시장통합법')에 동법의 역외적용을 명시한 조항이 신설되었다.

2. 논의의 방향

증권거래법은 유가증권의 유통을 원활히 하고 투자자를 보호하기 위하여 주로 유가증권의 발행과 매매 기타 거래가 공정하게 이루어지도록 규제하기 위한 법이다. 전통적인 견해에 따르면 이러한 증권규제는 크게 정보공시규제와 불공정거래규제의 두 가지로 구분된다.[98] 증권규제는 그의 성질에 따라 ① 공법적(또는 행정법적) 규제를 내용으로 하는 행정규제, ② 행정규제의 위반으로 인한 민사책임을 규율하는 민사책임규제와 ③ 행정규제를 위반한 데 대한 형사처벌을 내용으로 하는 형사책임규제로 구성된다.[99] 따라서 국제증권거래법(또는 국제자본시장법)의 체계를 세우는 데 있어서도 위 세 가지 분야로 구분하여 논의할 필요가 있다. 우리 법의 적용을 중심으로 장래의 논의 방향을 간단히 언급하면 다음과 같다.

(1) 행정규제법

행정규제법의 분야에서는 제도로서의 자본시장의 조직과 원활한 기능을 위하여 초개인적이고 국가적 또는 경제정책적인 공적 이익에

미나시에도 최종보고서는 배포되지 않았고 세미나를 위한 간단한 자료만이 배포되었다. 개관은 김건식/정순섭, 자본시장법, 2009, 544면 참조.

98) 김건식, 증권거래법(3판), 2004, 42면 이하.

99) 물론 이러한 법적규제 외에도 규제 대상이 스스로 하는 자율규제가 있다.

봉사하는 국제적 강행규정(international zwingende Bestimmungen, internationally mandatory rules)[100]이 다수 존재하므로 주어진 쟁점에 대해 어느 국가의 법이 적용되는가라는 전통적인 국제사법의 문제제기보다는 우리 증권거래법의 적용 여부를 묻는 형태로 문제가 제기된다. 미국 증권법의 역외적용도 바로 이러한 형태의 문제제기인데 행정규제법의 분야에서는 이를 수긍할 수 있다. 우리 증권거래법의 역외적용을 긍정한다면 이는 개정된 국제사법 제7조의 국제적 강행법규(즉 입법목적에 비추어 준거법에 관계없이 해당 법률관계에 적용되어야 하는 우리나라의 강행규정)의 적용 여부의 문제이다. 우리 증권거래법의 역외적용 여부는 일률적으로가 아니라 문제된 증권거래법의 조항의 입법목적과 문제된 행위가 우리나라의 투자자들과 우리 증권시장에 미치는 영향 등을 고려하여 개별적으로 판단하여야 한다. 이것이 국제행정법 또는 섭외공법(internationales öffentliches Recht)의 문제이다.

행정규제법 분야의 절차법적 쟁점으로는 예컨대 행정규제를 담당하는 우리 감독기관이 심판할 수 있는 관할[101]의 문제와 기타 절차법적 문제들이 있다. 이 경우 외국감독기관과의 공조도 중요하다. 이는 국제행정절차법 또는 넓은 의미의 국제행정법 또는 넓은 의미의 섭외공법의 문제라고 할 수 있다.

---

100) 독일에서는 이를 간섭규범(Eingriffsnorm)이라 한다. 이를 '개입규범'이라고 번역할 수도 있다. 2009년 12월 17일부터 발효될 예정인 로마 I규정(제9조)에서는 독어로는 간섭규범(Eingriffsnormen), 영어로는 최우선 강행규정(overriding mandatory provisions)으로 명칭이 변경되었다.

101) 아래에서 논의하는 민사책임에서의 국제재판관할과 달리 이러한 행정기관의 관할은 입법관할과 일치한다는 견해가 유력하다.

(2) 민사책임법

이는 위에 언급한 행정규제의 위반에 따른 민사책임을 규율하는 규정을 말한다. 이에는 예컨대 사업설명서의 부실기재 또는 개시의무 위반으로 인한 손해배상책임, 내부자거래 또는 시세조종으로 인한 손해배상책임과 단기매매차익반환의무 등이 포함된다. 미국에서는 이 분야도 미국 증권법의 역외적용의 문제로 다루고 있으나,[102] 우리 법상으로는 미국과 같은 접근방법을 취할지 아니면 민사책임에 관하여는 국제사법적 접근방법을 취할지를 우선 검토할 필요가 있는데,[103] 이를 부연하면 다음과 같다.

첫째 방안은 행정규제법 분야의 연결원칙과 민사책임법의 연결원칙을 통일적으로 구성하는 것인데, 행정규제의 위반이 민사책임의 선결문제가 되는 점을 고려하면 이러한 접근방법이 자연스럽고 논리적이다. 특히 자본시장통합법이 명문의 규정을 신설한 이상 이 견해가 유력하다고 할 수 있다. 다만 양자를 통일적으로 연결하더라도 역외

102) 예컨대 사기금지조항의 역외적용에 관하여 종래 미국의 판례는 미국 증권법을 역외적용하기 위한 기준으로 효과기준 또는 행위기준을 종합적으로 고려하여 결정한다. 효과기준(effects test)은 사기행위가 비록 미국의 영토 밖에서 행해졌더라도 그 행위가 미국 증권시장 또는 미국 투자자에게 예견가능하고 실질적인 해(foreseeable and substantial harm)를 입히는 경우 미국법이 적용된다는 원칙이다. 이를 최초로 적용한 판결은 David H. Schoenbaum v. Bradshaw D. Firstbrook, 405 F.2d 200 (2d Cir. 1968) 사건 판결이다. 한편 행위기준(conduct test)은 비록 사기로 인한 결과는 미국 증권시장 또는 미국 투자자와 아무런 관련이 없더라도 그 사기행위가 미국 내에서 행해진 경우 미국법이 적용된다는 원칙이다. 이를 최초로 적용한 판결은 Leasco Data Processing Equipment Corp. v. Maxwell, 468 F.2d 1326 (2d Cir. 1972)이다. 이에 관하여는 우선 김건식/송옥렬, 미국의 증권규제, 2001, 496면 이하 참조.

103) 국제독점금지법 분야에서도 유사한 문제가 제기된다.

적용으로 모든 문제가 해결되는 것은 아니다. 예컨대 미국에서 어떠한 행위가 있고 우리나라에서 그 결과(또는 효과)가 발생하는 경우처럼 우리 증권거래법과 외국 증권거래법이 적용되는 사안에서 준거법을 어떻게 정할지가 문제되기 때문이다.[104] 즉 자본시장통합법에 역외적용을 명시하더라도 민사책임법에 관한 한 이는 하나의 성글고 거친 원칙일 뿐이므로 이를 기초로 국제증권거래의 유형별로 정치한 연결원칙을 도출할 필요가 있다.[105] 또한 외국의 증권거래법에 따르면 우리나라에서 행해진 행위에 대해 동법이 역외적용되어야 하는 사안에서 우리가 이를 양면적 저촉규정으로 파악하여 적용할지도 검토해야 한다.

둘째 방안은 양자를 각각 별개로 구성하는 것인데, 민사책임에 관한 한 전통적인 국제사법의 접근방법에 부합한다는 장점이 있다. 자본시장통합법에 명문의 규정이 신설되기는 했지만, 이는 주로 행정규제에 착안한 것이므로 민사책임에 관하여는 아예 적용되지 않는다거나 타당하지 않다고 보는 것이다. 이 경우 쟁점에 따라서는 국제계약법적 접근방법, 국제회사법적 접근방법과 국제불법행위법적 접근방법에 의하여 또는 그들의 결합에 의하여 해결해야 할 것이나, 어떤 성

---

104) 독점금지법에 관한 것이지만 예컨대 미국에서도 Timberlane Lumber Co. v. Bank of America N.T. & S.A., 549 F.2d 597 (9th Cir. 1976) 사건 판결이 제시한 합리성의 원칙 또는 balancing test를 따른다면 국내에 효과가 미친다고 하여 국내법을 반드시 역외적용하여야 하는 것은 아니다. 양명조, 국제독점금지법—미국법의 이론과 실제—(1986), 314면 이하 ; 松岡 博, "商標法の域外適用と屬地主義," 帝塚山法學 12호(2006), 234면 이하 참조. 보다 근본적으로 어느 정도의 영향 또는 효과가 있어야 족한지도 문제이다.

105) Joachim Schneider, Kapitalmarktrechlicher Anlegerschutz und Internationales Privatrecht (1998), S. 245ff. ; Jan Kropholler, Internationales Privatrecht 5. Auflage (2004), §52IX2b.

우에는 그 어느 것도 만족스러운 해결방안을 제시하지 못한다는 데 문제해결의 어려움이 있다.[106] 앞으로 국제사회법과 국제자본시장법의 경계를 명확히 할 필요가 있다. 물론 증권이 상장된 경우 상장에 관련된 쟁점은 상장지법에 의하여 규율된다. 또한 국제불법행위법적 접근방법을 따르는 경우 전통적인 연결점인 행동지와 결과발생지에 연결하는 것이 타당한지가 문제된다. 미국의 판례에 의해 발전되어 온 행위기준과 효과기준은 행동지와 결과발생지를 연결점으로 삼는 것이라고 할 수 있는데, 그 경우 행동지와 결과발생지의 관계를 어떻게 정립할지가 문제된다. 나아가 새로운 접근방법으로 국제증권거래법(또는 국제자본시장법)의 체계를 구축하고 증권시장을 중심적인 연결점으로 삼는 것이 타당한지를 검토할 필요가 있다.[107] 아니면 불법행위로 성질결정할 수 있는 사안의 경우 국제불법행위법적 접근방법을 취하면서도 불법행위지를 '증권시장지'로 볼 수 있는지가 문제된다.[108] 어쨌든 이러한 검토를 하는 과정에서 문제된 행위 또는 거래의 유형별로 적절한 연결점을 탐구할 필요가 있는데 이는 앞으로의 과제이다. 특히 동시상장의 경우는 어느 하나의 국가에서만 행위 또는 효과가 있는 사안과는 구별하여 달리 취급할 필요성이 있을 것이다.

민사책임법 분야의 절차법적 쟁점으로는 국제재판관할, 국제민사사법공조와 외국판결의 승인 및 집행의 문제 등이 있는데 이는 바로 넓은 의미의 국제사법 내지는 국제민사소송법의 제 문제이다.

---

106) Peter Kiel, Internationales Kapitalanlegerschutzrecht. Zum Anwendungsbereich kapitalanlegerschützender Normen im deutschen, europäischen und US-amerikanischen Recht (1994), S. 294ff. 참조.

107) 예컨대 Kiel, 앞의 책, S. 297ff.

108) 우리 국제사법은 특수불법행위에 관한 특칙을 두고 있지 않으나 국제사법의 예외조항(제8조)을 참작하여 국제불법행위를 시장지에 연결하는 것도 가능하다.

(3) 형사법

이에 관하여는 증권거래법에 특칙이 없으면 국제형법에 관한 형법 총칙의 규정(제2조 이하)이 적용된다. 형사법 분야에서도 절차법적 쟁점이 제기되는데 예컨대 국제관할의 문제는 형사소송법에 따라 해결될 것이다. 그 밖에 국제적인 공조의 문제가 제기되는데 이는 국제형사사법공조의 문제이다.

3. 자본시장통합법

이와 관련하여 주목할 것은 2007년 8월 3일 법률 제8635호로 제정되어 2009년 2월 4일 시행될 예정인 「자본시장과 금융투자업에 관한 법률」(이른바 자본시장통합법)이다. 즉 동법 제2조는 '국외행위에 대한 적용'이라는 제목하에 "이 법은 국외에서 이루어진 행위로서 그 효과가 국내에 미치는 경우에도 적용한다"라고 명시하는데 이는 독점규제 및 공정거래에 관한 법률의 역외적용을 명시하기 위하여 2004년 12월 신설된 동법 제2조의2[109)]를 모범으로 삼은 것으로 보인다. 그 이론적인 근거는 국제공법상의 이른바 '효과이론' 또는 '영향이론'에 있고, 보다 가까이는 위에 언급한 서울대학교 금융법센터의 최종보고서에 있는 것으로 생각된다. 이러한 조항은 그러한 경우 우리나라에 입법관할권이 있음을 당연한 전제로 하면서, 우리 입법자가 입법에 의하여 이 문제를 적극적으로 규율하고자 하는 것이다.

그러나 우선 지적할 것은 위에서 언급한 바와 같이 우리 법상으로

109) 조문은 다음과 같다. "제2조의2(국외행위에 대한 적용) 이 법은 국외에서 이루어진 행위라도 국내시장에 영향을 미치는 경우에는 적용한다."

는 미국과 같은 접근방법을 취할지 아니면 국제사법적 접근방법을 취할지를 좀더 검토할 필요가 있는데 동법은 너무 성급하게 첫째 방안을 따랐다는 점이다. 즉 동법은 기존의 국제사법적 접근방법 또는 새로운 국제증권거래법(또는 국제자본시장법)적 접근방법과의 관계를 충분히 고려한 것이라고 보기 어렵다. 우리 국제사법은 국제적 강행법규의 경우 법규로부터 출발하여 그의 적용범위를 정하는 접근방법을 사용하고, 기타 통상의 저촉규범의 경우 법률관계로부터 출발하여 이를 성질결정한 뒤 적절한 연결점을 통하여 그와 가장 밀접한 관련이 있는 준거법을 탐구하는 접근방법을 병용하는데,[110] 동법 제2조는 후자에 속하는 영역에까지 성질결정에 관계없이 전자의 접근방법을 도입하려는 것이다. 이는 미국 국제사법의 체계상으로는 문제가 없을지 모르지만 우리 국제사법의 접근방법 또는 체계와는 정합성이 부족하다는 비판이 가능하고, 마치 '영향'에 기초한 역외적용에 의하여 모든 문제가 해결되는 것처럼 보이게 하는 폐단이 있다. 동법에 대한 보다 자세한 논의는 다른 기회로 미룬다.[111]

---

110) 석광현, 2001년 개정 국제사법 해설(제2판), 2003, 97면.

111) 그 밖에도 흥미로운 것은 자본시장통합법(제100조 제3항)인데 그에 따르면 역외투자자문업자 또는 역외투자일임업자는 국내 거주자와 체결하는 투자자문계약 또는 투자일임계약 내용에 그 계약에 대하여 국내법이 적용되고, 그 계약에 관한 소송은 국내법원이 관할한다는 내용을 포함하여야 한다. 이는 역외투자자문 및 역외투자일임의 특수성을 고려하여 국제사법의 맥락에서 국내 거주자인 투자자를 보호하기 위한 조치인데, 다음과 같은 의문을 제기한다.
즉, 역외투자자문과 역외투자일임의 경우에만 특별히 투자자를 보호할 정책적 필요가 있는가. 거주자에는 법인도 포함될 것, 국제사법규칙을 두는 방식과의 우열, 역외투자자문업자 또는 역외투자일임업자가 위 규정을 위반한 경우의 효력 등의 의문이 제기된다. 또한 우리 국제사법(제27조)은 사회 · 경제적 약자인 수동적 소비자를 보호하기 위하여 국제재판관할과 준거법에 관하여 특칙을 두고 있는데, 위 제100조 제3항과 국제사법 제27조의 관계도 문제된다.

IX. 맺음말

지금까지 주로 영국법 또는 뉴욕주법이 준거법인 국제금융거래에서 제기되는 국제사법적 논점을 우리 국제사법을 중심으로 논의하였다. 다시 한 번 강조하지만, 국제금융거래 당사자들 간의 법률관계를 정확히 이해하고 그로부터 발생하는 국제분쟁을 제대로 해결하기 위해서는 국제사법에 대한 이해가 필수적이다. 중요한 것은 장래 만일 분쟁이 발생한다면 어느 국가가 법정지가 될 개연성이 큰지를 판단하고, 그 국가의 국제사법규범과 그에 의해 준거법으로 지정되는 실질법의 내용을 미리 파악할 필요가 있다는 점이다. 가장 국제화된 법(판례 포함)과 최고의 국제경쟁력으로 무장한 법률가들을 보유하고 있는 영국이 「Dicey & Morris, The Conflict of Laws」라는 방대한 분량의 탁월한 국제사법 전문서를 가지고 있음은 결코 우연이 아니다.[112] 물론 국제금융거래를 제대로 이해하기 위해서는 국제사법에 대한 지식만으로 불충분하고, 국제금융거래의 준거법이 되는 영국 및 뉴욕주의 계약법을 어느 정도 이해할 필요가 있으며 나아가 당해 국제금융시장의 관행과 실무를 이해하지 않으면 아니 된다. 그러나 국제사법에 대한 지식이 없이는 국제금융거래를 제대로 이해하고 변호사로서의 역할을 제대로 수행할 수 없음도 명백하다. 이런 이유로 국제사법을 가리켜 '국제거래의 기본법'이라고 일컫는 것이다.

---

112) 더욱이 근자에는 Oxford Monographs In Private International Law와 Oxford Private International Law Series의 일환으로 주목할 만한 국제사법분야의 저술들이 속속 간행되고 있다.

2

제2장 국제대출계약의 특징과 구조*

—신디케이티드론을 중심으로—

이미현**· 고 훈***

I. 서론

1. 신디케이티드론의 필요성 및 의의

신디케이티드론(syndicated loan)이란 금융기관 등이 차관단, 즉 신디케이트[1])를 구성하여 공통의 조건으로 차주에게 일정한 금액을 대출하여 주는 금융거래형식을 말한다. 신디케이티드론은 대출금의 규모가 커서 어느 금융기관이 단독으로 대출을 하기에는 자금부담이 너무

---

* 이 논문은 BFL 제5호(2004. 5)에 게재되었다.

** 법무법인 광장 변호사

*** 법무법인 광장 변호사

1) 다수의 금융기관이 참여하는 채권단을 신디케이트(syndicate), 동 채권단을 구성하는 행위를 신디케이션(syndication), 신디케이트에 의하여 이루어진 대출을 신디케이티드론(syndicated loan)이라고 한다.

크거나 또는 대출금의 상환과 관련하여 부담하여야 할 위험이 부담스러워 이를 복수의 금융기관에게 분산시키고자 할 경우에 주로 행하여진다.[2)] 사실 위험이 존재한다는 것은 그만큼 자금수요자의 조달가능성을 어렵게 할 뿐만 아니라 조달비용의 증가라는 또 다른 부담요인으로 작용할 가능성이 있다는 의미가 되므로 이는 자금을 필요로 하는 기업의 입장에서도 결코 바람직하다 할 수 없다. 따라서 위험을 효과적으로 분산 · 관리할 수 있게 만드는 것이야말로 자금을 제공하는 자와 제공받는 자 모두의 이해에 직접적으로 관계되는 것이라 할 수 있는바, 이러한 견지에서 대출에 참여하는 금융기관의 수를 늘림으로써 금융기관이 지니는 자금부담과 대출관련 위험을 분산시키고, 그를 통하여 자금수요자에게는 보다 낮은 코스트로 금융조달을 가능하게 하고자 고안된 금융기법이 바로 대출시장에서의 신디케이티드론이라 할 수 있다. 신디케이티드론 방식은 유로크레딧시장에서 시작되어 미국 금융시장 및 국제금융시장에서의 보편적인 대출형식으로 정착되고 있으며, 우리나라의 경우도 예외라고 할 수 없는바, 금융기관이 차주들에게 자금을 제공하는 경우는 물론이거니와, 국내금융기관이 해외금융기관으로부터 자금을 조달하는 경우[3)]에도 널리 이용되고 있다.

2) 금융기관이 그 업무를 수행함에 있어서 직면하게 되는 위험으로는 일반적으로, i) 화폐구매력변동위험(purchasing power risk) 또는 인플레이션위험(inflation risk), ii) 차주의 신용위험 또는 채무불이행위험, iii) 이자율위험(interest risk), iv) 유동성위험(liquidity risk) 및 v) 외환관련위험(foreign exchange risk)이 논의되고 있으며, 신디케이티드론의 관련 계약서들은 그와 같은 위험요인들을 효과적으로 관리, 대응하는 방향에서 작성된다. 따라서 본 글에서 논의되는 법률적 문제들 모두 동 위험들의 관리와 관련되어 있다 하겠다.

3) 2004년 3월 11일자 매일경제신문 기사에 의하면, 국민은행이 2004년 3월 11일 해외금융기관들로부터 2억 3,000만 달러를 신디케이티드론 방식으로 조달하였다고 한다.

2. 신디케이티드론의 장점

신디케이티드론이라는 금융기법을 고안하게 된 배경에서 알 수 있듯이 동 방식은 자금수요자와 자금제공자 모두에게 장점을 지니고 있다. 즉, 자금수요자의 입장에서 볼 때 대규모 차입을 가능하게 하며, 다양한 금융기관들과의 폭넓은 금융관계를 형성하는 것을 가능하게 하고, 자금을 제공하는 모든 금융기관들을 하나의 금융계약으로 포괄하는 것을 가능하게 해준다. 또한 차입과 상환이 대리은행[4]을 통하여 통일적으로 관리된다는 등의 절차적 특징으로 인하여 과거 복수의 금융기관들로부터 차입하기 위해서 복수의 차입선을 이용할 수밖에 없었던 것에 비하여 차입코스트가 상대적으로 저렴해졌고, 일정수준의 시장지명도를 필요로 하는 채권발행보다도 훨씬 용이하게 자금시장에 접근할 수 있게 되었다.

한편 금융기관의 입장에서는, 무엇보다도 대출에 참여하는 금융기관의 다변화로 인한 차주의 신용위험(credit risk) 내지 채무불이행위험(default risk)의 분산효과(risk diversification)를 얻을 수 있으며, 그 밖에도 대고객 관계를 다양화시킬 수 있다는 점, 대리은행의 대출관련 전문성과 경험을 최대한 활용할 수 있다는 점, 관련 서류작성 및 업무의 조화를 통한 종합적, 효과적 대출관리가 가능하다는 장점을 갖는다고 할 수 있다.[5]

4) 대리은행의 역할 및 지위에 대하여는 후술.
5) 과거 금융기관들은 자신이 수행한 모든 대출을 일일이 관리하여야 하였으나, 신디케이트에 참여하는 금융기관들의 경우에는 대리은행을 통한 관리가 가능해졌으며, 그 결과 동일한 인력으로 보다 많은 대출금을 관리하는 것이 가능하게 되었다.

II. 신디케이티드론의 본질적 특징

신디케이티드론의 당사자는 자금제공자(이하 '대주')와 자금수요자(이하 '차주')로 크게 구분된다는 점에서 다른 여타의 금융관련거래와 다를 바 없다. 그러나 대주의 경우에는 그 구성이 다른 금융관련거래와 비교되는 특징을 보유하고 있는바, 국제금융거래상 신디케이티드론에 있어서 대주 이외에 주로 언급되는 자로서는 i) 주도적으로 신디케이트를 구성하는 주간사은행 내지 주선은행(arranger)과 ii) 대주들을 대리하여 신디케이티드론 관련 제반 행정 및 관리업무를 수행하는 대리은행(agent bank)이 있다. 한편 대리은행은 다시 그 담당하는 역할에 따라 신디케이트에 참여하는 대주들 사이 및 대주와 차주 사이의 연락, 지급, 서류작성 및 관리 등의 업무를 수행하는 관리업무대리은행(administrative agent), 차주가 제공하는 각종 담보권 관련 업무를 수행하는 담보관리은행(security agent)[6]으로 구분되는 경우가 있다. 한편, 신디케이티드론에 참여한 대주들은 모두 동일한 금융조건으로 대출을 하는 것이 원칙이나, 간혹 통화의 종류나 이자율 등 대출조건의 일부를 달리하는 경우도 생겨나는바, 이럴 경우에는 신디케이드 내에서 다시 트랜치(tranche)라 불리는 수 개의 소그룹이 존재하는바, 이 경우에는 각 그룹별 대리은행 이외에 복수의 그룹이 존재함으로 인하여 발생할 수 있는 특수한 업무의 처리를 담당하는 채권단대리은행(intercreditor

6) 영미법계의 국가에서는 security agent라고 하면 대주들을 대리하여 담보를 소유하고 이를 관리, 집행하는 역할을 수행하게 되나, 우리 민법상으로는 피담보채권과 담보물의 귀속이 분리될 수 없는 까닭에 security agent를 두더라도 담보권자는 대주들이 될 수밖에 없다.

agent)을 두기도 한다.[7] 이하에서는 신디케이티드론의 특징으로 볼 수 있는 관련 당사자의 역할 및 지위상의 특징을 살펴보기로 하며, 필요한 경우 실제 국제대출계약서의 관련조항을 소개한다.[8]

1. 대주들의 권리와 의무의 개별성

일반인들이 갖는 신디케이티드론에 대한 오해 중 하나가 신디케이트에 참여하는 대주들의 권리와 의무 각각에 있어 어떠한 연대성이나 공동성이 있는 것으로 보는 것이다. 그러나 신디케이티드론에 참여하는 대주들은 위험의 분산과 관리라는 점을 활용하고자 공통의 조건 아래 신디케이트를 구성하고 일정한 지분비율에 따라 그에 참여하였을 뿐 본질적으로는 각 대주가 자신의 지분비율에 해당하는 약정금을 자신의 판단과 책임 하에 대출하는 '각자 대출'이라는 것이 신디케이티드론의 특징이라 할 수 있다. 따라서 개별계약서에서 달리 정하지 않는 한 어느 대주가 약정한 금액을 대출하지 않았다고 해서 잔여대주들이 동 미이행대주의 약정금을 대신 대출하여야 할 아무런 책임이 없다.[9] 또한 각 대주는 차주에 대하여 각자의 상계권을 가지며, 그러

7) 보통의 경우는 주선은행의 역할을 수행한 금융기관이 차주와의 긴밀한 관계, 대출거래의 성격에 대한 이해 등을 이유로 대리은행의 모든 역할을 담당하지만, 국제금융거래의 경우 그 복잡성과 다양성으로 인하여 각각의 역할을 다른 기관이 담당하는 경우가 많다.

8) 본 글에서 소개하는 계약서의 조항들은 필자가 관여한 국제대출에서 실제 사용되었던 것들로서, 편의상 국문으로 번역하여 소개한다. 다만, 의미의 명확한 전달을 위하여 필요한 경우에는 영문을 병기하기로 한다.

9) 이러한 연유로 신디케이티드론 계약서에서는, "각 대주의 의무는 별개이며, 어느 대주가 이 계약서에 정한 의무를 이행하지 아니하더라도 다른 당사자의 의무에 영향을 미치지 아니할 뿐만 아니라 이 계약서상 다른 어떠한 당사자도 그 대주의 의무불이행에 대한 책임을 지지 아니한다", "각 대주는 이 계약서에서 달리 규정한

한 상계권의 행사나 차주의 자발적 지급으로 인하여 어느 대주가 자신의 지분비율 이상을 수령한 경우 이에 대한 처리조항을 두는 것이 일반적이다.[10)]

2. 각 대주의 당사자성과 대출참가(participation 또는 sub-participation)

신디케이티드론은 본질적으로 여러 대주들의 개별적, 독립적인 대출을 하나의 계약에서 다루고 있는 것에 불과하므로 각 대주는 당연히 당사자로서의 법적 지위를 가지게 된다. 따라서 관련계약서에서 달리 금지하고 있지 않는 한, 각 대주의 권리와 의무는 제3자에게 양도, 이전이 가능하며, 이와 같이 어느 대주의 권리와 의무가 제3자에게 양도, 이전되는 경우 이를 양수한 제3자는 기존 신디케이트의 구성원의 지위를 취득하게 된다.

이러한 신디케이티드론과 유사한 금융거래 중 하나로 어느 금융기관이 단독으로 대출을 한 후 (이러한 금융기관을 거래계에서는 통상 fronting bank라고 한다) 대출계약상 대주로서의 계약상의 지위는 유지한 채 그 대출금과 관련하여 보유하는 자기의 지분을 매각하는 대출참가

경우를 제외하고는, 대리은행 및/또는 다른 대주들과 독립하여 이 계약서상의 권리를 행사할 수 있고 대주들이 차주를 상대로 소를 제기하는 경우에도 단독으로 제기할 수 있다", "…이 계약서에서 달리 정하지 아니하는 한 어느 당사자도 이 계약서상 자신의 권리를 다른 어느 당사자와 독립적으로 행사하고 보호할 수 있는 자격을 가진다"는 규정을 두는 경우가 많다.

10) 각 대주의 상계권과 관련하여, "각 대주는 동 대주, 그의 본점 또는 지점에 예탁되어 있는 차주의 계좌 또는 예금을 이 계약서상 변제기가 도래한 채무 기타 차주가 이 계약서에 따른 대출과 관련하여 부담하는 채무와 상계하거나 차주를 대리하여 환급받아 그의 변제에 충당할 수 있는 권리를 가진다"는 내용이 많이 규정된다.

(participation 또는 sub-participation이라고도 함)라는 것이 있다. 대출참가의 경우, 복수의 금융기관이 공동으로 자금을 제공한다는 면에서는 신디케이티드론과 유사한 외형을 띠고는 있으나, fronting bank를 제외하고는 대출계약의 당사자로서의 지위를 가지지 아니한다는 점에서 신디케이티드론과는 명확한 차이가 있다. 예컨대, 차주에 대한 대출을 위하여 A, B의 두 은행이 신디케이트를 구성하여 각 50억 원씩 합계 100억 원을 대출하기로 하였는데, 그중 A은행이 자신의 약정금 중 20억 원 상당의 금액에 대하여 C은행으로 하여금 대출참가를 하게 한 경우, 내부적으로는 C은행이 대출참여기관으로서 존재하지만 대외적으로는 차주에 대한 관계에서 A은행이 50억 원에 대한 대출의무를 부담하는 것을 말한다. 이 경우 참가인(participant)은 대주들 사이에 있어 의결권의 행사 등에는 참여할 수 있으나, 차주와 직접적인 법률관계를 형성하지는 아니한다. 따라서 참가인은 fronting bank가 대출금을 상환받은 경우 fronting bank에게 이를 지급해 줄 것을 청구할 수 있을 뿐 참가인이 직접 차주에게 청구할 권리는 없다.[11] 신티케이티드론의 대주와 대출참가의 참가인의 법적인 지위가 극적으로 차이가 나는 경우는 fronting bank가 파산 내지는 회사정리 등 도산절차에 들어가 버린 경우이다. 신디케이티드론의 경우 대출금은 각 대주들에게 귀속되는 것이므로 agent가 도산을 하는 경우에는 agent를 해임해 버리면 대주들은 그 후부터는 agent의 도산절차의 영향을 받지 않고 직접 차주로부터 추심을 하는 것이 가능하지만, 대출참가의 경우에는 fronting bank로부터 사전에 대출채권을 양도받은 경우를 제외하고는, 참가인은

11) 채권자대위권을 행사하거나 fronting bank로부터 그의 대출채권을 양도받은 경우는 별론으로 한다.

fronting bank의 파산채권자 또는 정리채권자 등으로 fronting bank의 도산절차에 참가할 수 있을 뿐 자신이 차주에게 직접 청구할 수는 없기 때문이다. 따라서 대출참가의 경우에는 차주의 도산위험뿐 아니라 fronting bank의 도산위험도 아울러 고려하여야 하는 것이다.

대출참가와 관련된 실제 계약서의 조항은 아래와 같다.

> "각 대주는, 다른 은행(들) 또는 금융기관(들)에게 이 계약서상의 권리, 의무에 대하여, 그로 인하여 참가인과 차주 간에 직접적인 당사자 또는 권리, 의무관계가 형성되지 않는 조건하에 참가(participation)를 허용할 수 있다."

3. 대리은행과 대주의 관계

전술한 바와 같이, 신디케이티드론과 관련한 제반 행정업무 및 관리업무를 담당하는 금융기관을 영문으로 agent 또는 agent bank라고 하며 우리 관행상 이를 '대리은행'이라고 번역하여 부르고 있다. 이 경우 대리은행이 이른바 민법상의 대리인과 같이 다른 대주들을 대리하여 일정한 법률행위를 할 수 있는 자인지 의문이 있을 수 있으나, 민법상 의사표시에 의한 대리권의 수여가 가능하므로, 관련계약서에서 대리은행이 대리할 수 있는 법률행위를 특정한다면 동 행위를 함에 있어서는 민법상 수권대리인과 다를 바 없을 것이다. 이와 같이 대리은행은 대주들로부터 특정하여 위임을 받은 법률행위(예컨대 담보계약서의 체결행위) 이외에도, 지급, 수령 등의 사실행위를 대신하기도 하고, 경우에 따라서는 대주들의 의사를 전달하는 사자(使者)의 역할을 하기도 한다. 이와 관련한 실제 계약서의 조항은 다음과 같다.

> 각 대주는 이 계약서에 규정된 바에 따라 그의 대리인으로 행위하도록 ○○은행을 이건 대출에 관한 대리은행으로 선임하고,… 이 계약서 및 그러한 서류상 대리은행에게 특별히 수권된 권한과 그에 합리적으로 부수된 권한을 행사할 수 있도록 수권하며,… 대리은행은 이 계약서가 정하는 바에 따라 대주들을 대리하여 행위하고 이에 합리적으로 부수되는 일체의 업무를 수행할 수 있으며, 그 밖에 이 계약서와 관련한 담보관리업무와… 대출원리금과 연체이자, 제반수수료 및 담보권의 행사로 얻는 이익 등 일체의 금원을 대주들을 위하여 수령하고 동 수령금을 대주들에게 그 약정비율 또는 대주들 사이에 달리 합의된 비율에 따라 배분하여 지급하는 업무 등을 수행한다.

한편 대리은행이 대출거래와 관련하여 위와 같은 업무를 수행하더라도 다른 대주들과의 관계가 수탁이나 위임관계에 있어서의 신뢰관계(fiduciary relationship)만큼 강한 것이라고는 할 수 없으며, 차주에 대한 관계에서는 더욱 그러하다. 물론 계약서에서 정하는 바에 따라서는 대리은행에게 그와 같은 정도의 의무를 부여할 수도 있겠으나, 대리은행을 보호한다는 견지에서 대주들과의 사이에서 신뢰관계(fiduciary relationship)[12]를 요구하지 않는 것이 국제금융의 관행이며, 계약서에서는 "No fiduciary duties"라는 제목으로 명시적으로 규정하거나,[13] 앞서

12) 영미법에서의 신뢰관계(fiduciary relationship)란 한 당사자의 재산 또는 어떤 중요하고 특정한 직무의 수행과 관련하여 그가 자신을 대신할 다른 사람에게 신임을 주어 위임하거나 위탁한 경우에 발생하며, 이중에서도 어느 당사자(fiduciary)가 고도의 전문적인 지식을 바탕으로 상대적으로 우월한 지위에서 자신에게 주어진 재량권 등을 남용할 수 있는 경우에 다른 상대방(beneficiary)을 보호하기 위하여 일반적인 주의의무 이상의 주의를 요구하는 경우에 인정되는 것이라고 한다. 박세민, "보험계약의 본질과 신뢰관계의 법적고찰," 보험학회지 제55집(2000), 한국보험법학회, 125면 참고.

13) 그 예로서, "이 계약서의 어떠한 규정도 대리은행이나 주선은행을 다른 자의 수탁자(trustee)나 수임인(fiduciary)으로 구성하지 아니한다"는 조항을 들 수 있다.

예시한 대리은행의 선임에 관한 조항에 뒤이어서 다음과 같이 규정하고 있다.[14)]

…대리은행은 이 계약서상의 그의 직무를 수행함에 있어서 차주와 신탁관계에 있지 아니하며 차주에 대하여 신탁으로 인한 의무를 부담하지 아니한다. 대리은행과 각 대주의 관계는 대리인과 본인의 관계일 뿐이고, 대리은행은 이 계약서상의 그의 직무를 수행함에 있어서 각 대주와 신탁관계에 있지 아니하며, 각 대주에 대하여 이 계약서에서 명시적으로 규정한 의무 또는 직무 외에 다른 의무 또는 직무를 부담하지 아니한다.

III. 신디케이티드론 계약서의 구조

신디케이티드론 계약서는 기본적 당사자인 차주와 대주 간의 권리 · 의무관계 및 대출거래에 관한 기본계약서이다. 동 계약서는 좁게는 대출금의 인출 및 상환에 관한 기본적 사항을 정한 대출계약서(loan agreement)만을 의미하나, 보다 넓게는 동 권리 · 의무관계의 기초가 되는 대출거래(underlying transaction)와 관련하여 작성 · 체결되는 각종 담보계약서(securities agreement), 후순위약정서(subordination agreement) 등을 포괄하는 개념으로 사용되기도 한다.[15)] 이하에서는 대출계약서에 대한 이해를 위하여 그 기본구조와 특징적인 사항에 대하여 살펴보고자 한다.

14) Simpson Thacher & Bartlett, "Model Credit Agreement with Commentary" (3rd. ed. 1996), 113면.

15) 개념상의 혼란을 피하기 위하여 실제 금융관행에서는 대출금의 약정, 인출, 상환에 관한 사항을 정한 기본계약서만을 대출계약서로 칭하고, 담보계약서 등 동 대출계약서와 관련하여 체결되는 모든 계약, 약정, 문서를 포괄하여 '금융관련계약서(finance documents)'로 정의하는 것이 일반적이다.

1. 신디케이티드론 계약서의 기본구조

대출계약서는 당해 거래의 특성에 따라 다양한 방식으로 체결될 수 있다. 즉, 복수의 대주들이 이자율, 이자기간, 만기 등 동일한 조건하에 단일의 신디케이트를 구성하는 경우가 가장 기본적인 방식이지만, 경우에 따라서는 신디케이트 내에서 대출금별로 적용되는 이자율 등 조건의 적용을 달리하거나[16] 대주별로 제공하는 통화나 신용공여의 형태가 상이한 경우[17]도 있을 수 있다. 후자의 경우에는 대주들을 다시 수개의 대출항목(tranche)으로 구별한 후 하나의 대출계약 내에서도 모든 대주들에게 공통적으로 적용되는 조항과 특정 대출항목의 대주에게만 적용되는 조항이 병존하는 것으로 하기도 하지만, 만일 서로 상이한 금융조건의 내용이 복잡하거나 관련 당사자가 너무 많아서 하나의 계약서로 다루는 경우에는 계약서의 내용이 너무 복잡해질 우려가 있는 경우에는 모두에게 공통적으로 적용되는 조건과 내용을 규정하는 공통조건계약서(common terms agreement)를 체결하고, 동일한 통화나 신용공여형태별로 별개의 대주단을 구성하여 각 대주단에게 특별히 적용되는 사항을 따로 약정하기도 한다.[18]

---

16) 단일 신디케이트 내에서 제공되는 대출금에 대하여 이자율 등 일부조건의 적용을 달리하는 대출금이 존재하는 경우, 그 각 대출금을 국제금융용어로는 '대출항목(tranche)' 이라는 용어를 사용하여 '대출항목 A(tranche A)', '대출항목 B(tranche B)' 라고 부른다.

17) 예컨대, i) 대주A는 대출금만을, 대주B는 대출금 이외에 채권도 인수하는 방식, ii) 대주X는 원화를, 대주Y는 달러화를 제공하는 방식. 이 경우에는 각 대주들간의 이해관계조정에 필요한 사항들을 정하여야 할 필요가 있게 되며, 이는 채권단협약서(intercreditor agreement) 형태로 체결된다. 동 협약서에서는 보통 의사결정에 관한 사항(의결정족수 등), 차주로부터 수령한 금원에 대한 분배사항, 이종의 통화가 있는 경우 양 통화간 적용환율의 결정방식 등이 주로 규정된다.

18) 예컨대 원화대출약정서, 외화대출약정서, 채권인수계약서 등.

이러한 특징으로 인하여 개별 거래별로 대출계약서 및 관련계약서의 형태가 달라질 수 있으나, 국제금융거래의 오랜 역사성과 반복성으로 인하여 대부분의 거래에 관행적으로 사용되는 계약서의 양식과 내용이 존재함을 부인할 수는 없다. 관행적인 국제대출계약서의 구조를 크게 구분하면 다음과 같다.

(1) 정의조항(definition section)

모든 국제금융거래 관련 계약서와 마찬가지로, 국제대출계약서도 정의조항으로부터 본문이 시작된다. 정의조항에서는, 당해 계약서에서 자주 사용되거나, 개념적으로 명확히 해두어야지만 계약서의 내용과 조건을 이해하는 데 도움이 되는 용어를 규정한다. 특히 우리의 언어와 달리 국제대출계약서의 작성언어로 널리 이용되는 영어의 경우 대 · 소문자의 구별이 가능하다는 점을 이용하여, 영문계약서에서는 정의된 용어는 대문자로 표현하고 있다. 따라서 국제대출계약서를 읽을 때 어느 표현이 대문자로 표현되어 있는 정의된 용어(defined term)인지 아닌지에 따라 그 의미가 크게 달라질 수도 있음에 유의하여야 한다.

예컨대, 어느 계약서에서 "<u>Bonds</u> mean the Korean Won denominated corporate bonds issued by the Borrower dated April 1, 2004 in the amount of up to ₩500million"(<u>채권</u>이라 함은 차주가 2004년 4월 1일자로 발행한 5억 원 상당의 원화회사채를 의미한다)라고 규정되어 있다고 하자. 그리고 동 계약서의 본문에서 "Construction Contract means the construction contract between the Borrower and the Construction Contractor (and guarantees or <u>bonds</u> given in connection with the Construction Contract)"〔공사도급

계약이라 함은 차주와 공사수급인 간에 체결된 건설공사계약 (및 공사도급계약과 관련하여 제공된 보증이나 채권)을 의미한다]는 내용이 있다고 하자. 이 경우 후자에서 사용되고 있는 bonds는 그 번역이 '채권'으로서 앞의 Bonds의 번역과 동일하지만 동 계약서의 해석에 있어서 양자는 전적으로 상이한 개념이 된다. 정의조항을 어느 정도로 잘 규정하는지 여부에 따라 보는 이로 하여금 계약서 전체의 흐름에 대한 이해를 쉽게 할 수도 있고, 어렵게 할 수도 있다.

(2) 대출거래의 기본적 사항(basic terms and conditions)

이에는 i) 대출과 차입행위의 구조(loan/borrowing mechanics) : 대출금 인출의 방식, 미이행대주의 문제 등, ii) 이자 및 수수료 관련 사항(interest and fees) : 이자율 결정 및 이자지급방식(변동/고정금리), 이자기간, 각종 수수료, iii) 원금상환 관련 사항(payment provisions) : 만기 일시상환/분할상환(균등분할/불균등분할상환), 조기상환의 가능성(자발적/비자발적 조기상환) 및 iv) 대주의 수익 관련 조항(yield protection) : 세금부담, 증가된 비용 처리 등의 내용이 규정된다. 그중에서 국제금융 및 신디케이티드론과 관련한 몇 가지 특징적인 사항을 설명하면 다음과 같다.

1) 미이행대주의 문제(lender's failure to fund)

다수의 대주가 공동으로 대출을 하는 신디케이티드론의 경우 어느 대주가 그 약정금을 대출하여 주지 않으면 차주로서는 예상치 못한 자금압박에 직면할 수 있다. 이러한 미이행대주의 발생시 어떻게 처리할 것이냐에 관하여 국제대출계약서에 있어 사용되는 처리방식은

i) '각자 대출'이라는 점을 고수하여 차주의 위험으로 돌리는 방식, ii) 미이행대주를 제외한 잔여대주가 그 약정비율에 따라 미이행대주의 대출의무를 인수하는 방식, iii) 차주는 주선은행 및/또는 대리은행의 신용도를 믿고 대출거래를 하게 되었으므로 주선은행 및/또는 대리은행이 미이행대주의 대출의무를 인수하는 방식으로 구분해 볼 수 있다.[19] 이 중 어느 방식을 택할 것이냐 하는 것은 차주와 대주단 간의 협상에 의하여 결정될 수밖에 없다. 물론 차주의 입장에서는 일반적으로 ii)나 iii)의 방식을 선호하겠지만, 신디케이티드론은 본질적으로 다수의 대주들이 각자 독립적으로 대출을 하되 편의상 하나의 계약으로 묶은 것에 불과한 것이라는 점, 신디케이트에 참여하는 대주들의 경우 차주의 신용도에 대한 평가를 토대로 참여한 것일 뿐 다른 대주의 신용도는 고려사항이 아니었다는 점 등을 이유로 실제 거래계의 관행을 보면 차주의 희망과는 달리 위 세 가지 방식 중 i)의 방식이 가장 보편적으로 사용되고 있다.[20]

---

19) 주선은행/대리은행이 인수하는 방식은 다시 의무적으로 인수하는 방식과 그 재량에 따라 인수여부를 결정하는 방식으로 나누어진다. 이 경우 어느 방식을 채택할 것인지 여부는 구체적 거래에 있어 차주와 대주 간 협상력에 따라 달라지겠지만, 위 두 방식을 놓고 보면 재량에 의한 인수여부결정 방식이 많은 것으로 보인다. 국제금융상 신디케이티드론이 대리은행을 통하여 이루어지는 과정이므로 대리은행에 의한 인수방식이 신디케이티드론 계약에 있어서 관행이 되어 왔다고 할 수 있다. Sympson Thacher & Bartlett, 앞의 책, 43면 참고.

20) 한편, 미이행대주가 발생하는 경우 그가 지급받은 각종 수수료를 반환하여야 하는지 여부가 문제되는바, 이와 관련하여 대법원은, "신디케이티드론 거래에 있어 채무자가 신디케이트 구성을 주도한 간사은행단에게 신디케이트구성과 차관계약체결 등에 대한 대가로 지급하는 관리수수료(management fee)는 다른 특별한 사정이 없는 한 차관계약이 성립함으로써 간사은행단에게 귀속하고 그 뒤 간사은행단에 속한 은행이 차관계약상의 대출의무를 이행하지 아니하여 그 부분 대출약정이 해제되었다고 하더라도 그 은행이 간사은행단 내부약정에 따라 분배받은 관리수수료를 채무자에게 반환하여야 하는 것은 아니며, 채무자가 참여은행에게 지급하는

2) 이자율의 결정

국제금융상 신디케이티드론에 있어서의 이자율은 여러 가지 방식으로 결정될 수 있으나, 가장 일반적인 방식은 기준금리를 정하고 거기에 일정한 가산금리(Margin)를 더하는 방식이 이용되며, 기준금리로 가장 널리 이용되는 것이 런던은행 상호간의 예금에 적용되는 이자율(LIBOR, London Interbank Offered Rate)이다. 여기서 LIBOR는 금융기관의 조달비용을 반영하며, Margin은 대주들의 이윤을 반영한다. 한편 LIBOR의 구체적인 수치는 결국 어느 은행이 어느 은행에 대하여 어느 정도의 기간에 대하여 제시하는 이율인가에 따라 달라질 수 있기 때문에 결국 계약서에서 LIBOR를 어떻게 정의하느냐에 따라 달라질 수 있다. 통상은 (i) 참조은행(reference bank)을 정한 후 그 참조은행이 런던의 주요은행에 대해, 어떤 기간 동안의 예치에 대하여 제시하는 이율을 LIBOR로 정하는 방법(이 경우에는 참조은행이 다른 주요은행에 예치를 할 경우 적용받고자 하는 이자율인지 아니면 다른 은행들이 참조은행에 예치하는 경우에 적용받고자 하는 이자율인지에 유의하여야 함) (ii) Reuter Screen (통상 LIBO 페이지를 많이 사용) 또는 AP Telerate Screen(3750 또는 3751 페이지를 많이 사용)에 공시되는 이율을 LIBOR로 정하는 방법을 사용한다. 이자율 결정에 관한 실제 계약서의 조항을 예시하면 아래와 같다.

"LIBOR"라 함은, 대출금과 관련하여, 달러화 예금에 대하여 고시일(Quotation Day) 오전 11시 현재(런던시간)를 기준하여, (a) 해당 Screen Rate

---

약정수수료(commitment fee)는 은행의 개별대출약정에 대한 대가로서 지급되는 것인데 은행의 채무불이행으로 대출약정이 해제되면 그 은행은 약정해제에 따른 원상회복으로서 채무자로부터 지급받은 약정수수료를 반환하여야 한다"(대법원 2001. 12. 24. 선고 2001다30469 판결 참고)고 판결한 바 있다.

를 말하거나 (b) (Screen Rate가 위 대출금의 이자기간이나 통화에 대해 사용할 수 없는 경우) 참조은행이 런던 은행간 시장의 선도은행들에게 고시한 것으로써, 대리은행의 요청에 따라 동 은행에게 제공된 금리들의 산술평균(소수 네 자리까지 올림함)을 말한다.

"Screen Rate"라 함은, Telerate screen의 3750페이지에 게시된 해당 통화에 대한 영국은행협회결제금리(British Bankers Association Interest Settlement Rate)(또는 위 통화나 대출의 이자기간에 대한 해당 금리가 없는 경우에는, 로이터 스크린의 해당 페이지에 게시된 금리)를 말한다. 합의했던 페이지가 교체되었거나 서비스가 중단된 경우에는, 대리은행이 차주 및 대주들과 협의하여 다른 적합한 금리를 게시하는 다른 페이지나 서비스를 특정할 수 있다.

3) 조기상환의 가능성

국제대출계약에 따라 대출이 이루어지는 경우 그에 대한 상환은 만기에 또는 미리 합의된 상환일정상 상환일에 행하여지게 된다. 물론, 차주의 입장에서만 본다면, 사업이 성공적으로 수행되어 가용현금이 많아지는 경우 굳이 만기까지 기다릴 필요 없이 조기상환하는 것이 금리코스트를 절감한다는 차원에서 바람직하며, 또한 대출계약체결시에 비하여 국제금융시장의 조건이 호전되어 보다 좋은 조건으로 자금조달이 가능하게 되는 경우 그 자금으로 기존 대출금을 조기상환할 수 있도록 규정하는 것이 바람직하다. 하지만 조기상환이 있게 되는 경우 대주들은 당해 대출거래를 하면서 예상하였던 수입의 흐름에 차질을 빚게 될 수 있다. 따라서 대주들은 차주의 자발적인 조기상환을 허용하되, 그로 인하여 발생할 수 있는 기회비용을 일종의 penalty 차원에서 차주로부터 보상받고자 하며, 이를 국제금융거래상 '파기비용(break cost)'이라 한다. 문제는 파기비용을 어떻게 산정하느냐에 있다

할 것인바, 일반적으로 대주가 조기상환을 받지 아니하였을 경우 받았을 수입에서 동 조기상환금으로부터 얻을 수 있는 수입을 차감한 금액이 기회비용이 될 것이다. 다만, 대주가 조기상환금을 활용하는 방식은 천차만별일 것이므로 객관적인 하나의 기준이 필요하며, 일반적으로 가장 보편적이고 위험이 적은 투자수단은 은행에 예치하는 것이라는 견지에서 아래와 같이 파기비용을 정의하는 것이 국제대출계약의 관행이다.

"파기비용"(Breakage Cost)이라 함은,

(a) 대출계약서상 어느 대주의 대출금, 또는 지급기일이 도래하였으나 지급되지 아니한 금원(이하 '미상환금')에 대하여, 차주가 동 미상환금이나 대출금의 원금을 당해 이자기간의 말일에 지급하였더라면, 대주들이 동 대출금이나 미상환금의 전부 또는 일부를 수령한 날로부터 당해 이자기간의 말일까지 지급받았을 이자 중에서,

(b) 위 대주가 그가 수령한 위 미상환금이나 대출금원금에 상당하는 금원을, 수령하거나 회수한 날의 다음 영업일로부터 당시 이자기간의 말일까지의 기간 동안, 런던 은행간 시장의 선도은행에 예치해 놓음으로써 얻을 수 있는 금액을 초과하는 금액을 말한다.

한편 대주의 입장에서 조기상환을 받는 것이 바람직할 수도 있다. 즉, 차주의 경영상태가 호전되어 많은 수익을 올리고 있더라도 그와 같은 상황이 장기적으로 지속되리라 예상할 수 없는 경우에는 조기상환 여부를 차주의 선택에만 맡겨 둘 것이 아니라 그 수익금의 전부 또는 일부를 조기상환에 충당시키는 것이 차주의 채무불이행위험을 미연에 방지하는 수단이 될 수 있다. 이러한 견지에서 국제대출계약서

는 일정한 사유가 발생하는 경우 강제적으로 조기상환을 하도록 하되, 이는 차주의 이익과 무관하게 이루어지는 것임을 감안하여 penalty의 지급은 배제시키고 있다.

나아가 LIBOR를 기준으로 이자율이 정하여지는 변동금리대출의 경우에는 통상적으로 차주가 이자지급일에 조기상환을 하는 경우에는 조기상환에 대한 penalty의 지급을 면제해 주고 있다. 그 이유는 이러한 변동금리대출은 연혁적으로 Eurodollar Market에서 시작되었는데, 당시 Eurodollar Market의 대주들은 대출자금의 조달기간을 대출기간 전체에 맞추는 것이 아니라 매 이자기간별로 다시 조달하는 것이 관행이었기 때문이다. 이와 같이 이자기간 단위로 대주가 자금을 조달하는 경우에는 다음 이자기간에 해당하는 대출자금의 조달에 들어가기 전에 차주가 대출금의 상환의사를 밝힌다면 대주로서는 차주가 상환한 자금으로 자신도 상환을 한 후 더 이상 새로운 자금조달을 안 하면 특별한 손해는 없게 되므로, 이와 같이 충분한 기간의 사전통지를 하고 이자기간 말일에 상환을 하는 경우에는 penalty를 물리지 않는 것이 Eurodollar Market의 관행으로 정착이 되었다. 그러다보니 국내에서 행하여지는 변동금리대출의 경우에도 사전통지를 하고 이자기간 말일에 상환을 하면 조기상환 penalty는 물리지 않는 쪽으로 규정을 하는 것이 관행이 되고 말았다. 하지만, 국내 금융기관이 국내기업에게 외화대출을 하는 경우에는, 실제로는 이자기간 단위로 자금을 조달하는 경우는 오히려 드문 상황인바, 이런 경우라면 국내당사자간의 변동금리대출의 경우에는 이자기간말일의 조기상환에 대하여 penalty를 면제해 주는 관행을 무조건 답습할 일은 아니라고 생각된다.

4) 대주의 수익관련 조항(Yield Protection Provisions)

대출거래를 함에 있어 대주들은 여러 가지 전제조건을 토대로 하여 대출거래의 구조를 마련하는바, 국제대출계약서를 체결한 이후 법령의 변경, 시장상황의 변경 등 계약체결 당시에 예정하였던 것과 다른 상황이 발생하는 경우에는 위 전제조건이 달라지게 되고 그 결과 대주들의 수익에 영향을 미치게 된다. 이를 고려하여 신디케이티드론 계약서에서는 사정변경으로부터 대주들의 수익성을 보호하는 조항들을 두고 있는바, 이를 포괄하여 '대주들의 수익관련조항(yield protection provisions)'이라 한다. 이러한 조항의 예로는 세금관련조항(tax gross up), 위법조항(illegality), 증가된 비용부담조항(increased cost), 시장붕괴조항(market disruption)[21] 등이 있다.

① 세금관련조항

국제금융에 있어서는 각국의 조세체계가 상이함으로 인하여 발생하는 문제로부터 대주들을 보호하기 위한 조항을 마련하고 있는 것이 일반적이다. 즉, 대주들에게 지급되어야 할 금액은 세금 등을 공제하지 아니한 금액이어야 하며, 만약 법령상 세금을 공제하거나 원천징수를 하여야 하는 경우에는 차주로 하여금 동 금액만큼 증액하도록 하여 동 공제 후의 금액이 공제가 없었을 경우 대주들이 받을 수 있는 금액과 일치하게 하고 있다. 그와는 별도로, 세금과 관련하여 어느 대주에게 발생한 비용이나 부담에 대한 보상조항을 둠이 일반적이다.

---

21) market disruption은 대주들의 수익관련 조항보다는 이자율결정과 관련하여 기준금리를 산정할 수 없을 정도로 시장이 기능하지 못하는 경우 대체기준금리(alternative rate)를 정하는 문제로 주로 다루어진다.

② 위법조항

위법조항은 아래 예시된 것과 같이, 계약서를 체결한 이후에 법령상 대출이 위법하게 되는 경우와 관련되며, 계약서에 따라서는 대주들의 수익관련 조항에서 다루기도 하고, 조기상환 관련 조항에서 다루어지기도 한다.

이 계약서의 다른 규정에도 불구하고, 이 계약서 체결일 이후에 법령상 어느 대주가 i) 약정금을 지급하거나, ii) 그가 대출한 금액을 유지하는 것이, 위법으로 되는 경우, 그 대주의 약정금은 해지되고 차주는 즉시 또는 당해 법령 등에 의하여 허용되는 기간 내에, 당해 대주가 대출한 금액(그 때까지 발생한 이자를 포함함)을 기한 전 상환수수료 없이 기한 전 상환하여야 한다.[22)]

③ 증가된 비용의 부담조항

차주는 대리은행의 요구가 있는 경우, 어떠한 법률이나 규정(또는 그 해석이나 적용)의 도입이나 변경, 또는 이 계약서 체결 이후에 제정되고 유효하게 된 어떤 법률이나 규정의 준수의 결과 대주들 또는 그 관계회사[23)]에게 발생한 증가된 비용을 지급하여야 한다. 이 계약서에

22) 위법조항과 관련하여, 대출계약서의 체결 이후 동일인 여신한도(loan limit)가 축소되는 경우 동 한도를 초과하지 않는 대출금까지 조기상환할 필요는 없다는 견지에서, "단, 당해 대주가 신규대출 이외에 기대출금을 유지하는 것은 적법하다고 인정되는 경우 그 대주의 신규대출은 중지되나 기대출금은 유지되는 것으로 한다"는 단서조항을 부가하기도 한다.

23) 대주에게 발생한 비용보상과 관련하여, 대주 자체가 아니라 그 관계회사에 대한 사항을 같이 고려하는 데 대하여 국내회사들의 경우는 부정적인 입장이며, 실제 협상시 중요한 쟁점으로 부각되기도 한다. 종전 국내회사가 관련된 국제금융상 신디케이티드론에서는 대주에게 직접적으로 발생된 비용의 보전만을 규정함이 일반적이었으나, 은행지주회사(Bank Holding Company) 또는 금융지주회사(Financial Holding Company)가 잘 발달되어 있는 외국의 경우 개별 은행별로 자본적정성(capital adequacy)이나 자본수익률(rate of return on equity)을 평가하는 것이 아니라

서 "증가된 비용"이란 다음을 의미한다 : 어느 대주가 약정을 하였기 때문에 또는 이 계약서상 필요한 자금을 조달하거나 의무를 이행함으로 인하여 대주 또는 그 관계회사에게 발생한, i) 이건 대출 또는 대주(또는 그 관계회사)의 총자본으로부터의 수익률감소, ii) 추가적이거나 증가된 비용, 또는 iii) 이 계약서상 지급하여야 할 금액의 감소.[24)]

(3) 진술 및 보장조항(Representations and Warranties)

대출 여부를 결정함에 있어 대주들에게 가장 중요한 고려사항은 장래 대출금이 제대로 상환될 수 있는지 여부라 할 것인바, 대출금의 안정적 상환가능성에 대한 판단을 위하여 대주들은 차주의 기업현황 및 재무상태, 차주의 자회사에 관한 정보, 재무제표 및 주요계약현황, 우발적 채무의 존재 여부 및/또는 소송관계 등과 같은 사실적 사항과 상황을 알고자 한다. 그리고 그러한 판단을 위한 자료를 획득하고자 대출계약의 체결 이전에 기본적으로 차주에 대한 법적 실사, 시장현황실사를 포함한 다양한 조사를 하게 된다.[25)] 그러나 대주들이 아무리 차주의 현황을 파악하기 위한 실사를 한다고 할지라도 이는 차주가

은행지주회사 또는 금융지주회사 전체를 하나로 보아 평가하는 연유로 하여 관계회사에게 발생한 비용의 증가도 보전의 범위에 포함시키려는 경향이 강한 것으로 보인다.

24) "Single Currency Term Facility Agreement," Asia Pacific Loan Market Association (April 2001), 22면 참고.

25) 이러한 작업을 일컬어 '실사(due diligence)'라고 한다. 어느 범위에서 실사가 이루어질 것인지는 당해 대출거래의 목적에 따라 달라진다. 예컨대, 특정사업부문의 인수를 위한 자금조달을 위하여 이루어지는 대출의 경우에는 무엇보다도 동 사업부문의 시장성에 대한 실사(market due diligence)가 수행될 것이고, 플랜트나 항만 등 건설자금의 용도인 경우에는 해당 기술의 적정성에 대한 실사(technical due diligence)가 수행되는 경우도 있다.

제공한 자료와 진술의 범위에 제한될 수밖에 없다. 따라서 대주들로서는 차주가 공개한 자료 등이 특정시점(즉, 계약체결시점)에서 진실하고 정확한 것임을 차주로 하여금 확인하게 할 필요가 있으며, 이러한 목적으로 대주들은 이른바 진술 및 보장조항(representations and warranties)을 대출계약서에 규정한다.[26] 나아가 어느 사항에 대한 진술 및 보장이 진실이 아닌 것으로 밝혀지는 경우 진술 및 보장조항의 위반을 이유로 차주에게 책임을 물을 수 있게 되어, 대주에게는 일종의 위험분산(risk allocation)의 의미를 가지게 된다. 한편, 진술 및 보장조항에 포함되어 있는 내용들은 대주들의 대출결정에 있어 판단의 기초가 된 것들이며, 만약 그 내용에 어떠한 변경이 있게 되는 경우에는 대출결정시 세워 놓았던 기본적 전제(assumption)가 달라지게 된다. 이러한 이유로 대주들은 차주에 의하여 진술되고 보장된 사실적 사항에 대하여 계속적인 재평가의 기회를 갖고자 한다. 따라서 진술 및 보장조항은 계속적으로 대주들을 보호할 목적으로 대출의 전 기간에 걸쳐 반복되고 재생산되는 구조로 만들어지며, 이런 이유로 진술 및 보장은 '항상성을 가진다'(즉, evergreen하다)고 말하여진다. 국제대출계약서의 진술 및 보장조항에 규정되는 것들 중 가장 일반적인 조항과 그 이유를 소개하면 다음과 같다.

1) 적법한 설립, 권한 및 자격, 법적 수권에 관한 진술 및 보장

차주는 대한민국법에 따라 적법하게 설립되고, 유효하게 존속하고

26) 이와 같은 기능을 '진술 및 보장조항의 실사기능'이라고 한다. 한편 진술 및 보장조항은 계약체결시점을 기준으로 한 확인이라는 점에서, 계약체결 이후 특정행위를 하거나 하지 아니할 것을 약속하는 구속약정조항(covenants)과 구분된다. 구속약정조항에 대하여는 후술한다.

있는 주식회사로서 이 계약서 및 그에 따라 작성된 서류를 작성하고 그에 따른 의무를 이행하기 위하여 필요한 이사회 결의와 주주총회결의 등 회사의 내부절차를 취하였고 이 계약서는 유효하게 차주를 구속한다. 모든 국제금융계약에서와 마찬가지로 가장 처음으로 볼 수 있는 진술 및 보장은 차주가 적법하게 설립되어 계약체결일 현재 유효하게 존속하고 있다는 점과, 당해 거래를 위한 내부적인 결의를 거쳐 계약체결에 아무런 문제가 없다는 점에 대하여 이루어진다. 이는 차주가 실체가 없는 유령인이거나 또는 계약체결에 필요한 이사회 또는 주주총회의 결의를 받지 않았음이 사후적으로 밝혀져 계약의 유효성에 대한 문제가 발생할 경우를 대비한 것이다.

2) 소송 기타 분쟁의 부존재에 관한 진술 및 보장

각각 또는 전체로서, 차주의 이건 사업이나 영업, 재산 또는 재정상태, 이 계약서나 그에 기한 어떠한 업무수행에 중대하게 불리한 영향을 미칠 수 있는 어떠한 조사, 수사, 소송, 중재, 행정절차 또는 기타 법적 절차 또는 분쟁도 〔부록에 기재된 것 이외에는〕 차주에 대하여 현재 계속되어 있지 아니하며, 차주가 아는 한 제기될 우려도 없다.

대주들의 입장에서 볼 때 차주가 계약을 체결할 당시 중대한 분쟁절차에 휘말려 있거나 장차 휘말릴 우려가 있다면, 장차 원리금의 상환에 지장을 초래할 수 있다. 따라서 그러한 법적 분쟁의 존재 여부 및 장래의 발생가능성에 대한 진술 및 보장을 받을 필요가 있다. 만약 법적 분쟁이 존재하는 경우에는 그 내용과 차주의 패소가능성 등을 사전 검토한 연후에 그 존재에도 불구하고 원리금상환에 지장이 없다고 판단될 경우에는 대출거래를 승인할 수 있다. 다만, 이 경우 현재 존재한다고 차주가 공개한 것 이외에 다른 분쟁이 없다는 내용으로 약간의 내용수정이 이루어지게 된다. 한편 분쟁이 발생할 가능성이 없다는 것은 장래에 대한 예측으로서 현재의 시점에서는 어느 정도 예상이 가능할 뿐 정확한 확답을 내리기는 곤란하다. 따라서 나중에 실제로 분쟁이 발생하게 되면 차주는 잘못된 진술 및 보장을 한 것으로서 계약체결시부터 계약에 위반한 것이 될 수 있으므로 차주는 밑줄과 같은 내용의 전제조건을 부가하고자 하는 경향이 강하다.[27)]

3) 제공된 정보의 정확성에 대한 진술 및 보장

차주가 대리은행 또는 각 대주에게 교부한 차주의 재무제표, 부채현황, 자회사현황 등 차주에 관한 모든 정보는 동 정보가 제공된 시점에서 모든 중요한 점에 있어 완전하고 정확하다.

진술 및 보장조항은 실사기능을 가진다. 그러나 어떠한 실사도 차주가 제공한 자료의 범위에서 이루어질 수밖에 없다는 한계를 가진다. 따라서 대주들은 그 판단을 위하여 차주가 제공하여 준 정보가 모든 점에서 완전하고 정확하다는 것을 계약서상에서 확인받고자 한다. 한편, 차주의 입장에서 볼 때, 대주들에게 제공하여 준 정보 중 일부는 자신이 작성하지 않았을 수도 있을 뿐만 아니라 그 작성시 다른 자료를 참고하였을 수도 있으므로 모든 점에서 완전하고 정확하다는 확인을 주는 것이 부담스러울 때가 있다. 이런 이유로 차주는 자신이 제공한

27) "차주가 아는 한(to the knowledge of the borrower)", "차주가 최대한 아는 바로는(to the best knowledge of the borrower)"과 같은 내용으로 진술 및 보장조항에 부가되는 전제조건을 '인식조건'(knowledge qualifier 또는 knowledge limitation)이라고 한다. 그 의미에 대하여는 중요성조건과 함께 따로 설명한다.

정보가 대주들의 판단에 있어 중요한 점에서는 정확하지만 사소한 점에 있어서는 그러지 않을 수 있다는 점을 나타내기 위하여 밑줄과 같은 내용을 부가하여 진술 및 보장의 대상에 대한 제한을 두고자 한다.[28)]

4) 법령, 계약의 준수에 관한 진술 및 보장조항

> 이 계약서 체결일 현재 차주는 이건 사업에 중요한 부정적 영향을 미치는 법령위반이 존재하지 아니하며, 이 계약서 등의 체결 및 이행은 법령, 차주의 정관, 기타 차주가 체결한 다른 중요한 계약에 저촉되지 아니한다.

차주가 법령에 위반하고 있는 사실이 존재하고, 그 위반의 정도가 중요하여 차주의 법적 지위 또는 대출거래의 전제가 되는 차주의 영업에 대한 당국의 허가가 취소, 철회될 위험이 존재한다면 대주는 대출을 실행할 수 없다. 한편 차주가 특수한 목적을 위하여 설립된 법인이 아니라 기존에 다른 영업을 수행하고 있는 법인인 경우에는 그 영업과정에서 다양한 계약관계를 형성하고 있을 가능성이 있는바, 대주들과의 대출계약서 체결이 그와 같은 계약의 위반이 될 가능성을 전적으로 배제할 수는 없으며, 경우에 따라서는 동 위반으로 제3의 자가 차주를 상대로 법적 분쟁을 제기하는 경우 대주들은 예상치 못한 분쟁에 휘말릴 수도 있다. 이러한 점을 감안하여, 대주들이 중요하게 생

28) "중요한 점에서(in material respect)"와 같은 내용으로 진술 및 보장조항에 부가되는 전제조건을 '중요성조건(materiality qualifier 또는 materiality limitation)'이라고 한다.

각하는 진술 및 보장조항이 위에 예시한 법령 및 계약의 준수에 관한 것이라 하겠다.

5) 인식조건(knowledge qualifier)과 중요성조건(materiality qualifier)의 의미

국제대출계약의 체결을 위한 협상과정에서, 계약당사자들은 '인식조건'이나 '중요성조건'을 부가하는 방법으로 진술 및 보장조항에 제한을 두는 경우가 있다. 전술한 바와 같이 '중요성조건'은 계약당사자들로 하여금 중요하지 아니한 사항에 대하여는 진술 및 보장의 효력을 배제시킬 수 있도록 하여 준다. 진술 및 보장에 '중요성조건'을 부가하도록 허용할 것인지 여부는 당해 거래에 있어서 그 진술 및 보장이 가지는 의미에 따라 달라질 수 있으며, 특히 진술 및 보장이 행하여지는 상대방인 대주가 당해 진술 및 보장의 기초를 이루는 사실관계에 대하여 독립적으로 확인할 수 있다면 '중요성조건'을 부가하는 것이 허용될 수 있다.

한편 '인식조건'은 현재 알려진 사항에 대하여만 진술 및 보장이 미치는 것으로 제한하여 주며, 만약 그 사항이 나중에 진실이 아닌 것으로 밝혀지고 차주가 동 사항이 진실이 아님을 알지 못했을 경우에는 진술 및 보장조항의 위반으로는 처리되지 아니하게 하여 준다. 다만, '인식조건'이 부가되는 경우에는 진술 및 보장조항의 성격이 당초의 위험분산조항에서 '거짓진술의 제어조항(anti-fraud provision)'으로 변화된다는 점에 유의하여야 한다. 즉, 진술 및 보장조항에 인식조건이 부가되어 있는 경우 가사 어느 사항이 진실이 아닌 것으로 밝혀지더라도 차주가 그 진실 아님을 사전에 알지 못한 이상 계약위반으로 되지는 않기 때문에 차주의 계약위반책임을 묻기 위해서는 차주의 진실

아님에 대한 인식여부를 대주가 입증하여야 한다는 것이다.[29)]

(4) 구속약정조항(Covenants)

대출계약 후 차주의 원리금상환능력유지 또는 채권보존을 위하여 보통 차주에게 계약체결일 이후 일정한 행위를 하여야 할 의무를 부과하거나 또는 일정한 행위를 금지하는 조항을 두게 되는바, 이것을 '구속약정' 또는 '준수사항약정(covenants)'이라고 하며, 구속약정은 그 내용에 따라 다시 i) 적극적 구속약정(affirmative covenants), ii) 소극적 구속약정(negative covenants), iii) 재무약정(financial covenants)으로 구분된다.[30)]

1) 적극적 구속약정(Affirmative Covenants)

이는 차주가 장래 일정 행위를 하겠다(to do)는 약정이다. 일반적으로 국제대출계약서에 규정되는 적극적 구속약정 중에서 가장 중요한 것들은, i) 주기적으로 차주의 재무상태, 감사보고서 및 후술하는 재무약정의 준수 여부를 확인하기 위한 특별보고서나 계산서를 제출하도록 하는 것과, ii) 대리은행(때로는 대주들)이 차주를 방문하여 그 임원들과 대화하고 필요한 정보를 요구하는 것이라 할 수 있다. 이러한 구속약정이 없다면 다른 구속약정들도 무의미해질 수 있는바, 이는 동

---

29) Scott L. Hoffman, The Law and Business of International Project Finance : A Resource for Governments, Sponsors, Lenders, Lawyers and Project Participants Kluwer Law International (April, 1998), 196-198면.

30) 논자에 따라서는 보고약정(reporting covenants)을 따로 설명하는 경우도 있으나, 보고약정은 주기적으로 또는 일정사항 발생시 대주에게 통지, 보고한다는 차주의 작위를 내용으로 하므로 여기서는 적극적 준수사항에 포함시켜 설명하기로 한다.

구속약정이 대주들로 하여금 차주가 다른 구속약정들을 준수하고 있는지 여부를 모니터링할 수 있게 하는 재무적 정보 및 기타 필요한 정보에 대한 수취권을 부여하기 때문이다. 적극적 구속약정을 예시하면 다음과 같다.[31)]

> 차주는, (ㄱ) 채무불이행사유가 발생하는 경우, (ㄴ) 소송이나 법적 절차 또는 중요한 위반이나 법적 분쟁의 발생사실, 재정상태 및 그 운영이나 재산에의 중요한 변화를 알게 되는 경우, (ㄷ) 보험사고 및/또는 차주가 합리적으로 판단하여 차주의 영업 또는 재정상태에 중대하게 불리한 변화를 초래하였거나 초래할 우려가 있는 사항이 발생한 경우 즉시 대리은행에게 통지하여야 한다.

> 차주는 대리은행에게 대리은행이 만족할 만한 내용과 양식으로 되고 대표이사가 확인한, 차주의 예산서, 감사보고서 및 결산서(단, 국제적으로 인정된 독립적 회계법인이 작성한 것이어야 함), 반기보고서를 제출하여야 한다.

2) 소극적 구속약정(Negative Covenants)

이는 차주가 일정한 행위를 하지 않겠나(not to do)는 약정이다. 구속약정에 의하여 대주들이 차주의 경영에 간섭하는 정도는 금융계약의 성격, 여신위험의 정도 및 차주의 유형에 따라 다르지만, 그 공통된 내용은 대주들의 원리금상환에 직접적인 지장을 초래하는 행위(예컨대, 추가적인 채무의 부담, 담보의 제공, 배당지급 등)와 그 밖에 차주의 영업활동에 영향을 미쳐 결과적으로 차주의 상환능력에 그 파급력을 가지

31) 그 밖에도, 차주의 법인격유지, 제세공과금의 적기납부, 일정사유 발생시 통지, 법령의 준수, 필요한 허가나 승인의 취득, 합병의 금지, 보험가입 및 유지, 환경관련 규정의 준수의무 등이 적극적 구속약정으로 규정된다.

는 일체의 행위를 금지하는 것이라 하겠다.[32] 소극적 구속약정은 다음과 같은 형식으로 규정된다.

차주는 대리은행의 사전 서면동의 없이는, 일체의 다른 사람에 대하여 채무(보증채무를 포함)를 부담하지 아니하며, 기타 신용의 공여나 배상약정 기타의 조건부 채무부담행위를 하지 아니한다.

> 차주는 이 계약서에서 허용되지 아니하는 한, 대리은행의 사전 서면동의 없이, 채무(보증채무를 포함)를 담보하기 위하여 현재 또는 장래의 그 자산의 전부 또는 일부에 저당권, 질권 또는 기타 담보권을 설정하거나 그의 존속을 허용하지 아니한다.

> 차주는 대출원리금이 모두 상환될 때까지는 출자자들에게 배당을 할 수 없다. 단, i) 채무불이행사유가 발생하여 계속되고 있지 아니하며, ii) 차주의 전년도 부채상환비율[33]이 ○○이상이고, iii) 부채비율[34]이 ○○이하로 유지되는 경우에는 그러하지 아니하다.

---

32) 그러한 것으로는 차주가 체결한 중요한 계약의 변경금지, 자본상각의 금지, 합병이나 중요한 영업/재산의 양도금지, 타 회사의 지분취득 등 출자행위금지, 사전승인 없는 자본적 지출의 금지(또는 일정 금액이상의 비용지출금지) 등에 대한 약정이 있다.

33) 부채상환비율(debt service cover ratio, DSCR)은 차주가 영업활동을 통하여 얻은 수입으로 대주들에 대한 채무를 상환할 수 있는 능력을 평가하는 기준이 된다. 그 계산방식은 여러 가지가 있을 수 있는바, 국내대출거래에서는 '세후순현금여유액'(감사보고서상 현금흐름표에 기재된 기말현금에 당해 연도 중 상환된 원금과 이자를 합산한 금액을 일컫는 회계학적 용어)을 당해 연도 중 상환예정된 원금과 이자의 합산액(이를 'debt service'라고 한다)으로 나누는 방식을 많이 이용한다. 그러나 국제거래에서는 후술하는 EBITDA와 debt service 간의 비율을 이용하기도 한다.

34) 부채비율(debt to equity ratio, D/E ratio)은 감사보고서상 대차대조표에 기재된 차주의 총부채를 자본의 총계로 나누는 방식으로 산정함이 일반적이다.

3) 재무약정(Financial Covenants)

재무약정은 신디케이티드론을 포함한 모든 국제금융계약에서 항상적으로 규정되는 중요한 구속약정이다. 특히 차주가 당초의 영업계획(business plan)에 맞추어 운영되고 있는지를 모니터링하고 차주가 그에 부합하지 못하는 경우 일정한 구제를 받고자 하는 대주의 의도를 계약이라는 형식으로 규정한 것이 대출계약서라고 할 때, 영업계획에의 부합 여부는 재무약정에 의하여 가장 정확하게 평가될 수 있다 하겠다. 차주가 준수하여야 할 재무약정으로 대주들이 보편적으로 요구하는 것은, i) 부채상환비율과 부채비율의 일정수준 유지, ii) EBITDA[35]와 이자비용, 고정비용에 대한 각 일정비율의 유지, iii) 자본적 지출(capital expenditure)의 일정수준유지, iv) 유형적 자기자본(tangible net worth)의 일정수준유지, v) 유동비율(유동자산에 대한 유동부채의 비율 : current ratio)의 일정수준유지 등이 있다.[36] 그중 부채상환비율 및 부채비율준수와 관련한 조항을 예시하면 다음과 같다.

> 차주는 이 계약서의 체결 이후 부채비율을 이백 퍼센트(200%) 이하로 유지하여야 한다.

> 차주는 부채상환비율을 각 원리금 지급기일 기준 1.0 및 매 회계년도 말 감사보고서 기준 1.3 이상 유지하여야 한다.

---

35) EBITDA는 Earning Before Interest, Taxes, Depreciation and Amortization의 약어로서 의미 그대로 '세금, 이자, 원금상환액 및 감가상각액을 포함한 수익액'을 나타내며, 이는 일정기간 동안 영업활동을 통하여 기업에게 실제로 발생한 현금의 흐름을 나타내는 회계적 개념으로서 국제간 비교에 많이 사용된다.

36) 각각의 산정방식을 소개하는 것은 이 글의 범위를 넘어서는 것으로 보아 상술하지 아니한다.

부채비율이 일정수준 이하이어야 한다는 것은 차주의 채무가 지나칠 정도로 많아지는 것을 제한함으로써 차주의 파산가능성을 배제하고자 함이다. 한편 부채상환비율이 원리금 지급기일 기준 1.0 이상이라는 것은 차주의 영업수익이 동 기일 현재 예정된 원리금의 지급에 아무런 지장이 없도록 하여야 한다는 의미이고, 매 회계년도 말 기준으로 1.3 이상을 유지한다는 것은 동 년도의 영업수익이 당해 연도의 원리금에 충당되고도 3.6개월분(12개월×0.3) 이상이 남는다는 것으로서 상환자금의 여유가 있음을 의미한다.

한편 재무약정에 따른 비율이나 금액에 대한 제한을 충족하지 못할 경우 이는 원리금의 상환에 지장을 초래하였거나 초래할 가능성이 있다는 신호로 보고, 대주들은 그에 따른 대책을 마련하거나 최악의 경우 채무불이행을 선언하고 채권확보에 나설지 여부에 대한 판단을 할 수 있게 되므로, 대주에게 있어 그 어떤 구속약정에 비하여 중요한 의미를 가진다. 반면 차주의 입장에서는 재무약정에 정하여진 제한의 정도가 지나칠 경우 자칫 차주의 자유로운 경영을 저해할 우려가 있으므로 그 적정성 여부에 대한 상당한 관심을 기울이게 되며, 따라서 재무약정에 관한 사항은 국제대출거래에 있어 항상 중요한 쟁점사항이 되는 경향이 강하다.[37)]

37) 특히 관계회사의 재무사항을 포함한 결합재무제표를 작성하는 것이 일반화되어 있는 외국의 경우 모든 재무약정이 결합재무제표를 토대로 하여 그 준수 여부를 판단하게 된다. 예컨대, EBITDA를 산정함에 있어 관계회사의 것까지 결합된 EBITDA(Consolidated EBITDA)를 사용하는 방식을 들 수 있다. 국내의 경우 결합재무제표의 작성이 보편화되어 있지 않은 관계로 외국계 금융기관들이 그와 같은 국제적 관행을 사용하고자 하는 경우 협상과정에서 쟁점이 되는 경우가 많다.

(5) 채무불이행 조항(Event of Default)

이상에서 설명한 어느 조항 못지않게 계약당사자 모두에게 중요성을 가지는 것이 채무불이행조항이다. 대주로서는 가급적 차주의 채무불이행사유를 폭넓게 규정하고자 하는 반면에 차주는 그 범위를 가급적 줄이고자 하기 때문이다. 채무불이행 사유는 당해 거래의 특성에 따라 달라지지만, 그 성격에 따라 크게 분류하면, i) 지급의무 불이행과 관련된 사유와 ii) 진술 및 보장조항이나 구속약정의 위반과 관련된 사유로 나눌 수 있으며, 그 구조에 따라 분류하면 i) 특정사실이 발생하면 바로 채무불이행사유에 해당하는 경우와 ii) 특정사유가 발생하고 일정한 기간(이를 cure period라고 한다)이 경과하도록 치유가 되지 아니할 때 비로소 채무불이행사유가 되는 경우로 구분할 수 있다.[38)]

한편, 채무불이행 사유가 발생한 경우 그 효과와 관련하여, i) 대주들이 기한의 이익 상실선언을 해야만 채무의 변제기가 도래하는 경우와 ii) 별도의 선언 없이 당연히 기한의 이익이 상실되고 모든 채무의 변제기가 도래하는 경우로 구분할 수 있다. 대부분의 사유가 전자에 해당하지만, 대주들이 기한의 이익상실 신언을 할 여유가 없는 긴박한 예외적인 사유들은 후자에 해당한다(예컨대 차주의 파산).

채무불이행 사유가 발생한 경우 대주들은 그 판단에 따라 기한의 이익상실 선언을 함으로써 모든 채무의 변제기를 도래시키고 원리금의

38) "차주가 이 계약서에 따라 지급하여야 할 금액을 지급기일에 지급하지 아니한 때"가 일정한 사실의 발생만으로 채무불이행이 되는 사유의 예이고, "차주에 대하여 금 ○○원 또는 이에 상당하는 다른 통화로 표시된 금액을 초과하는 지급, 벌금 또는 과태료 등을 명하는 판결 또는 명령이 확정되고 차주가 ○○일 이내에 이를 지급하지 아니하는 경우"가 일정기간 내 치유가 안 될 경우에 비로소 채무불이행이 되는 예라고 할 수 있다.

회수절차에 들어갈 수 있다는 조항, 일정 경우에는 상실된 기한의 이익이 부활될 수도 있다는 조항 등이 채무불이행의 효과로서 규정된다.

Ⅳ. 결론

신디케이티드론은 대출계약의 당사자인 대주가 하나가 아니라 복수로써 하나의 채권단을 구성하고 있을 뿐 기본적으로는 여타의 대출계약과 다를 바 없다는 점에서 다른 대출계약에서 만날 수 있는 법적 쟁점[39)]을 동일하게 가지고 있으며, 국제대출로서 이루어지는 경우에는 여타의 국제금융관련 계약이 지니는 외국환거래규정 관련 쟁점이나 고려사항을 동시에 내포하고 있다.[40)] 따라서 신디케이티드론은 그 논의의 범위 및 정도가 상당히 포괄적일 수 있으며, 담보의 문제, 외환

39) 예컨대, 담보권의 하나로서 차주의 예금채권에 대한 질권을 설정하는 경우가 많은데, 동 예금채권이 입출금이 자유로운 보통예금인 경우 그에 대한 질권설정이 가능한지 여부, 가능하다고 할 경우 대항요건의 구비와 관련하여 질권의 효력이 질권설정 당시 입금된 금액에 대하여만 미치는지 아니면 집행당시 예치되어 있는 금액 전부에 대하여 미치는지 하는 문제가 있다. 이 문제는 "국제금융과 담보"편에서 다루어질 것으로 보아 별도로 논의하지는 아니한다.

40) 예컨대, 외국환거래규정 제7-14조(거주자의 외화자금차입) 제1항, 제3항 및 제4항을 종합하면, 거주자가 비거주자로부터 외화자금을 차입하는 경우에는 지정거래외국환은행에 신고하여야 하되, 차입금이 3,000만 달러를 초과할 경우에는 지정거래외국환은행을 거쳐 재정경제부장관에 신고하여야 한다. 한편 차입기간이 1년 이내의 단기차입인 경우에는 재정경제부장관의 허가를 받아야 하는바, 단기차입에는 차입 후 1년 내에 분할, 중도상환할 권리가 차주에게 있는 경우를 포함한다. 따라서 국제대출계약을 작성함에 있어 당해 계약이 단기차입인지 여부를 명확하게 함으로써 동 계약이 신고사항인지 아니면 허가를 득해야 하는 사항인지에 대한 점에 대한 착오를 없게 할 필요가 있다. 이러한 외국환거래규정과 관련한 점들 역시 "국제금융과 규제제도"편에서 다루어질 것으로 보아 별도의 설명은 하지 아니한다.

관련 문제 등에 관한 논의는 특별한 사정이 없는 한 그대로 신디케이티드론에도 적용된다고 하겠다. 특히 최근 빈번하게 수행되고 있는 국내 인프라 건설을 위한 프로젝트에 다수의 외국자본이 참여하려는 욕구가 강해지면서 신디케이티드론에 기초한 국제대출이 관심사가 되어 가고 있음을 감안[41)]할 때 이 분야에 대한 보다 많은 논의와 연구가 이루어질 것으로 예상된다.

41) 2001년 7월 26일 대구-부산 간 고속도로의 건설을 위한 자금조달의 일환으로 일본 다이이치간교은행을 중심으로 하는 외국계 금융기관들로 구성된 채권단이 미화 1억 달러를 제공하기로 하는 대출약정을 국내회사와 체결하였고, 2003년 5월 29일 부산 신항만 건설과 관련하여 크레딧리요네은행을 중심으로 하는 외국계 금융기관들로 구성된 채권단이 미화 2억 7,600만 달러를 제공하기로 하는 대출약정을 국내회사와 체결한 바 있다.

제3장 해외사채발행 실무해설*

최병선**

I. 해외사채의 의의

1. 개념

사채란 주식회사가 불특정다수인으로부터 자금을 조달할 목적으로 집단적 · 정형적으로 부담하며, 액면가에 따라 단위화된 채무를 뜻한

* 이 글은 그동안 한국 회사들이 해외사채를 발행함에 있어서 유의하여야 할 법규사항을 중심으로 실무적인 사항을 정리하여 본 것이다. 이 글은 서울대학교 금융법센터에서 2004년 11월 발행한 BFL 제8호에 실린 글로서 새로 책으로 발간한다고 하여, 그 원본에 2004년 이후의 법규의 개정 및 실무의 변화에 따른 약간의 수정을 가하여 작성하였다. 개인적인 견해를 기술한 것이므로 법무법인 세종의 공식적인 입장은 이와 다를 수 있다.

** 법무법인 세종 변호사

다.[1] 따라서 회사법에서는 사채와 주식과의 차이점을 좀 더 상세히 비교 · 검토할 필요가 있다. 이에 대한 논의는 이 글에서는 생략한다.

그렇다면 해외사채란 무엇을 의미하는가가 문제이다. 이것을 국제금융적인 측면에서 본다면 '국제자본시장(international capital market)에서 사채 발행을 통하여 자금을 조달하는 거래'라고 할 수 있다. 기업은 전통적인 은행차입방식에서 탈피하여 사채 발행을 통한 자본시장에서의 자금조달방식을 선호하고 있으며, 이러한 현상을 금융의 '증권화(securitization)'라고 하기도 한다. 이 글에서는 그러한 국제금융적 측면보다는 법규적 측면에서의 검토에 중점을 두도록 한다.

증권거래법에 따라 금융감독위원회가 제정한 현행 증권업감독규정 제7-5조는 '해외증권'에 대하여 "국내법인이 외국에서 발행한 전환사채권, 신주인수권부사채권, 교환사채권, 주식예탁증서, 유통주식예탁증서 기타 이와 유사한 증권 또는 증서를 말한다"라고 규정한다.[2] 따라서 이 가운데 사채권에 해당하는 증권을 해외사채라고 할 수 있을 것이다.[3]

---

1) 이철송, 회사법강의, 박영사, 2005, 798면 이하 참조.

2) 증권거래법 제192조는 주권상장법인 및 코스닥상장법인 등의 재무관리기준에 관하여 규정하고 있는바, 그 시행령 제84조의25 제1항 제5호는 해외증권의 발행요건 및 방법에 관한 사항을, 그리고 제6호는 전환사채권 · 신주인수권부사채권 · 이익참가부사채권 및 교환사채권의 발행요건 및 발행한도에 관한 사항을 정하고 있다. 증권거래법에 따라 정해진 규정으로서 '증권업감독규정'과 '유가증권의 발행 및 공시 등에 관한 규정' 등이 있는바, 이 가운데 증권업감독규정은 증권회사로 하여금 해외증권에 관한 수탁을 제한한다거나 외국인투자자로 하여금 해외증권의 권리행사로 인한 주식의 취득을 제한하거나 절차적인 의무를 부과하는 등의 우회적인 방법에 의하여 해외증권의 거래를 규제하고 있다.

3) 과거 금융감독위원회는 '해외증권발행규정'을 제정하고 주권상장법인 및 코스닥상장법인이 발행하는 해외증권에 관한 사항을 규정하고 있었다. 그러나 감독 당국은 IMF 사태 이후 해외증권의 발행을 전면적으로 허용하겠다는 취지에서 1998. 6. 해외증권발행규정을 폐지하였으나, 유가증권의 발행 및 공시 등에 관한 규정에서 해외

한편 증권거래법의 측면에서 볼 때 해외증권과 외화표시국내증권은 그 성격 및 내용과 발행절차가 엄연히 구분되는 것이기 때문에 이를 혼동하여서는 아니 된다. 즉 해외증권의 경우 유가증권의 모집·매출의 행위가 해외에서 이루어지고, 그 대금도 해외에서 수수되며 유가증권의 실물발행도 해외에서 이루어져 유통된다는 점에서 국내투자자보호의 필요성이 상대적으로 적다고 할 수 있다.[4)]

한편 위 해외증권의 개념을 보면 발행회사가 주권상장법인 및 코스닥상장법인인가 아닌가 여부를 구분하지 아니하고 마치 비상장법인의 경우에도 관련 규정이 적용되는 것처럼 보인다. 그러나 해외증권의 권리행사로 취득하는 주식에 대하여는 유가증권시장 또는 코스닥시장을 통하지 아니하여도 이를 취득할 수 있도록 규정하고 있으며,[5)] 전환사채나 신주인수권부사채에 대한 유가증권의 발행 및 공시 등에 관한 규정에 의한 여러 가지 특칙도 발행회사가 주권상장법인 및 코스닥상장법인인 경우에만 적용되고 있는 것 등을 보면,[6)] 해외증권에 관한 증권거래법의 규정도 주권상장법인 및 코스닥상장법인인 경우에만 실질적인 의미가 있다고 하겠다.

한편 외국환거래법은 "외국통화로 표시된 증권 또는 외국에서 지급을 받을 수 있는 증권"을 '외화증권'이라고 규정하는바,[7)] 우리가 통상적으로 말하는 해외증권은 모두 외화증권에도 해당한다고 하겠다.[8)·9)]

증권을 포함한 주식연계증권을 발행하고자 하는 경우의 요건을 규정하고 있다.

4) 같은 취지로는 윤승한, 증권거래법강의, 삼일세무정보, 2000, 483면.

5) 증권업감독규정 제7-8조 제1항 제2호, 제7-6조 제2항 제5호 이하.

6) 유가증권의 발행 및 공시 등에 관한 규정 제60조 이하.

7) 외국환거래법 제3조 제1항 제8호.

8) 다만 뒤에서 설명하는 외국에서 발행하는 원화증권은 제외한다.

9) 한편 외국환거래규정은 "표시통화 또는 지급금액의 결정통화 또는 결제통화가 내

2. 해외사채의 종류

(1) 일반적인 해외사채의 분류

해외사채는 그 특성에 따라서 아래와 같이 나눌 수 있다.

1) 금리 기준

① 고정금리로 발행되는 고정금리채권(straight bond)

② 변동금리부채권(FRN, floating rate notes)[10] : 이 경우 외화사채에서 많이 쓰이는 변동금리로는 런던은행간대출금리(LIBOR, London Interbank Offered Rate)가 많이 사용되는바, 그 결정에 있어서 Reuter Monitor Service를 많이 이용하고 있다.

2) 만기 기준

① 최단기인 commercial paper.[11] commercial paper는 통상 30～270일 이내의 기간으로 발행되며 만기 전 양도가 가능하여 단기금융상품

국통화인 외화증권"을 '원화연계외화증권'이라고 하여(제1-2조 제23호) 원화증권 및 외화증권의 양면적인 특성을 일부 가진 증권을 특수하게 취급하고 있다(제7-23조 이하).

10) 변동금리부채권도 그 내용에 따라서 i) convertible FRN, ii) drop-lock FRN, iii) serial FRN, iv) rolling-rate FRN, v) capped FRN, vi) mini-max FRN, vii) reverse FRN, viii) step up(down) FRN, ix) perpetual FRN 등으로 나누기도 한다. 한국금융연수원, 국제채, 한국금융연구원, 2001, 169면 이하.

11) 뒤 I. 2. (5) 2)에서 보는 바와 같이 이것은 '어음'이라고 볼 수도 있을 것이며, 조세특례제한법을 적용함에 있어서는 '외화표시어음'의 범주에 들어간다고 볼 것이다. 그러나 영국법계 사채발행 실무에서는 medium term note와 commercial paper의 차이는 오로지 만기가 1년을 초과하는가 여부에 있다는 점을 고려하면 이것을 사채의 범위에 포함시키는 것이 의미가 있다는 생각이다.

으로서 활발히 거래된다.[12)]

② medium term notes[13)]

③ 만기가 영구인 영구채[14)]

3) 발행지역 기준

① 유로본드(Euro bond) : 채권의 표시통화국 이외의 나라에서 발행되는 채권을 말한다. 따라서 만일 원화증권이 해외에서 발행된다면 그것은 Euro-Won bond라고 불릴 수 있을 것이다.

② 외국채(foreign bond) : 채권의 표시통화 국내에서 당해 국가의 통화로 비거주자에 의하여 발행되는 채권을 말한다. 외국채는 그 발행지에 따라 양키 본드(Yankee bond), 사무라이 본드(Samurai bond),[15)] 캥거

---

12) 미국 1933년 증권법(Securities Act of 1933) Section 3(a)(3)에 의하면 만기가 9개월 이하인 commercial paper에 대하여는 유가증권신고서의 제출이 면제되어 있다. 따라서 만기가 270일을 초과하는 commercial paper도 발행 가능하나 유가증권신고서를 제출하여야 하기 때문에 실제는 발행하지 않는다고 한다. 김철, 국제외환금융론, 법문사, 1987, 350면. 최근에는 미국 1940년 투자회사법(Investment Company Act of 1940)의 실무적 해석의 결과 유가증권신고서의 제출이 없이도 발행되어 일정한 투자자들(money market funds의 경우)에게 판매될 수 있는 증권의 만기 최장기가 397일까지로 이해되고 있다(Rule 2a-7 참조).

13) 중장기채권(MTN, medium term note)은 은행, 기타 금융기관이 일정한 최고한도를 정한 프로그램을 설정하여 놓고 수시로 사채를 발행하는 것을 의미하나, 만기를 기준으로 할 때 최단기채권이거나 영구채가 아니라는 점에서 여기에 나열하였다.

14) 사채의 만기를 영원한 것으로 하여 발행사가 순조로이 존속하는 한 이자만 지급하고 원금의 상환은 없도록 하는 채권이다. 따라서 이것은 일반적인 채무의 성질과 다르다는 점에서 이것이 사채인가 여부에 관하여 논의가 있다. 발행회사가 금융기관인 경우 금융감독 당국이 정한 자기자본의 산출에 있어 영구채를 기본자본 또는 보완자본으로서 포함시킬 수 있는가 여부에 따라 발행의 실익 여부가 결정된다(은행업감독규정 제2조 등 참조).

15) 일본에서 일본의 비거주자에 의하여 엔화 이외의 통화로 발행된 채권을 '쇼군(Shogun)채' 라고 한다. 한국금융연수원, 국제채, 한국금융연구원, 2001, 161면.

루 본드(Kangaroo bond), 불독 본드(Bulldog bond) 등으로 불린다.[16)]

③ 글로벌 본드(global bond) : 미국, 유럽, 아시아 등 전 세계 주요 국제금융시장에서 동시에 발행 · 판매되는 단일통화채권(주로 미 달러화)을 말한다.[17)]

(2) 주식연계채권

우리나라의 상법 및 증권거래법 등이 규정하고 있는 주식연계채권은 아래와 같으며 모두 해외증권으로 발행된 예가 있다.

① 전환사채(CB, convertible bonds) : 사채권자에 대하여 일정한 기간(전환기간) 내에 일정한 조건(전환조건)으로 당해 전환사채 발행회사의 신주로 전환할 권리를 부여한 사채[18)]

② 신주인수권부사채(BW, bonds with warrants) : 사채권자에 대하여 일정한 기간(행사기간) 내에 일정한 조건(행사조건)으로 당해 신주인수권부사채 발행회사의 신주를 인수할 권리를 부여한 사채[19)]

③ 교환사채(EB, exchangeable bonds. 미국의 경우 자기주식으로 교환되는 교환사채는 여전히 convertible bonds라고 부른다) : 일정한 기간(교환기간) 내에 일정한 조건(교환조건)으로 당해 교환사채 발행회사의 이미 발행

16) 외국 기업이 우리나라에서 발행한 원화증권을 'Arirang bond'라고 부르기도 하며, 이것도 성격상 외국채에 속한다고 하겠다. 그러나 이것은 해외증권은 아니다. 한편 외국 기업이 우리나라에서 발행하는 외화증권은 'Kimchi bond'라고 부르기도 한다.

17) 이강남, 국제금융론, 법문사, 1998, 730면. 한편 이것은 뒤에서 보는 포괄사채권을 의미하는 global bond/note와는 구분하여야 한다.

18) 상법 제513조 이하.

19) 상법 제516조의2 이하.

된 주식(자기주식) 또는 다른 회사의 이미 발행된 주식으로 교환할 권리를 부여한 사채[20]

이 세 가지 사채에 관한 차이점은 아래 표에 비교되어 있다.[21]

〈표 1〉주식연계채권의 특성 비교

	전환사채	신주인수권부사채	교환사채
대상 주식	신주	신주	제3자의 주식 (일반적인 경우)/ 발행회사의 구주(자기주식)
권리행사 후	사채권 소멸	사채권 유지(현금납입형)/ 소멸(대용납입형)	사채권 소멸
주식의 취득한도	사채금액과 동일	사채금액 범위 내	사채금액 범위 내
주식의 대가	사채금액으로 충당	현금납입(현금납입형)/ 사채금액으로 충당 (대용납입형)	사채금액으로 충당
권리행사시 재무제표에의 반영	부채감소＋자본증가	자산증가＋자본증가 (현금납입형)/ 부채감소＋자본증가 (대용납입형)	부채감소＋자산감소 (일반적인 경우)/ 부채감소＋자본증가 (자기주식의 경우)
권리의 이전[22]	사채권의 이전에 의함	신주인수권 증권 분리발행 가능	사채권의 이전에 의함
근거법규	상법 제513조 이하	상법 제516조의2 이하	증권거래법 제191조의4

20) 증권거래법 제191조의4.

21) 상세한 차이점에 대하여는 최병선, “우리 기업의 해외증권 발행 교환사채를 중심으로,” 증권법연구 제3권 제2호(2000), 한국증권법학회 참조.

22) 사채권이 기명식인가 무기명식인가에 따라서 그 이전의 요건 또는 이전의 대항요건이 다를 수 있다. 통상적으로는 무기명식 사채가 발행되므로 여기서는 일단 무기명식 사채를 전제로 하였다.

⑶ 발행시장에 따른 분류

그동안 우리나라 회사들이 발행한 해외증권의 주요 발행시장은 아래와 같다.

1) 유로 시장에서의 발행

유로 시장에서의 발행은 발행지법의 규제를 받지 않으므로 발행에 용이한 점은 있으며 그동안에 우리나라 회사들의 해외증권발행이 유로 시장에 편중된 면이 있다.[23)]

2) 미국 시장에서의 공모발행

우리나라 회사가 미국 시장에서 해외증권을 공모발행하는 경우에는 미국 증권거래위원회(SEC)에 유가증권신고서(registration statements)를 제출하여야 하고 그것이 유통하는 동안에 계속적인 공시의무를 부담하게 된다. 그러나 해외증권 발행을 통하여 미국 시장에서의 발행기업의 지명도를 높일 수 있으며, 거대한 미국의 자본시장에 진출함으로써 자금조달시장을 다변화한다는 측면에서 긍정적 효과가 있다.

3) 미국 시장에서의 Rule 144A에 의한 발행[24)]

Rule 144A는 미국의 증권거래소나 미국 증권업협회 전산매매시장(NASDAQ)에 상장되지 않고 사모 발행된 증권을 일정한 자격 있는 기

23) 스위스 프랑 시장이나 독일 마르크 시장에서 발행한 예도 상당수 있었으나 유럽의 통화가 유로로 통합되면서 실제 발행이 감소한 것으로 보인다.

24) 미국증권법은 Regulation S를 만들어 미국 외에서 증권을 발행하는 경우 미국 증권법상의 등록의무가 적용되지 않도록 하고 있다. 한편 Regulation S에 의하여 미국 외에서 발행된 증권은 Rule 144A에 의하여 미국의 기관투자자들에게 재판매되기도 한다.

관투자가들(QIBs, qualified institutional buyers)에게 재판매하는 경우에 등록의무를 면제하여 주는 규정인바, 이 규정에 기초하여 증권을 발행한 예가 많이 있다.

(4) 이익참가부사채

증권거래법 제191조의4는 이익참가부사채에 대하여 규정하는바, 아직까지 해외사채로서 발행된 이익참가부사채는 없는 것으로 알려져 있으므로 이 글에서는 생략한다.

(5) 기타 해외증권

이하에서는 해외사채는 아니나 우리나라 회사들이 그동안 발행하였던 해외증권을 간략하게 언급한다.

① 주식예탁증서(DR, depositary receipts)

우리나라 회사가 발행한 주식을 원주로 하여 해외예탁기관(depositary)이 발행한 증권을 말하며 외국에서 원주 대신 유통된다. DR 소지자는 원주로의 전환을 청구할 수 있다. DR은 발행시장에 따라 ADR(American Depositary Receipt), EDR(European Depositary Receipt), GDR(Global Depositary Receipt) 등으로 불리고 있다. 주식예탁증서도 국내 회사가 발행하는 대표적 해외증권이라고 할 것이나, '사채' 가 아니므로 이 글에서는 추가적인 설명은 생략한다.[25]

---

25) 주식예탁증서나 어음의 경우에도 해외에서의 금융이라는 측면에서는 해외사채와

② 어음(bill or note)

앞에서 본 바와 같이 국내 회사는 어음을 발행하는 방법에 의하여도 해외에서 자금을 융통할 수 있다.[26)]

③ 양도성예금증서(CD, certificate of deposit)

예금을 받는 기관인 은행 또는 종합금융회사가 발행하는 양도성예금증서를 말한다. 일반적으로 소지인식 또는 무기명식(bearer form)으로 발행하며, 변동금리부로 발행하는 것을 FRCD(floating rate certificate of deposit)이라고 한다.

II. 해외사채발행의 당사자

1. 발행회사(issuer)

앞에서 본 바와 같이 발행회사가 상장법인 또는 코스닥상장법인인가 여부 등에 따라 증권거래법의 적용 여부가 결정된다.

2. 대표주관회사(lead manager) 및 간사단(manager)

사채의 인수를 맡은 회사들을 간사단이라고 하며, 그 가운데 대표가 되는 역할을 맡은 회사를 대표주관회사[27)]라고 한다.

크게 다르지 아니하므로, 아래에서 보는 해외사채에 관련된 내용의 상당 부분이 해외 주식예탁증서나 어음의 경우에도 적용된다고 할 수 있다. 다만 어음법상의 어음은 외국환거래법 목적상으로는 증권이라기보다는 '(대외)지급수단'으로 취급된다(제3조 제1항 제3호 및 제4호).

26) 석광현, 국제사법과 국제소송 제1권, 박영사, 2001, 608면 이하는 해외사채가 어음법상의 어음이 아니라는 점에 관하여 상세히 설명하고 있다. commercial paper에 관하여는 앞의 I. 2. (1) 2) ① 참조.

27) 실무적으로는 '주간사회사'라고 하기도 한다.

3. 수탁회사(trustee) 또는 재무대리인(fiscal agent)

사채와 관련하여 사채권자들의 이익을 대변할 수탁회사를 두는 경우가 많으며, 경우에 따라서는 수탁회사를 두지 아니하고 재무대리인을 두는 경우가 있다. 재무대리인은 발행회사의 대리인으로서 통상 지급대리인의 지위를 겸하며, 영미법계에서는 전환사채, 교환사채, 신주인수권부사채 등 주식연계채권의 경우 수탁회사를 두는 것이 통상적이다.

4. 지급대리인(paying agent), 전환대리인(conversion agent), 행사대리인(exercise agent), 교환대리인(exchange agent), 사채등록대리인 · 사채명의개서대리인(registrar 또는 transfer agent)

각 사채의 내용에 따른 역할을 맡는다.

5. 주금납입은행(payment handling bank)

신주인수권부사채의 경우 주금을 납입할 은행, 기타 금융기관을 말한다.[28)]

6. 주식명의개서대리인(share transfer agent)

회사는 정관이 정하는 바에 의하여 명의개서대리인을 둘 수 있다.[29)] 주식과 관련된 사채를 발행할 때 명의개서대리인이 있으면 관련계약서의 당사자가 되기도 한다.

---

28) 주금납입은행을 변경할 경우에는 법원의 허가를 얻어야 한다(상법 제516조의8 제4항, 제306조).

29) 상법 제337조 제2항.

7. 사채권재교부대리인(replacement agent)

사채권의 분실 · 훼손의 경우는 물론, 분할이나 병합 등의 경우에 새로운 사채권을 교부하여 주는 역할을 한다.

8. 상장대리인(listing agent)

사채권을 외국의 증권거래소 등에 상장하는 경우 당해 증권거래소의 규정에 따라 상장대리인을 지정하여야 하는 경우가 있다.[30)]

9. 증권예탁결제원

교환사채를 발행하는 주권상장법인이나 코스닥상장법인은 교환에 필요한 상장유가증권이나 코스닥상장유가증권을 사채권자의 교환청구가 있을 때 또는 당해 사채의 교환청구기간이 만료하는 때까지 증권예탁결제원에 예탁하여야 한다.[31)] 해외증권으로 교환사채를 발행하는 경우에도 그러하다.

---

30) 우리나라 회사들의 사채권은 그동안 룩셈부르크 및 런던 증권거래소에 상장된 예가 가장 많은 것으로 보인다.

31) 증권거래법 시행령 제84조의13 제3항. 한편 동 시행령 규정은 증권예탁결제원이 "당해 유가증권에 대하여 신탁재산표시를 하여 관리" 할 수 있다고 하는바, 그 의미가 무엇인가에 관하여는 의견이 일치하지 않는 것으로 보인다.

III. 해외사채발행에 관련된 서류들

1. 사업설명서(offering circular, placement memorandum 또는 prospectus) 및 예비사업설명서(preliminary offering circular, preliminary placement memorandum/preliminary prospectus 또는 red herring[32])

투자자들에게 발행하고자 하는 사채의 조건, 발행인에 관한 내용(사업, 재무상태, 전망, 법률적인 쟁송 관여 여부 등), 발행에 관한 세법 기타 법률관련 사항 등 투자자의 투자 판단에 대한 기초자료가 되는 정보를 제공하는 서류이다. 상장되는 증권거래소의 상장신청서 또는 유가증권신고서의 내용에 따라 그 내용 및 목차 등이 결정되는바, 상장되는 경우 사업설명서의 내용을 그대로 상장신청서 또는 유가증권신고서로 변환하여 제출하는 것이 통상적이다.

2. 사채권(global note/bond 및 definitive note/bond)

사채권을 전액 실물로 발행하여 투자자들에게 배포하는 경우 그것을 확정사채권(definitive note/bond)[33]이라고 부르는 것이 일반적이며, 실물로 발행하지 아니하고 불발행제도를 취하거나 아니면 등록식으로 발행하는 경우에는 사채발행액 전액을 액면으로 한 사채권 1매를 발행하여 결제기관 또는 그 위탁을 받은 예탁기관에 예탁하는 것이 일반적이다. 이렇게 1매로 전액에 관하여 발행한 사채권을 포괄사채권

---

32) 예비사업설명서의 경우 미완성이므로 차후 변경이 될 가능성이 있다는 점에 대한 주의문구를 붉은색으로 기재하며 따라서 이를 red herring이라고 부르기도 한다.

33) 확정사채권으로 번역하는 것이 통상적이다.

(global note/bond)[34]이라고 한다. 확정사채권에는 사채의 조건이 상세히 첨부되므로 상법 제478조 제2항의 요건을 모두 갖추는 결과가 되는 것이 통상적이나, 포괄사채권에는 사채의 조건이 기재되지 않는 경우가 많아서 과연 이것을 사채권이라고 부를 수 있는가의 문제가 발생한다.[35]

해당 사채를 무담보 조건으로 발행하였음에도 불구하고 발행회사가 제3자에게 담보제공을 하는 경우 사실상 해당 사채권자는 열후한 지위에 빠지게 된다. 따라서 발행회사는 제3자에 대한 담보제공에 대하여 이를 하지 않겠다거나 제3자에 대한 담보제공의 경우에는 해당 사채권자에게도 동등한 담보를 제공하겠다는 내용의 이른바 부작위 확약(negative pledge 또는 negative covenant)을 제공하게 된다. 회사의 재무상태에 대한 약속(financial covenant)이 삽입되는 경우도 있다.[36]

3. 인수계약서(subscription agreement/underwriting agreement)

사채의 인수에 관한 내용을 주된 내용으로 한다. 따라서 발행 및 인수에 관한 기본사항, 발행 · 납입(closing)의 선행조건(conditions precedent), 간사회사들의 판매제한에 관한 사항(selling restrictions), 초과배정옵션(over-allotment option), 추가발행청구권(green shoe option) 등이 포함된다. 간사회사들이 여럿 있는 경우 영국법계의 계약서에서는 사채의 인수

34) 포괄사채권 또는 대권(大卷)으로 번역하는 것이 통상적이다.

35) 최근 한국법을 준거법으로 하여 발행하는 포괄사채권의 경우에는 사채의 조건을 첨부하여 이러한 해석상의 다툼을 미연에 방지하기도 한다.

36) 사채권 및 뒤에서 보는 신탁약관, 대리인계약서 등은 주식 관련 사채의 권리행사에 관하여 상세히 규정하고 있다. 주식관련 사채의 권리행사 절차에 대하여 상세히 설명하는 자료로는 증권예탁결제원, 해외증권업무안내, 증권예탁결제원, 2007이 있다.

에 관하여 연대책임을 부담하는 것이 통상적이나 미국법계의 계약서에서는 연대책임을 부담하지 아니하고 개별적으로 분할책임을 부담하는 것이 통상적이다.

한편, 인수회사들 사이에서 인수에 관한 내용을 약정하는 인수회사들 간의 계약서(Agreement among Managers)를 작성하기도 한다.

계약서를 작성함에 있어서는 발행회사의 진술 및 보장사항들(Representation and Warranties), 선행조건(conditions precedent) 등에 대하여 유의하여야 한다.

4. 신탁약관 또는 사채약관(trust deed/indenture)

이것은 통상적으로 '신탁약관/신탁계약/신탁증서' 등으로 번역되는 서류로서 사채가 발행된 이후 발행회사와 사채권자들의 권리관계를 명시하여 놓는 계약서를 작성하게 된다. 이 계약은 다수의 사채권자들을 직접적으로 계약의 당사자로 할 수 없으므로 수탁기관을 두고 수탁기관과의 사이에서 작성하는 것으로서 발행회사가 사채권자들에게 권리를 일방적으로 부여하는 성격을 가지고 있으므로 영미법계에서의 일방계약(deed 또는 deed poll)의 성격을 가지고 있다. 수탁기관을 두는 경우에는 사채권자들이 개별적으로 기한의 이익을 상실시키는 등 발행회사에 대하여 직접적으로 권리를 행사하는 것을 금지하고 수탁기관을 통하여 이러한 권리행사를 하도록 하는 것이 일반적이나 사채권자로 하여금 발행회사에 대한 직접적인 권리행사를 가능하도록 하는 조항(direct enforcement rights 조항)을 추가하기도 한다.

5. 대리인계약서(agency agreement)

사채가 발행된 이후 원리금의 지급 등을 대행하여 줄 기관을 선정하는 계약서이다. 이러한 기관은 지위 및 역할에 따라서 (주)지급대리인〔(principal) paying agent〕, 전환대리인(conversion agent), 신주인수권증권행사대리인〔warrant (exercise) agent〕, 대리은행(agent bank), 등록대리인(registration agent 또는 registrar), 교환대리인(exchange agent), 재교부대리인(replacement agent) 등으로 불리며, 이 대리인들과의 계약에 따라서 paying agency agreement, conversion agency agreement 등으로 불리기도 한다. 이 가운데 대리은행(agent bank)은 변동금리부사채를 발행하는 경우 사채의 이율을 결정하기 위하여 선정하는 대리인을 의미한다.

6. 재무대리인계약서(fiscal agency agreement)

이것은 위의 신탁약관(trust deed)과 대리인계약서(agency agreement)의 두 가지의 내용을 일부씩 모아서 합한 것으로 이해하면 무난하다. 재무대리인(fiscal agent)은 일반적인 지급대리인의 업무에 추가하여 사채권의 발행, 임시사채권과 확정사채권의 교환 기타 그에 부수되는 역할을 맡아보는바, 수탁기관의 경우와는 달리 발행회사의 대리인이다.

7. 확약증서(deed of covenant)

확정사채권을 작성하지 아니하고 포괄사채권을 만기까지 유지하는 경우(permanent global bond), 그 포괄사채권이 무효로 되는 경우에 대비하여 영미법을 준거법으로 하여 계약서를 작성하면서 발행회사로 하여금 확약증서(deed of covenant)를 작성하도록 하기도 한다.

8. 보증서(deed of guarantee)

보증회사가 있는 경우 작성하기도 한다. 사채권에 보증인이 직접 보증문언을 기재하고 서명 또는 기명날인하는 방식을 취하는 우리나라와 달리 영미법계에서는 일방계약(deed 또는 deed poll)으로서 보증을 하기도 한다.

9. 서명 또는 납입 정리문서(signing and closing memorandum)

계약서의 서명 및 사채권의 납입 등에 관한 구체적인 사항을 일목요연하게 정리하여 관련자들이 쉽게 업무를 처리하도록 한다.

IV. 해외사채의 주요조건

해외사채를 발행함에 있어서 주요 조건으로는 다음과 같은 것들이 있는바 매 발행 건마다 그 조건이 구체적으로 상이하게 정하여질 것이므로 여기서 그 구체적인 검토는 생략하기로 한다.

① 표시통화
② 발행금액 및 액면금액
③ 발행방법 : 공모발행 또는 사모발행
④ (무)기명식 여부
⑤ 발행가액 : 할증발행 및 할인발행
⑥ 표면금리
⑦ 수익률
⑧ 만기
⑨ 준거법 및 관할
⑩ 시효
⑪ 사채권자집회에 관한 사항

V. 해외사채발행에 관한 국내법상 규제

해외사채를 발행함에 있어서 발행계약 즉 인수계약의 준거법은 영국법 또는 미국 뉴욕주법으로 하는 경우가 많다. 나아가 사채 자체에 대한 권리 · 의무의 준거법에 대하여도 통상 영국법 또는 뉴욕주법을 준거법으로 지정한다. 이러한 법을 준거법으로 지정한 경우 사채권자의 권리 및 발행인의 의무 등은 모두 그 채권에 화체된 권리의 준거법에 따르는 것이 원칙이다. 그럼에도 불구하고 예외적으로 우리 법이 적용되거나 적용 여부가 문제되는 사항들에 관하여 간단히 검토하기로 한다.

1. 상법의 적용

(1) 발행회사의 능력 및 발행사항의 결정

발행회사가 우리 법상 능력을 가지고 있는가 여부 및 회사의 적법한 내부절차를 거쳤는가 여부에 관하여는 우리 법을 적용하게 된다. 상법 제469조는 이사회의 결의에 사채를 발행할 수 있음을 명시한다. 전환사채나 신주인수권부사채의 경우에도 정관으로 주주총회에서 결정하기로 정하지 아니하는 한 이사회의 결의에 의하여 발행하게 된다.[37)]

37) 상법 제513조 및 제516조의2.

(2) 사채의 발행에 관한 기본 사항

예컨대 사채발행한도에 관한 상법 제470조의 규정은 사채에 적용되게 된다. 다만 주권상장법인이나 코스닥상장법인이 발행하는 전환사채나 신주인수권부사채의 경우 주식으로의 전환 또는 신주인수권의 행사가 가능한 분에 해당하는 금액은 상법 제470조에 의한 제한을 받지 아니한다.[38)]

(3) 주식연계사채에 대한 적용

주식연계사채의 경우 그 사채의 전환 또는 교환 등으로 인하여 발행할 신주의 내용 및 그 발행예정주식수의 보류, 전환권 또는 신주인수권의 행사로 인한 효력발생시기 등에 관하여는 상법 또는 증권거래법에 규정이 있으며, 이러한 것들은 상법 등 관련 법규가 적용된다고 보아야 한다.[39)]

(4) 기한의 이익의 상실 사유

상법 제505조는 사채의 발행인이 이자 지급을 해태하더라도 사채권자집회의 결의에 의하여 2개월 이상의 일정 기간을 정하여 서면으로 변제를 최고하고 발행인이 이를 불이행하는 경우에만 비로소 기한의 이익을 상실하게 하고 있으나, 이는 강행규정이 아니라고 보는 것이

---

38) 증권거래법 제191조의5.

39) 상법 제513조 이하 및 증권거래법 제191조의5.

타당하다. 국내에서 사용되는 사채모집위탁계약서의 경우에도 상법의 규정보다 더 넓은 사채의 기한이익의 상실 사유를 약정하고 있으며, 그렇게 하고 있는 근거는 기한의 이익 상실 사유가 강행규정이 아니라는 점을 그 근거로 하고 있다고 하겠다. 그렇다면 해외사채의 경우에 상법에 정하는 기한의 이익 상실에 관한 규정을 강행규정으로서 적용되어야 한다고 볼 근거는 없게 된다. 실제로 해외사채의 경우 상당히 자유롭게 기한의 이익 상실 사유를 정하고 있는 것이 실무이다.

(5) 해외증권의 발행 방식

상법상 사채는 대표이사가 기명날인(또는 서명)하여야 하는바, 이러한 원칙은 해외증권에도 동일하게 적용함이 실무가들의 기본입장이다. 다만, 국제사법의 이론으로는 법률행위의 방식은 준거법 또는 행위지법의 요건을 충족하면 족하므로 반드시 우리 상법에 정한 바에 따라서 대표이사가 서명 또는 기명날인하여야 하는 것은 아닌 것으로 볼 수 있다. 다만 실무에서는 보다 안전하게 하기 위하여 대표이사로 하여금 서명 또는 기명날인하게 하는 방법을 취하고 있다.[40)·41)]

40) 은행 기타 금융기관이 중장기채권프로그램(MTN program, medium term note program)을 설정한 후 일정한 최고한도를 정하여 놓고 수시로 사채를 발행하는 경우에는 최초에 전액에 대한 포괄사채권을 대표이사의 서명(기명날인)을 받아 작성한 후 그 이후에 매번 발행하는 금액에 해당하는 포괄사채권에 대하여는 담당 임직원의 서명(기명날인)을 받도록 하는 것이 관행이다.

41) 확정사채권이 발행되는 경우에는 국제적으로 일정한 표준양식이 사용되는 것이 통상인바, 이권(coupon)을 첨부하며, 경우에 따라서는 이권교환권(talon)을 첨부하여 이 이권교환권과 이권을 교환하기도 하나, 실제로 사용되는 예는 많지 않은 것으로 보인다.

(6) 사채권자집회

신탁약관 기타 사채의 제 조건에 의하면 사채권자들의 일반결의에 의하여 사채의 조건 중 일정한 사항들을 변경할 수 있고, 사채권자들의 특별결의에 의하여 만기의 연장, 이자지급기일의 변경, 원리금의 감액, 통화의 변경 등을 하게 되어 있다. 이러한 규정들은 우리 상법상의 사채권자집회에 대한 규정과 상이한 내용들을 담고 있는 것이 일반적이다. 따라서 상법상 사채권자집회 관련 규정들이 적용되는지 여부가 문제되는바, 다수설 및 실무는 사채권자집회에 관한 규정은 사채의 준거법 또는 관련 계약에 따르는 문제라고 이해하고 있다.[42)·43)]

최근에는 사채 발행계약 및 사채의 준거법 자체는 우리 법을 적용하는 것으로 하되, 사채권자집회의 결의사항, 소집 절차, 정족수 등에 대하여만 영국법을 준거법으로 한 계약서도 일부 법률가들에 의하여 사용되고 있다.[44)]

42) 이러한 견해를 취하면서 사채권자집회의 결의에 대한 법원의 인가(상법 제498조 제1항)가 불필요하다는 견해가 있다. 석광현, 국제사법과 국제소송 제3권, 박영사, 2004, 594면 이하 참조.

43) 사채가 무기명식으로 발행되고 있는 현실에서 사채권자집회에 의한 사채의 관리가 가능할 것인가에 의문이 있으므로, 사채권자집회의 역할을 축소하는 방향으로 상법의 해석이 이루어져야 한다는 견해가 있다. 윤영신, "사채권자보호에 관한 연구—주주와 사채권자의 이익충돌을 중심으로," 서울대학교 법학박사 학위논문, 1997, 191면 참조.

44) 이와 같은 준거법의 분열은 가능하다는 일반적인 전제하에서 사채권자집회에 관한 우리 상법의 규정을 강행규정이라고 보지 않는 입장에서는 아무런 문제가 없는 계약서이기는 하나, 우리 상법을 적용하는 한 사채권자집회에 관한 규정도 적용되어야 한다는 입장을 취하면서 위와 같은 규정의 효력에 의문을 제기하는 실무가들도 있다.

(7) 해외증권에 대한 제권판결제도의 적용 여부

국제사법 제58조는 어음 · 수표 등 일정한 경우에는 상실 또는 도난의 경우에 행하여야 하는 절차에 관하여 지급지법에 의할 것을 규정하고 있다. 그러나 주식이나 사채의 경우 그러한 규정이 없어서 문제되는 바,[45] 이에 대하여는 외국에 있는 권리자가 다른 국가의 공시최고절차를 알고 이에 대한 신고를 하는 것을 기대하기 어려우므로 우리법상의 제권판결을 그대로 영미법을 준거법으로 하여 국제적으로 유통되는 유가증권에 적용하는 것이 합리적인가는 의문이다. 특히 제권판결을 인정하는 독일이나 프랑스법과는 달리 영미법상 제권판결제도는 인정되지 않는다. 따라서 사채권을 분실한 사채권자가 발행인이 요구하는 증거를 제공하고 발행인을 면책시킬 것을 약속하면서 새로운 사채권을 교부받을 수 있다고 규정하는 영미법계의 계약서의 경우에는 제권판결에 관한 조항을 적용하지 않는 것으로 이해하여야 할 것이다.[46]

그런데 이러한 계약서의 내용 가운데, 분실 및 훼손된 사채권의 재교부와 관련하여 영미법계에서 사용하는 계약서의 문언을 차용하여 소지자의 권리를 확인할 만한 만족할 만한 증거 등을 제공하면 새로운 사채권을 발행하여 제공하도록 하는 취지의 문언이 삽입되는 경우가 있다. 최근에는 우리 법을 준거법으로 하는 해외사채 발행계약이 증가하는 추세이어서, 민사소송법의 제권판결의 적용 여부가 문제되

---

45) 상법 제360조는 주권에 대한 제권판결을 규정한다. 사채권의 경우 그것이 무기명인 경우에는 제권판결이 가능하다고 할 것이나(민법 제524조 · 제521조), 기명식 채권의 경우에는 제권판결이 불가능하다고 할 것이다. 같은 취지로는 최기원, 어음수표법, 박영사, 2001, 48면.

46) 같은 취지로는 석광현, 국제사법과 국제소송 제1권, 박영사, 2001, 622면.

기도 한다. 우리 법상 제권판결은 기존의 증권을 무효로 하는 소극적 효력,[47] 제권판결을 얻는 자가 증권상의 권리를 행사할 수 있는 적극적 효력,[48] 이해관계인이 가질 수 있는 권리를 변경 · 소멸시키는 형성적 효력[49]을 가지는 것이기는 하나, 그 이해관계자인 발행회사가 일정한 만족할 만한 증거를 확인한 후 새로운 사채권을 발행하여 주기로 약속하는 조항을 굳이 무효로 할 필요는 없다. 다만 발행회사는 제권판결이 있는 경우 위 조항에도 불구하고 그 판결의 효력에 구속된다고 하겠다.

(8) 무기명사채에 관한 권리의 득실변경

국제사법 제21조에 의하면 무기명증권에 관한 권리의 득실변경은 그 원인된 행위 또는 사실의 완성 당시 그 무기명증권의 소재지법에 의한다. 그런데 통상 유로채의 경우 무기명식으로 발행된 사채권은 교부에 의한 권리의 이전이 국제적으로 널리 인정되고 있으며, 사채권에도 통상 그러한 내용이 기재된다. 그런데, 포괄사채권을 사용하는 경우 이것은 유럽의 Euroclear나 Clearstream 또는 미국의 Depository Trust Company 등 국제결제기관의 보관기관[50]에 보관되고 계좌이체의 방법에 의하여 양도되므로 포괄사채권이 실제로 보관된 보관기관 소재지의 법률을 따를 것인가 아니면 위 국제결제기관의 소재지법을 준

47) 민사소송법 제496조.
48) 민사소송법 제497조.
49) 송상현, 민사소송법, 박영사, 2004, 796면.
50) 위 결제기관들이 전 세계에 몇 군데의 공동보관기관(이른바 common depository)을 지정하여 운영하고 있다.

거법으로 할 것인가 의문을 제기하기도 한다.[51] 담보제공의 경우에도 마찬가지라고 할 것이다.[52]

(9) 사채원리금 청구권의 소멸시효

영미법계의 국가에서는 소멸시효의 문제를 절차법적인 것으로 보아 법정지의 규정에 따른다고 보기도 하나,[53] 우리나라의 경우는 이를 실체법의 문제로 보아 준거법에 의하여 해석하여야 할 것이라고 생각된다.[54] 우리나라 대법원 판결(대법원 1995. 2. 14. 선고 93다53054 판결)은 "준거법인 외국법상 소멸시효 기간이 30년으로서 우리 법상의 그것보다 길고 또한 우리 소멸시효규정이 강행규정이라고 하더라도 그것만으로 외국중재판정을 집행하는 것이 공서에 반한다고 할 수 없다"라는 취지로 판시함으로써 외국 준거법의 소멸시효가 다소 우리나라의 것보다 길더라도 우리나라의 공서에 반하는 것은 아니라는 입장을 보이고 있다. 그러나 외국법이 아예 시효소멸을 인정하지 않은 경우에는 우리나라의 공서에 반하는 것으로 보아야 할 것이다.[55]

---

51) 석광현, 국제사법과 국제소송 제1권, 박영사, 2001, 621면.

52) 국제사법 제23조 · 제21조. 이에 대해 상세히 논의한 자료로는 석광현, 국제사법과 국제소송 제2권, 박영사, 2001, 210면 이하가 있다.

53) 杉林信義, 法例コンメンタール, 學陽書房, 1984, 78면.

54) 같은 취지로는 석광현, 국제사법과 국제소송 제1권, 박영사, 2001, 622면.

55) 통상적으로 사용되는 영미법을 준거법으로 한 사채의 계약조건에서 시효조항을 보면, "사채 및 이자는 각 해당일로부터 각각 10년 또는 5년 내에 지급요구와 함께 제시되지 않는 한 무효로 된다"라고 규정하면서, "해당일이라 함은 i) 지급기일 또는 ii) 해당 지급기일까지 수탁자 또는 지급대리인이 뉴욕시에서 해당 지급기일에 지급되어야 하는 금전을 전액 수령하지 않은 경우에는 전액 수령하였다는 통지가 사채소지자에게 적법하게 전달된 일자"라고 규정되어 있다. 위 시효조항을 문리적으로 해석할 경우, 지급기일에 사채권의 수탁자 또는 주지급대리인에게 지급되

2. 증권거래법의 적용

(1) 일반원칙

해외사채는 증권거래법 제2조 제1항 제4호에서 정하는 유가증권이다. 따라서 증권거래법의 적용을 일반적으로 받는다.

(2) 유가증권신고서의 제출의무

일정한 발행금액 미만에 해당하는 소규모 모집이 아닌 한,[56] 유가증권의 국내 모집에 대하여는 유가증권신고서를 제출하여야 한다.[57]·[58]

그러나 순수하게 외국에서 발행하는 경우에는 유가증권신고서를 제출할 의무가 없다고 보는 것이 다수설이다.[59] 그러나 발행대상 증권의 일부분이 국내에서 발행되거나 외국에서 발행되는 형식을 취한 경우

어야 할 금액이 전액 수령되지 않은 상태에서 사채권자가 전액 수령하였다는 통지를 받지 않는다면 시효의 기산일이 정해지지 않는 것이 되고, 그 결과 채무자가 지급을 하지 않는다면 영구히 시효가 진행하지 않는다는 결론이 나올 수 있으므로 그 해석이 문제될 수 있다.

56) 증권거래법 제7조 이하.

57) 증권거래법 제2조 및 동법 시행령 제2조의4에 의하면 유가증권의 '모집'은 50명 이상의 자에게 신규로 발행하는 유가증권의 취득의 청약을 권유하는 것을 의미한다. 한편, 위 정의에 해당하지 않더라도 금융감독위원회가 1년 이내에 50명 이상에게의 전매가능성이 있다고 판단된다고 정하는 기준에 해당하는 경우 이를 모집으로 보게 되는바, 유가증권의 발행 및 공시 등에 관한 규정 제12조는 모집으로 보게 되는 경우를 상세히 규정하고 있다.

58) 비상장법인으로서 사채를 국내 모집하려는 법인의 경우에도 일정한 요건에 해당하면 금융감독위원회에 등록하여야 함에 유의하여야 한다. 증권거래법 제3조 참조.

59) 실무상 이렇게 처리하고 있으며, 학설도 같은 견해를 취하고 있다. 윤승한, 증권거래법강의, 삼일세무정보, 2000, 263면.

라도 실질적으로 국내에서의 발행과 동일한 효과가 있는 경우로서, 모집에 해당하는 경우라면 유가증권신고서를 제출하여야 한다.[60] 금융감독위원회는 그러한 것을 명확하게 제한하려는 취지에서 2006년 11월 30일 발행인이 해외증권을 발행하는 경우에는 i) 발행일로부터 1년 이내에 당해 유가증권 등을 거주자에게 양도할 수 없다는 뜻을 당해 유가증권의 권면, 인수계약서, 취득계약서 및 투자권유문서에 기재하고, 발행인 또는 인수 증권회사 등이 취득자로부터 그러한 발행조건 등을 확인 · 서명한 동의서를 징구하고 당해 동의서의 이행을 담보할 수 있는 장치를 강구한 후 발행하는 경우, ii) 발행 후 지체 없이 발행지의 공인 예약결제기관에 예탁하고 그 예탁일로부터 1년 이내에는 이를 인출하지 못하며 거주자에게 당해 유가증권 등을 양도하지 않는다는 내용의 예탁계약을 체결한 후 그 예탁계약을 이행하는 경우, 또는 iii) 발행일로부터 1년 이내에 거주자가 당해 유가증권 등을 취득할 수 없는 구조로 발행하는 경우 등을 제외하고는 이를 모집으로 보아 유가증권신고서를 제출하도록 하고 있다.[61]·[62] 이러한 조치는 위에서 본 바와 같이 실질적으로 국내에서 발행된 것과 동일한 효과를

60) 이를 위반하였다는 이유로 감독당국으로부터 과징금을 부과당한 경우 및 해외증권 발행의 경우 '모집'의 개념에 대하여 앞으로 증권거래법 또는 관련규정에서 보다 명확한 규정을 둘 필요가 있다는 견해에 관하여는 최병선, "우리 기업의 해외증권 발행 · 교환사채를 중심으로," 증권법연구 제3권 제2호(2000), 한국증권법학회, 111면 참조.

61) '유가증권 등'의 개념 기타 구체적인 제한 사항에 관하여는 유가증권의 발행 및 공시 등에 관한 규정 제12조 제1항 제6호 참조.

62) 그리고 공모(모집)발행방식으로 발행한 경우에 한하여 발행 후 1월이 경과한 후 전환 또는 신주인수권행사가 가능한 조건으로 발행할 수 있도록 하고 있다. 모집이 아닌 경우에는 발행 후 1년이 경과하여야 권리행사가 가능하다(유가증권의 발행 및 공시 등에 관한 규정 제62조 및 제63조).

가져오는 경우임에도 유가증권신고서를 제출하지 아니하는 탈법적인 경우를 방지하기 위한 것이라고는 하나, 실질적으로 외국에서 발행하는 경우에도 동일한 제한을 가하므로 해외사채의 발행에 의하여 자금을 조달하려는 기업에는 유가증권신고서를 제출하거나 일정한 요건을 충족하도록 하여 현실적으로 불편함을 주고 있을 뿐만 아니라 외국기업에 비하여 볼 때 한국기업에만 추가적인 불편을 주는 것이라는 비판을 받기도 한다.

(3) 증권거래법상 주식 대량보유신고 의무

발행회사의 경우 염려할 사항은 아니나 주식 관련 사채를 취득하는 자의 경우 의결권 있는 상장법인 · 코스닥상장법인의 주식 이외에도 이들 법인의 주식과 관련된 전환사채, 신주인수권부사채 및 교환사채도 주식 대량보유신고 의무의 대상이 됨을 유의하여야 한다.[63)]

(4) 증권거래법상 해외사채발행의 공시

상장법인 · 코스닥상장법인이 일반사채, 전환사채, 신주인수권부사채 및 교환사채의 발행에 관한 결의를 할 때에는 금융감독위원회와

---

63) 증권거래법 제200조의2. 학설의 대립은 있으나, 규정의 취지를 고려할 때, DR의 경우에도 이러한 주식 대량보유신고를 이행하여야 한다고 판단되고 실무도 이러한 입장에서 이루어지고 있으나, 실제 DR 소유자의 실체를 파악하는 것이 용이하지 아니한 것이 현실이므로 관련규정의 적용과 관련해 난점이 발생할 수 있다.

증권선물거래소에 신고하여야 한다.[64)]

3. 외국환거래법규의 적용

(1) 외국환거래법규상 외화증권

앞에서 본 바와 같이 해외사채는 외국환거래법규상 외화증권에 해당한다. 외화증권의 발행과 관련하여서는 아래와 같은 신고의무 등이 부과된다.

(2) 거주자[65)] 가 외국[66)]에서 외화증권을 발행하는 경우

① 발행회사가 외국환은행인 경우 : 미화 5천만 달러 초과의 외화사채를 상환기간 1년 초과의 조건으로 발행하는 경우에는 재정경제부장관에게 신고하여야 하며, 그 이외의 경우에는 허가 및 신고를 요하지 아니한다.[67)]

② 발행회사가 외국환은행이 아닌 경우 : 발행시점으로부터 과거 1년간의 누적 발행 또는 차입 금액을 포함하여 미화 3천만 달러까지는 지정거래외국환은행의 장에게 신고하고, 미화 3천만 달러를 초과하는 경우에는 재정경제부 장관과 사전협의 후 재정경제부 장관에게 신고

64) 유가증권의 발행 및 공시 등에 관한 규정 제69 제1항 제1호 나.목.

65) 비영리법인과 개인도 이론상은 외국환거래규정에 따라 외화증권을 국외에서 발행할 수 있다. 그러나 여기서는 '사채'가 주된 명제이므로 회사만을 전제로 한다.

66) 거주자가 국내에서 외화증권을 발행하는 경우도 있는바 그것은 해외증권이라고 할 수 없으며, 허가 또는 신고도 필요 없다. 외국환거래규정 제7-13조 제1호.

67) 외국환거래규정 제2-5조.

하여야 한다.

(3) 거주자가 외국에서 원화증권을 발행하는 경우

재정경제부 장관에게 신고하여야 한다.[68)]

VI. 기타 사항

1. 조세

내국법인이 발행하는 외화표시채권에 대한 이자 및 수수료에 대하여는 조세특례제한법 제21조 제1항 제1호에 따라 국내에서의 소득세 및 법인세는 면제된다. 한편 금융기관의 경우에는 외국환거래법이 정하는 바에 따라 국외에서 발행 또는 매각하는 외화표시어음과 외화예금증서의 이자 및 수수료에 대한 소득세 및 법인세는 면제된다.[69)]

2. 담보부 해외사채의 발행

외국에서 담보부사채[70)]를 발행하고자 하는 경우에는 금융감독위원회의 인가를 얻어 외국회사와 신탁계약을 체결하는 방법에 의하여 이

---

68) 외국환거래규정 제7-22조 제3항, 제7-29조.

69) 조세특례제한법 제21조.

70) 제공할 수 있는 물상담보는 동산질, 증서가 있는 채권질, 주식질, 부동산저당 기타 법령에서 인정되는 각종 저당 등이다(담보부사채신탁법 제4조).

를 할 수 있다.[71] 이때의 외국회사는 외국의 신탁회사이어야 한다.[72] 거주자인 발행회사와 비거주자인 외국회사 사이의 신탁거래이므로 외국환거래법규에 따라 한국은행 총재에게도 신고함을 유의하여야 한다.[73]

그런데 최근에는 이러한 절차적인 복잡함을 피하기 위하여 사채권자에게 지급할 원리금채무를 별개로 담보하는 경우도 실무상 많이 있는 것으로 이해된다.[74] 이 경우 담보부사채신탁법을 우회하기 위한 탈법행위로서 이러한 담보 제공은 무효라는 견해도 있을 수 있으나 실무계에서는 이것이 유효하다는 견해를 기초로 하고 있는 것으로 보인다. 그리고 담보는 현재의 사채권자에게만 제공되는 것으로서 사채권이 이전될 경우 담보권이 당연히 함께 이전되는 것이 아님을 유의하여야 한다.

VII. 맺음말

이상과 같이 해외사채에 관하여 현재 상법, 증권거래법 및 외국환거래법 규정을 중심으로 검토하여 보았다.

---

71) 담보부사채신탁법 제11조

72) 홍유석, 신탁법, 법문사, 1999, 261면.

73) 외국환거래규정 제7-11조 제3항.

74) 이렇게 사채권자에게 별도로 주는 담보는 담보부사채신탁법 적용을 받지 않는 것으로 실무가들은 해석하며, 외국환거래법규상 특별한 신고 등을 요하지 아니하는 것으로 이해한다(외국환거래규정 제7-53조 제2항, 제7-17조 제5호 참조). 다만 토지에 대한 저당권의 경우는 외국환은행의 장에게 신고하여야 한다(외국환거래규정 제7-45조 참조).

해외사채 발행의 경우 증권거래법규상 유가증권신고서의 제출이 면제된다거나 외국환거래법규상 그 신고요건이 많이 완화되었다는 점 등을 남용하여 실제로는 거주자에게 증권을 발행하면서도 비거주자에게 발행하는 형식을 취하여 편의를 취하고 조세상의 혜택도 누리려는 시도가 있어 왔는바, 그에 따라서 감독당국의 규제도 최근 상당히 강화된 감이 있다. 그 결과 앞에서 본 바와 같이 사채라는 것은 유통을 대전제로 하고 있는 것임에도 불구하고 발행 후 1년 이내에는 거주자에게 양도하지 못하는 등의 제한을 가함으로써 기업들이 해외증권 발행을 통하여 유용한 자금을 조달하려고 하여도 해외의 증권회사 등으로부터 외면을 당하게 되고, 그 결과 기업들이 그 목적을 원만하게 이루지 못하며 나아가서 외국 기업에 비하여 한국 기업의 자금조달 비용이 더 비싸진다는 비판이 제기되고 있다.

나아가 법규적인 면에서 무지하거나 지식이 부족하여 해외사채에의 접근을 하지 못하거나 필요한 신고 등이 없이 해외사채를 발행하여 문제가 되는 기업들도 있었던 것으로 이해된다.

기업의 입장에서 해외사채 발행에 필요한 법규적인 면을 간략하게나마 정리함으로써, 기업들이 해외에서 자금을 조달하는 데에 이 글이 조금이나마 도움이 되었으면 한다.

제4장 국제 주식거래의 현황과 과제*

강희주**· 이제원***

4

I. 국제 주식거래의 의의

1. 국제 주식거래의 개념

국경을 넘어선 국제적인 자본거래는 지속적으로 증가하고 있다. 투자자들이 자국의 기업이 발행한 유가증권뿐만 아니라 다른 나라 기업이 발행한 유가증권을 보유하는 데서 오는 투자기회의 다양화 및 투자위험의 분산이라는 국제적 포트폴리오 구성에 따른 이점을 인식하게 된 것과 마찬가지로 유가증권의 발행자들 역시 외국 투자자가 자사 발행 유가증권에 투자하는 데에 따른 이점을 인식하게 되었다.

* 이 논문은 BFL 제13호(2005. 9)에 게재되었다.

** 법무법인 광장 변호사

*** 법무법인 광장 미국 변호사(뉴욕주), 법학박사

국제 증권거래는 유가증권을 매개로 각기 다른 나라의 거래 당사자 간에 자본이 자유로이 이전되는 현상을 말한다.[1] 이러한 국제 증권거래 중 주식의 거래에 관한 부분을 특정하여 국제 주식거래라고 부를 수 있을 것이다. 전통적인 견해에 의하면 국제 주식거래는 국내기업에서 발행한 주식에 대해 국내에 거주하는 투자자 간에 이루어지는 국내 주식거래와 대칭되는 개념으로 볼 수 있다. 그러나 최근 이루어지고 있는 전 세계적인 유가증권의 거래의 실정을 감안하면 거래시간, 투자자의 거주지, 해당 증권의 발행국 등 지리적, 시간적 제약을 받지 않고 국경을 넘어서 24시간 계속하여 국제거래가 일어나는 현상을 말하는 것으로 인식되고 있다.[2]

국제 주식거래에 관한 특징들로는 ① 거래지역에 따라 차이를 나타내는 특성(거주자와 비거주자 사이의 주권의 양도양수거래), ② 거래의 시간대의 차이(24시간 거래 가능), ③ 인터넷, 무선통신 등 정보통신기술의 발달로 인하여 장소적 한계를 넘어서 각국 증권거래소 사이의 무한경쟁 촉발, ④ 결제통화와 적용환율의 결정이 중요한 문제로 부각되며 환리스크의 관리문제, ⑤ 국제 주식거래는 통상 증권시장의 제도, 규제, 정책 등이 상이한 국가에서 발생하기 때문에 국가간 제도 및 관련 법규의 상충에 따른 법적 리스크 등의 제반 문제점이 발생한다는 점 등[3]을 들 수 있다.

---

1) 증권예탁원, 증권예탁결제제도, 2003, 375면 참조.

2) 증권예탁원, 앞의 책, 375면.

3) 이것은 주식투자의 규제방식, 거래 · 결제방식, 결제대금 · 이자 등의 대금지급방식, 투자자금 회수방식, 증권의 권리행사방식, 투자증권의 보관 · 관리방식, 조세정책 등에 관한 국가 간의 차이에 의하여 발생한다.

2. 국제 주식거래의 연혁

우리나라의 자본시장은 전통적으로 정부의 강한 통제하에 있었고 이로 인하여 국제 주식거래는 활성화되지 못하였다. 채권이기는 하나 주식으로의 전환권이 첨부되어 있는 외화표시 전환사채의 경우 1970년을 전후로 일부 민간기업에 의하여 발행된 적이 있다. 즉, 1967년에 호남정유가 미국의 Caltex Oil을 인수회사로 하여 470만 달러의 외화표시 전환사채를 발행한 것 등이 그것이다.[4] 이후 1981년 「자본시장 국제화 장기계획」에 의거하여 국내 자본시장의 자유화가 점진적 · 단계적으로 추진되었으며,[5] 1997년 외환위기 이후 자본시장의 자유화가 적극 추진됨에 따라 현재에는 국내 투자자들의 외국 발행사 주식의 취득 및 외국 투자자들의 국내 기업 발행 주식의 취득이 점점 증가하고 있다.

2004년 12월말 현재 대한민국 증권시장에서 투자활동을 하고 있는 외국인 투자자의 등록현황은 개인이 5,538명, 기관이 11,361명이고, 투자자의 국적별로는 미국 6,394명, 영국 1,424명, 일본 1,323명, 캐나다 934명, 케이맨 아일랜드 780명 등이다. 2005년 6월말 기준 외국인 투자자가 증권선물거래소 유가증권시장 상장주식의 시가총액(468조 4,096억 원)에서 차지하는 비중은 41.0%이고, 외국인 투사사의 보유주식은 투자형태별로 주식투자액이 176조 6,959억 원(92.0%), 직접투자액은 15조 3,575억 원(8.0%)이다. 외국인 투자자가 보유한 코스닥시장 상장주식의 시가는 6조 586억 원이고, 코스닥상장주식시가총액(45조 1,618억 원)에서 차지하는 비중은 13.4%이며, 주식투자액이 4조 8,842억 원

4) 증권예탁결제원, 한국의 유가증권 100년사, 426면.

5) 이에 대하여 자세한 것은 증권예탁결제원, 앞의 책, 423-437면.

(80.6%)이고 직접투자액은 1조 1,744억 원(19.4%)이다.[6]

II. 국제 주식거래와 준거법

1. 국제거래

증권거래법에 명시적으로 규정되어 있지는 않지만, 증권거래법의 주요 목적은 국내 투자자들을 보호하는 것이고, 해외에서 발행되는 것으로 설계되어 있는 주식이라면 증권감독기관에의 등록을 요하지 아니한다고 볼 수 있을 것이다.[7] 그러나 주식의 국제거래에 관한 계약에 있어 그 주식의 발행지의 법률 또는 거래지의 법률이 강행법규인 경우에는 당사자의 의사와 무관하게 그 법률을 반드시 준수하여야 한다는 점을 유념하여야 한다.

2. 우리나라 증권거래법의 적용범위

국내에서 이루어지는 주식의 거래에는 당사자들이 명시적으로 그 적용을 배제하지 않는 한 그 당사자의 일방이 대한민국 국민 또는 거주자인 경우는 물론 당사자 쌍방이 외국인인 경우에도 증권거래법이 적용되는 것으로 보는 것이 합리적일 것이다.

대한민국 법인이 국내에서 발행한 주식을 국내에서 거래하는 때에

6) 금융감독원, "2005. 6.중 외국인투자자의 증권매매동향," (2005. 7) 1-5면.

7) Larry D. Soderquist & Theresa A. Gabaldon, Securities Law (2nd Ed.), 184면 이하.

는 당연히 증권거래법이 적용될 것이지만, 증권거래법이 유가증권의 범위 안에 "외국법인 등이 발행한 증권 또는 증서로서 주권 등 증권거래법 제2조 제1항 제1호 내지 제6호의 증권이나 증서의 성질을 구비한 것"과 "외국법인 등이 발행한 증권 또는 증서를 기초로 하여 대통령령이 정하는 자가 발행한 유가증권예탁증서" 등을 포함시키고 있으므로(증권거래법 제2조 제1항 제7호 내지 제8호), 국내에서 발행되거나 국내 증권시장에서 유통되고 있는 외국법인 발행의 유가증권 등에도 증권거래법이 적용된다.

외국인이 국내 유가증권시장에서 국내기업 발행의 유가증권을 취득하는 경우에도 역시 증권거래법의 규정이 적용된다. 그중에서도 당사자 사이의 거래 계약상 특히 중요한 사항은, 금융감독위원회 내지 증권거래소 등에 신고 내지 보고사항으로 되어 있는 사항, 즉 주식의 대량보유 등의 보고(증권거래법 제200조의2), 유가증권의 발행 및 공시 등에 관한 규정 제69조 소정의 공시사항 등의 준수, 공개매수 관련 규정의 준수(증권거래법 제21조) 등 주권거래에 따른 준수 규정과 주권거래의 공정성을 확보하고 사기적인 거래행위를 방지하기 위하여 마련된 미공개정보 이용행위의 금지(증권거래법 제188조의2), 시세조종 등 불공정거래의 금지(증권거래법 제188조의4), 그리고 공공적 법인이 발행한 주식의 소유제한(증권거래법 제200조) 등 정부가 정책적으로 주식취득 내지 소유의 한도를 제한하는 경우 등에 관한 조항들이다. 증권거래법 이외에도 독점규제 및 공정거래에 관한 법률에 의하여 요구되는 기업결합신고 등 정부의 승인 내지 동의를 요하는 사항이 있는 경우에는 이를 준수하여야 한다.

국내에서 이루어지는 주식매매의 경우에도 그 계약의 준거법을 당사자 사이의 합의로 정할 수 있다. 대한민국법을 적용하는 경우도 있을 것이지만, 외국법인 또는 외국계 증권사가 일방 당사자가 되거나 어느 당사자의 위탁매매의 대리인이 되는 경우에는 영국법이나 미국 뉴욕주법을 준거법으로 하는 경우가 자주 있다. 또한 분쟁이 발생하는 경우에 분쟁의 해결은 외국지역에서의 중재 및 재판관할에 따르기로 합의를 하는 경우도 있다. 일방 당사자가 내국인인 경우 대한민국의 법원을 토지관할로 합의하는 것이 비용이나 소송에서의 승소가능성 측면에서 유리할 것으로 보이지만, 국내에서 이루어지는 국제적 주권 거래의 경우 외국계 증권기관이 주간사가 되는 경우가 많기 때문에 그 본사의 방침[8]에 따라서 재판관할을 외국법원으로 정하는 경우가 많다.

국제 주식거래의 경우 당해 주식이 국내기업 발행 주식인 경우에도 미국 증권시장과의 관계에서 미국 증권법(Securities Act of 1933)하의 Regulation S의 면책요건을 요구하는 경우가 많고, 상당수의 거래의 경우 Regulation S와 관련된 사항에 관하여 매도인의 진술과 보장을 요구하고 있기 때문에, 다음 항에서 그 중요내용을 간략히 기술한다.

3. 미국 증권법하의 Regulation S

1964년 미국 증권위원회(Securities Exchange Commission)는 No. 4708의 지침에서 증권법(Securities Act of 1933) 제5조는 미국 외의 국가에서 이

8) 주요 외국계 기관의 경우 본사의 Compliance 관련 규정상 손해배상의 범위와 요건에 있어 광범위한 면책규정(이른바 Indemnity Clause), 준거법, 재판관할 등은 본사의 승인을 받아야 하는 것으로 되어 있는 경우가 많은데, 국내 금융기관들이 이들과 협상할 때에 위와 같은 규정 때문에 곤란함을 겪는 경우가 자주 있다. 그리고 국내 금융기관의 입장에서는 이러한 불평등한 조항 때문에 실제로 계약불이행의 사태가 발생하는 경우 불의의 손실을 입을 가능성이 높아질 것이다.

루어지는 것으로 합리적으로 설계된 모집에 대해서는 적용되지 않는다는 입장을 표명하였다. 그 후 많은 미국기업 및 외국기업의 증권발행이 위의 지침에 따라서 이루어졌다.[9] 1990년에 증권위원회는 추가적인 가이드라인을 제시하기 위하여 Regulation S를 채택하였다(이 규정은 1998년에 대폭 수정되었다).[10] Regulation S는 미국 외에서 이루어지는 모집과 판매에 대하여 증권법상의 등록에 대한 안전판을 마련하여 주고 있다. 기술적으로 말하자면 이 규정은 등록의 면제를 인정하고 있지는 않으며, 오히려 이 규정은 외국 투자자의 보호를 위한 등록은 증권법의 주요 목적이 아니라는 증권위원회의 입장을 대변하고 있는 것이다. Regulation S에서는 증권법 제5조에 사용되고 있는 "권유", "매도를 위한 권유", "매도", "판매", 그리고 "매수의 권유"라는 용어는 미국 내에서 혹은 미국 투자자들을 합리적으로 배제하는 것으로 설계된 증권의 공모발행에는 적용되지 아니하는 것으로 본다는 취지로 규정하고 있다. 이 규정은 미국기업 혹은 외국기업에 의한 증권의 공모발행에 관하여 규정하고 있으며, 일정한 경우 전매를 허용하고 있다.

Regulation S는 증권법 규정(Rule) 901-905로 이루어져 있다. 이 규정들은 미국에서 매도를 위한 직접적인 노력(directed selling efforts)[11]들이

9) Soderquist & Gabaldon, 앞의 책, 187면 이하.

10) Soderquist & Gabaldon, 앞의 책, 187면 이하 ; Charles J. Johnson, Jr. & Joseph McLaughlin, Corporate Finance and The Securities Law, 559면 이하.

11) Regulation S에서 규정된 "directed selling efforts"는 공모의 요건에 위반하여 Regulation S를 언급하면서 주식의 매도를 위한, 혹은 그러한 결과를 가져올 것이라고 합리적으로 예상되는 행위를 하는 것을 의미하는데,구체적으로는 Advertising(미국 시장에서 통상의 간행물에 이건 주식에 대한 홍보, 광고 등을 하는 것), Quotation(미국 시장에서 브로커 혹은 딜러로서 이건 주식에 대한 시세정

이루어져서는 안 되고, 미국의 시민들에게 증권의 매수를 권유하여도 안 된다고 규정한다. 이 규정은 또 외국의 상설 증권거래소 또는 외국의 고정적인 증권시장에서 거래가 이루어지거나 매수주문이 이루어질 당시에 매수인이 외국에 있어야 한다는 요건을 정하고 있다. 이 규정의 중요한 핵심은 미국 내의 기업들이 이 규정에 의거하여 발행한 증권의 경우에는 이 규정을 남용하여 다시 미국으로 그 증권을 재판매하는 것을 방지하는 것이다. 예를 들어 미국 내의 발행인이 해외에서 모집한 주권은 1년간의 판매제한규정에 따라야만 한다. 이 기간 동안에는 미국인에 대한 권유나 판매를 할 수 없다. 1998년에 추가된 Rule 905는 Regulation S하에서 미국 내국인에 의하여 모집된 주권은 Rule 144하의 전매규정상 전매가 제한된 유가증권으로 본다.

III. 우리나라에서의 국제 주식거래의 형태 및 법적 규제

1. 우리나라의 국제 주식거래 현황

국내 투자자들에게 외화주권에 대한 투자가 가능하게 된 계기는 1987년 7월 정부가 증권회사에 대해 1,000만 달러의 외화보유를 허용함으로써 가능하게 되었고, 이후 투자가능 범위가 점점 확대되어 1994년 7월부터는 일반 투자자들도 외화주식에 투자할 수 있게 되었다. 2002년

보를 배포하는 것), Research(미국 시장에서 이건 주식에 대한 정보, 의견, 추천 등을 배포 내지 공표하는 것)를 배포 내지 공표하는 것을 의미하는 것으로 이해되고 있다. 이외에 미국 시장에 중요한 이해관계(substantial US market interest)가 있을 것 등의 요건이 문제된다. Johnson, Jr. & McLaughlin, 앞의 책, 571면 이하.

말 일반 투자자의 외화증권[12] 투자순매수 잔고는 31조 700만 달러이고, 외화증권의 매매거래는 뉴욕증권거래소를 포함해 10여 개 외국 증권거래소에서 이루어졌고, 일반 투자자가 취득한 증권은 Euroclear 등 5개 외국 보관기관에 개설된 증권예탁결제원 명의의 계좌에 보관, 관리되고 있다.[13]

2. 외국인 투자자(비거주자)의 국내 주식[14]에 대한 투자

외국인 투자자가 국내 주식을 취득하는 방법은 외국환거래규정 제7-32조에 열거되어 있다. 이 중 외국인 투자자, 즉 비거주자가 거주자로부터 국내주식을 상속받는 경우나 비거주자가 인정된 거래에 따른 대부금의 대물변제, 담보권의 행사와 관련하여 거주자로부터 증권을 취득하는 경우 등은 크게 문제될 점이 없고 빈번히 발생하는 경우도 아니므로 여기에서는 주로 실무상 문제가 되는 경우에 그 논의를 한정한다. 실무상 주로 문제가 되는 것으로는 i) 외국인투자촉진법에 따른 외국인 직접투자, ii) 외국환거래규정 제7-32조 제2항 및 제3항에 따라 외국환은행 또는 한국은행에 신고를 하고 증권선물거래소 외, 즉 장외에서 주식을 취득하는 방법, iii) 증권선물거래소에서 유가증권시장 또는 코스닥시장에 상장된 주식을 취득하는 방법, iv) 국내 기업이 해외에서 발행한 주식예탁증서(Depositary Receipts, 이하 'DR')의 취득, v) 외

12) '외화증권'이라 함은 외국통화로 표시된 증권 또는 외국에서 지급받을 수 있는 증권을 말한다. 외국환거래법 제3조 제1항 제8호.

13) 증권예탁원, 앞의 책, 404면.

14) 이 글에서 국내 주식이라 함은, 대한민국법에 따라서 설립된 법인 또는 대한민국에 주된 영업소를 두고 있는 기업이 발행한 주식을 말한다.

국에 직상장된 국내 기업 주식의 취득 등이 있다.이러한 외국 투자자의 국내 주식취득은 외국 투자자의 자국 내에서의 외환 관련 규정 및 대외투자에 관한 규정의 적용을 받음과 동시에 우리나라의 증권거래 관련 각종 규정의 적용을 받게 된다. 이하 각 경우에 대하여 살펴본다.

(1) 외국인 직접투자

외국인투자촉진법 제2조 제1항 제4호는 "외국인이 이 법에 의하여 대한민국 법인(설립중인 법인을 포함한다) 또는 대한민국 국민이 영위하는 기업의 경영활동에 참여하는 등 당해 법인 또는 기업과 지속적인 경제관계를 수립할 목적으로 대통령령이 정하는 바에 따라 당해 법인이나 기업의 주식 또는 지분(이하 '주식 등' 이라 한다)을 소유하는 것"을 외국인투자로 정의하고 있으며, 동법 시행령 제2조 제2항은, 외국인투자촉진법 제2조 제1항 제4호 가목의 규정에 의한 외국인 투자는 투자금액이 5,000만 원 이상으로서 i) 대한민국 법인 또는 대한민국 국민이 영위하는 기업이 발행한 의결권 있는 주식총수 또는 출자총액의 100분의 10 이상을 소유하는 것 또는 ii) 외국인이 대한민국 법인 또는 대한민국 국민이 영위하는 기업의 주식 또는 지분을 소유하면서 당해 법인 또는 기업과 임원의 파견 또는 임원을 선임할 수 있는 계약, 1년 이상의 기간 동안 원자재 또는 제품을 납품하거나 구매하는 계약, 기술의 제공 · 도입 또는 공동연구개발계약을 체결하는 경우를 의미한다고 규정하고 있다.

이러한 외국인 직접투자는 i) 외국기업이 국내기업과 함께 합작투자법인(joint venture company)을 설립하는 경우, ii) 국내기업의 경영권을 취득하는 경우, iii) 외국기업이 국내기업과 제휴관계를 맺는 경우,

iv) 해외 투자펀드 또는 투자회사가 국내기업의 주식을 투자목적으로 취득하는 경우 등 여러 가지 이유로 이루어진다. 어느 경우에든 외국기업이 그 지분을 취득한 합작법인 또는 국내기업의 일정한 경영사항에 대하여 일정수의 이사 지명권 등 일정한 권한을 취득하는 것이 통상적인 예이다.

외국인 투자자가 외국인투자촉진법에 따른 외국인 투자를 하고자 하는 경우, 당해 외국인 투자 전, 즉 동 외국인 투자자가 투자대상주식을 취득하기 전에 외국환은행에 외국인투자신고를 하여야 한다.[15] 이 외국인 투자신고는 산업자원부 장관에게 하여야 하나(외국인투자촉진법 제6조 참조), 외국인투자촉진법 제40조 제2항의 규정에 의하여 대한무역투자진흥공사의 장(대한무역투자진흥공사의 장이 지정하는 무역관 · 지사 및 사무소의 장을 포함한다) 및 외국환은행의 장(외국환은행의 장이 지정하는 지점의 장을 포함한다)에게 위탁하도록 되어 있다. 외국인투자촉진법에 따른 외국인 투자가 이루어진 기업은 동법 제21조에 따라 외국인투자기업으로 등록하여야 하며, 이러한 등록에 대한 업무 역시 동법 제40조 제2항에 따라 산업자원부 장관에 의하여 대한무역투자진흥공사의 장 및 외국환은행에게 위탁되어 있다.

(2) 외국환거래규정에 따른 장외에서의 주식취득

외국인이 장외에서 국내기업이 발행한 주식을 취득하기 위해서는 (1)에서 설명한 외국인직접투자의 경우 이외에는 외국환거래규정 제7-32조에 따른 외국환은행 또는 한국은행에의 신고 이외에도 다음과

15) 통상 주식인수대금을 지급하기 전에 동 외국인 투자신고를 한다.

같은 절차를 거쳐야 한다.

외국인 투자자는 외국환은행에 본인 명의 증권투자전용대외계정, 증권투자전용 비거주자원화계정을 통해 관련자금을 예치 및 처분하여야 한다(외국환거래규정 제7-37조 제1항). 한편 외국인 투자자는 외국환은행에 직접 본인 명의의 계좌를 개설하는 대신 증권회사에 국내주식의 취득을 위한 계정을 열고 증권회사가 외국인 투자자의 국내원화증권 취득 및 매각 또는 인정된 증권대차거래를 위하여 외국환은행에 증권회사 등 명의로 투자전용외화계정을 개설할 수도 있다(외국환거래규정 제7-38조).

상장주식을 최초로 취득하고자 하는 외국인은 사전에 금융감독원에 본인의 인적사항을 등록하고 외국인투자등록증을 발급받아야 한다. 다만 해외증권의 권리행사로 인하여 취득한 주식을 그날로부터 3월 이내에 처분하고자 하는 경우와 외국인 직접투자와 관련하여 동 주식을 장외에서 취득하는 경우에는 외국인 투자등록을 요하지 아니한다(증권업감독규정 제7-10조).

(3) 장내주식취득

외국인이 유가증권시장 또는 코스닥시장에 상장된 주식을 매매거래하고자 하는 때에는 외국인 직접 투자에 의한 주식취득 또는 주식예탁증서의 발행과 관련한 해외예탁기관의 원주 취득 등의 예외적인 경우 이외에는 유가증권시장 또는 코스닥시장을 통하여야 한다(증권업감독규정 제7-8조).[16] 외국 투자자가 증권선물거래소의 유가증권시장

16) 외국인이 상장유가증권을 장외에서 매매거래할 수 있는 경우는 다음과 같은 경우

또는 코스닥시장에 상장된 주식을 장내에서 취득하는 경우 외국환거래법에 따른 신고를 요하지 아니한다(외국환거래규정 제7-32조 제1항 제10호). 장내주식취득을 위하여도 외국인은 전술한 바와 같이 금융감독원에 본인의 인적사항을 등록하고 외국인투자등록증을 발급받아야 한다.

외국인은 주식거래를 위하여 투자등록증을 증권회사 등 금융기관에 제시하고 투자등록자명의로 매매거래계좌를 개설하여야 한다(증권

로 제한된다(증권업감독규정 제7-8조 제1항).

1. 외국인직접투자에 의한 주식취득 또는 직접투자로 취득한 주식의 처분
2. 국내기업이 발행한 전환사채, 신주인수권부사채, 교환사채, 주식예탁증서, 유통주식예탁증서의 소유자가 권리행사로 주식을 취득하는 경우
3. 전환사채, 신주인수권부사채, 교환사채의 소유자가 권리행사로 주식을 취득하는 경우
4. 주주로서의 권리행사로 주식을 취득하는 경우
5. 상속, 증여, 유증으로 주식을 취득하는 경우
6. 외국법인이 합병으로 주식을 취득하는 경우
7. 주식매수청구권의 행사로 인한 처분
8. 공개매수에 의한 주식의 취득 및 처분
9. 증권선물거래소의 업무규정에서 정한 매매수량단위 미만의 상장주식의 매매거래
10. 공공적 법인 또는 개별 법령에서 외국인의 주식취득을 따로 제한하고 있는 경우 그 종목별 외국인 전체 취득한도에 도달하거나 초과한 종목의 외국인간 매매거래
11. 주식예탁증서 또는 유통주식예탁증서의 발행과 관련한 해외예탁기관의 원주취득
12. 외국유가증권시장에 상장하기 위하여 외국에서 모집 · 매출되는 원주의 취득
13. 환매조건부채권 매매거래
14. 증권회사를 매매상대방으로 하거나 증권회사의 중개에 의한 상장채권의 매매거래
15. 상장수익증권의 매매거래
16. 증권예탁결제원, 증권금융회사 또는 증권회사의 중개에 의한 대차거래
17. 전자장외증권중개회사를 통한 유가증권의 매매거래
18. 상장지수간접투자기구의 설정 및 환매로 인한 처분 및 취득
19. 기타 권리행사 등 부득이한 경우로서 금융감독원장이 인정하는 경우

업감독규정 제7-12조 및 동 시행세칙 제7-7조).

(4) DR의 취득

국내기업[17)]들이 해외에서 그 주식을 매각하기 위하여 DR이 사용되고 있다. 주식예탁증서라고 하는 DR은 그 자체가 주식은 아니고 주식을 표창하는 일종의 증서라고 할 수 있는바, 예를 들어 포스코가 발행한 2 DR이 포스코의 주식 1주를 표창하는 것으로 DR을 발행할 수 있다. 이러한 DR을 주식 '예탁증서' 라고 하는 이유는 DR의 발행근거가 되는 주식, 소위는 우리나라의 경우 증권예탁결제원에 예탁되고 당해 원주를 표창하는 Depositary Share가 발행사에 의하여 Depositary에게 발행 및 인도되고 동 Depositary가 이를 근거로 DR을 발행하기 때문이다. 국내기업이 DR을 발행하는 경우의 DR 예탁기관인 Depositary는 Citibank N. A.나 Bank of New York, Deutsche Bank Trust Company, JP Morgan Chase Bank가 주로 담당한다.

국내기업의 DR 발행은 1990년 삼성물산(주)이 유로시장 상장을 위해 4천만 달러의 DR을 발행한 것이 효시이다. 한편 1994년 포스코가 3억 달러의 DR을 발행해 국내 최초로 뉴욕증권거래소에 상장하였고, 한국전력도 3억 달러의 DR을 발행하여 뉴욕증권거래소에 상장하였다. 국내기업들이 이전에 유로시장(주로 룩셈부르크증권거래소)에 상장하는 것과 달리 뉴욕증권거래소에 DR을 상장한 것은, 국내기업들이 미국의 거대 자본시장에서 용이하게 자금을 조달하는 길이 열렸다는

17) 이 글에서 국내기업이라 함은, 대한민국법에 따라 설립되어 대한민국에 그 본점 또는 주된 영업소를 둔 기업을 의미한다.

점과 미국 증권시장의 엄격한 공시의무의 규제 등을 받는 점 등으로 인하여 국내기업들이 세계적인 수준의 기업으로 도약하는 계기가 되었다.[18)]

DR은 1930년대 미국에서 해외기업들의 주식을 미국 내 증권거래소에 상장하여 미국 투자자들에게 매각하기 위하여 처음으로 고안되었다고 한다. 왜냐하면 미국 달러화 외의 통화로 그 액면가가 기재된 외국기업의 주식을 미국 투자자들이 매수하기 위해서는 달러화로 표시되어 있으면서도 그 원주의 가치를 표창하는 증권 내지 증서가 필요하였는바, 이와 같은 수요에 따라 고안된 것이 DR이다. 국내기업들이 발행하는 DR의 경우에도 대부분 달러로 그 액면이 기재되어 있거나(액면을 기재하는 경우), 미국 또는 기타 발행지역에서 미화 달러로 표시되어 거래되고 있다.[19)]

우리나라에서는 일반적으로 DR 원주가 어떻게 조달되는가 여부 및 발행 주체에 따라 i) 발행사가 신주를 발행하여 동 신주를 원주로 하여 DR을 발행하는 것을 신주 DR, ii) 발행회사 소유 자기주식을 원주로 하여 DR을 발행하는 경우를 구주 DR, iii) 이미 발행되어 유통 중인 주식을 원주로 하여 주주가 DR을 발행하는 경우를 유통 DR이라고 구분하고 있다. 유통 DR을 발행하기 위해서는 발행회사의 사전동의가 필요하다(증권업감독규정 제7-9조).[20)]

18) 증권예탁원, 앞의 책, 406면.

19) 미국에서 발행 · 유통되는 DR을 ADR(American Depositary Receipt), 미국 외 또는 전 세계적으로 발행 · 유통되는 DR을 GDR(Global Depositary Receipt)이라 한다. American Depository Receipts에 관한 자세한 내용은, Johnson, Jr. & McLaughlin, 앞의 책, 598면 이하.

20) 증권예탁원, 앞의 책, 422-423면.

해외기업이 우리나라에서 발행한 DR은 증권거래법상의 유가증권이나(증권거래법 제2조 제1항 제7호 참조),[21] 국내기업이 해외에서 발행한 DR은 증권거래법상의 유가증권이 아니다. 따라서 DR 자체의 발행을 위하여 증권거래법에 따라 유가증권신고서를 금융감독위원회에 제출하지는 아니하며, 다만 외국환거래규정 제7-22조에 따라 외화증권발행신고를 외국환은행 또는 재정경제부에 하게 된다.[22]

한편 상장기업이 DR을 발행하는 경우 그 원주는 전술한 바와 같이 증권예탁결제원에 예탁되고 DR보유자들이 장래 그 보유 DR을 원주로 교환하여 줄 것을 요청하는 때에는 동 DR 보유자들에게 해당 원주를 증권예탁결제원이 내어주어야 하므로 원주에 대하여 증권거래법 제8조에 따라 유가증권신고서를 제출하여야 할 뿐만 아니라 증권선물거래소에 당해 원주를 상장하여야 한다.

이러한 DR을 취득한 DR의 소유자는 DR 예탁기관인 Depositary를 통하여 DR의 주식으로의 전환을 신청하고 Depositary의 요청에 의하여 증권예탁결제원은 DR 소유자에게 원주를 내어주게 된다. 물론 원주 실물이 교부되는 경우는 거의 없고 계좌대체에 의하여 원주의 교부가 이루어지며, 이러한 DR의 주식, 즉 원주로의 전환은 DR 발행시에 발행사와 Depositary 사이에 체결된 Deposit Agreement의 규정에 따라 이루어진다.

한편 Deposit Agreement에서 허용하고 있는 경우 원주의 보유자가

---

21) 현재까지 해외기업이 국내에서 발행한 DR, 즉 국내유통 주식예탁증서의 발행사례는 없다. 증권예탁원, 앞의 책, 427면.

22) 그 발행금액이 미화 3,000만 달러 이내이면 외국환은행에, 미화 3,000만 달러를 초과하면 재정경제부에 외화증권발행신고를 하게 된다. 외국환거래규정 제7-14조 제1항.

당해 원주를 다시 DR로 전환할 수 있는바, 이러한 원주의 DR로의 전환은 애초에 발행된 DR의 범위 내에서만 이루어질 수 있다(증권업감독규정 제7-9조 단서).

(5) 국내기업 주식의 외국증권거래소에의 직상장

위 (4)에서 살펴본 DR 발행과 달리 국내기업이 외국 증권거래소에 그 주식을 직접 상장하면 당해 국가의 투자자들은 동 주식을 시장에서 자유로이 매매할 수 있다. 국내기업이 그 발행주식을 외국 증권거래소에 상장하기 위해서는 동 증권거래소 소재국의 증권관련 법령에 따른 절차를 따라야 할 것이나, 증권거래법에 따른 규제 또한 받게 된다.

주권상장법인 또는 코스닥상장법인이 주식(주식예탁증서를 제외함)을 해외에서 발행하여 해외시장에 상장, 등록하고자 하는 경우에는 뉴욕증권거래소, 나스닥시장, 아메리칸증권거래소, 동경증권거래소, 런던증권거래소, 도이치거래소, 유로넥스트 파리, 홍콩 증권거래소, 싱가포르증권거래소, 기타 시장의 안정성 · 유동성 · 투명성 등을 감안하여 금융감독원장이 정하는 해외시장에만 상장 내지 등록할 수 있나(유가증권의 발행 및 공시 등에 관한 규정 제59조의2). 또한 주권상장법인 또는 코스닥상장법인이 그 주권을 해외의 증권거래소에 상장, 등록 또는 상장폐지, 등록취소하기로 결정하거나 상장, 등록 또는 상장폐지, 등록취소한 때 및 주권이 상장, 등록된 국가의 증권감독기관 또는 증권거래소 등으로부터 매매거래정지, 상장폐지 · 등록취소 기타의 조치를 받은 때에는 이를 금융감독위원회와 거래소에 신고하여야 한다(유가증권의 발행 및 공시 등에 관한 규정 제69조 제1항 제18호).

현재 국내 주권상장법인이나 코스닥상장법인이그 발행주식을 외국 증권거래소에 상장한 예로는 금호타이어가 한국증권선물거래소와 런던증권거래소에 동시에 상장한 선례가 있다. 또한 비상장법인이 그 발행주식을 외국 증권거래소에 상장한 예로는 STX 팬오션이 싱가포르증권거래소에 주권을 상장한 것을 들 수 있다. 그러나 국내기업 주식의 외국 증권거래소에의 상장은 현재까지는 기업의 홍보 효과 이외에 실질적인 자금조달의 편의성, 외국자본의 유치라는 측면에서 큰 장점이 있지는 아니한 것으로 파악되고 있다. 주권상장법인이나 코스닥상장법인의 경우 해외에서는 DR을 발행하면 되므로 굳이 외국증권거래소에 그 주식을 직접 상장할 필요가 클 것으로는 생각되지 아니한다.

한편 증권예탁결제원이 일본증권예탁결제주식회사와 2001년 12월에 업무제휴를 맺음에 따라 최근 국내 비상장기업들이 일본 내 유가증권시장에 그 주식상장을 추진하는 경우가 증가하고 있다. 국내기업의 해외증권시장에의 주식상장은 그 자금 조달이 국내 자본시장에서 자금을 조달하는 것에 비하여 특히 용이하지 않다는 점 및 외국어로 공시가 이루어져야 한다는 점 등을 고려하면 증권선물거래소에의 주식상장과 비교하여 크게 유리하다고 볼 수는 없다. 그러나 국제적인 자금시장이 전체로서 하나의 시장(이른바 'Global Market')을 이루고 있고 자본에 있어서 국제 간의 자유로운 이동이 점점 개선되고 있다는 점을 고려하면 장래에는 국제 자본시장의 구조에 큰 변화를 가져올 수 있는 요인으로 볼 수 있을 것이다.

3. 국내 투자자(거주자)의 해외주식[23]의 취득

국내 투자자들이 해외주식을 인수하기 위해서는 외국환거래규정의 규정을 따라야 한다. 외국환거래규정에 따르면 국내 투자자들이 해외주식을 취득하는 방법은 크게 두 가지가 있는바, 하나는 해외직접투자이고 다른 하나는 거주자의 해외증권 취득절차를 규정한 외국환거래규정 제7-31조 이하의 규정에 따른 해외주식의 취득이다. 그 밖에 증권거래법은 후술하는 일반 투자가가 취득할 수 있는 외화증권을 정의하고 있는 점에서 적용이 될 뿐 오히려 국내 투자자들이 취득하고자 하는 해외주식의 소재지 또는 발행지의 증권거래법령이 보다 직접적으로 적용될 것이다. 법인인 국내 투자자의 경우에는 해외 주식취득에 있어서 그 설립근거법상 존재하는 주식취득에 대한 규정의 적용을 받게 된다.

(1) 해외직접투자

해외직접투자라 함은 거주자가 i) 외국법령에 의하여 설립된 법인(설립중인 법인 포함)의 경영에 참가하기 위하여 취득한 주식 또는 출자지분이 당해 외국법인의 발행주식 총수 또는 출자총액에서 차지하는 비율이 100분의 10 이상인 투자 또는 ii) 거주자의 동 외국법인에 대한 투자비율이 100분의 10 미만인 경우로서 당해 외국법인과 임원의 파견, 계약기간이 1년 이상인 원자재 또는 제품의 매매계약의 체결, 기술

23) 이 글에서 해외주식이라 함은, 외국법령에 의하여 설립되고 외국에 그 본점 또는 주된 영업소가 존재하는 기업이 발행한 주식을 의미한다.

의 제공 · 도입 또는 공동연구개발계약의 체결, 해외건설 및 산업설비 공사를 수주하는 계약의 체결이 수반된 경우를 의미한다.[24] 그런데 해외직접투자의 경우에는 당해 해외기업의 본국법이 경영권 취득 등의 경우에 정부의 인가 내지 허가를 요구하는 경우 등 일정한 제한이 가하여져 있음에 유의하여야 한다. 예를 들면, 미국의 경우 외국인이 특정한 미국기업의 경영권인수, 합병, 양수 등의 경우에 대통령에게 이를 심사할 권한과 이를 연기, 금지하는 등의 강력한 권한을 부여하고 있다.[25] 또한 비미국인에 의한 국방, 은행, 보험, 국내 항공운송, 방송 등의 영역에 속하는 영업을 영위하는 기업의 경영권의 취득에 대하여도 일정한 제한이 가하여져 있다.[26]

1) 금융 · 보험업 이외의 업종에 대한 해외직접투자

거주자가 금융 · 보험업 이외의 업종에 대하여 해외직접투자(증액투자 포함)를 하고자 하는 경우에는 외국환은행의 장에게 해외직접투자 신고를 하여 수리를 받아야 한다(외국환거래규정 제9-5조 제1항). 이러한 해외직접투자를 함에 있어서 개인의 경우에는 원칙적으로 미화 300만 달러 이내로 제한되며 법인의 경우에는 원칙적으로 투자금액에 제한이 없다(외국환거래규정 제9-5조 제2항). 한편 금융 · 보험업을 영위하는 거주자가 금융 · 보험업 이외의 해외직접투자를 하고자 하는 경우에는 재정경제부장관에게 해외직접투자 신고를 하여 수리를 받아야 한다(외국환거래규정 제9-5조 제3항).

24) 외국환거래법 제3조 제1항 제16호 및 동 시행령 제7조 제1항.

25) 예를 들어 Exon-Florio Amendment to the 1988 Omnibus Trade Bill 참조.

26) Paul McCarthy, Aquiring a Business Enterprise in the United States, Baker & McKenzie (2001. 11. 29), 2면 이하.

해외직접투자 신고를 받은 신고기관의 장은 i) 해외직접투자 관리대장을 작성하고, ii) 신고수리 내용의 이행 여부를 확인함에 의하여 수리된 해외직접투자에 대하여 사후관리를 하여야 한다(외국환거래규정 제9-7조 제1항).

2) 금융 · 보험업에 대한 해외직접투자

금융기관[27]이 금융 · 보험업에 대한 해외직접투자를 하고자 하는 경우에는 재정경제부장관에게 신고하여 수리를 받아야 한다(외국환거래규정 제9-10조 제1항). 한편 금융기관이 아닌 거주자가 금융 · 보험업에 대한 해외직접투자를 하는 경우에도 재정경제부장관에게 신고하여 수리를 받아야 하나, 이 경우에는 i) 납입자본금 1백억 원 및 자기자본 2백억 원 이상인지 여부, ii) 최근 3년간 누적기준으로 당기순이익을 시현하였는지 여부, iii) 금융 · 보험업에 대한 총투자한도는 당해 거주자 자기자본의 30% 이내인지 여부 등을 심사한다.

한편 거주자가 역외금융회사[28]에 대한 해외직접투자를 하고자 하는 경우에는 한국은행총재에게 신고하여 수리를 받아야 한다.

---

27) 금융기관이라 함은 금융감독기구의 설치 등에 관한 법률 제38조 제1호 내지 제13호에 규정된 기관과 한국산업은행, 한국수출입은행, 중소기업은행, 간접투자자산운용업법에 의한 자산운용회사, 정보통신부장관이 지정하는 체신관서를 말한다. 외국환거래법 제3조 제1항 제15호.

28) 역외금융회사라 함은 직접 또는 자회사 등을 통하여 증권, 채권 및 파생금융상품에 투자하여 수익을 얻는 것을 주된 목적으로 외국법에 따라 설립된 회사로서 설립준거법령지역에 실질적인 경영활동을 위한 영업소를 설치하지 않은 회사를 말한다. 외국환거래규정 제1-2조 제13호.

(2) 해외직접투자가 아닌 외국기업 발행 주식의 취득

거주자가 외화증권을 해외직접투자 이외의 방법으로 취득하는 경우에는 외국환거래규정상의 외화증권취득신고의 절차를 경유하여야 한다. 거주자가 비거주자로부터 증권을 취득하는 경우로서 비거주자로부터 상속유증증여로 인하여 증권을 취득하거나 거주자가 외국의 법령에 의한 의무를 이행하기 위하여 비거주자로부터 외화증권을 취득하는 경우 등(외국환거래규정 제7-31조 제1항 참조)과 외국환거래규정에서 정한 절차에 따라 외화증권에 투자하는 경우에는 감독당국으로부터의 허가나 신고수리 없이 자유로이 외화증권을 취득할 수 있다. 그 이외의 경우에는 한국은행총재에게 외화증권취득신고를 하여야 한다(외국환거래규정 제7-31조 제2항 참조). 외국환거래규정상의 기관투자가[29]는 외화증권을 제한없이 취득할 수 있다. 따라서 외국기업이 발행한 주식 역시 자유로이 취득할 수 있다(외국환거래규정 제7-33조 제1항).[30] 이러한 기관 투자가가 아닌 일반 투자가는 증권업감독규정에서 정하고 있는 외화표시 주식, 즉 외국유가증권시장에 상장되거나 상장이 확정된 주식만을 취득할 수 있으며(증권업감독규정 제5-37조 참조),이 경우에도 증권회사를 통하여서만 외화증권의 매매를 할 수 있다. 다만 외국투자신탁 증권의 경우에는 간접투자자산운용업법에 따른 판

---

29) 기관투자가라 함은 외국환은행, 종합금융회사, 증권회사, 간접투자자산운용업법에 의한 자산운용회사 및 투자회사, 보험사업자를 말한다. 외국환거래규정 제1-2조 제4호.

30) 물론 각 기관투자자의 설립근거법령에서 정하는 제한을 받는다. 예를 들어 은행의 경우에는 원칙적으로 타 회사 주식을 그 발행주식 총수의 15%를 초과하여 취득할 수 없다. 은행법 제37조 제1항.

매대행회사를 통하여 일반 투자가도 국내에서 동 외국투자신탁증권을 매매할 수 있다(외국환거래규정 제7-33조). 따라서 일반 투자가는 외국기업이 발행한 주식을 취득하고자 하는 경우 외국환은행에 개설된 일반투자가명의(증권회사 명의를 부기) 또는 증권회사 및 판매대행회사 명의의 외화증권투자전용외화계정을 통하여 동 주식의 취득 및 처분 관련 자금을 송금 또는 회수하여야 한다(외국환거래규정 제7-34조). 현재 국내 증권사를 통하여 해외 증권시장에 상장된 주식을 고객이 온라인(On-Line)으로 직접 주문을 내고 매매할 수 있는 경우는 미국 증권시장을 제외하고는 매우 제한적이라고 할 수 있다. 그것은 주권의 매매에 따른 주문과 결제시스템이 연결되어 있어야만 그 주문과 결제가 가능한데, 우리가 흔히 관심을 나타내는 러시아, 인도, 중국, 베트남, 홍콩 등 대부분의 해외 증권시장은 주문과 결제시스템이 우리나라의 증권사와 상호 연결되어 있지 않다고 한다.[31)]

⑶ 외국기업의 국내 증권시장 상장의 경우

외국기업이 그 주식을 증권선물거래소의 유가증권시장 또는 코스닥시장에 상장하는 경우에는 당연히 거주자인 국내 투자자들이 동 주식을 취득할 수 있을 것이다. 아직까지는 증권선물거래소에 외국기업의 주식이 상장된 예는 없으나, 최근 증권선물거래소에의 상장에 관

31) 온라인상으로 해외 증권시장에 직접 주문을 낼 수 있는 시스템에 대해서 구체적으로 조사된 문헌을 확인하기는 어려웠다. 그러나 국내 증권사 중 해외주식거래에 있어 적극적이라고 업계에 알려져 있는 굿모닝신한증권의 경우 2004년에 미국증권시장에 온라인상으로 주문을 낼 수 있는 시스템을 연결하였다고 한다. 그러나 EU국가, 일본, 홍콩, 중국, 인도 그 밖의 외국 증권거래소와의 온라인 거래 주문결제 시스템은 아직까지 정비되어 있지 않다고 한다.

심을 기울이고 사전조사를 하고 있는 외국기업이 상당수 있으므로 조만간 국내에 상장되는 외국기업의 주식이 있을 것으로 보인다.

외국기업이 유가증권시장 또는 코스닥시장에 그 주식을 상장하기 위해서는 기본적으로 국내기업들의 상장의 경우와 유사한 절차를 밟아야 하지만, 외국기업이라는 점을 감안하여 특례가 인정되어 있다. 증권거래법상 외국기업이 발행한 주식 역시 유가증권에 해당하므로(증권거래법 제2조 제1항 제7호) 그 발행주식을 국내에 상장하고자 하는 외국기업은 먼저 금융감독위원회에 등록하여야 한다(증권거래법 제3조 제2호). 그리고 주식을 상장하려는 외국기업은 증권거래법 제8조 제1항의 규정에 따라서 모집 또는 매출의 개요와 발행인에 관한 사항 등을 기재한 유가증권신고서를 금융감독위원회에 제출하여야 하고(유가증권의 발행 및 공시 등에 관한 규정 제38조 내지 제39조), 이 유가증권신고서에는 정관 또는 이와 유사한 서류, 유가증권발행계획을 의결한 이사회의 결의서의 사본, 외국환거래법 등의 규정에 의하여 요구되는 허가나 승인 등을 요구하는 경우에는 그 허가서 내지 승인서, 발행인이 외국증권거래소에 상장되어 있는 경우 동 사실을 증명하는 서류 등을 첨부하여야 한다(유가증권의 발행 및 공시 등에 관한 규정 제40조). 외국기업이 금융감독위원회에 신청 또는 신고를 위하여 제출하는 서류는 한글로 작성하여야 하지만 금융감독원장이 필요하다고 인정하는 경우에는 영문으로 제출할 수도 있다(유가증권의 발행 및 공시 등에 관한 규정 제44조).

이와 같이 외국기업이 국내에 주식을 상장한 경우, 당해 외국기업의 주식이 뉴욕증권거래소 등 외국증권거래소에도 상장되어 있는 경우, 증권거래법령상 요구되는 공시가 당해 외국기업에게는 상당히 큰 부담이 될 수 있다. 왜냐하면 규모가 큰 다국적기업의 경우 다른 나라들에서는 요구되지 아니하는 사항들까지 우리나라 증권거래법령상 그 공시가 요구된다면 증권선물거래소에의 상장에 따른 부담이 배가 될 것이기 때문이다.[32)]

국제적인 자본거래가 보다 빈번하게 이루어지고 동아시아 금융허브가 될 것을 표방하고 있는 우리나라의 입장에서 만약 외국기업의 증권선물거래소에의 상장을 적극적으로 유인하고자 한다면, 증권거래법에 따른 공시규정을 투자자보호에 문제가 되지 아니하는 한도 내에서 주요 선진국의 증권관계 법령에서 요구되는 공시규정과 상호 조화시켜 나가는 것이 바람직할 것이다.

Ⅳ. 국제 주식거래의 과제

국내기업 중에는 그 주식을 한국 증권선물거래소와 외국증권거래소에 동시에 상장하는 기업도 있고(예를 들어, 금호타이어는 2005년 2월 16일 런던 증권거래소와 2005년 2월 17일 한국증권선물거래소에 동시에 주권을 상장하였다),[33)] 외국의 증권거래소에만 주권을 상장하는 기업(예를 들어, 2005년 7월 STX 팬오션은 싱가포르증권거래소에 주권을 상장하였다)이 있는 등 주권거래의 글로벌화는 피할 수 없는 시대의 대세가 되어가고 있는 것으로 보인다.

---

32) 반면 증권거래법령상 요구되는 공시부담이 외국 증권거래소에서 요구되는 것보다 적은 경우에는 우리나라 증권선물거래소에의 상장으로 인한 공시부담이 크지는 아니할 것이다(물론 번역에 따른 부담은 있을 것이다).

33) 양 증권거래소에 동시에 상장되었으나, 한국과 영국의 시차로 인하여 양국에서의 상장일에 하루의 차이가 나게 되었다.

주식시장이 글로벌화되는 데에는 몇 가지 요인이 있는데, 그 주요한 내용으로는 투자은행가(Investment Banker)들이 다양한 자본시장에 접근하여 발행기업들에게 유리한 조건의 자금조달기회를 제공할 수 있는 능력을 보유하게 된 점, 금융기법의 혁신 및 이자율과 외환리스크를 헤지할 수 있는 기법이 발전된 점, 통신과 컴퓨터의 발전으로 인해 거래목적을 위하여 증권회사들이 전 세계를 상대로 영업을 할 수 있게 된 점, 거래의 통제와 자본시장에 대한 규제가 완화된 점, 청산과 결제기법이 발전된 점, 글로벌 거래시장의 투명성과 유동성이 발달된 점, 선도적인 증권회사들의 글로벌 리서치능력이 향상된 점, 자본시장의 기관화 등이 그것이다.[34)]

통상 외국의 증권거래소에 주권을 직접 상장하는 경우에 누릴 수 있는 효과로는 외국 투자자로부터 자금을 조달한다는 재무적인 이점 이외에 외국 증권거래소에 주권이 상장됨으로써 얻게 되는 글로벌 업체로서의 홍보효과 등의 부수적인 이점을 고려하고 있는 것으로 보인다. 주권거래가 이와 같이 글로벌화하게 되면 발행시장에의 주권의 상장과 유통시장에서의 주권의 거래는, 주권 발행인의 본국의 증권시장의 범주를 벗어나게 되고, 개별적으로 운영되던 각국의 증권시장 사이에는 경쟁과 협력의 관계가 형성될 수밖에 없다. 또한 자유로운 자본이동의 필요성에 따라서 한국법인(또는 외국법인)의 국내외 증권거래소에의 복수상장, 외국법인의 국내 증권거래소에의 상장 등 주권거래의 글로벌화는 점점 더 촉진될 것으로 보인다.

이러한 상황에서 제기될 수 있는 과제로는 증권거래법상의 공시와

34) Johnson, Jr. & McLaughlin, 앞의 책, 558면 이하 참조.

관련하여 영어로 공시하는 것을 보편적으로 인정할 것인가의 문제, 증권거래법 등 증권관계 규정의 국제적 수준에서의 규제 완화 등을 포함한 재정비와 복수상장 등의 경우에 발생될 수 있는 상장절차상의 규정의 정비와 불공정거래행위에 대한 규정정비, 밀접하게 연관된 증권시장 사이에서 상장 내지 거래가 이루어지는 경우의 절차와 규제의 정비, 각국의 증권거래소 사이에서 연계거래가 이루어지는 경우의 청산결제시스템의 정비문제, 세계적으로 경쟁력있는 역량을 보유한 투자은행의 육성을 통한 금융시장의 활성화를 위한 체계적인 제도정비[35) 등인바, 이에 대한 논의 및 연구가 학계 및 실무계에서 활발히 이루어져야 할 것이다.

35) 한국은행 조사국, 우리나라 투자은행업의 현황과 향후 과제, 2004. 12, 44면 이하 등 참조. 이 자료에 의하면 미국은 Glass-Steagal Act에 의하여 확립되었던 투자은행업무와 다른 금융업무 사이의 엄격분리원칙을 수정하여, 1999년의 금융서비스 현대화법(Gramm-Leach-Bliley Act of 1999)에서는 지주회사방식에 의한 상업은행의 투자은행업 영위를 인정하는 법제화를 이룩하였다고 한다. 특히 위 문헌은 투자은행의 업무영역을 유가증권인수업무(IPO, 증자, 사채발행, M&A,Venture Capital 업무 등 포함), 고유계정에 의한 유가증권투자, 위탁매매, 자산관리 등으로 나누고, 이에 대한 향후의 과제를 제시하고 있다.

5

제5장 해외원주상장과 관련한 국내법상의 문제점*

정성구**

I. 서론

불특정 다수로부터 대규모 자본의[1] 조달이라는 주식회사의 제도적 가치는 주식의 공모발행절차를 통해 구현된다. 주식회사가 최초로 주식을 공모하는 것을 통상 '기업공개(Initial Public Offering, IPO)'라고 하는데, 실무에서는 주식회사의 주권이 최초로 공개시장에 상장(Listing) 되는 것의 의미로 종종 혼동되어 쓰인다. 엄밀히 말하면 기업공개란 증권의 발행시장을 통하여 주식회사의 지분이 다수에게 분산되는 점에 주안을 둔 용어이고, 상장은 주식회사의 지분이 증권의 유통시장

* 이 논문은 BFL 제14호(2005. 11)에 게재되었다.

** 김 · 장법률사무소 변호사

1) 여기서는 좁은 의미의 자기자본(Equity)만을 의미하는 것으로 한정하고, 사채의 발행에 관하여는 논의하지 않기로 한다.

에서 거래될 수 있는 상태에 두는 것에 중점을 둔 용어로 구별될 수 있다.[2] 그러나 적어도 국내의 주식발행 실무상으로는 공모로 발행되지 않은 주권을 상장할 수 없다는 점과[3] 상장이 전제되지 않고서는 주식의 공모가 원활히 이뤄지기 어렵다는 점에서 기업공개는 거의 주권의 상장과 연계되어 발생한다고 봐도 무방하다. 따라서 일단 이 글에서는 주식회사의 기업공개와 주권의 상장을 명확하게 구분하지 않고 쓰기로 한다.[4]

기업공개제도는 대중으로부터 상환 부담이 없는 장기적인 재원 조달 수단을 제공한다는 측면에서 현대 주식회사의 성장에 결정적인 기초를 제공해 왔다. 또한 주식회사의 지분권을 불특정 다수에게 퍼뜨린다는 측면에서는 소유와 경영의 분리라는 기업지배구조상의 혁명을 가져옴과 동시에, 기업가치를 다수에게 분배함으로써 기업의 부를 사회화(社會化)하는 데 지대한 공헌을 한 현대자본주의의 정수(精髓)라 할 수 있는 제도라 하여도 과언이 아니다. 그러나 실제로는 기업공개

2) 기업공개와 상장을 발행시장과 유통시장의 의미에 따라 구분하는 견해에 대하여는, 증권시장의 이해(12판), 한국증권업협회, 2005, 35면. 기업공개란 IPO와 상장이 함께 이뤄지는 것으로 정의하는 견해도 있다 김건식, 증권거래법(제3판), 두성사, 2004, 87면.

3) 유가증권시장상장규정(2005. 7. 22. 개정된 것, 이하 같음)에 의하면 상장예비심사청구 후 모집 또는 매출한 주식의 총수 및 모집 또는 매출한 의결권 있는 주식의 총수가 각각 신규상장신청일 현재 발행주식총수 및 의결권 있는 주식총수의 100분의 10 이상일 것이 상장요건이므로(동 규정 제32조 제1항 제4호 나목 참조) 상장과 함께 모집 또는 매출이 병행되어야 한다. 과거에는 모집 또는 매출 절차를 거치지 않은 채로 이미 유통된 주식이 주식분산요건을 갖춘 경우에는 별도의 공모절차 없이 상장하는 것도 가능하였고, 이를 따로 '직상장'이라고 일컬었다.

4) 참고로 유가증권인수업무에 관한 규칙(2005. 7. 26. 개정된 것, 이하 같음) 제3항도 기업공개를 "유가증권 시장에 주권을 신규로 상장하기 위하여 공모하는 것"으로 정의하고 있다.

와 관련한 법리에 관한 깊은 논의는 아직 이루어지고 있지 아니한 것으로 보이며, 실무계에서도 (국내의) 기업공개와 관련한 실무상의 문제점을 언급하는 일은 매우 드문 편이다. 이는 외국과는 달리 국내의 경우 변호사의 실사 및 법률의견서가 상장요건으로 요구되지 않고 있어서, 실제로 국내에서의 기업공개 과정은 법률가의 참여 없이, 대부분 기업공개를 추진하는 당해 주식회사(이하 '발행사')와 인수단에 속하는 증권회사, 회계사, 상장대리인 등의 업무에 의하여 처리되고 있기 때문이다.

이러한 환경에서 국내의 법률가가 기업공개와 관련한 경험을 축적할 수 있는 기회란 매우 제한적일 수 밖에 없다. 그 제한적 기회 중의 하나는 국내 법인이 해외에 소재하는 유가증권 시장(이하 '해외 증권시장')에 그 주권 또는 주식예탁증서(Depository Receipt, 이하 'DR')를 상장하는 경우에 국내법 자문 변호사로서 참여하는 경우이고, 다른 하나는 외국 법인이 국내의 유가증권 시장(이하 '국내 증권시장'[5])에 그 주식 또는 DR을 상장하는 경우에 주무 변호사로서[6] 참여하는 것이다.그러나 아직까지 후자의 사례는 없는 것으로 알고 있다. 필자는 법조실무가로서 전자의 사례, 특히 국내 법인이 주식예탁증서가 아닌 주권을 해외 증권시장에 상장하는 업무(이하 '해외원주상장')를 맡은 바 있으며,[7] 그러한 경험을 통해 고찰한 국내법적 문제를 이 글에서 소개하고

---

5) 경쟁매매방식을 통한 국내의 증권거래는 한국증권선물거래소에서만 가능하다. 한국증권선물거래소법(2005. 3. 31. 개정된 것) 제15조 제2항 참조. 그러나 이 글에서는 한국증권선물거래소 대신 국내 증권시장이라는 표현만 사용하기로 한다.

6) 외국법인이 국내에서 유가증권을 공모하는 경우에는 국내 변호사의 법률검토의견이 요구된다. 유가증권의 발행 및 공시에 관한 규정(2005. 4. 27. 개정된 것, 이하 같음) 제39조 제1항 제1호 참조.

7) 현재 한국 기업으로서 해외에 원주를 상장한 사례는 1999. 나스닥에 원주를 상장한 두루넷과 2005. 7.에 싱가포르에 원주를 상장한 STX Pan Ocean의 두 사례만이 보고

자 한다. 해외상장의 사례가 드문 관계로 이 글의 내용은 아직 국내에서는 전혀 논의된 바가 없는 것이고, 따라서 논의의 깊이도 피상적일 수밖에 없지만, 이를 통하여 해외기업공개와 관련한 국내 법규의 문제점을 진단하는 목적으로는 유익한 고찰이 될 것으로 믿는다.

II. 해외 상장의 유인(誘因)

국내법상의 문제점을 짚어 나가기에 앞서 국내법인이 왜 해외 증권시장에서 기업공개를 할 필요가 있는지 먼저 살펴보기로 한다.

1. 기업의 대외이미지 제고

한국에서의 기업공개제도는 1956. 3. 3. 증권시장이 개장한 이래 올해로 49년째에 이르는 짧지 않은 역사를 가지고 있다. 시가총액도 2005. 9. 현재 한국 증권선물거래소 유가증권 시장 부문만 695개 법인에 약 571조 원, 코스닥시장부문만 891개 법인에 약 54조 원에 이르는 괄목할 성장을 하여 왔으며,[8] 이는 곧 한국자본주의의 성장을 한눈에 대변해 주는 수치라 할 수 있다. 그러나 이러한 국내 증권시장에 관한 눈부신 수치도 해외의 유수한 증권시장과 비교하면 아직은 손색이 있는 감이 있다. 세계 최대의 주식거래시장인 New York Stock Exchange

되고 있다. 그러나 두루넷은 2002. 11. 나스닥에서 상장폐지되었고, 대신 두루넷을 매수한 하나로텔레콤이 현재 나스닥에 DR을 상장하고 있다. 필자는 STX Pan Ocean의 싱가포르 상장과 관련한 업무에 관련한 바 있다.

8) 증권선물거래소 통계자료(http://sm.krx.co.kr/) 참조.

(이하 'NYSE')의 시가총액(Market Capitalization)은 2005. 8. 31. 현재 미화 13조 3천억 달러로서 한화로 약 1경 3,811조 원에 이르고, NYSE에 상장된 국외회사(Non-US Company)의 시가총액만도 7조 4천억 달러로서 물경 한화 7,684조 원에 이른다.[9] 미주와 유럽에 소재한 유수한 증권시장을 제외한 아시아-태평양 지역에서만도, 국내회사(Domestic Company)의 시가총액 기준으로 한국보다 큰 유가증권 시장은 4곳(도쿄, 오사카, 홍콩, 오스트레일리아)이 있으며,[10] 한국증권선물거래소에 외국회사가 단 한 회사도 상장되어 있지 아니한 점을 고려해 볼 때, 순수한 상장시가총액을 기준으로 따지면 그 차이는 더 커질 수 있다.

이와 같이 세계의 금융시장 전체를 놓고 보면, 국내 증권시장은 그 괄목할 만한 계량적 성장에도 불구하고 아직은 국내 기업만을 대상으로 한 지역 시장의 하나일 뿐임을 알 수 있다.[11]

---

9) NYSE Website를 참조(http://www.nyse.com/Frameset.html?displayPage=/ market info/1022963613722.html). 원화 환산액은 2005. 8. 31.자 매매기준율(1038.4원)을 적용한 것이다.

10) World Federation of Exchanges의 2005. 8.자 통계자료 인용(http://www.world-exchanges.org/publications/EQU1105.XLS). Korea Exchange(이하 'KRX')는 KOSDAQ을 합하여 세계 15위권이다. 그러나 상위권인 NYSE, Tokyo Exchange, Nasdaq, London Exchange, Euronext 등의 규모가 너무 커서 순위의 의미는 많이 퇴색되어 있다. 참고로 시가총액으로 시장의 규모를 산정하는 것은 환율, 지역경제의 활황 등 여러 가지 요인으로 인하여 매우 부정확한 것으로서 시장의 순위를 매기는 기준으로는 부적절한 면이 있다는 지적이 있다. 예를 들어 KRX는 올해 초부터 대만과 남아프리카공화국을 추월하기 시작했으나 최근 오일달러의 영향으로 급부상한 사우디아라비아의 증시가 다시 한국을 추월하는 등(서울경제 2005. 8. 16.자 보도) 시가총액에 의한 증권시장의 순위는 시장외적 요인에 의하여 빈번하게 변하는 면이 있다.

11) 한국보다 규모가 큰 유가증권 시장 중에 순수하게 자국의 기업만 상장한 곳은 한 군데도 없다. 아시아에서는 싱가포르가 659개 상장사 중 200개의 외국회사를 유치함으로써 아시아 지역의 국제유가증권 시장이라 할 만하다. David Tan Wei-Sun, Listing on SGX, 2005. 8. 23, SGX 서울세미나자료, 5면.

이러한 한계는 Global Player를 지향하는 국내 기업의 터전으로는 아직 국내증권시장이 비좁다는 것을 의미한다. 실제로 현재까지 소개되는 국내기업의 해외 상장의 주된 요인 중 하나가 바로 발행사의 대외 이미지나 국제적 위상을 제고하기 위한 것으로 보인다. 이를테면 세계적으로 가장 까다로운 상장요건을 갖춘 NYSE에 상장된 기업은 그 자체만으로 기업의 투명성, 신뢰성, 안정성 면에서 일류 기업의 이미지를 갖출 수 있고, IT기업 등은 Nasdaq이 가지는 첨단기업의 장이라는 명성 때문에 Nasdaq 상장을 원한다. 또한 특정 국가에서 활동하기를 원하는 기업은 해당 국가에 개설된 증권시장에 자사의 주식을 상장함으로써 당해 국가에서 막대한 홍보효과를 가질 수 있다. 이와 같이 기업의 대외이미지를 제고하고자 하는 기업에게 해외상장은 매우 효과적인 수단으로 고려될 수 있는 것이다.

2. 국내증권시장의 현실적, 제도적 문제의 회피

(1) 신규공모가의 하향 책정의 회피

기업공개를 앞둔 기업의 최대 관심은 당연히 주식의 신규공모가가 얼마로 책정될지의 여부이다. 기존 주주가 보유하는 주식의 매출(이하 '구주매출')의 방법으로 이뤄지는 상장 절차에서 신규공모가는 주식을 매각하는 주주의 이해에, 발행사가 신규로 주식을 모집하는 방법(이하 '신주모집')으로 이뤄지는 상장 절차에서 신규공모가는 발행사의 재무상황에 직접적으로 영향을 미친다. 또한 상장에 직접 참여하지 않는 주주라 하더라도 신규공모가를 기준으로 형성되는 주가로, 자신이 보유하는 주식의 가치가 결정되는 것이기 때문에 역시 신규공모가에 지

대한 관심을 가질 수밖에 없다. 그런데 국내증권시장은 ―최근 괄목할 만한 호전을 보이고는 있지만 ―여전히 '저평가된 시장'으로서의 이미지를 갖고 있고, 지정학적인 문제로 인하여 이른바 Korea Discount라는 내재적인 약점을 갖고 있어서, 일단 높은 신규공모가 형성에 불리한 환경에 처해 있다고 말할 수 있다.

국내의 제도적 제약도 신규공모가에 좋지 않은 영향을 미칠 수 있다. 국내에서는 2002. 8. 이후 증권업협회의 유가증권인수업무규칙을 개정하여, 종래 모든 기관투자자들을 대상으로 한 수요예측가중평균가격의 ±30% 내외의 범위에서 공모가격을 결정하던 제도를 폐지하고, 수요예측(Book Building)의 방법 및 공모가격의 결정을 주관사와 발행회사의 협의하에 자율적으로 진행하도록 규제를 완화하였다.[12] 그러나 아직도 대표주관회사(Book Runner)가[13] 수요예측을 통해 분석한 공모희망가격의 범위(Band) 내에서, 일정한 기준을 정하여 기관투자자에게 등급을 매기고, 이를 고려하여 각 기관투자자별 희망공모가격을 인수물량으로 가중평균함으로써 공모가격을 확정하는 것이 대세이다.[14] 이 경우, 기관투자자, 특히 대량의 인수물량을 제시할 수 있는 기관투자자들은 가격을 낮게 책정하여 수요예측에 참가함으로써 공모

12) 금융감독원, 인수공모제도개선방안마련(2002. 5. 22.자 보도자료) 참조. 현행 규정은 유가증권인수업무규칙(2005. 7. 26. 개정된 것, 이하 같음) 제5조 참조.

13) '주간사'라는 용어도 사용되지만, 법규에서 사용하는 용어로 '주관회사'를 사용한다. 유가증권인수업무에 관한 규칙 제2조 제6항 참조.

14) 이러한 가중평균가격을 결정하는 산식은 매우 복잡하여 이 글에서 소개하기는 부적절하다. 그 산식을 살피기 위하여는 각 증권회사의 웹사이트에 게시된 수요예측참가안내서를 참고하기 바란다. 현재, 금융감독기관은 제도상으로는 공모가격결정을 자율화하였음에도 불구하고, 투자자보호를 위하여 가중평균가격으로 공모가격을 결정함으로써 기관투자자 간 경쟁으로 인한 신규공모가의 상승을 방지하는 행정지도를 하고 있는 것으로 보인다.

확정가격을 의도적으로 낮출 수 있는 가능성이 있다.

또한 인수단(Underwriters)은 공모 후 1개월간 일반투자자로부터 공모가격의 90% 이상의 금액으로 공모주식을 매수할 의무를 지는데, 이는 인수인으로 하여금 높은 공모가격을 책정하는 것을 부담스럽게 하는 요인이 된다.[15] 이외에도 우리사주조합에게 최소 20%, 일반청약자에게 최소 20%를 보장한 배정기준도 좀더 높은 가격을 제시한 자에게 원하는 물량을 배정함으로써 최대의 신규공모가를 형성한다는 원칙의 적용을 어렵게 함으로써, 간접적으로 공모가를 낮추는 제약일 수 있다.

이와 같은 국내 증권시장의 현실적, 제도적 제약은 기업공개를 추진하는 기업에게 좀더 자유로운 환경에서 높은 신규공모가를 기대할 수 있는 해외 증권시장을 찾게 하는 직접적인 유인이 될 수 있다고 보인다.

(2) 엄격한 상장 요건 내지는 상장기업이 지는 부담의 회피

국내의 상장요건을 갖추지 못하는 기업이 기업공개를 희망하는 경우, 또는 상장 이후에도 상장기업으로서 져야 하는 각종 의무(예를 들면 공시의무 등)를 준수하여야 하는 부담 등을 덜거나 회피하고 싶은 경우에는 이러한 제도적 제한이 완화된 해외 증권시장을 택할 가능성이 있다. 이와 관련하여 실무상 문제될 가능성이 높은 것은 최대주주의 주식소유비율 변동 제한의[16] 문제이다. 현행 규정상으로는 대주주

15) 유가증권인수업무에 관한 규칙 제11조 참조. 이 역시 과거에는 90% 이상의 가격으로 시장조성을 강제하던 것을 2003. 8. 19.부터 완화한 것이다. 금융감독원, 인수공모제도개선방안마련(2003. 8. 19.자 보도자료) 참조.

16) 유가증권시장상장규정 제32조 제1항 제13호 참조.

(여기서는 5% 이상 주주)의 주식소유비율이 상장예비심사청구일 전 1년 이내에 변동이 없을 것을 상장요건으로 명시하므로, 대주주의 주식소유비율의 변동이 있는 경우에는 당해 변동일부터 국내 상장을 위하여 대략 1년 4개월 이상을 기다려야 한다.[17] 따라서 대주주의 주식소유비율 변동제한이 없는 해외 유가증권시장이 존재한다면, 동 시장에 상장함으로써 상장에 소요되는 기간을 대폭 단축할 수 있을 것이다.

III. 해외원주상장과 관련한 국내 법제의 문제점

위 II에서 언급한 바와 같이, 국내 기업의 경우에는 해외 증권시장에서 기업공개를 할 경우와 국내 증권시장에서 기업공개를 할 경우의 장단점을 서로 비교하여 기업공개의 장소를 택할 것인데, 이는 각 기업의 사정과 증권시장의 상황에 따라 판가름될 사항이므로 어느 쪽이 낫다고 일률적으로 말할 수는 없다. 그러나 이 글에서는 일단 국내의 발행사가 해외 증권시장을 기업공개의 장소로 선택했을 때를 가정하고, 이에 직면할 수 있는 여러 가지 국내법상의 문제에 대하여 검토한다.

한편 해외 증권시장에서 기업공개를 추진하는 방법으로는 주권을 상장하는 방법과 DR을 상장하는 방법이 있는데, 현재로서는 DR을 상장하는 방법이 압도적으로 다수를 차지하고 있다.[18] 따라서

17) 상장예비심사청구일부터 실제 상장까지는 대략 4개월 정도가 소요되기 때문이다.

18) 1990. 12. 삼성물산이 해외 DR발행에 성공한 이래, 세계 각지의 유가증권 시장에 한국 기업이 발행한 DR이 상장되어 있다. 참고로 2005. 9. 현재 NYSE에 상장된 8개의 국내법인(국민은행, 한국전력공사, KT, LG Philips LCD, Posco, 신한금융지주, SK Telecom, 우리금융지주)들은 모두 DR을 상장한 사례이다. NYSE Website 참조 (http://www.nyse.com/about/listed/7.html?country=South%20Korea).

DR과 관련한 법적 문제는 상당한 기간의 경험의 축적을 거쳐 어느 정도는 정리되어 있는 관계로 이 글에서는 생략하기로 하고,[19] 일단 우리 실무에서는 생소한 해외원주상장의 경우만을 검토의 대상으로 한정한다.

1. 주식과 관련한 문제

(1) 신주 모집시 주주로서의 권리 취득 시점

상법은 국내외를 막론하고 공개기업을 전제로 한 법률은 아니므로 공개기업이 준수하기에는 부적절한 조항이 있다. 따라서 증권거래법은 공개기업에만 적용되는 여러 가지 특례를 두어 공개기업이 상법을 준수하는 데 겪을 애로를 제거하고 있다.[20] 그런데 해외원주상장의 경우에는 발행사가 국내법상 여전히 비상장회사로 취급되므로 증권거래법상의 혜택을 받지 못한 채로 직접 국내의 상법과 해외 증권시장에 적용되는 해당 국가의 증권거래법규를 모두 충족시켜야 하는 문제

19) DR은 원주와의 상환권이 보장되어 있을 뿐, 원칙적으로 해외에서 발행되는 외국 유가증권으로서 국내의 법제와 충돌할 여지가 적으므로 검토할 실익도 많지 않다. DR을 상장하는 것은 진정한 의미의 해외기업공개로 부르기에는 약간 모자란 감이 있다. DR은 어디까지나 원주와의 상환을 전제로 한 DR의 원주 또한 상장되어 있기를 희망할 것이다. 따라서 DR 발행의 경우에는 자국에서 상장을 (미리 또는 동시에) 한 기업이 자본조달이나 이미지 제고 등을 위하여 자국 외의 증권시장에서 추가로 상장하는 것이 통상적인 경우로 보이며, 그런 관계로 DR이 상장된 증권시장에서는 결국 '외국상장회사'로 취급될 뿐이다. 이런 점에서 한국의 게임기업인 그라비티(Gravity)는 지난 2005. 2. 국내 증시에 원주가 상장되지 않은 채로 Nasdaq에 DR을 상장하였는데 이는 주목할 만하다.

20) 증권거래법(2005. 7. 29. 개정된 것, 이하 같음) 제9장 제3절 이하가 이러한 내용을 담고 있다.

가 있다.[21] 그 결과 상법의 일부 규정을 준수하는 것이 상당히 곤란한 상황에 처할 수 있다.

대표적인 것이 유효한 주식 발행의 요건이다. 영미계 회사법의 경우에는 주식 대금의 납입절차가 마쳐진 즉시 유효한 주식을 발행할 수 있으며 주주는 주식 대금을 납입한 즉시 주주로서의 권리를 취득하지만,[22] 상법에 따르면 주권은 신주의 납입기일(이하 '주금납입일') 후에만 발행할 수 있으며,[23] 신주의 인수인은 납입 또는 현물출자의 이행을 한 때에는 주금납입일의 다음 날로부터 주주의 권리가 있다고 정하고 있고[24] 신주발행 전의 주식거래는 이른바 권리주의 양도가 되므로 허용되지 않는다.[25] 이러한 규정들은 강행규정으로서 주금납입일의 경과로 치유될 성질의 것이 아니라는 것이 학설의 일반적 견해이다.[26] 따라서 신주모집 형식을 취하는 주권의 상장 및 이에 따른 거래는 주금납입일의 익일부터만 가능하고, 이에 맞춰 국내 증권시장에서는 예외없이 주금 납입일 이후를 주식발행일(또는 상장일)로 정하고 있다. 그러나 해외 증권시장에서는 상장요건상 또는 투자자의 요구에 의하여 동시이행의 원칙(주금을 완납함과 상환으로 주주에게 유효한 주식을 양도해야 한다는 원칙)에 따라 주금납입과 동시에 또는 주금납입일

21) 따라서 경우에 따라서는 국내 상장기업보다 더한 제약을 받을 경우도 상정할 수 있다.

22) 예를 들어 뉴욕주 회사법(Business Corporation Law, BCL) Section 504(h)와 (i) 참조. 특별한 경우 납입이 이뤄지기 전에도 주권을 발행할 수 있다. BCL 504(j) 참조.

23) 상법(2001. 12. 29. 개정된 것, 이하 같음) 제355조 제2항 참조.

24) 상법 제423조 제1항 참조.

25) 상법 제425조 제1항, 상법 제319조.

26) 이철송, 회사법강의(제12판), 박영사, 2005, 257면 참조 ; 최기원, 신회사법론(대정판), 박영사, 2001, 294면.

당일에 상장할 것이 필요한 경우도 있기 때문에, 이러한 경우에는 위 상법의 규정을 맞추기가 어렵게 된다.[27)]

강행규정인 상법의 요건을 맞추면서 동시에 동시 이행의 요건을 맞추는 방법으로 다음과 같은 2가지 방법을 생각해 볼 수 있다. 먼저, 시차를 이용하는 방법으로 한국 시간으로는 1일의 시차가 나도록 주금납입시점과 상장시점을 정하되, 해외 증권시장의 시차로는 양 시점이 같은 날에 발생하도록 정하는 것이다. 예를 들어 한국의 시간으로 오후 11시 55분에 주금 납입이 완료되도록 하고, 다음 날 오전 0시 5분에 상장을 하면 이론상 10분의 간격으로 상법의 요건을 맞출 수 있으며, 이 10분의 간격을 해외 증권시장이 소재한 국가의 업무시간(Business Hour)에 존재하게 함으로써(예를 들어 오전 9시 55분과 오전 10시 5분) 해당 국가에서는 납입 당일 상장을 가능하게 할 수 있다. 물론 이 방법은 지나치게 기교적이라는 점, 시차가 적은 국가에 소재한 해외 증권시장에서는 활용하기 어려운 방법이라는 점, 주금납입일 이후 1일 경과 시점을 반드시 한국 시간으로 상정해야 하는지도 명확치 않다는 점—경우에 따라서는 주식이 발행된 국가의 시간대를 적용해야 한다는 견해도 있을 수 있다—등의 문제점이 있다.

다른 한편으로는 주금을 상장 전에 미리 납입하고, 상장일에 주주로부터 주금을 회수하여 미리 납입한 부분을 메우는 방법이 있다. 상장거래에 관계하는 자들 중 주금을 미리 납입하고, 차후에 주금을 상환받을 수 있는 자는 사실상 인수인뿐이다. 만약 발행사가 주금을 스스로의 재원(財源)으로 납입하고 차후 신주발행대금으로 납입한 금액

27) 해외 증권시장의 경우에는 주금납입 이전, 즉 Pricing 및 Signing 절차가 이뤄지면 상장을 허용하는 경우가 많다고 한다.

을 상환받는 것은 가장납입의 문제를 발생시킨다.[28] 따라서 인수인에게 미리 납입케 하고, 인수인이 상장일에 주주로부터 주금을 회수하게 하는 방법이 가장 적절해 보인다. 단, 인수인이 발행사로부터 미리 주금을 납입시킨 것에 관하여 발행사로부터 이자를 지급받고 주금납입에 대한 확약까지 받는다면, 이는 발행사가 인수인으로부터 금전을 차용하여 주금을 납입한 것과 다름없게 되므로 역시 적절한 방법이 되지 못한다. 앞서 말한 가장납입의 문제는 물론이고 인수인이 비거주자일 경우에는 단기자금차입을 제한하는 외국환거래규정을 형식적으로 위반하게 하는 문제를 발생시킬 수 있기 때문이다.[29] 따라서 인수인은 주금을 지급하고, 주금을 실제의 주식청약자로부터 상환받을 때까지 주금 상환에 관한 위험과, 납입된 주금에 관하여도 이를 미리 지급한 것에 따르는 당해 금전의 기회비용(즉 이자)을 모두 부담하여야 한다. 결국 인수인은 인수수수료를 책정함에 있어 미리 그러한 추가적인 부담을 고려하여 인수수수료를 통상의 경우보다 증액하여야 할 것이다.

상법 제355조 제2항 및 기타 주식의 유효성과 관련된 조항은 현대의 기술력을 감안하지 않은 불필요한 시간의 지연을 정하고 있으므로, 장기적으로는 상법의 개정을 통해 "주금의 완납이 확인된 즉시" 동 주식을 취득한 주주가 유효하게 권리를 취득할 수 있도록 개정하는 것이 낫다고 생각한다.

---

28) 그러나 설령 가장납입으로 의율된다 하더라도 주식 자체의 효력에는 문제가 없을 것이다. 대법원 2004. 3. 26. 선고 2002다29138 판결.

29) 외국환거래규정(2005. 7. 1. 개정된 것, 이하 같음) 제7-14조 제3항 참조.

(2) 상장된 주식의 양도 방법

주식의 양도 또한 문제가 될 수 있다. 현대의 유가증권 시장에서는 막대한 양의 증권거래를 처리하기 위하여 증권의 집중예탁과 예탁자 계좌부상의 계좌대체에 주식 양도의 효력을 부여하는 것이 필수불가결하다. 그런데 상법상으로는 주식의 양도는 당해 주식을 표창하는 주권의 교부를 통해서만 가능하고, 계좌이체를 통한 주식의 양도는 증권거래법상의 특칙으로만[30] 인정하고 있기 때문에 증권거래법의 지원 없이는 집중예탁과 그로 인한 계좌이체의 효과를 발생시키지 못할 수 있다. 이는 즉 (증권거래법의 지원을 받을 수 없는) 해외원주상장이 불가능하다는 결론과 다름 아니다.

그러나 이 문제는 특정 해외 유가증권시장에서는 실제로 별다른 문제를 발생시키지 않을 여지도 많다. 우리나라의 경우 유가증권 집중예탁기관(이하 '예탁기관')은 상장주식에 관하여 주주로서의 권리를 행사할 수 없으며, 예탁자계좌부와 고객계좌부의 연결을 통하여 파악할 수 있는 실질주주만이 예탁된 주식의 권리자로 인정된다.[31] 그러나 영미계 국가에 소재한 예탁기관은 대부분 실제로 예탁된 주식의 권리를 보유하며, 주주의 의결권 행사 문제를 진정한 주주에 대한 대리권(Proxy)의 교부를 통하여 해결하고자 한다.[32] 따라서 계좌부의 이체에

30) 증권거래법 제174조의3, 제174조의4 참조.

31) 증권거래법 제174조의4 참조. 제한적으로 집중예탁기관이 주주권을 행사할 수 있는 경우에 대하여는 증권거래법 제174조의6 참조.

32) 실제로는 집중예탁기관 명의의 대권(Global Certificate)을 발행하여, 집중예탁기관이 이를 보유하고 그 명의로 주주명부에 기재된다(Nominee Registration). 미국 DTC의 시스템에 관하여는 증권예탁원, 증권예탁결제제도(전정판), 2005, 200면 참조.

따른 주주권 이전을 인정하지 않더라도 신뢰할 수 있는 예탁기관의 업무처리를 통하여 실제의 주주가 계좌이체를 통한 주주권 이전과 같은 효과를 누릴 수 있게 되는 것이다. 이 경우 발행사의 주주명부에는 예탁기관만이 상장 주식 전부에 관한 주주로 등재되고, 발행사는 실제로 주주총회의 소집 통지 등 각종 주주에 대한 연락을 예탁기관만을 상대로 하여 처리하게 되며, 실제 주주에 대한 통지 절차 등은 예탁기관이 대행하게 된다. 또한 실제 주주의 의결권 행사는 예탁기관의 의결권 불통일 행사[33] 및 실제 주주에 대한 대리권 수여를 통하여[34] 이뤄질 수 있을 것이다. 단, 국내법상 주식의 보유를 제한하는 규정을 적용하는 경우나[35] 감사를 선임해야 할 경우,[36] 소수주주권의 행사 등과 관련하여서는 구체적 사안에 따라 여러 가지 애로가 발생할 수 있을 것으로 보인다.

주식의 빈번한 거래를 위하여는 명의개서 대리인을 선임하여야 할 필요가 있는데, 해당 국가에 있는 적격업체를 명의개서대리인으로 선임할 수 없을 경우에 대비하여,[37] 발행사는 주주명부를 직접 관리하여야 할 부담이 있다. 이 경우 상장을 위해 예탁된 주식에 대하여는 모두 해외의 예탁기관 명의로 주주명부에 기재되어 있으면 족하므로, 실제

33) 상법 제368조의2 참조.

34) 상법 제368조 제3항 참조. 의결권을 불통일 행사하고 복수의 대리인에게 의결권을 일부씩 대리행사하게 하는 것에는 문제가 없다고 생각된다. 이철송, 앞의 책, 429면.

35) 은행법 제15조와 같은 강행법규에서의 주식보유제한을 의미한다.

36) 상법 제409조 제2항 참조. 단, 감사위원회를 둘 경우에는 이러한 문제가 없다.

37) 비상장회사도 명의개서대리인을 둘 수 있으나(상법 제337조 참조), 해외의 적격업체를 명의개서 대리인으로 선임할 수 있는지 여부는 불확실한데, 증권거래법 제180조 등의 취지에 비춰 해외명의개서대리인을 선임할 수 없다는 해석도 가능할 수 있다. 필자는 해외의 명의개서대리인도 가능하다고 해석하고 싶다.

로 관리하여야 할 부분은 상장되지 않은 부분에 한할 것이다.[38)]

2. 주권과 관련한 문제

(1) 주권의 양식

국내 증권시장에서의 상장을 위해서는 주권을 통일규격주권 양식으로 인쇄하여야 하나,[39)] 비상장회사의 경우에는 그러한 제한이 없이 상법 제356조에 정한 요건을 충족하면 유효한 주권이 되는 것으로 해석된다. 따라서 해외 증권시장에서 별도의 통일규격을 요구한다 하더라도, 동 규격이 상법에 정한 요건을 포함하고 있다면 당해 양식으로 제작된 주권 또한 유효한 주권으로 봐야 할 것이다. 상법학자 중에는 영어 또는 외국어로 인쇄한 주권의 유효성에 대하여 의심을 표하는 견해도 있으나,[40)] 필자는 용어에 관계없이 상법 제356조의 내용적 기재로 주권은 유효하다고 생각한다. 실제 사례에서 두루넷은 주권을 영문으로 인쇄하여 발행하였고, STX Pan Ocean의 경우에는 영문과 국문을 모두 사용한 주권을 발행하였다.

---

38) 국내증권시장은 주식이 상장되면 당해 주식 전체가 상장된 것으로 본다(유가증권시장상장규정 제102조 참조). 그러나 국내 주권이 해외 증권시장에 상장된 경우에는, 실제로 주권이 반출되지 않아 국내에 남아 있는 상태의 주식이 있을 수 있는데, 국내에 남아 있는 주권은 현실적으로 비상장주권으로 볼 수밖에 없을 것이다.

39) 유가증권상장규정 제32조 제1항 제16호 참조.

40) 김건식, 앞의 책, 496면.

(2) 주권의 해외 반출

한국과 마찬가지로 대부분의 해외 증권시장에서는 상장될 주식의 예탁기관에의 예탁을 요구하고 있다. 국내 기업이 해외에서 DR을 발행할 경우에는 일단 원주를 증권예탁결제원에 DR 발행인(즉 Depository)명의로 예탁하고, 실제로 DR은 해외에서 Depository가 발행하므로 원주가 국외로 나가야 할 일은 없다. 그러나 해외원주상장의 경우에는 해외 증권시장에서 당해 국가에 소재한 예탁기관을 지정하여, 반드시 상장주식에 상응하는 주권의 예탁을 요구할 수 있기 때문에 만약 상장될 증권이 국내에 존재하고 있다면 이를 예탁목적으로 해외로 반출하여야 할 가능성이 있다.

외국환거래규정에 의하여 국내에서 발행된 유가증권인 주권 자체를 현물로 국외로 반출하고자 할 경우에는 한국은행총재의 허가 또는 관할세관장의 허가를 받아야 한다.[41] 실제로 그러한 허가를 취득하기가 극히 곤란하다는 점을 고려하면, 이 방법을 쓸 여지는 매우 적다. 따라서 미리 유가증권의 반출의 원인이 되는 자본거래의 허가 또는 신고절차를 밟은 후 이에 따라 추가적인 신고나 허가절차 없이 주권을 국외로 반출하는 것이 무난한 방법이 된다.[42] 주권의 반출 원인이 되는 자본거래란 당연히 주식의 비거주자에 대한 양도(구주매출의 경우) 또는 주식의 해외발행(신주모집의 경우)이 될 것이므로 아래에서 설명하는 외국환거래신고를 반출 전에 하면 될 것이다. 그러나 외국환거래신고가 상장 절차의 거의 막바지 단계에 이뤄지는 점을 감안하면

---

41) 외국환거래규정 제6-3조 참조.

42) 외국환거래규정 제6-2조 제1항 제7호 참조.

반출 시점을 적절히 잡거나, 아예 반출 절차를 거치지 않도록 해외에서 주권을 인쇄해야 할 것이다.[43)]

3. 기업지배구조와 관련한 문제

상법이 정하는 기업지배구조와 해외 증권시장에서 요구하는 상장요건으로서의 기업지배구조 사이의 충돌 문제는 상법이 계속적인 개정을 통하여 감사위원회 제도, 이사회 내 소위원회 제도 등 외국에서 일반화된 제도를 수용함으로써 계속 완화되고 있는 추세이지만 구체적인 사안에서는 여전히 문제될 수 있다. 예를 들어, 어떤 해외 증권시장의 상장규정이 신주의 발행을 주주총회의 결의사항으로 정한다면,[44)] 이는 신주의 발행이 이사회 결의사항인 상법과 충돌한다. 학자에 따라서는 이사회의 권한을 주주총회의 권한으로 변경하는 것은 정관의 개정을 통하여도 가능하지 않다는 견해를 취하기도 하므로[45)] 이러한 충돌은 이론적인 문제를 발생시킬 수 있는 여지가 있다. 단 기업지배구조와 관련한 구체적인 상장요건은 해외 증권시장마다 다를 것

43) 실제로는 해외 증권시장도 통일규격을 제정하여 상장회사에 강제할 가능성이 높을 것이므로 당해 국가의 인쇄소(Printer)에 주권을 인쇄하게 하고, 발행신고 후 발행절차를 밟는 것이 현실적인 방법이다. 이 경우 주권이 해외에서 유효하게 발행되기 전에 외국환거래신고를 하면 외국환거래법 위반의 문제도 없게 되리라 본다. 판례(대법원 1977. 4. 12. 76다2766 판결)와 대부분의 상법학자들은 주권을 작성하고 주주에게 교부한다는 의사로서 제3자에게 교부하면 주권이 유효하여진다는 발행시설을 따르고 있으므로(이철송, 앞의 책, 258면) 해외에서 인쇄 전에 신고를 마치거나, 인쇄 후라도 인쇄소에서 제3자에게 교부하기 전에만 신고를 하면 외국환거래법위반의 문제는 없을 것으로 생각한다.

44) 싱가포르 상장규정상의 요건이다. SGX Listing Manual Section 805 참조(http://info.sgx.com/SGXRuleb.nsf/VwCPForm_LISTING_MANUAL?OpenView).

45) 이철송, 앞의 책, 396면.

이므로, 여기서는 이 정도로만 언급하기로 한다.

4. 외국환거래 신고와 관련한 문제

(1) 유가증권의 해외발행신고

외국환거래규정은 비거주자가 국내 기업이 발행한 비상장주식을 취득할 때에는 당해 비거주자가 한국은행총재 앞으로 증권취득신고를, 국내 기업이 해외에서 유가증권을 발행한 경우에는 당해 기업이 재정경제부장관 앞으로 증권발행신고를 하도록 각 정하고 있다. 따라서 해외기업공개의 경우에는 구주매출 부분에 대하여 취득자인 비거주자가 증권취득신고를 하고, 신주모집 부분에 대하여 발행사인 국내 기업이 증권발행신고를 하여야 한다. 한편 외국인이 대한민국 법인 또는 대한민국 국민이 영위하는 기업이 발행한 의결권 있는 주식총수 또는 출자총액의 100분의 10 이상을 소유하는 것은 ―그것이 신주이든 구주이든 관계없이 ―외국인투자촉진법상의 외국인투자에 해당하여 산업자원부장관에 대한 외국인투자신고의 대상이 된다.[46] 이와 같이 비거주자가 국내의 주식을 취득하는 경우에는 3가지 종류의 외국환거래신고가 있는 셈이다.

먼저, 해외원주상장을 위해 해외의 예탁기관이 10% 이상의 주식을 취득할 경우에 당해 예탁기관으로 하여금 외국인투자신고를 하게 하는 것은 경영 목적으로 국내 기업에 투자하는 외국인을 우대하고자 하는 외국인투자신고의 취지에 전혀 맞지 않는다. 따라서 외국인투자신

46) 외국인투자촉진법(2005. 8. 4. 개정된 것) 제5조 및 제6조 참조.

고는 고려의 대상이 아니라고 생각한다. 그렇다면 외국환거래규정에 의한 증권취득신고 또는 증권발행신고를 하여야 함이 원칙인데, 현재 재정경제부는 해외원주상장의 경우 구주매출과 신주발행이 함께 발생할 경우에는 신주발행신고에 함께 신고할 것을 지도하고 있으므로, 발행사가 신주모집 부분은 물론 구주매출 부분까지 함께 증권발행신고에 포함하여 신고하여야 한다.[47] 이 경우 국내법인의 주권은 만기 1년 이상의 원화증권일 것이므로,[48] 외국환거래규정 제7-22조 제3항이 적용된다.[49] 만약 구주매출 부분만 있는 해외원주상장의 경우라면 어떻게 할 것인가? 현재로서는 적절한 해답이 없으며, 해당 경우에 외국환신고 관련기관과 협의를 해야 할 문제일 것이다.

위와 같이 발행사가 증권발행신고를 한 경우에는 그 이후의 해외증권시장에서 발생하는 주식 거래와 관련하여서는 추가적인 외국환거래신고가 필요없게 된다.[50] 단 해외의 예탁기관이 아닌 실제의 주주가 주식을 10% 이상 취득할 경우에는 외국인투자촉진법에 따라 산업자원부장관 앞으로 외국인투자신고를 하여야 할 것으로 본다. 해외의 주주에게 이러한 신고를 사전에 할 것을 기대하기는 무리이고 —실제

---

47) STX Pan Ocean의 사례이다.실제로 증권취득신고가 강제된다면, 실제의 투자자를 기준으로 하여서는 도저히 취득신고를 할 수 없으므로 ① 발행사의 주주명부에 해외집중예탁기관이 기재된다면, 해외집중예탁기관을 취득자로 ② 총액 인수를 하는 인수인이 있다면 인수인을 취득자로 각 의제하여 신고를 하는 수밖에는 없다고 생각한다.

48) 물론 주권의 액면이 원화가 아닌 외화로 기재될 수도 있을 것이나, 국내에서는 극히 드문 일이므로 외화증권일 가능성을 배제하기로 한다.

49) 외국환거래규정 제7-22조 제3항. 거주자가 이 절 제3관의 규정에 의하여 외국에서 만기(중도환매를 포함하며, 이하 이 절에서 같다) 1년 이상의 원화증권을 발행하고자 하는 경우에는 재정경제부장관에게 신고하여야 한다.

50) 외국환거래규정 제7-31조 제1항 제12호 참조.

로 신고를 하지 않아도 당해 주식 거래가 무효로 되지는 않을 것이다[51) —기본적으로 외국인투자촉진법이 외국인투자자의 국내 주식취득 절차의 간편화를 도모하기 위한 취지를 갖고 있음을 고려해 볼 때, 해외원주상장의 경우에는 동 신고를 면제하도록 법률의 개정이 필요할 것이라 생각된다.

(2) 초과배정옵션의 문제

초과배정옵션(Over-allotment Option 또는 Greenshoe Option)이란 인수인이 발행회사로부터 추가로 공모주식을 취득할 수 있는 권리(즉 옵션)를 말한다.[52) 인수인은 동 옵션을 활용하여 간접적인 시장조성의 효과를 거둘 수 있는데 그 방법은 다음과 같다. 즉, 인수인은 옵션부여자(신주모집의 경우에는 배정받은 투자자들 중에 장기 보유할 의사가 있는 투자자, 구주매출의 경우에는 대주주)로부터 주식을 차용하여(stock lending) 이를 공모 개시 때에 일반에 매도한다. 그리고 일정 기간 동안 주가가 공모가보다 상승하면 차용한 주식 전부에 관하여 옵션을 행사함으로써 주식반환의무를 면한다. 반면에 주가가 공모가보다 하락하면 주식을 차용한 수량 내에서 공모가 또는 이에 근접한 가격으로 매수하다가, 시장조성기간 종료시까지 매수하지 않고 남은 분량이 있으면 동 분량에 대하여만 옵션을 행사하여 주식반환의무를 면한다.[53)

---

51) 외국환거래법위반 거래도 사법상 효력이 부인되지 않는다는 대법원의 확립된 견해에 비춘(대법원 1975. 4. 22. 선고 72다2161 전원합의체 판결 참조) 필자의 생각이다.

52) 유가증권의 발행 및 공시 등에 관한 규정 제29조, 유가증권인수업무에 관한 규칙 제2조 제12항 참조.

53) 금융감독원은 초과배정옵션의 의미를 다음과 같이 소개하고 있다〔인수공모제도

초과배정옵션은 국내에서는 2002년 5월경 인수, 공모제도 개선시에 도입된 제도로서 아직 국내에서는 활성화된 제도로 보기 어렵지만,[54] 시장조성위험을 부담하지 않으면서 주가를 안정시키고, 발행회사에는 시장상황에 따라 신축적으로 추가자금을 조달할 수 있는 기회를 제공하는 이점이 있어 해외 증권시장의 경우에는 거의 보편화된 제도로 알려져 있다. 따라서 해외원주상장의 경우에는 거의 예외없이 인수인이 초과배정옵션을 희망할 것으로 본다. 문제는 초과배정옵션계약을 거주자인 옵션부여자와 비거주자인 옵션의 행사자(즉, 해외의 인수인) 간에 체결할 경우, 이를 거주자와 비거주자 간의 주식대차거래로 볼 수 있느냐의 여부이다. 초과배정옵션거래는 그 구조상 옵션행사자가 옵션부여자로부터 주식을 차용한다는 측면에서 주식대차거래의 형식을 취하고 있지만, 그 형식과 실질 양면에서 일반적인 주식대차거래와는 매우 다르다.[55] 따라서 필자는 초과배정옵션의 행사를 위한

개선방안마련(2002. 5. 22.자 보도자료) 참조]. 즉, 인수인은 옵션부여자로부터 동 옵션을 부여받은 상태에서 예정 공모주식수보다 많은 수의 주식을 추가로 배정한다(이른바 공매도). 공모가 완료된 후 일정 기간 동안 주가가 공모가보다 상승하면 동 옵션을 행사하여 옵션부여자로부터 신주를 취득함으로써 초과배정된 Short Position을 해소하고(즉, 옵션을 행사하여 옵션부여자로부터 취득한 주식으로 미인도분을 결제한다), 주가가 하락하면 동 옵션을 포기하고 시장에서 당해 주식을 매수하여 Short Position을 해소한다(즉, 옵션을 행사하지 않은 채 시장에서 취득한 주식으로 미인도분을 결제한다).

54) 금융감독원, 인수공모제도개선방안마련(2002. 5. 22.자 보도자료) 참조. 현재 초과배정주식수량은 공모주식수량의 15% 이내에서, 초과배정옵션의 행사일은 매매개시일로부터 30일 이후 40일 이내에서 결정되어야 하고, 초과배정옵션의 행사에 따른 신주의 발행가격은 공모가격이며 초과배정옵션을 행사하지 않고 유가증권시장에서 주식을 매수할 때는 공모가격의 90% 이상으로 매수하여야 한다. 유가증권인수업무에 관한 규칙 제10조 참조.

55) 즉, 형식적으로 보면 일반적인 '주식대차거래'란 주식대여자와 주식차용자 간에 중개기관을 통하여 주식을 대여, 차용하고 차용자가 차용대가에 따른 수수료 및 반환과 관련한 담보(담보의 가치는 Margin Call에 의하여 매일 변경된다)를 제공

주식차용을 외국환거래규정이 관할하는[56] 주식대차거래로 보기는 어렵다는 생각이며, 주식대차거래와 관련한 주무관청인 한국은행도 초과배정옵션에 관하여 이를 허가 대상인 주식대차거래로 보지는 않고 있다. 그러나 혼선을 방지하기 위하여 외국환거래규정에서 명확히 예외로 배제하여 주었으면 하는 바람이다.

5. 등기와 관련한 문제

(1) 등기신청서류

해외상장을 위하여 신주를 모집한다면 신주모집으로 인한 자본증가분에 관하여 변경등기(즉, 증자등기)를 마쳐야 한다. 규정상 신주발행으로 인한 변경등기신청을 위해서는 ① 주식의 인수를 증명하는 서면, ② 주식의 청약을 증명하는 서면, ③ 주금의 납입금보관에 관한 증명서를 등기소에 제출하여야 한다.[57] 상업등기실무상 위 ③의 서류로

하는 거래를 말한다. 증권예탁원, 앞의 책, 600면 이하. 또한 차액결제가 가능하다. 그러나 초과배정옵션의 경우에는 이러한 구조를 갖고 있지 않다. 실질적으로 보면 주식대차거래에서는 차용자는 주식의 반환시점에 주가가 하락하면 할수록 이득을 보고, 반대로 주가가 상승하면 할수록 손해를 보게 된다. 그러나 초과배정옵션의 경우에는 차용자 즉, 옵션행사자가 주가가 하락하면 오히려 하락을 방지하기 위하여 공모가 또는 이에 근접한 가격으로 주식을 매수해야 하므로 주가하락으로 인한 이득을 추구할 수 없다. 반대로 주가가 상승하면 옵션을 행사하여 주식반환의무를 면하면 되므로 역시 손해가 없다.

56) 외국환거래규정 제7-55조 제2항 참조.

57) 비송사건절차법(2005. 3. 31. 개정된 것, 이하 같음) 제205조는 이외에도 현물출자의 경우 ① 상법 제422조의 규정에 의하여 검사인이 한 조사보고서와 그 부속서류 또는 감정인의 감정서와 그 부속서류, ② 검사인의 보고에 관한 재판이 있은 때에는 그 재판의 등본을 추가로 요구하고 있다.

접수하고 있는 것은 납입금보관 금융기관이 발급하는 주금납입보관 증명서로 통일되어 있으나, 위 ①, ②에 해당하는 서류로 무엇을 접수하는가에 대하여는 등기소마다 (또는 등기관마다) 조금씩 차이를 보이고 있는 것 같다. 그러나 원칙상 주식의 인수를 증명하는 서면으로는 신주를 인수한 주주가 발급한 주식인수증, 주식의 청약을 증명하는 서면으로는 신주를 청약한 주주가 작성한 주식청약서를 제출하여야 한다고 한다.

그러나 해외에서 신주를 발행하는 경우에는 상기에 기재한 서류를 구비하기가 쉽지 않다. 먼저 주식인수증에 관하여 보면 해외에서 신주를 인수한 주주가 한국에서의 등기 절차를 위하여 주식인수증을 발급하여 줄 경우란 만무한 것이다.[58] 필자는 주식인수증은 현물출자의 경우와 같이 신주의 발행 여부를 확인하기 곤란한 경우에만 요구되는 것이 옳다고 보며,[59] 그 외의 경우에는 이를 제출할 필요는 없다고 생각한다. 주금을 납입한 것이 주금납입보관증명서로 명백히 입증되는 이상, 납입한 주주에게 실제로 신주가 발행되었는지 여부까지 국가가 확인해 주어야 할 필요는 없기 때문이다. 만약 제출해야 한다면, 인수인이 —총액인수를 하지 않는 인수인도 포함한다— 제공하여 줄 수 있는 서류, 예를 들어 주식인수확인서, 주식인수계약서(Underwriting Agreement) 또는 주식매매계약서(Purchase Agreement) 등을 제출하면 족하다고 생각한다.

주식청약과 관련된 서류도 마련하기가 쉽지 않다. 상법에 의하면

58) 단, 총액인수 방식으로 인수를 하는 인수인이 있을 경우에는 그 인수인이 최종의 주주를 대신하여 주식인수증을 발급할 수는 있을 것이나 원칙은 아니라고 생각한다.

59) 이런 견해를 취하는 분들이 많이 있다. 권혁술, 비송사건절차법, 삼조사, 2001, 275면 ; 오시창/서원석, 비송사건절차법, 예응, 2004, 430면.

이사는 주식청약서를 작성하여야 하고,주식을 인수하고자 하는 자는 이 주식청약서(다만, 신주인수권증서가 있을 경우에는 신주인수권증서)에 의하여 청약을 하여야 한다고 정하고 있다.[60] 그러나 해외에서의 일반에 의한 청약절차가 반드시 상법이 예정하는 '청약신청서'를 이용하여 행하여진다는 보장은 없다. 오히려 상법이 정하는 절차와는 매우 다를 것이라고 예상하는 것이 합리적일 것이다. 설령 해외에서도 유사한 청약신청서를 사용한다 하더라도 몇 만 명이 될 수도 있는 일반 청약신청자의 청약신청서를 다 제출하게 하는 것은 물리적으로 불가능하고 —물론 실무에서도 이를 다 제출하지는 않는다 —이에 갈음하여 청약자의 목록을 제출하는 것도 현실적이지 않으며, 청약신청 또한 사유재산권의 행사인데 등기소가 청약자 목록을 검토하는 것은 재산권 침해의 요소도 있다고 보인다. 따라서 청약신청과 관련한 서류를 요구하는 관행도 폐지되거나 좀 더 합리적인 방법으로 청약을 증명할 수 있는 서류로 대체되어야 한다. 예를 들어 해외원주상장의 경우에는 인수인에 의한 청약현황증명서[61] 등을 이용하는 것이 적절할 것으로 본다.[62]

---

60) 상법 제420조, 제425조, 제302조 제1항.

61) 권혁술, 앞의 책, 275면. 전계원 법원행정처 관리과장은 일본의 등기선례를 인용하여 주식모집의 수탁회사가 있는 경우 또는 납입을 맡은 은행 기타 금융기관이 위탁을 받아서 주식청약을 접수한 경우에는 이러한 수탁회사나 은행 등의 증명서로써 주식의 청약을 증명하는 서면으로 할 수 있으나, 이 서면에는 주식청약인의 수, 청약주식의 종류와 수를 기재한 후 증명자인 회사의 대표이사 기타 권한 있는 자가 기명날인하고 주식청약서로 사용한 용지(견본)를 첨부하여야 한다고 한다. 전계원, 이론실무 상업등기(제5판), 육법사, 2005, 1361면. 이 견해에 의하면 주식청약서를 사용하지 않는 해외 상장의 경우에는 등기가 곤란해질 것이다.

62) 나아가 해외에서 일반공모증자의 방법으로 실행하는 해외원주상장의 경우에는 국내에서 배정기준일을 공고할 필요도 없다고 본다. 배정기준일을 전후하여 주식을 취득하고자 하는 투자자도 주식의 투자가치를 판단하기 위하여 배정기준일을

(2) 주금납입보관 금융기관

일반적으로 상장절차를 마친 경우에 획득한 주식납입대금은 납입금보관기관으로 지정한 금융기관의[63] 별단계좌에 입금된다. 해외원주상장의 경우 국내에 소재한 금융기관을 주금납입기관으로 지정하는 것은 사실상 불가능하므로 1차적으로는 주금납입기관을 해외 유가증권시장에 소재한 금융기관으로 하고, 당해 금융기관으로부터 2차적으로 국내의 주금납입기관으로 송금을 받아 주금관리 별단계좌에 예치한 후 국내 금융기관으로부터 주금납입금보관증명서를 받아야 한다는 애로가 있다.[64] 이와 같이 실질적인 주주가 인식하는 납입금보관금융기관과 실제 주금납입금보관증명서를 발급하는 금융기관이 다르다는 점은 문제가 아닐 수 없다. 따라서 납입금보관금융기관을 해외의

알아야 하기 때문에 공고가 필요하다는 견해(이철송, 앞의 책, 698면)도 있으나, 해외에서 상장하는 회사라도 국내에서는 비상장회사이어서 일반인의 주식투자가 원활하지 않을 것이 일반적인 사정일 것이므로 그 공고의 실익이 적다.

63) 은행 기타 금융기관만이 납입금을 보관할 수 있는 것으로 보인다. 상법 제425조, 제318조 참조.

64) 국내의 금융기관만이 주금을 납입받을 수 있는가에 대하여는 명확하지 않지만, 등기관서에서는 해외의 은행 또는 금융기관이 발급한 주금납입보관 증명서류를 접수하지 않고 있다(외국은행이라도 국내에서 외국영업소 등기를 한 은행이라면 상관없다는 견해가 있다. 전계원, 앞의 책, 1362면. 그러나 이때 주금납입증명서를 동 은행이 국내에 설치한 외국영업소가 발행하여야 한다는 취지라면 이 견해는 실무상 별로 도움이 되지 않는다). 따라서 주금납입보관증명서를 발급받기 위해서는 어차피 국내의 금융기관을 주금납입보관금융기관으로 선정하여야 한다. 한편 국내 금융기관의 해외지점이 해외에서 주금을 납입받은 후, 이를 근거로 당해 금융기관의 국내 영업소에서 주금납입보관증명서를 발급하는 것도 상정해 볼 수 있으나, 해외 증권시장에 따라서는 국내은행의 해외지점에 현지에서의 주금납입은행으로서의 자격을 부여하고 있지 않은 경우도 있으므로 이 경우에는 본문에서 언급한 것과 같이 송금이 불가피하게 된다.

공신력 있는 금융기관으로 확대하고, 주금납입보관증명서도 이에 갈음할 만한 영문서류까지 인정하는 것으로 관행을 확대하였으면 한다.

한편 현재의 등기실무는 납입금보관증명서의 외화 기재를 허용하며, 단 등록세 산정문제 때문에 납입금보관증명서 발급일 당시의 환율을 기재하는 것만을 요구하고 있기 때문에, 주금을 외화로 받는 것에 따르는 문제는 없다.

6. 공시와 관련한 문제

해외에서 기업공개를 하는 국내의 발행사에 대하여는 증권거래법의 적용이 없고, 따라서 국내 기업이 해외에서 증권을 발행할 경우에는 국내 금융감독기관에 증권거래법 제8조 제1항에 정한 유가증권신고를 할 필요가 없다는 점에 대해서는 거의 이론의 여지가 없는 듯 하다.[65] 모집 또는 매출절차를 동반한 해외원주상장의 경우에 있어서도 주식회사 두루넷, STX Pan Ocean 주식회사 등의 사례에서 국내에 유가증권 신고를 하지 않음으로써 이러한 관행은 실무상으로 확인되었다. 그러나 국내 발행사의 해외(원주)상장은 국내에서도 관심 있는 뉴스로 다뤄질 뿐만 아니라 국내의 투자자도 해외의 유가증권에 투자할 수 있기 때문에, 자칫하면 해외상장을 위한 절차 도중에 국내투자자의 관심을 유도할 만한 상황이 올 수도 있다. 따라서 금융당국이 향후에도 주식의 해외발행에 대하여는 무조건 국내에서 유가증권신고를 할 필요가 없다는 태도를 견지할 것인지는 의문시되는 면이 있다.[66]

---

65) 김건식, 앞의 책, 497면.

66) 대법원은 상장회사가 해외에서 해외투자자를 상대로 전환사채를 공모함에 있어

장기적으로는 미국의 Regulation S와 같은 기준을 정하여 해외발행과 국내발행을 명확히 구분해야 할 것으로 본다.[67]

한편 비상장법인은 국내에서 공시의무를 지지 아니하나, 금융기관 등은 당해 금융업을 감독하는 업무규정에 따라 별도의 공시를 하여야 할 의무가 있고,[68] 독점규제 및 공정거래에 관한 법률에 의거 2005. 4. 1.부터 상호출자제한기업집단에 속하는 비상장회사만큼은 중요사항을 공시해야 하므로 이를 유의하여야 할 필요가 있다.[69]

7. 세법상의 문제

(1) 구주매출시의 증권거래세 문제

해외 증권시장에 상장된 주식의 거래로부터 발생하는 양도차익에 대하여는 —해외 증권시장을 관할하는 국가가 부과하는 조세는 별

서 내국인이 최초 인수자인 해외투자자로부터 재매수하기로 하는 이면계약을 별도로 체결하였다 할지라도, 증권거래법 제8조 제1항에 의한 유가증권발행신고서 제출의무는 국내 발행시장에서 모집에 응하는 투자자를 보호하기 위한 것임에 비추어 볼 때, 국내 투자자가 유통시장에서 그 이면약정에 따라 이를 다시 인수하였는지 여부를 불문하고 해외에서 발행된 전환사채에 대하여는 증권거래법 제8조 제1항에 의한 유가증권발행신고서 제출의무가 인정되지 아니한다고 판시하여, 사실상 국내투자자를 겨냥한 해외증권공모의 경우에도 유가증권발행신고서 제출의무는 없다고 판시한다(대법원 2004. 6. 17. 선고 2003도7645 전원합의체 판결). 이 판결을 다른 종류의 증권에도 일반화할 수 있을지는 알 수 없지만, 개인적으로 판례의 태도에 반대한다.

67) 석광현, 국제사법과 국제소송 제1권, 박영사, 2001, 626면.

68) 은행업감독규정(2005. 6. 29. 개정된 것) 제41조, 증권업감독규정(2005. 6. 24. 개정된 것) 제2-70조 등 참조.

69) 자세한 내용은 비상장회사 등의 중요사항공시에 관한 규정(2005. 4. 4. 개정된 것) 참조.

론으로 하고 ―국내에서 비과세된다.[70] 따라서 해외원주상장과 관련한 거래세로는 증권거래세만 부과될 수 있고, 그것도 구주매출의 방식과 함께 상장할 경우에만 부과될 수 있다.[71] 현행 증권거래세법은 구주매출 방식에 의한 해외원주상장에 따르는 증권거래세 부과를 면제하기 위하여 "외국 유가증권 시장에 상장된 주권을 양도하는 경우 및 외국 유가증권 시장에 주권을 상장하기 위하여 증권거래법 제2조 제7항의 규정에 의한 인수인에게 주권을 양도하는 경우"를 증권거래세의 면제사유로 정하고 있다.[72]

그런데 "외국 유가증권 시장에 상장된 주권을 양도하는 경우"의 해석과 관련하여서는 특별한 문제가 없으나, "외국 유가증권 시장에 주권을 상장하기 위하여 증권거래법 제2조 제7항의 규정에 의한 인수인에게 주권을 양도하는 경우"와 관련하여서는 '증권거래법 제2조 제7항'의 규정이라는 문구가 사족(蛇足)처럼 붙어 있음으로 인하여 해석상 문제가 발생한다. 즉, 해외 증권시장에서 기업공개를 하기 위하여는 대부분 해당 국가의 법률에 의하여 인수인의 자격을 취득한 외국증권회사를 고용하여 인수업무를 위탁할 터인데, 이들이 국내 증권거래법상 인수인의 자격 또한 취득한 자일 가능성은 거의 없다. 그런데 만약 "증권거래법 제2조 제7항의 인수인"을 "국내 증권거래법상의 인수인 자격을 취득한 자"로 제한적으로 해석하면, 해외 증권시장에 상장하기 위하여 외국증권회사에게 주권을 양도할 경우 이 조항에 의거 증권거래세를 면제받을 가능성은 거의 없을 것이다. 따라서 "증권거래법 제2조 제7항의 인수인"은 "국내 증권거래법 제2조 제7항의 인수인

70) 조세특례제한법(2005. 8. 4. 개정된 것) 제21조 제3항 참조.

71) 신주를 모집하는 경우에는 증권거래세가 부과되지 않는다.

72) 증권거래세법(2004. 12. 31. 개정된 것) 제1조 참조.

에 상응하는 업무를 행하는 외국의 인수인"을 의미하는 것으로 이해해야 할 것이다. 그렇지 않다면 모처럼 해외원주상장을 지원하기 위하여 개정된 증권거래세법이 막상 실무에서는 무용한 규정이 되어 버리기 때문이다.

(2) 상장주식에 관한 상속, 증여세

해외 증권시장에 상장된 주식이 유상 양도될 경우 국내의 거래세—즉 양도소득세와 증권거래세—가 면세되는 경우와 대조적으로, 동 주식이 무상 양도될 경우 즉, 상속 또는 증여되는 경우에는 국내법에 의한 상속, 증여세가 과세된다.[73] 동 조항의 타당성 여부와 관계없이, 해외에서 상장된 주식에 관한 한 상속세 또는 증여세의 실효성 있는 과세와 그 집행이 거의 불가능할 것이다. 개인적으로는 해외에 상장된 주식을 무상 양도하는 경우도 과세대상에서 제외하는 것이 낫지 않을까 생각한다.

IV. 결어

이상과 같이 해외원주상장과 관련한 개략적인 국내법상의 문제점

73) 상속세 및 증여세법(2005. 7. 13. 개정된 것) 제1조 제1항 제2호와 제2조 제1항 제2호에 의거, 국내 재산의 상속 및 증여의 경우에도 상속증여세가 부과되는데, 동법 제5조 제1항 제6호에 의거 주식의 소재지는 상장 여부에 관계없이 발행사의 본점 또는 주된 사무소의 소재지에 의하여 결정되므로, 국내 법인이 발행한 모든 주식은 그 주권의 소재에 관계없이 국내의 상속증여재산이 되기 때문이다.

을 짚어 보았다. 이 글을 맺으면서 부족한 내용에 붙여 다음과 같이 몇 가지 당부를 더하고자 한다.

이 글은 특정 해외 증권시장을 염두에 둔 것이 아니라, 일반적인 해외원주상장의 경우 공통적으로 나타날 수 있는 문제만을 추려서 작성한 것이기 때문에, 실제 해외원주상장의 실무를 다룰 경우에는 이 글에서 다룬 문제점보다 더욱 많은 문제에 직면할 수 있을 것이다. 또한 이 글은 실무를 주제로 한 논문이지, 실무지침서가 아니다. 즉, 필자 개인의 입장에서 사견이 추가되어 작성된 것이므로, 실제 해외원주상장의 업무에 관여하는 법무법인 내지는 관계 당국의 입장이나 견해가 이 글과 다를 여지도 분명히 있는 것이다.

한편 이 글의 목적이 국내 법인의 해외원주상장을 권고하거나, 국내 증권시장의 문제를 지적하기 위하여 작성된 글로 이해되지 않기를 바란다. 이 글에서 일부 지적한 국내 증권시장의 문제에도 불구하고, 아직도 많은 국내 기업이 여전히 국내에서 기업공개를 우선적으로 시도하는 것은 해외(원주)상장이 상당히 어려운 일임을 간접적으로 암시한다. 이 글의 목적은 국내 기업의 해외원주상장과 관련한 국내법의 제도적 제약을 소개함으로써 이러한 제도적 제약이 해소되어야 함을 시사하는 데 있을 뿐이다.

제6장 외화매출채권, 받을어음의 금융*

박수만**

6

I. 서론

1. '외화매출채권, 받을어음'의 개념

(1) '외화매출채권이나 받을어음'이라는 용어는 우리나라의 법률이나 규정에서 사용되는 용어는 아니나 대체로 물품의 매각, 대여, 용역제공 등의 대가로 받을 외화표시 금전채권 및 이러한 채권을 표창하는 약속어음이나 환어음 등을 의미하는 것으로 일반적으로 이해되고 있다고 보아도 무리는 없을 것이다. 이들 외화표시 채권이나 어음은 외국환거래법 제3조 제1항 제11호의 '외국환'에 해당한다.

---

* 이 논문은 BFL 제16호(2006. 3)에 게재되었다.
** 김 · 장법률사무소 변호사

(2) 이하에서 논의되는 내용은 주로 상거래 특히 국제무역 또는 용역거래에서 발생하는 채권에 관한 것이지만 상당부분은 대출채권 등 금융거래와 같은 자본거래에서 발생한 채권 · 어음 등의 매각에도 적용될 수 있으리라고 생각한다.

2. 외국법제하에서의 유사개념

(1) 미국 통일상법전에서는 이와 유사한 의미로 "account receivable" 용어를 사용하고 있는데 제9-106조에서 그 의미를 "any right to payment for goods sold or leased or for services rendered which is not evidenced by an instrument or chattel paper, whether or not it has been earned by performance" 라고 정의하고 있다. 이와 유사한 용어로서 영국법제에서 사용되고 있는 것으로는 'receivables' 와 'book debts' 가 있는데 'receivables' 는 금융계에서 쓰는 용어이고 'book debts' 는 회계용어라는 차이는 있으나 이들 용어는 실질적으로 같은 의미라는 캐나다 Alberta Supreme court의 판결이 있다.[1] 그러나 특히 영국에서는 'book debts' 기업의 통상의 영업과정에서 취득하게 되는 채권으로서 기업의 장부에 기록되어야 하며 그 위에 담보권(charge)을 설정하기 위하여서는 회사등기부에 등록하여야 하는 사항[2]을 의미하는 것으로 좁게 해석되고 있고 'receivables' 란 이러한 book debts를 포함하여 모든 거래로 인하여 취득하는 금전채권으로서 기업의 거래의 형태 여하나 기업의 장부에 기재되어 있는지 여부를 불문하는 것으로 해석하는 경우가

1) Bank of Nova Scotia v. Royal Bank of Canada (1975) 59 D.L.R. (3d) 107 at 119.

2) 영국 Companies Act 1985, s. 396(1)(c).

많은 것 같다.[3] 예컨대 은행에 대한 예금채권이 book debt이냐 아니냐는 예금주의 영업성격에 의하여 결정될 것인데 예금주가 금전의 융통, 투자를 영업으로 하는 기업이라면 book debt이고 예금주가 이러한 금융업무를 영업으로 하는 것이 아닌 경우에는 book debt가 아니라고 한다.[4] "book debts and other debts"라고 할 때의 "other debts"에 비금융기관의 예금채권이 포함되느냐 하는 문제에 관하여 이러한 예금채권은 "cash at bank"이지 "other debts"에 해당하지 않는다고 판결한 예도 있다.[5] 이와 같이 영국법제에서는 'book debts' 'other debts' 또는 'receivables' 개념이 구별되고 있고 담보제공에 관하여 Company Registry에 등록이 필요한지 여부 등 취급이 달라지므로 특히 영국법제의 기업이나 금융기관과 거래를 할 때에는 용어 선택에 유의할 필요가 있다.

(2) 우리나라에서 통상 사용되고 있는 '매출채권'과 '받을어음'에 대응하는 용어로서 영국법제에서 사용되고 있는 것이 "pure receivables" 또는 "contract debts"와 "documentary receivables"이다. Pure receivables나 contract debts는 전술한 미국 통일 상법전의 account receivables와 유사하게 물품, 용역제공의 대가로 받은 금전채권으로서 다른 증서에 의하여 표창되지 않은 것을 의미하고, 이러한 금전채권을 표창하는 다른 증서가 있을 경우에 그 증서상에 표창된(imbodied;

3) Fidelis Oditah, Legal Aspects of Receivables Financing, 1991, 19면 이하 참조.
4) Re Brightlife [1987] Ch.200 ; Re Permanent Houses (Holdings) Ltd. [1988] B.C.L.C. 563.
5) Re Brightlife [1987] Ch.200 ; cf. Watson v. Parapara Coal Co. [1915] 17 G.L.R. 791은 반대로 "other debts"를 넓게 해석함.

represented) 권리를 documentary receivables라 한다. 여기에서 '표창'이라 함은 약속어음, 환어음 등과 같이 채권이 증서에 화체된 것, 즉 증서의 교부나 배서 및 교부에 의하여 채권이 이전되고 증서의 선의취득자는 원인거래에 기인한 항변으로부터 단절되는 등의 유통성이 보장된 것을 의미한다. 따라서 채권을 증명하는 수단인 문서에 불과한 예금증서 등은 채권을 표창하는 증서가 아니다. 다만, 양도성 예금증서의 경우 그 성격은 확실하지 않으나 영국에서는 유가증권으로서의 유통성을 인정하고 금융기관이 보유하는 양도성 예금증서는 documentary receivable로 인정하고 있는 것 같다.[6]

그런데 이러한 증서가 발행되는 경우는 원인거래상의 채권의 지급을 담보하기 위하여 발행되는 경우, 지급에 갈음하여 발행되는 경우 및 지급을 위하여 발행되는 경우의 3가지로 나눌 수 있는데, 엄격히 말하자면 지급을 담보하기 위하여 발행된 환어음이나 약속어음의 경우에는 원인거래상의 채권에 종속되는 것이므로 documentary receivables가 아니라 pure receivables에 해당하고, 지급에 갈음하여 발행된 환어음이나 약속어음의 경우에는 원인관계가 완전히 소멸하여 버리므로 receivables에 해당하지 않는다고 하고, 원인채권과 환어음이나 약속어음의 두 채권이 병존하면서 둘 중 어느 하나가 먼저 지급되면 다른 채권도 소멸하게 되는 경우 즉 지급을 위하여 발행된 환어음과 약속어음이 documentary receivables에 해당한다고 한다.[7] 그러나 우

6) 영국 Finance Act 1968, s. 55(3) : A certificate of deposit means a document relating to money, in any currency, which has been deposited with the issuer or some other person, being a document which recognizes an obligation to pay a stated amount to bearer or to order, and being a document by delivery of which, with or without endorsement, the right to receive that stated amount, with or without interest, is transferable.

7) Oditah, 앞의 책, 25면 이하.

리나라 법상으로는 환어음이나 약속어음의 매입이나 담보취득과 관련하여 지급에 갈음하여 발행된 경우와 지급을 위하여 발행된 경우를 구별할 실익은 없다고 생각된다. 또한 환어음이나 약속어음의 경우 선의의 제3취득자는 어음법에 의한 강한 보호를 받게 되어 있으므로,[8] 적어도 환어음이나 약속어음의 매입과 관련하여서는 지급을 담보하기 위하여 발행된 경우라 하더라도 취득자에게 선의를 입증해야 할 사실상의 부담이 있다는 점 이외에는 다른 경우와 구별할 실익은 없을 것으로 생각된다.

(3) future, potential and contingent receivables : 이러한 개념의 구별은 영국법상 consideration(약인)의 필요 여부 및 채권양도의 효력에 관한 기타의 조건 즉 Law of Property Act 1925, s.136(1)에 의한 조건의 적용 여부 및 담보제공시 등록을 요하는가 여부 등과 관련하여 중요한 의미가 있다고 한다. 예컨대 현존하는 매출채권(present receivables)의 양도는 deed 형식으로 이루어지는 경우에는 consideration을 필요로 하지 않지만, 장래 발생할 매출채권(future receivables)은 당사자 사이에서만 효력이 있고 deed 형식으로 이루어지는 경우에도 반드시 consideration이 있어야 한다. 또한 book debts의 경우에는 현존하는 것이든 장래의 것이든 불문하고 등록함으로써 담보권을 설정할 수 있지만 불확정우발채권(contingent receivables)의 경우에는 등록이 불가능하다. 따라서 특히 future receivables와 contingent receivables의 구별이 중요한데 future

8) 어음법 제17조 및 제77조 : 환어음(또는 약속어음)에 의하여 청구를 받은 자는 발행인 또는 종전의 소지인에 대한 인적관계로 인한 항변으로써 소지인에게 대항하지 못한다. 그러나 소지인이 그 채무자를 해할 것을 알고 어음을 취득한 경우에는 그러하지 아니하다.

receivables는 아직 현존한 것은 아니지만 계속적으로 영업을 영위하고 있는 기업의 속성상 장래에 체결하게 될 계약으로부터 발생할 것이 예상되는 채권을 의미하고, contingent receivables란 채권의 발생 여부가 장래 발생할지 여부가 불확정한 일정한 조건의 성취 여부에 달려 있는 것을 말한다. 따라서 장래 발생할 것이 확실한 조건에 달려 있는 채권은 contingent receivables가 아니다. 우리나라의 경우 future receivables에 해당하는 것으로서는 장래 영업과정에서 취득하게 될 매출채권을 생각할 수 있고, contingent receivables는 우리나라의 조건부 채권에 해당하는 것으로 생각할 수 있는데 조건이 성취하기 전이라도 일종의 재산권으로서 재산적 가치가 있는 것으로서 보호하고 있다.[9]

3. 외화매출채권, 받을어음을 대상으로 하는 금융의 유형

크게 보아 외화매출채권, 받을어음을 대상으로 하는 금융은 다음의 3가지로 나누어 볼 수 있다. 첫째는 매출채권이나 받을어음의 양도에 의한 기존채무의 변제이다(outright assignment). 둘째는 매출채권이나 받을어음의 할인매입에 의한 금융의 제공이다(discounting). 셋째는 외화매출채권이나 받을어음을 담보로 하는 대출(loan against receivables)이다. 이와 관련하여 위 3가지 방법의 변형으로서 실제로 많이 이용되고 있거나 앞으로 이용될 가능성이 많이 있는 것으로서 논의되고 있는 것은 소위 securitisation과 syndication loan에 대한 참여지분의 매각(소위 asset sale)방법으로서의 subparticipation, assignment 및 novation이다.

9) 민법 제150조, 채무자회생 및 파산에 관한 법률 제138조 및 제 427조 참조.

II. Outright Assignment에 의한 금융—매출채권, 받을어음에 의한 대물변제

1. 서

Outright assignment에 의한 금융은 그 실질에 있어서는 일단 고객에 대하여 은행의 대출채권이 발생한 후 고객이 다른 채무자에 대하여 갖고 있는 매출채권이나 받을어음의 양도에 의하여 변제가 된 것으로 간주하는 방법이다. 아래에서 자세히 검토해 보기로 한다.

2. 대물변제로서의 채권, 어음의 양도

(1) 우리나라 민법 제466조는 "채무자가 채권자의 승낙을 얻어 본래의 채무이행에 갈음하여 다른 급여를 한 때에는 변제와 같은 효력이 있다"고 규정하고 있다. 여기에서 "다른 급여"라 함은 제3채무자에 대하여 채무자가 가지고 있는 채권이나 어음의 양도를 포함함은 물론이다. 실무적으로는 채권자인 은행과 채무자인 고객 사이에서 이러한 채권에 의한 대물변제가 이루어지는 경우는 정상적인 상황하에서는 많지 않은 것 같으나 채무자인 고객이 도산하였다는 등의 사유로 정상적인 방법으로 채권을 회수하기가 곤란한 경우에 최후의 채권회수 수단으로서 채권의 압류 및 전부명령제도를 많이 이용하고 있다. 따라서 은행의 고객의 신용도가 극히 악화된 경우에는 고객이 가지고 있는 외화매출채권, 어음에 의한 대물변제의 활용을 신중히 고려해 볼 필요가 있다. 현실적으로는 고객이 완전도산에 빠지기 전에는 사실상 고객의 협력을 강제할 수 있으므로 은행의 고객에 대한 채권을

그대로 유지하고 고객의 제3자에 대한 채권을 담보로 취득하는 경우가 많은 것 같다. 그러나 그러다가 고객에 대한 채무자회생절차가 개시되면 은행은 고객에 대한 채권을 회생담보권으로 신고하여야 하고 고객에 대한 채권과 담보권행사를 제한받게 되므로 경우에 따라서는 채권에 의한 대물변제 방법을 취하는 것이 보다 유리할 수도 있다. 영국법상으로는 담보목적으로 채권을 양수받는 경우에는 Company Registry에 등록하여야 하고 등록을 하지 않는 담보권 취득은 무효이므로 채권의 양수가 담보목적을 위한 것인지 기존 채무의 변제를 위한 것인지, 여부를 명확히 할 필요가 크다. 그런데 실제에 있어서는 채권, 어음의 양도 후 고객에 현금자산이 생기게 될 경우에 대비하여 은행들은 매출채권, 받을어음을 담보목적으로 취득한 것인지 여부를 명확히 하지 않는 경우가 많이 있는 것 같다.

(2) 그런데 국제거래에 있어서 매출채권, 받을어음의 양도에 의한 대물변제와 관련하여 외국환거래법 규정상 유의하여야 할 사항이 있다. 즉 이러한 대물변제가 채권자인 외국환은행의 외국환 포지션에 미치는 영향이다. 외국환거래규정 제2-9조는 외국환은행의 외국환매입초과포지션과 매각초과포지션에 관하여 규율하고 있다. 그런데 은행의 고객에 대한 채권이 원화채권인 경우에는 대물변제에 의하여 원화채권이 소멸하게 되므로 그 결과 은행의 외화자산은 늘어나고 원화자산은 줄어들게 되므로 결과적으로 은행의 외국환매입초과포지션에 영향을 미치게 될 것이다.

(3) 이러한 채권 또는 어음의 양도가 일정한 거래와 관련하여 장래 발생할 일련의 채권 또는 어음을 목적으로 하는 것일 때에는 특히 회

전한도여신거래 등에서 효용이 높다고 할 수 있다.[10)]

3. 프로젝트 금융에 있어서의 Production Payments

(1) 프로젝트 금융에 있어서의 production payments는 outright assignment에 의한 금융조달의 대표적인 예라고 할 수 있다. production payments란 프로젝트 금융에 있어서 차주가 대주에 대한 채무의 변제를 위하여 프로젝트 수행의 결과 생산하게 될 원유, 가스 등의 자원 또는 그 판매대전을 양도하는 것을 말한다.

(2) 원유, 가스 등의 자원 또는 그 판매대권의 양도계약은 자원개발 완료에 앞서서 체결될 것인데, 이러한 생산자원의 양도의 효과가 언제 발생하는 것으로 보아야 할 것인지는 반드시 판단하기 쉬운 문제는 아니다. 현실적으로는 자원이 생산되거나 판매대권이 발생한 후에 비로소 양도의 목적물이 존재하는 것이므로 그 시점에서 비로소 양도의 효력이 발생하는 것으로 보게 될 가능성이 많은데 이렇게 되면 양도의 효력발생 전에 차주가 도산하게 되는 경우에 양도의 효력을 파산관재인이나 다른 채권자 등 이해관계인에 대하여 주장할 수 없게 된다는 문제가 있다. 그렇다고 하여 양도의 효력을 자원개발 완료 전에 계약체결시에 발생한다고 하면, 채무변제의 효과도 즉시 발생하게 될 것이므로 차주로서는 소위 "off-balance sheet debt"로서의 효과를 기대할 수는 있겠으나 대주는 여전히 자원개발 실패의 위험과 forward

10) 집합채권에 관한 후의 논의 참조.

purchase agreement에 관한 차주 측의 신용위험을 부담하여야 한다는 문제점이 있다. 따라서 대주로서는 이러한 양도를 대물변제가 아닌 담보목적을 위한 것으로 구성하는 것을 보다 선호하게 되는데 여기에 순수한 project financing의 어려움이 있다.

4. 기성공사대금채권의 양도

특히 건설공사에 있어서 시공업체는 은행의 회전한도여신을 이용하는 경우가 많은데 이 경우 시공업체는 발주처에 대한 기성채권을 은행에게 양도하고 공사의 완성을 담보하는 performance bond를 제공하며 발주처에 대하여는 기성대전을 은행에게 지급하는 경우에는 시공업체에 대한 기성대전지급의무를 이행한 것으로 간주한다는 내용의 금융거래구조를 채택하는 경우가 많이 있다. 이러한 경우 기성채권의 양도와 관련하여 담보목적을 위한 것으로 보아야 할 것인지 아니면 은행에 대한 채무의 변제를 위한 것으로 보아야 할 것인지 여부가 문제된다. 이 점에 관한 영국의 판례는 대체로 담보목적을 위한 것으로 보아야 한다는 입장을 취하고 있는 것 같다.[11)] 그러나 최근 들어서 off-balance sheet financing에 대한 관심이 고조되면서,[12)] 기존의 대출금의 상환을 위한 것이라는 이유만으로 이러한 경우의 양도를 반드시 담보를 목적으로 하는 것이라고 할 수는 없고 대물변제를 위한 것은 아닌지 좀 더 따져보아야 한다는 견해도 강력하게 제시되고 있다.[13)] 따라서

11) Re Kent and Sussex Sawmills Ltd., [1947] Ch. 177 ; Re Row Dal Constructions Pty. Ltd., [1966] V.R.249.

12) Glynis Jones, "off-Balance Sheet Financing," 4 Co. Law Digest 62 at 63 (1986).

13) Oditah, 앞의 책, 80면.

추후 구체적인 사안에 있어서는 은행과 차주의 이해가 반드시 동일하지는 않으므로, 협상단계와 계약단계에서 기성채권 양도의 법적성격을 명확히 하여 두는 것이 보다 중요해질 것으로 생각된다.

III. Discounting—매출채권, 받을어음의 할인매입

1. 서

(1) 외화매출채권, 받을어음의 매입거래의 가장 전형적인 예는 은행창구에서 흔히 이루어지는 수출화환어음의 네고거래이다. 수출화환어음의 네고의 법적 성격에 관하여는 i) 수출화환어음 내지 동 어음 및 선적서류에 의하여 표창되는 물품이나 수출대금 채권을 담보로 하는 추심전 대출로 보아야 한다는 견해와 ii) 수출화환어음에 수반하는 선적서류에 의하여 표창되는 물품의 매매로 보아야 한다는 견해도 있을 수 있으나 국내은행들이 사용하고 있는 수출거래 약정서와 회계처리실무 등을 고려할 때 iii) 수출화환 어음의 네고는 수출화환어음 및 이에 수반하는 선적서류의 매입으로 보는 것이 타당할 것으로 생각한다. 일반적으로 이러한 채권, 어음의 매입금융은 기업의 운전자금조달을 위한 단기금융수단으로 이용되고 있으며 매입대상이 향후 장기간에 걸쳐 발생할 일련의 채권, 어음인 경우에도 장기금융수단으로 이용되는 예는 드문 것 같다. 장기금융을 위하여서는 채권, 어음의 할인, 매입보다는 채권, 어음 등을 담보로 하는 대출로 구성하는 경우가 많은 것 같은데, 이는 단기금융의 여신심사에 있어서는 유동성(liquidity)이 주된 요소로 간주됨에 반하여 장기금융에 있어서는 기업의 수익

성, 건전성(profitability)이 보다 중요한 요소로 간주되기 때문이 아닌가 생각된다.

(2) 이러한 채권, 어음의 매입을 전문으로 하는 기관들이 최근에 발달하고 있는데 그중 중요한 것이 forfaiting과 국제 factoring이다. forfaiting은 불어의 à forfait에서 유래한 말로서 재화와 용역거래 특히 6개월 내지 10년의 자본재 수출거래에 관한 연불환어음이나 약속어음을 without recourse로 고정금리로 할인매입하는 것을 말하는데 대상 어음의 지급의무자가 forfaiter가 인정하는 일류기업이 아닌 경우에는 은행의 지급보증이나 aval을 요구하며 대상 어음은 미달러화, 독일마르크화와 스위스프랑 표시에 한한다고 한다.[14] factoring은 고객이 보유하는 외상매출채권을 팩토링회사가 일괄양도받는 조건으로 계약을 체결한 후 채무자에 관한 신용조사 및 신용인수위험, 양도받는 채권 금액범위 내에서의 금융제공, 매출채권의 관리 및 대금회수 기타 사무처리대행 등을 제공하는 금융서비스로서 forfaiting과 유사하나 주로 자본재가 아닌 소비재의 금융에 이용된다는 점이 다르다. 국제팩터들의 기구로서 International Factors' Group(IFG), Factors Chain International (FCI), Hellers Group 등이 있는데 member들 간에 적용되는 Code of International Factoring Customs와 Rules of Arbitration을 제정하여 운용하고 있다고 한다.[15] 이 글에서는 이들 금융상품의 소개를 목적으로

14) 한국외환은행 국제투자부, 종합금융II, 1988, 252면 이하 및 김한수 외, 국제투자금융, 1992, 471면 이하 ; 또한 김종욱, 무역금융론, 1986, 250면 이하에 상당히 자세하게 설명되어 있다.

15) 보다 상세한 내용은 한국외환은행 국제투자부, 앞의 책, 271면 이하 및 김한수 외, 앞의 책, 462면 참조.

하는 것이 아니고, 이들 금융상품들의 법적 구조도 다른 일반 채권, 어음의 할인매입거래와 크게 다를 것이 없으므로 forfaiting과 factoring에 관하여 더 이상 자세한 논의는 하지 않기로 한다.

(3) 채권, 어음의 할인, 매입계약서의 구성을 보면 예컨대 Note Purchase Agreement와 같이 양도 거래의 기본구조를 정하는 master agreement(또는 whole-turnover agreement라고도 한다)와 개별어음 등의 양도에 관한 Note Assignment와 같이 개별 증서, 채권의 이전에 관한 disposal instrument들로 2원화되어 있는데 이는 연혁적으로 인지세를 절약하기 위한 목적(우리나라에서는 1991년 12월 27일자 인지세법 개정이후 인지세는 부과되지 않음)과 채권, 어음 등의 양도발효일자를 보다 명확히 하기 위한 목적에서 비롯된 것으로 생각된다.[16)]

2. 매출채권 할인매입의 대항요건

(1) 연불조건의 수출이나 용역거래에 있어서 환어음이나 약속어음이 발행된 경우에는, 이러한 환어음이나 약속어음을 배서, 양도함으로써 해외의 채무자에 대한 채권이 확실히 이전하므로 별도로 해외의 채무자에 대한 대항요건이 문제될 것은 없다. 다만 약속어음의 경우에는 약속어음의 양도시 발행인에게 통지할 것을 요건으로 하는 경우가 있는데, 이러한 경우 약속어음의 양도로써 약속어음의 발행인에게 대항할 수 있기 위해서는 발행인에게 통지하여야 할 것이다. 그러나

16) 후술하는 3.(3)참조.

환어음이나 약속어음이 발행되지 않은 경우의 채권 매입의 경우 이러한 채권의 매입을 해외의 채무자에 대하여 대항할 수 있기 위하여는 통지, 승낙 등의 요건을 갖추어야 한다. 이러한 대항요건을 판단함에 있어서 적용하여야 할 법률은 법정지의 섭외사법에 의하여 판단하여야 할 것인데, 원인계약의 준거법 또는 채무자의 주소지법의 둘 중 하나가 되지 않을까 생각된다. 이와 관련하여 우리나라 국제사법 제34조는 채권의 양도인과 양수인 간의 법률관계는 당사자 간의 계약의 준거법에 의하며 채권의 양도가능성, 채무자 및 제3자에 대한 채권양도의 효력은 양도되는 채권의 준거법에 의한다고 규정하고 있다. 채무자에 대한 대항요건에 관하여 우리나라 민법 제450조 제1항은 지명채권의 양도는 양도인이 채무자에게 통지하거나 채무자가 승낙하지 아니하면 채무자 기타 제3자에게 대항하지 못한다고 규정하고 있다. 따라서 채무자에 대한 통지나 채무자로부터의 승낙이 없는 채권양도계약은 당사자 사이에서는 유효하지만 채무자나 그 밖의 제3자에 대하여는 아무 대항력이 없다. 또한 우리나라 민법 제450조 제2항은 전항의 통지와 승낙은 확정일자 있는 증서에 의하지 아니하면 채무자 이외의 제3자에게 대항하지 못한다고 규정하고 있으므로 채무자로부터 채권을 2중으로 양수한 양수인이나 담보취득자나 압류 및 전부명령 취득자 등과의 우선순위는 채무자에 대한 통지와 승낙에 관한 확정일자 있는 증서의 선후에 의하여 결정하게 된다.

(2) 영국법에도 이와 유사한 구별이 있는데 소위 legal assignment(또는 absolute assignment라고도 함)와 equitable assignment의 구별이 그것이다. 즉 영국의 Law of Property Act 1925, section136(1)은 'any absolute assignment by writing under the hand of the assignor(not purporting to be by

way of charge only) of any debt or other legal thing in action, of which express notice in writing has been given to the debtor, trustee or other person from whom the assignor would have been entitled to claim such debt or thing in action, is effectual in law (subject to equities having priority over the right of the assignee) to pass and transfer from the date of such notice : (a) the legal right to such debt or thing in action; (b) all legal and other remedies for the same ; and (c) the power to give a good discharge for the same without the concurrence of the assignor..." 라고 되어 있는데 위 요건을 만족하는 것이 legal assignment이고 그렇지 못한 것이 equitable assignment이다.

(3) 그러나 현실적으로 은행들이 거래를 할 때에는 해외의 채무자에 대하여 통지를 하지 않는 경우가 많은 것 같다. 그 이유로서는 고객이 그러한 통지를 원하지 않는 경우가 많다는 점 이외에도 해외로부터의 송금은 반드시 은행을 통하도록 되어 있으므로 따로 통지를 할 필요성이 크지 않고, 은행은 매입거래를 함에 있어서 당사자 간의 관계에 말려들어 가는 것을 원치 않고 또한 사실상 해외채무자의 신용에 의지하기보다는 고객의 신용에 의지하고 있다(매입어음부도시 고객의 환매의무)는 점 등을 들 수 있을 것이다.

(4) 위 (1)에서 언급한 민법상의 대항요건에 대한 중대한 예외가 자산유동화에 관한 법률에 의한 자산유동화를 위한 양도등록이다. 즉 동법에 의한 자산유동화계획에 따라 채권의 양도, 신탁 또는 반환에 관하여 동법 제6조에 의한 자산양도 등의 등록을 금융감독위원회에 한 때에는 제3자(채무자는 아님)에 대한 관계에 있어서는 위 민법 제450조 제2항의 규정에 의한 대항요건을 갖춘 것으로 보게 되어 있다. 또한

양도인 또는 양수인(민법상의 채권양도는 양도인이 하게 되어 있음)이 채무자의 주소로 2회 이상 채권양도 등의 통지를 발송하였으나 소재불명 등의 사유로 반송된 때에는 채무자의 주소지를 주된 보급지로 하는 2개 이상의 일간신문(전국을 보급지역으로 하는 일간신문이 1개 이상 포함되어야 함)에 공고함으로써 공고일에 채무자에 대한 채권양도의 통지를 한 것으로 보게 되어 있다. 따라서 채권을 매입하고자 하는 자는 채무자로부터 채권양도통지를 받았는지 여부를 확인하여야 할 뿐만 아니라 금융감독위원회에 동 채권을 대상으로 하는 채권양도 등록이 선행되어 있는 것은 없는지 확인하여야 할 필요가 있다.

3. 소구권(recourse right), 환매청구권(repurchase obligation)

(1) 일반적으로 소구권이라 함은 환어음이나 약속어음 또는 수표와 관련하여 어음법이나 수표법에서 정한 절차에 따른 이들 증서의 발행인 또는 이전 소지인에 대하여 어음, 수표금액의 상환을 청구하는 권리를 의미하는 것이 보통이다. 이러한 소구권의 발생사유와 행사방법에 관하여는 위 법률에서 자세한 규정을 두고 있다. 이와 구별되는 개념으로서 위 법률규정 여하와 관계없이 당사자 간에 계약에서 정한 사유가 발생하면 매입한 채권이나 어음을 되사가기로 하는 환매약정을 하는 것도 계약자유의 원칙상 가능한데 이러한 약정에 따라 채권이나 어음의 환매를 청구할 수 있는 권리를 환매청구권이라고 한다. 우리나라 은행들의 수출거래 일반약관에서 환매에 관한 조항을 두고 있는 것도 이러한 배경에서 이해할 수 있는 일이라고 생각된다. 그런데 실무상 offer letter 같은 데에서 "with recourse basis" 또는 "without recourse basis" 등의 용어를 사용하는 경우가 많이 있는데, 이때의

recourse란 엄밀한 의미에서의 어음법상의 소구권을 의미하는 것이 아니고 넓은 의미로 환매청구권을 의미하는 것이라고 보아야 할 것이다. 통상 채권, 어음의 양도에 관하여 해외채무자에게 별도의 통지를 하거나 승낙을 받지 않는데 이러한 경우는 대체로 with recourse basis로 매입하는 것 같다. 그런데 without recourse basis라고 하여 은행은 모든 경우에 있어서 해외채무자의 지급거절위험을 부담하는 것은 아니다. 예컨대 고객이 해외채무자에 대한 물품, 용역의 제공의무를 이행하지 못하여 채권, 어음금액이 지급되지 않거나 채권, 어음 등의 매입계약에서 정한 보장사항(warranty)을 위반한 경우에는 고객은 은행에 대하여 채무불이행에 따른 손해배상책임을 부담하게 될 것이다.

(2) 위와 같은 환매조건부(with recourse basis)채권, 어음의 매입거래의 실질을 중요시해서 인지세법의 적용에 있어서 대출거래로 보아야 할 것이라는 견해가 있을 수 있다. 그러나 인지세법의 적용에 있어서는 인지세법의 성격이 거래세가 아니고 문서세라는 점을 감안하면 문서의 성격을 판단함에 있어서는 그로 인하여 달성되는 거래 전체의 실질을 고려하여야 한다는 것은 타당하지 않고 문서 자체로서의 내용만에 의하여 판단하여야 하므로 채권, 어음의 매입을 위한 master agreement 등을 대출계약서와 같이 취급하는 것은 합리적이지 못하다고 생각된다. 따라서 이러한 master agreement 등은 인지세 부과 대상이 아니라고 생각된다

(3) 고객의 보장사항(warranties) 등 : 채권, 어음의 매입거래에 있어서 고객은 은행에 대하여 여러 가지 사항에 관한 보장을 하게 되는데 이러한 보장은 특히 환매조건부가 아닌 without recourse basis discounting

거래에서 더욱 중요하게 검토되어야 할 필요가 있다. 이러한 보장사항 중 특히 중요한 것은 다음과 같다. 첫째, 원인거래 및 당해 매각거래에 관하여 필요한 모든 인증, 허가를 취득하였으며 원인거래 및 당해 매각거래가 적법하다는 내용의 보장이다. 둘째, 당해 원인거래에 의하여 고객이 채무자에 대하여 이행하여야 할 물품, 용역 등의 제공 완료에 관한 보장이다. 따라서 채무자는 고객에 대하여 하등의 항변권도 갖지 않는다는 점도 보장되어야 한다. 셋째, 은행의 동의 없이는 원인거래의 조건에 관한 변경을 하지 않겠으며, 양도대상인 채권, 어음에 관하여 제3자를 위한 담보를 설정하거나 이중으로 양도하는 등의 은행의 이익을 해할 수 있는 일체의 행위를 하지 않겠다는 보장이다. 이 밖에도 은행의 이익을 보호하기 위해서 irrevocable power of attorney clause(채무자에 대한 통지, 어음의 배서, 채권의 추심을 취한 소송의 제기 등 채권의 추심을 위한 일체의 행위를 고객의 명의로 고객을 대리하여 취할 수 있다는 내용), trust clause(고객이 양도채권, 어음에 기하여 받은 금전 기타 모든 증서 등의 이익을 은행의 수탁자로서 영수, 보관하여 이를 즉시 은행에 인도하기로 하는 내용) 및 guarantee and indemnity clause(채무자의 채무불이행시 대지급하거나 그로 인한 은행의 손실을 보상해 주기로 하는 내용) 등이 추가되기도 한다.

4. 관련된 문제점들

(1) 연체채권, 어음(claim in default, overdue note) : 해외의 채무자가 지급기일이 경과하였음에도 불구하고 지급을 하지 않고 있는 경우 이러한 연체채권, 어음도 할인매입의 대상이 될 수 있는가? 환매조건부(with recourse basis)채권, 어음의 할인매입이 외화대출과 동일한 경제적 효

과를 가지고 있기는 하나 연체채권, 어음도 외국환거래법 제3조 제1항 제11호의 외국환이라는 데 대하여는 이론의 여지가 없고, 위 결제기간의 연장을 위한 한국은행총재에 대한 신고 등의 의무를 필한 이상 지급이 연체된 채권이나 어음도 외국환은행이 이를 매입하는 데 아무런 문제가 없다고 보아야 할 것으로 생각된다.

(2) 장기어음의 할인율 : 기한이 예컨대 1년 이상 장기인 약속어음을 매입함에 있어서 약속어음이 만기에 원금만 지급하기로 되어 있고 별도로 이자를 지급하기로 되어 있지 않는 경우에 어떠한 방법으로 할인매입가격을 정할 것인가 하는 실무적인 문제가 있을 수 있다. 외화금융거래에서 고정금리보다는 LIBOR 등 변동금리를 적용하기를 원하는 경우가 많은데 만기까지의 기간이 한 이자기간을 초과하는 장기약속어음에 적용할 할인율을 구하는 것이 현실적으로 불가능하다면 현실적으로는 위와 같은 경우에는 한 단위 이자기간 동안의 이자를 선취할인하고, 매 이자기간마다 이를 갱신하는 방법으로 '할인(discounting)'이라는 요건을 충족시킬 수 있다고 보아야 하지 않을까 생각된다.

(3) 신용장에 의한 수출화환어음의 재매입거래에 있어서 매입어음의 인수, 지급이 거절되는 경우 재매입은행이 매입은행에 대하여 상환청구권을 행사할 수 있는지 여부가 문제된다.

우선 고려할 수 있는 것은 어음법상의 소구권인데, 이러한 어음법상의 소구권을 행사할 수 있기 위하여서는, 당해 어음이 어음법상의 어음으로서 인정받을 수 있는 조건을 만족시켜야 한다. 그런데 국내수출자가 화환어음을 발행함에 있어서는 국내어음법상 요건을 충족시키지 못하는 경우가 많다.

그 다음으로 고려할 수 있는 것은 민법 제579조 및 제580조에 의한 담보책임인데 민법 제579조에 의한 담보책임은 채권의 매도인이 채무자의 자격을 담보한 때에 한하여 적용되는 것인데 수출화환어음의 재매입거래에 있어서 일반적으로 매입은행이 신용장발행은행이나 기타 어음상 의무자의 변제자격을 담보하기로 하였다고 볼 만한 근거가 없으므로 민법 제579조에 의한 담보책임은 이를 인정하기가 어렵다고 생각된다. 민법 제580조는 매매의 목적물에 하자가 있는 경우의 매도인의 담보책임을 규정하고 있는데 화환어음 재매입거래를 화환어음 및 선적서류의 매매로 구성할 수 있으므로 위 조항은 일응 적용의 여지가 있다고 볼 수 있다. 그러나 상법 제69조에 의하면 상인 간의 매매에 있어서는 매수인은 목적물을 수령한 때에는 지체없이 이를 검사하여 하자를 발견한 때에는(매매의 목적물에 즉시 발견할 수 없는 경우에 매수인이 이를 6월내에 발견한 경우에도) 즉시 매도인에게 그 통지를 발송하지 아니하면, 매도인이 악의가 아닌 한 이로 인한 계약해제, 대금감액 또는 손해배상을 청구하지 못한다라고 규정하고 있다. 따라서 매입은행이 선적서류 등에 하자가 있음을 알고 있었다는 점을 재매입은행이 입증하지 못하는 한 선적서류의 하자를 지체없이 발견하지 못한 것은 재매입은행의 잘못이므로 추후 선적서류의 하자로 인하여 재매입 화환어음이 인수, 지급 거절되더라도 매입은행에 대하여 상환청구권 등을 행사할 수 없다고 보아야 할 것이다.

마지막으로 고려할 수 있는 것은 매입은행이 고객에 대하여 갖는 환매청구권과 유사한 권리를 재매입은행에 부여하는 금융상 관행이 형성되어 있는가 또는 신의성실의 원칙상 매입은행은 고객에 대하여 갖는 환매청구권과 유사한 권리를 재매입은행에 부여하는 것으로 볼 수 있는가 등인데, 현재로서는 부정적으로 보는 것이 타당하다고 생각된다.

IV. 매출채권 및 받을어음을 담보로 하는 대출

1. 서

실무상 매출채권, 어음을 현금자산화하기 위한 매출채권, 어음의 할인매입 이외의 방법으로서 가장 중요한 것이 바로 매출채권, 어음을 담보로 대출을 받는 방법이다. 위에서도 이미 논의가 되었지만 할인매입이 상환청구권을 유보하는 조건으로 이루어진 경우에는 그 실질에 있어서는 대출과 크게 다르지 않다고 볼 수 있다. 주된 차이점이라면 계약서의 내용이 약간 다르다는 것에 불과한데, 이러한 형식적인 차이로 인하여 거래의 실질에 있어서도 차이가 초래된다고 본다면 회계나 조세문제의 취급과 관련하여서는 상당한 차이가 있게 된다.

2. 담보의 취득방법

(1) 우리나라 법하에서는 국제거래로 인하여 취득한 매출채권이나 받을어음이라고 하더라도 담보 취득방법은 예컨대 은행예금채권이나 창고증권과 같이 국내거래로 인하여 발생한 채권이나 어음의 담보취득방법과 크게 다를 것은 없다. 즉 증권화된 채권(documentary receivables)의 경우에는 동산과 유사하게 취급하여 동산질권(민법 제329조 이하)을 설정하거나 양도담보를 설정하는 것이 통상적인 담보취득방법이고, 증권화되지 않은 채권(contract debts)의 경우에는 권리질권(민법 제345조 이하)을 설정하거나 양도담보를 설정하는 것이 통상적인 담보취득방법이다. 그런데 증권화되지 않은 채권의 경우에는 질권을 설정하든 양도담보를 설정하든 채무자에 대한 통지를 하거나 승낙을 얻어

야 채무자나 기타 제3자에 대하여 대항할 수 있다. 그 밖에도 채권의 추심을 위한 취소불능한 대리권의 수여나 지급계좌의 지정 등의 방법으로도 사실상 담보의 목적을 달성하는 경우도 많이 있다. 그런데 이러한 우리나라의 담보제도 일반에 관하여 자세하게 논의하는 것은 이 글의 목적을 위하여 반드시 필요한 것은 아니라고 생각되므로 질권이나 양도담보에 관해 더 이상 자세한 논의는 생략하고 추심대리권 수여와 지급계좌 지정에 의한 담보방법에 관하여서만 간단히 논의하기로 한다.

(2) 추심대리권의 수여 : 은행의 고객에 대한 대출채권을 담보하기 위하여 고객이 채무자에 대하여 갖는 채권의 추심을 은행에게 위임하고 은행을 고객의 추심대리인으로 지정하는 방법이다. 담보목적을 위한 것이므로 이러한 대리권을 고객이 임의로 취소할 수 없도록 하기 위하여 취소불능조건임을 명시할 필요가 있다. 이러한 추심대리권 수여는 고객과 채무자 간의 원인거래에서 채권의 양도나 입질 등의 처분이 금지되어 있는 경우에도 은행이 고객의 채무자로부터 직접 채무의 변제를 받을 수 있다는 장점이 있다. 추심대리권의 수여에 의하여 채무자에 대한 채권자가 달라지는 것은 아니므로 은행은 채무자가 고객에 대하여 갖는 항변에 구속되고, 채권의 압류나 전부명령이 있는 경우 압류, 전부채권자에 대항할 수 없다. 채무자가 은행의 추심대리권을 승인한 후에 고객에게 직접 지급함으로써 은행이 채권을 회수하지 못하게 된 경우 채무자의 고객에 대한 직접 지급은 변제로서의 효력이 없다거나 채무자는 은행에 대하여 불법행위나 채무불이행에 기한 손해배상 책임이 있다는 견해도 있으나,[17] 특별한 사정이 없는 한

17) 擔保法大系, 제4권, 616면.

그러한 견해가 합리적이라고 하기는 어려울 것으로 생각된다. 비거주자가 한국의 거주자에 대하여 갖는 채권을 다른 비거주자에게 양도하는 경우 과거에는 한국의 거주자는 한국은행총재에게 신고한 후가 아니면 그 양수인에 대하여 직접 지급할 수 없게 되어 있었고 따라서 추심대리권의 수여의 방법이 사용되는 경우가 있었다. 그러나 2002. 11. 6.자 외국환 거래규정의 개정으로 인하여 위와 같은 한국은행총재에 대한 신고의무는 폐지되었으며 거주자가 해외 채권양수인에 대하여 직접 지급을 하는 데에는 별다른 장애는 없게 되었다.

(3) 계좌의 지정 : 은행의 고객에 대한 대출채권을 담보하기 위하여 고객이 장래 채무자로부터 지급받을 금액을 은행에 개설된 고객의 계좌에 입금하도록 지정하고 은행은 상계 등의 방법에 의하여 대출금의 상환을 받는 방법이다. 현실적으로는 은행과 고객의 공동명의로 지급계좌 지정통지서를 채무자에게 보내고 채무자로부터 그에 관한 동의를 받는 방법이다. 이 통지서에는 i) 지급계좌의 지정이 은행의 고객에 대한 채권을 담보하기 위한 것이라는 점, ii) 양당사자의 합의 없이 해제, 변경될 수 없다는 점 및 iii) 지정계좌에 대한 입금 이외의 방법에 의한 변제는 무효라는 취지의 문언이 들어가는 경우가 많은데, 특히 위 iii)의 조건이 유효한가 하는 점에 관하여는 견해의 대립이 있을 수 있으나 위 조건을 유효하다고 본 일본판결이 있다.[18)]

18) 福岡高判昭和59(1984). 6. 11.

3. 집합채권의 인정 여부

위에서 언급한 바와 같이 채권, 어음을 양도하거나 담보로 제공하는 경우에는 원칙적으로 개별 거래시마다 해당 채무자에 대한 통지, 승낙의 대항요건을 갖추어야 할 필요가 있는데 계속적 사업의 영위주체로서의 기업의 입장에서 보면 외상매출채권이 발생할 때마다 이러한 대항요건을 갖추어야 한다면 번거롭기 짝이 없는 일이 될 것이다. 따라서 일련의 채권을 발생원인거래의 종류, 거래기간, 채무자 등을 기준으로 하여 그룹으로 묶고 이러한 그룹에 속하는 수많은 채권에 대하여 한번에 대항요건을 갖출 수 있다면 매출채권의 현금자산화는 그만큼 수월해질 수 있다고 하겠다. 대법원이 집합채권의 개념을 인정한 사례는 아직 알려지고 있지 않으나, 최근 집합물 양도 담보에 관한 대법원 판결은 이러한 대법원의 판결이 막바로 집합채권이라는 개념까지 인정하는 것으로 보기는 어렵지만, 집합물을 구성하는 개개의 물건이 변동되거나 변형되더라도 그 전체가 하나의 재산권을 구성하므로 그 전체에 대한 담보설정이 가능하다고 판시한[19] 점은 집합채권의 개념을 인정할 수도 있다는 강한 시사를 담고 있다고 생각된다. 이와 같이 불특정 다수의 동산을 집합물로 파악하는 것에 대응하여 고객이 갖는 불특정 다수의 채권군을 일체적으로 파악하여 집합채권이라고 하는데, 리스회사, 신용카드회사, 할부판매회사 등과 같이 불특정 다수의 소비자를 고객으로 하면서도 부동산, 주식, 예금 등 전통적인 담보대상물을 가지고 있지 않는 기업이 늘어나면서 이들 기업에 대한

19) 대법원 1988. 12. 27. 선고 87누1043 판결.

금융이 가능하도록 하기 위하여 집합채권을 인정하여야 한다는 주장이 강력하게 제기되고 있다. 일본에서는 채권양도의 예약 또는 정지조건부채권 양도로 보아 효력을 인정한 것도 있고,[20] 특정성이 결여되어 있다는 이유로 이를 부정한 것도 있다.[21] 이와 관련하여 문제되고 있는 것은 제3채무자가 특정되지 않은 집합채권의 담보의 유효성 문제와 파산법, 회사정리법상의 관재인, 관리인 등의 부인권과 일반채권자들의 이익보호와의 균형을 어떻게 맞출 것인가 하는 문제이다. 이 글에서는 이러한 문제에 대하여 더 이상 자세한 논의는 생략한다.[22] 실무상 가장 중요한 것은 집합채권의 특정 문제와 대항요건 완성 문제이다. 대법원은 집합물을 이루기 위한 요건으로서 담보설정자의 다른 물건과 구별될 수 있도록 그 종류, 장소 또는 수량지정 등의 방법에 의하여 특정될 것을 명시하였는데, 집합채권을 구성하기 위한 요건으로서 가장 중요한 것은 채무자의 특정이라고 보아야 할 것이다. 왜냐하면 물건의 경우에는 그 점유 자체가 공시수단으로서의 기능을 하고 있다고 할 수 있지만 채권의 귀속에 관한 공시수단은 채무자에 대한 통지, 승낙이라고 보아야 하기 때문이다. 또한 채권발생원인거래의 종류, 거래기간 등도 담보제공자가 채무자에 대하여 보유하는 다른 채권 등으로부터 담보제공대상 채권을 구별할 수 있는 주요한 표준이 된다고 보아야 할 것이다.

20) 最高裁昭和40(1965). 4. 20 判決 ; 最高裁昭和58(1983). 3. 22 判決.

21) 주로 고등법원 판결들.

22) 더 상세한 설명은 擔保法大系, 제4권 335면 이하 및 631면 이하 참조.

V. Securitisation—매출채권, 받을어음의 증권화

1. 서

(1) Securitisation이라 함은 특정된 하나의 금융수단을 의미하는 것이 아니고 아직도 개발이 계속되고 있는 일련의 금융기법들을 포괄하는 개념으로서 개별적으로는 현금자산화시키기가 부적당한 자산이나 채권들을 모아서 기업자체의 신용보다는 이와 같이 모아진 채권들을 근거로 하여 금융을 일으키는 것이라고 일응 정의할 수 있을 것이다.[23] 전형적인 거래구조는 대상자산이나 채권을 다른 자산이나 채권으로부터 분리시키기 위하여 special purpose company를 세워서 대상자산이나 채권을 위 special purpose company(trust를 이용하는 경우도 있음)에 non-recourse basis로 양도하고 special purpose company는 양수자금을 single bank 또는 syndicated loan을 차입하거나 bonds, commercial papers, medium-term notes, participation certificates, sub-participations, loan stock 또는 preference shares 등을 발행하는 방법으로 money markets 또는 capital market에서 조달하는 것이다. securitisation의 특징은 이러한 자금조달이 limited recourse basis로 이루어진다는 점에 있다. 즉 대주(또는 투자자)는 special purpose company가 보유하고 있는 매출채권, 받을어음으로부터만 대출금 또는 투자원리금을 회수할 수 있는데, 따라서 변호사와 회계사의 조언을 얻어서 거래의 구조와 대상자산에 수반되는 법적, 경제적 risk를 정확하게 분석하는 것이 매우 중

23) Andrew Dobson, "The future of European Securitisation," Euromoney, Securitisation (1992), 2면 이하.

요한 의미를 갖게 된다. 경우에 따라서는 risk가 너무 크다고 판단되는 경우에는 신용도보강(credit enhancement)을 위한 적절한 변형을 가미할 수도 있다.

(2) 차주의 입장에서 이러한 securitisation의 장점을 정리해 보면 다음과 같다.[24)]

i) 자산에 의하여 담보되는 증권(asset-backed securities)을 발행함으로써 각 증권에 대한 자본투자에 수반되는 risk를 확실히 할 수 있고(예컨대 각 증권의 만기에 따라 risk가 다르다) 그 각 risk에 대응하여 가장 유리한 가격으로 증권을 매각함으로써 자본조달비용을 절감할 수 있고, ii) 단순한 차입의 경우보다 다수의 투자자가 참여할 수 있으므로 새로운 금융시장에 진출하는 효과를 누릴 수 있고, iii) 채권 등의 자산을 처분함으로써 재무건전성을 제고할 수 있고, iv) securitisation이 off-balance sheet의 효과를 가져오는 경우에는 자본수익성(return on capital)도 제고할 수 있고, v) securitised assets를 계속 관리함으로써 수수료를 받을 수 있고 기존 거래처들과의 거래관계를 계속 유지할 수 있을 뿐만 아니라 vi) 차입의 경우에 있어서와는 달리 대주나 투자자로부터 event of default 선언위협이나 각종 재무비율에 관한 통제를 받지 않아도 된다는 장점이 있다.

(3) 대주나 투자자의 입장에서의 securitisation의 장점으로서는 i) asset-backed securities의 발행, 인수 및 거래의 각 단계에서 fee income

24) Donald Fleming and Chris Oakley, "Securitisation—a legal overview," Euromoney, 앞의 책, 43면 참조.

을 얻을 수 있고, ii) 확실하게 분석 평가된 risk에 대하여 상대적으로 높은 수익을 얻을 수 있고, iii) 시간이 지남에 따라 asset-backed securities에 대한 투자층이 넓어지게 될 것으로 예상되는데 그 결과 자산의 유동성이 보다 강화될 것이 거의 확실하다는 점 등을 들 수 있다.

(4) 우리나라는 1997년 IMF 외환위기를 맞아서 보유중인 자산을 처분하여 외화를 확보하여야 할 필요가 컸었는데 이러한 필요에 부응하기 위하여 1998년 9월 16일 자산유동화에 관한 법률을 제정하였다. 본 법률에 관한 논의는 이 글의 범위를 벗어나므로 하지 않기로 하고 일반적으로 해외에서 일어나는 자산의 증권화거래에 관한 사항을 간략히 소개하기로 한다.

2. securitisation의 구조분석

(1) 자산의 양도(transfer of assets) : securitisation을 위하여 가장 중요한 과정이 자산을 SPC에 양도하는 절차이다. 주요한 자산의 양도방법으로서는 novation과 assignment를 들 수 있다.

novation은 우리나라 법상 更改(민법 제500조 이하)에 해당한다고 할 수 있는 것으로서 채권자(양도인)SPC와 채무자의 계약으로 채권자는 채무자와의 기존 계약에 따른 모든 권리, 의무관계에서 탈퇴하고 그 대신 SPC가 채무자에 대하여 채권자가 가지고 있던 모든 권리, 의무를 승계하는 방법이다. 따라서 개별채무자의 승낙을 얻는 것이 요건인데 채무자들이 많은 경우에는 현실적인 방법이라고 할 수 없다.

assignment는 우리나라 법의 채권양도(민법 제449조 이하)에 해당한다고 할 수 있는데, 채권자와 SPC 간의 양도계약으로 이루어지고 채무자가 직접 계약당사자가 되는 것이 아니므로 가장 중요한 것은 채무자나 제3자에 대한 양도의 대항력을 어떻게 확보하느냐 하는 문제이다. 대항력을 갖추지 않은 경우에는 채무자가 원래의 채권자에게 변제하여 버리거나 채무자가 원래의 채권자에 대하여 갖는 반대 채권으로써 양도대상채권과 상계함으로써 양도대상채권이 소멸할 수 있다는 위험이 남게 된다. 현실적으로는 채무자에게 서면으로 통지하고 승낙을 받는 것이 바람직하나 법제에 따라서는 공증과 같은 형식요건을 갖추도록 하는 경우가 있으므로 주의하여야 한다. 그런데 최근에는 반드시 채무자에게 대항력을 갖추는 것을 요구하지 않는 경우도 많이 있다고 한다.[25] 이러한 경우의 SPC의 채권자에 대한 권리는 equitable assignment(위 IV.2.(2)참조), subrogation(우리나라 법상의 변제자대위에 해당, 민법 제480조 참조) 및 sub-participation으로 구성할 수 있을 것이다.

(2) 신용도 보강(credit enhancement) : SPC에 대한 자산의 양도가 완료되면 SPC의 자산이 고정되므로 SPC에 대한 대주나 투자자는 risk를 고정시킬 수는 있지만 그 반면 SPC는 양수자산 이외의 다른 일반자산이 없으므로 새로운 risk가 발생하게 된다.

그중 하나가 채무자의 credit risk로서 채무자가 도산함에 따라 SPC도 차입원리금을 상환할 수 없게 되는 경우가 있을 수 있다. 이러한 risk에 대한 대책으로서 SPC가 양수할 채권 자체에 대한 심사를 신중히 하도록 할 필요가 있고, 그러한 자산들에 관한 pool insurance, surety bonds나 letters of credit를 얻도록 하는 것을 생각해 볼 수 있을 것이다.

25) Fleming and Oakley, 앞의 논문, 45면 이하.

경우에 따라서는 SPC로 하여금 후순위 채무증서(subordinated debt securities)를 발행하도록 구조를 짤 필요가 있을 것이다.

다음은 liquidity risk로서 SPC가 갖는 채권의 변제기일과 SPC가 대주와 투자자에 대하여 부담하는 채무의 원리금 지급기일이 일치하지 않기 때문에 일시적으로 유동성부족으로 인한 채무불이행 상태에 빠질 수 있다. 이러한 경우에 대비하여 bridge loan facility, subordinated debt securities, subordinated loans, insurance, letters of credit나 asset repurchase agreement 등의 장치를 만들어 둘 수 있을 것이다.

셋째는 basis risk로서 SPC가 보유하는 채권에 적용되는 이자율과 SPC가 지급하여야 할 이자의 율이 다르기 때문에 발생하는 risk이다. 이러한 risk에 대한 대책으로서 이자율 swap, 채권자에 의한 funding undertaking 등을 들 수 있다.

넷째는 currency risk로서 SPC가 보유하는 채권의 통화와 SPC에 대한 대출, 투자의 통화가 다른 데서 발생하는 환리스크로서 이러한 위험을 방지하기 위하여 currency swap, forward exchange, funding undertaking 등을 고려할 수 있을 것이다.

다섯째는 reinvestment risk로서 SPC가 일시여유자금을 보유하게 되는 경우(예컨대 대주나 투자자에 대한 채무에 관한 이자기간 중에 채무자로부터 원리금의 지급을 받은 경우) 이 여유자금을 가능한 최선의 방법으로 운용하여야 하는데 운용자산의 고정화에 따른 융통성의 부족으로 인하여 이러한 운용을 하지 못하게 될 위험이 있다. 이러한 risk에 대한 대비책으로서 채권자로부터 bridge-funding undertaking을 받을 것을 고려할 수 있다.

여섯째는 redemption 또는 prepayment risk인데 채무자의 조기상환으로 인하여 기대수익을 올릴 수 없게 될 위험을 의미하는데 이에 대한 대비로서 prepayment에 관한 통계자료에 의한 심사기능을 강화하는 것이 필요할 것이다.

(3) 차입 또는 증권의 발행 : 위 I. (2), (3)에서 언급한 securitisation의 장점을 최대한 실현하기 위한 관점에서 본다면 SPC에 대한 대출방식에 대한 선호도는그렇게 높지 않다고 할 수 있다. 그러나 반드시 공모방식에 의하여 투자자들을 모집할 필요가 없을 경우에는 loan facility 방식(asset-backed loan)을 사용하는 것이 보다 융통성이 있으므로 편리할 것이다. 다만 차입이자 지급금에 적용될지 모르는 원천징수세 존재 여부를 신중히 검토해 볼 수 있을 것이다. 다수의 투자자들을 모집하고자 할 때에는 그 기간에 따라 Note(asset-backed note)나 Commercial Paper(asset-backed CP)를 발행하는 방법을 사용할 수 있을 것이다.[26) 또한 securitisation이 가장 발달한 나라는 미국이고 각종 제도와 법령이 우리나라와 실질적으로 가장 유사한 나라는 일본인데 미국과 일본에서의 securitisation에 관한 상세한 논의는 川村雄介 · 下井雅裕 저, 『金融の證券化』(1986)를 참조하기 바란다. 이들 자료는 주로 국내거래에서 발생한 채권의 국내에서의 증권화에 관한 것이다.

(4) SPC 설립지 결정 : securitisation이 성공하기 위하여서는 위 (1), (2), (3)의 전 과정에 있어서 당사자들 간의 법률관계가 모든 당사자들이 만족할 수 있을 정도로 명확하게 이루어져야 하고, 인지세나 이자, 양도소득세 등 제반 조세나 기타 비용부담이 크지 않아야 한다. 이를

26) 이들 개개의 방법에 관한 보다 자세한 설명은 Richard Hopkin, "Financial engineering in securitisation," Euromoney, 앞의 책, 10면 이하를 참조하기 바란다.

위하여서는 법률 및 조세에 관한 전문가들의 조언을 얻을 수 있어야 한다. 따라서 이러한 모든 조건들을 만족시킬 수 있는 국가에 SPC를 설립하여야 할 것이다. 대개는 tax haven country나 유리한 내용의 double tax treaty를 많은 나라들과 체결하고 있는 국가들을 이용하고 있는 것 같다.

3. 담보부사채신탁법 문제

우리나라 기업이 보유중인 자산을 이용하여 해외사채를 발행하는 경우에는 직접 담보부사채를 발행하든지 SPC에게 자산을 양도하여 동 SPC로 하여금 해외사채를 발행하게 할 수 있을 것이다. 그런데 후자의 경우 발행주체가 특수목적법인(SPC)이라서 통상적인 경우 다른 채권자가 발생할 것으로는 예상되지 않지만, 사고의 발생 등의 이유로 인하여 예상치 못한 제3자에 대한 채무가 발생하지 않으리라는 보장이 없으므로 해외채권자들은 SPC가 보유하는 모든 재산위에 물적 담보권을 설정받는 것을 선호하게 마련이다. 그런데 우리나라 담보부사채신탁법에 의하면 이러한 사채에 붙일 수 있는 담보권은 일정한 종류로 제한되어 있을 뿐만 아니라 외국회사와의 신탁계약 등에 관하여는 금융감독위원회의 인가를 받아야 하게 되어 있다. 이러한 제한으로 인하여 현실적으로 담보부로 해외사채를 발행하는 경우는 거의 없는 것으로 알고 있다. 이러한 현실을 개선하기 위하여서는 담보부사채발행에 관한 규제를 무담보사채 발행의 경우에 준하여 완화하여야 할 필요가 있지 않을까 생각된다.

VI. 결어

이상으로 우리나라 기업이 해외의 거래처에 대하여 보유하는 외화매출채권, 받을어음을 이용한 금융의 수단과 그에 관련되는 문제점들에 관하여 간략하게 검토하였다. 그러나 국제거래에 있어서 발생한 매출채권, 받을어음에 관한 금융이라는 topic 자체가 아직까지 활발하게 논의된 주제는 아니다. 또한 외국환거래법과 그에 따른 시행령, 규정도 위에서 언급한 바와 같이 다소 불분명한 점도 있고 개정해야 할 필요가 있는 것도 있다. 이러한 문제점들의 제기가 추후 우리나라 기업들이 보유하고 있는 외화채권, 어음 등을 적절한 방법으로 처분하여 금융을 조달함에 있어서 다소나마 도움이 되었으면 한다.

---

* **편집자 주**

UNCITRAL은 채권양도에 의한 자금조달을 원활하게 하고자 국제채권양도협약(United Nations Convention on the Assigment of Receivables in International Trade)을 성안하였고 이는 2001년 12월 국제연합에 의하여 채택되었다. 협약의 상세는 석광현, 국제채권양도협약연구, 법무부, 2002 참조.

제7장 국제 항공기금융에 관한 법적 문제점*

석광현** · 조영균***

I. 머리말

국내외에서의 인적 · 물적 교류가 활발해짐에 따라 항공운송에 대한 수요는 계속 증가하고 있고, 이로 인해 국내항공기의 수요도 점점 증가하여 항공안전본부의 통계에 의하면 2006. 1. 5. 현재 우리나라에 등록된 정기항공운송사업자의 등록항공기만 177대에 이른다.

일반적으로 항공사가 항공기를 도입하는 방법은 크게 항공기를 직접 구매하는 방법과 이를 임차하는 방법으로 나뉜다. 따라서 항공사

* 이 논문은 BFL 제18호(2006. 7)에 게재되었다.
** 서울대학교 법학전문대학원 · 법과대학 교수
*** 김 · 장법률사무소 변호사

의 항공기금융도 여러 가지가 있을 수 있으나[1] 주로 i) 국내외의 은행단으로부터 자금을 차입하여 그 자금으로 제조회사로부터 항공기를 구입하여 이를 소유 및 운항하거나, ii) 외국의 임대인으로부터 항공기를 임차[2]하는 두 가지 방법이 주된 방법으로 사용되어 왔다. 그 중에서도 후자의 방법을 사용하고 있는바 이는 리스방식이 갖는 여러 가지 장점[3] 때문이다.[4]

아래에서는 주로 국내 항공기금융의 주종을 차지하는 정기항공운송업자의 국제항공기리스거래[5]의 개요를 설명하고 항공기리스와 관련하여 지적되어 왔던 몇 가지 법적인 문제점들을 논의하기로 한다. 국제금융거래에는 다양한 유형이 있는데, 여기에서 논의하는 항공기금융은 선박금융과 함께 이른바 자산금융(asset finance)이라고 불리는 것이다.[6]

---

1) 금융조달의 재원으로서 주식발행에 의한 자기자본의 조달, 금융기관 등으로부터의 차입과 사채발행에 의한 타인자본의 조달, 리스, 주식 또는 영업의 양도 및 제조자로부터의 금융지원 등을 들 수 있다.

2) 보다 정확하게는 '리스'하였다고 하여야 할 것이나 아래에서는 편의상 거래계의 관행에 따라 '리스' 또는 '리스를 받은 사람'과 같은 의미로 '임차' 또는 '임차인'이라는 표현을 사용하기로 한다. 여기서 임차라 함은 민법상의 임대차와는 다른 시설대여 내지 리스를 의미한다. 국내리스의 법적 성질에 관하여는 대법원 1997. 10. 24. 선고 97다27107 판결 참조.

3) 리스방식의 장점은 세무회계상의 장점도 있으나 항공기의 경우 도산시의 위험이라든가 인허가의 차이에서도 기인한다.

4) 정기항공운송업자의 항공기의 경우는 금융리스, 운용리스 및 구매가 이용되고 있으며 부정기항공운송업자의 항공기나 자가용 항공기의 경우는 대부분 직접 구매방식이 이루어지고 있다.

5) 국제항공기리스는 이른바 cross-border leasing(또는 international leasing)의 전형적인 예이다.

6) 금융법 전반에 관한 개괄적인 설명을 하는 일본자료는 우선 西村總合法律事務所(편), ファイナンス法大全(상)(하), 2003 참조. 김건식/석광현/정순섭, "국제금융법의 현상과 과제 : 연재를 시작하며," BFL 제3호(2004. 1), 서울대학교 금융법센터, 85면

II. 국제항공기리스거래의 유형과 구조

1. 운용리스와 금융리스

국내항공사들이 이용하는 국제항공기리스는 실무상 운용리스(operating lease)와 금융리스(finance lease)로 구분된다. 운용리스의 경우는 임차인인 국내 항공사가 외국의 리스회사와 리스계약을 체결하고 일정 리스기간 동안 항공기를 사용한 뒤 리스기간 만료시 이를 리스회사에 반환한다. 한편 금융리스란 임차인인 항공사가 외국의 리스회사와 리스계약을 체결하고 일정한 리스기간 동안 항공기를 사용한 뒤 리스기간 만료시 무상으로 또는 명목상 금액을 지급하고 항공기의 소유권을 취득하는 유형의 리스를 말한다.[7] 두 리스거래의 유형 간의 주요한 경제적 차이는 금융리스는 자금의 조달(financing)을 목적으로 하고 대부분 임차인이 항공기의 조달비용을 전부 지급하는 데 비해[8] 운용리스의 경우는 항공기를 사용할 수 있는 권리의 확보를 주된 목적으로 하는 것이다.[9] 운용리스의 경우는 리스기간이 5년 내외의 비교적 단기인

이하와 그 후 서울대학교 금융법센터에서 간행하는 BFL에 연재되는 논문들을 참조.

7) 금융리스와 운용리스의 구별기준은 나라에 따라, 또한 그 목적에 따라 상이할 수 있다. 국내리스의 경우 중요한 의미를 갖는 법인세법 시행규칙상의 구별에 관하여는 뒤의 주 60 참조. 본문에서는 실무상 빈번히 이용되고 있는 거래유형만을 논의하기로 한다.

8) 이와 같이 임차인이 리스기간 동안 항공기의 구매대금의 전부를 지급하는 금융리스를 이른바 full payout 리스라고 하나 모든 금융리스가 그런 것은 아니다. 실질적으로 금융리스는 분할지급매매와 유사하다. 다만 분할지급매매의 경우 매수인은 계약의 성질상 대금을 완납함으로써 소유권을 당연히 취득하는 데 반하여 금융리스의 경우 임차인은 이른바 구매선택권(purchase option)을 행사하여야 한다는 점에서 법적인 구성에는 차이가 있다.

9) Peter Swift, Aircraft Financing, Euromoney Publications, 1989.

데 반하여 금융리스의 경우는 10년 이상의 장기가 된다.

2. 운용리스거래

운용리스의 경우 리스회사가 보유하거나 제작자로부터 새로 취득하는 항공기를 국내항공사가 임차하여 사용하므로 통상의 임대차와 유사한[10] 비교적 단순한 거래구조라고 할 수 있다.[11] 이러한 운용리스는 대개 항공기리스를 전업으로 하는 리스회사가 취급하는데 이들은 대부분 금융기관의 계열회사이거나 항공기제작사 또는 대형 외국항공사들의 금융계열사들이다.

3. 금융리스거래

반면에 국내항공사가 이용하는 금융리스의 경우에는 보다 복잡한 거래구조를 취한다. 전형적인 금융리스거래의 거래단계는 다음과 같다.

① 항공사는 항공기제조자와 항공기구매계약(purchase agreement)을 미리 체결한다.

② 항공사는 항공기 인도일로부터 수개월 전에 적절한 금융기관과 금융리스 조건을 협상한다.

10) 그러나 항공기 운용리스의 경우도 목적물의 유지 · 관리의무는 금융리스와 마찬가지로 임차인이 부담한다는 점에서 우리 민법상의 임대차와는 다르다.

11) 운용리스의 장점은 무엇보다도 유연성(flexibility)에 있다. 특히 자금운용의 유연성에 비추어 운용리스는 재무구조가 취약한 신설항공사에 적합한 형태라고 할 수 있다. Swift, 앞의 책, 106면.

③ 금융기관은 임대인이 될 특수목적회사(special purpose company)를 설립한다.

④ 항공사는 임대인에게 항공기구매계약상의 매수인의 권리를 이전하기로 하는 양도계약(purchase agreement assignment)을 체결하는 한편 그로부터 항공기를 임차하기로 하는 리스계약을 체결한다.

⑤ 금융기관은 임대인에게 항공기 구매자금을 대출해 주기로 하는 대출계약을 임대인과 체결한다.

⑥ 이와 관련하여 항공기제조자가 소재하는 국가의 수출금융기구(미국의 수출입은행이나 유럽의 ECA 등)는 항공기의 수출을 지원하기 위하여 대출하는 금융기관에 대출계약상 원리금을 보증하기도 한다.

⑦ 항공기 인도일에 금융기관은 임대인에게 항공기 구매대금을 인출한다.

⑧ 임대인은 항공기제조자에게 위 인출자금으로 항공기구매대금을 지급하고 항공기를 인도받고 그 소유권을 취득한다. 또한 항공기 자체 및 리스계약상 채권을 금융기관에게 채권의 담보로 제공한다.

⑨ 임대인은 항공기를 항공사에게 임대차계약에 따라 인도하고 리스기간 동안 리스료를 지급받아 금융기관에게 대출원리금을 상환한다.

금융리스계약상 임차인이 임대인에게 지급하는 리스료는 임대인이 항공기를 구입하기 위하여 지급한 항공기 구매대금 등 비용을 분할한 원금부분(리스료의 지급에 따라 그 원금은 차차 감소한다)과 이에 대해 일정이자율로 계산한 이자부분으로 구성된다. 이러한 점에서 금융리스는 법률적인 구성은 다르지만 경제적으로는 대출계약에 유사하게 된다.

금융리스의 경우 이와 같이 적어도 리스회사, 임차인과 금융의 제공자인 금융기관의 3당사자가 관여하므로 i) 소유자/임대인인 리스회사의 항공기에 대한 소유권, ii) 임대인에 대한 채권자이며 리스계약상의 권리의 양수인으로서의 채권은행들의 권리(항공기에 대한 저당권 등 담보권 포함) 및 iii) 리스계약에 따라 평온하게 항공기를 사용할 수 있는 임차인의 권리 및 리스기간 만기시의 항공기에 관한 매수청구권이 조화 있게 적절히 보호되어야 한다.

III. 국제항공기리스거래의 국내법상 규제

국제항공기리스거래는 국내리스거래와 달리 이른바 거주자와 비거주자[12] 간의 자본거래이므로 외국환거래법에 따른 인허가를 필요로 하며, 항공기의 수입을 수반하므로 대외무역법에 따른 수출입승인을 필요로 한다.[13]

1. 외국환거래법

외국환거래법은 이른바 자본거래의 유형을 열거하고 자본거래를

12) 거주자와 비거주자의 개념은 외국환거래법 제3조 제1항 제12호, 제13호 참조.

13) 국내항공사들이 체결하는 항공기리스계약의 경우 통상 영국법이나 뉴욕법 등 국제금융거래에서 주로 이용되는 외국법이 준거법이 되나 그럼에도 불구하고 외국환거래법과 대외무역법과 같은 국제적 강행법규가 당해 거래에 적용되는 데 관하여는 의문이 없다. 국제사법 제7조는 "입법목적에 비추어 준거법에 관계없이 해당 법률관계에 적용되어야 하는 대한민국의 강행규정은 이 법에 의하여 외국법이 준거법으로 지정되는 경우에도 이를 적용한다"고 명시함으로써 국제적 강행법규의 개념을 도입하였다. 석광현, 국제사법 해설 2판, 지산, 2003, 92면 이하 참조.

하고자 하는 자는 대통령령이 정하는 바에 의하여 원칙적으로 재정경제부장관에게 신고하도록 하고 있다(동법 제18조 자본거래의 신고 등).

동법 시행령과 재경부장관이 정한 외국환거래규정에 의하면, 국제항공기리스는 이른바 "거주자와 비거주자의 기타 자본거래"로 분류되어 "소유권이전의 경우를 제외하고 국내의 외항운송업자와 비거주자 간의 선박이나 항공기를 임대차기간이 1년 이상인 조건으로 외국통화표시 임대차계약을 체결하는 경우"에는 외국환은행의 장에게 신고하여야 하며(동 규정 제7-55조 제1항 참조) 소유권이전을 전제로 하여 항공기의 임대차계약을 체결하는 경우에는 한국은행총재에게 신고하여야 한다(동 규정 제7-55조 제2항 참조).[14] 이에 비해 임대차기간이 1년 미만인 조건으로 외화표시 임대차계약을 체결하는 경우에는 신고를 요하지 아니한다. 결국 외국환거래규정에 의하면 대개의 운용리스에 대하여는 외국환은행에 대하여, 금융리스에 대하여는 한국은행에 신고를 하게 함으로써 후자에 대해 보다 엄격한 규제를 하고 있다고 할 수 있다.

해석상 문제로 되는 것은 리스계약상 임차인인 국내항공사가 리스기간 종료시 명목적인 금액을 지급하거나 또는 리스기간 중 일정한 시점에 일정금액을 지급하고 소유권을 취득할 수 있는, 이른바 구매선택권(purchase option)만을 보유하는 경우 이를 "소유권이전을 전제로 하는" 거래로 볼 것인가가 문제될 수 있으나 실무상으로는 그렇게 해석하여 한국은행에 신고하도록 처리되고 있다.

외환허가를 받지 아니한 경우의 항공기리스계약의 효력에 관하여

14) 실무상으로는 리스계약을 체결한 후 인도 전에 외국환신고를 하고 있다.

는, 외환허가를 받지 아니한 계약도 사법상으로는 유효하다고 보는 대법원의 전원합의체판결[15]이 있고 실무상 적법한 외환허가를 받지 아니한 항공기리스계약이란 예상하기 어려우므로[16] 이 점에 관하여는 논의를 생략하기로 한다.[17]

2. 수출입 승인

일반적으로 외국산 기계 등을 리스방식으로 도입하는 경우 금융리스냐 운용리스냐에 관계 없이 임차도입에 대한 수입승인과 임차기간 만료 후 반출을 위한 수출승인을 받아야 한다. 다만, 대외무역관리규정에 따르면 장래 소유권이 이전되는 국적취득조건부의 것을 제외하고 외국환거래법에 의한 허가를 받고 산업자원부장관의 추천을 받아 반입하는 임차항공기에 관해서는 대외무역법 시행령의 규정에 의한 수입승인이 면제되어 있어 항공기 운용리스의 경우에는 수입추천을 받으면 수입승인이 필요하지 않으나(대외무역관리규정 별표 3-2 3. 자목),

15) 대법원 1975. 4. 22. 선고 72다2161 전원합의체판결 등.

16) 앞에서 본 바와 같이 모든 임대차계약에서 임대인은 외국환허가를 비롯한 정부의 인허가를 항공기인도의 선행조건(condition precedent)으로 삼고 있다.

17) 국제항공기리스계약에 관여하는 임차인 소재 국가의 변호사는 당해 리스계약에 대해 해당 법률상 적법한 외환허가를 받았는가를 확인하고 그가 선행조건서류의 하나로서 발급하는 법률의견서(legal opinion)에서 이를 확인한다. 외환허가를 받지 아니한 리스계약이 우리나라에서는 유효하다고 하더라도 IMF Agreement(제8조 2b)에 따라 동 리스계약은, 동조에 규정된 환계약(exchange contract)의 개념을 넓게 해석할 경우, 다른 IMF 가입국에서 unenforceable한 것이 될 수 있는데, 그렇게 된다면 우리나라의 외국환거래법이 우리나라에서보다 외국에서 더 큰 보호를 받게 되는 기이한 결과가 된다. 석광현, "외환허가를 받지 아니한 국제보증과 관련한 국제사법상의 문제점—서울고등법원 1994. 3. 4. 선고 92나61623 판결에 대한 평석을 겸하여—," 국제사법과 국제소송 제1권, 박영사, 2001, 38면 이하 참조.

금융리스의 경우에는 한국항공우주산업진흥협회장의 승인을 받아서 수입하여야 한다(수출입별도공고 제5조 항공기 및 동 부분품의 수입요령).

수입 · 수출승인과 관련하여, 소유권이전을 전제로 하는 항공기리스의 경우 수입 · 수출승인을 동시에 받아야 하는지 아니면 수입승인만을 받으면 되는지가 문제되는데, 관련규정의 해석상으로는 이 경우 수입승인과 함께 수출승인도 받아야 할 것으로 보이나 실무적으로는 금융리스의 경우 소유권이전이 전제되므로 물건이 다시 국외로 수출될 개연성이 없어 수출승인을 수입승인과 함께 하는 것은 적절치 않다는 이유로 수입승인만을 하고 있는 것으로 보인다.

IV. 항공기의 등록

1. 항공기등록과 국적

항공법상 감항증명을 받지 아니한 항공기는 원칙적으로 항공에 사용할 수 없고(항공법 제15조 제3항), 대한민국의 국적을 가진 항공기가 아니면 우리나라에서 감항증명을 받을 수 없다(동조 제2항). 따라서 우리나라에서 항공에 사용하기 위하여는 우리나라의 국적을 취득하여야 한다. 국제법상 항공기는 등록된 국가의 국적을 갖고 동시에 2개 이상의 국가에 등록될 수 없는데,[18)] 항공법상 항공기를 소유 또는 임

18) 시카고조약 제17조와 제18조. 시카고조약의 정식명칭은 'Convention on the International Civil Aviation'이고 1944. 12. 7. 시카고에서 체결되었으며 우리나라도 가입하였다. 시카고조약(제19조)에 따르면, 체약국에 있어서의 항공기의 등록과 등록의 이전은 당해 국가의 법규에 따른다. 김두환, 국제항공법학론, 한국학술정보, 2005, 112면 이하 참조.

차하여 항공기를 사용할 수 있는 권리가 있는 자(이하 '소유자 등'이라 한다)는 이를 건설교통부장관에게 등록하여야 하고(항공법 제3조)[19] 그와 같이 등록된 항공기는 우리나라의 국적을 취득한다(동법 제4조).

국적은 항공기에 관한 물권관계의 연결점(connecting factor)으로서의 의미도 갖는다. 2001. 7. 1. 개정된 국제사법(제20조)에 따르면 항공기에 관한 물권은 그 국적소속국법에 의한다. 과거 섭외사법상으로는 항공기에 관한 물권을 국적소속국법에 따를지 소재지법에 따를지에 관한 논의가 있었으나 국제사법의 개정으로 이 문제가 해소되었다.[20]

외국인 또는 외국인이 지분의 2분의 1 이상을 소유하거나 그 사업을 사실상 지배하고 있는 법인이 소유하거나 임차하는 항공기(이른바 외국항공기)는 그 항공기를 우리나라 국민이나 법인이 임차하여 사용할 권리가 있지 않는 한(예를 들어 임차하거나 전대차한 경우) 우리나라에 등록할 수 없다(항공법 제6조).

2. 등록신청

항공법 제2장은 항공기의 등록에 관해 여러 규정을 두고 있는데, 등록은 등록권리자와 등록의무자의 공동신청에 의하여 건설교통부장관

19) 선박의 경우 우선 선박등기법에 따라 관할등기소에 등기를 하고(동법 제4조) 선적항을 관할하는 해운관청에 등록을 하여야 하나(선박법 제8조), 항공법은 등기와 등록을 구별하지 않는다. 나라에 따라서는 항공기의 경우도 등기와 등록을 구별하여 마치 우리나라의 선박과 같이 취급하는 예도 있다(예컨대 독일 Adrian Hornbrook, Airfinance Annual, Euromoney Publications, 1992/93, p.206). 또한 항공기에 대한 권리의 국제적 승인에 관한 제네바협약도 공법적 성격을 갖는 'register'와 사법적 성격을 갖는 'record'를 구별하고 있다. I.H.Ph. Diederiks-Verschoor, An Introduction to Air Law, 4th ed., Kluwer, 1991, pp.165-166.

20) 제20조에 관한 논의는 석광현, 국제사법 해설 2판, 지산, 2003, 169면 이하 참조.

이 행한다(동법 제3조). 실제로는 건설교통부장관의 위임에 기하여 항공안전본부가 항공기의 등록업무를 수행하고 있다. 항공기등록의 구체적인 절차는 대통령령인 항공기등록령과 건설교통부령인 항공기등록규칙에 상세히 규정되어 있다.

1991년까지는 항공기의 등록부가 항공기등록부와 항공기임차등록부로 구분되어 임차한 항공기는 임차등록부에 하였으나 1991년의 항공법의 개정으로 임차등록부는 폐지되고 현재는 항공기등록원부에 하게 되어 있다(항공법 제8조).

실무상 새로 도입되는 항공기를 임차방식에 의하여 도입하는 경우 국내항공사는 항공기의 인도를 받기 전에 임차항공기의 등록을 신청하고 항공안전본부의 공무원이 항공기 인도와 동시에 항공사에 임차등록증과 감항증명서를 교부한다. 따라서 항공기의 등록일은 항공기의 인도일과 동일한 날이 된다.[21)]

3. 등록의 효력

위에서 본 바와 같이 항공기의 등록을 함으로써 항공기는 우리나라의 국적을 취득하고 감항증명을 받아 우리나라에서 항공에 사용할 수 있게 된다.[22)] 나아가 항공법 제5조는 부동산등기와 유사하게 항공기에

---

21) 항공법 제9조는 항공기를 등록한 때에는 신청인에게 등록증명서를 교부하여야 한다고 규정하고 있다. 따라서 아직 항공기가 정식으로 등록되지 아니한 인도시점에서 신청인에게 등록증명서를 먼저 교부하는 것은 법조문과 반드시 일치하는 것은 아니라고 할 수 있다.

22) 그 밖에 국적취득의 결과 국제공법상의 효과가 발생한다. 예컨대 등록국은 1963년 체결된 동경조약에 따라 항공기내에서 발생한 범죄에 대해 형사관할권을 갖는다. 김두환, 앞의 책, 132면 이하 참조. 기타 공법상의 효과에 관하여는 최완식, 국내항공법신강, 한국항공대학출판부, 1988, 64-65면 참조.

대한 소유권의 득실변경은 등록하여야 그 효력이 생긴다고 하여 항공기등록을 물권변동의 효력발생요건으로 삼고 있으며(제1항) 항공기에 대한 임차권은 등록하여야 제3자에 대하여 그 효력이 생긴다고 하여(제2항) 민법 제621조 제2항과 같이 임차인의 대항력을 인정하는 규정을 두고 있다. 이 규정의 취지는 소유자의 처분 또는 저당권의 실행 등에 의하여 항공기의 소유자가 변경되는 경우에 항공기를 임차하여 사용하는 국내항공사를 보호하기 위한 것으로 생각되나 반드시 필요한 것인지는 의문이다.[23)]

4. 항공기등록과 관련한 몇 가지 문제점

(1) 항공기등록

현재 항공기등록은 항공안전본부에서 그 등록업무를 담당하고 있는바 별도로 등록공무원제도를 두지 아니하고 항공안전본부의 다른 민원업무와 유사하게 내부승인 절차를 거쳐 등록을 접수하고 등록부에 기재하는 절차가 이루어지고 있다. 이로 인해 부동산등기와는 달리 등록신청시로부터 등록부에 기재되기까지는 통상 수일에서 일주일의 시간이 소요되고 있어 거래실행 즉시 등록부에 권리가 공시되기

23) 국제항공기리스의 경우 소유자가 변경되더라도 임차인에게 리스계약상의 채무불이행이 없는 한 리스기간 동안 리스계약에 따라 임차항공기를 사용할 수 있는 권리를 보장받을 필요가 있는바, 실무상 항공사는 항공기의 소유자(리스회사가 소유자가 아닌 경우)와 저당권자로부터 이른바 'letter of quiet enjoyment'를 받아 왔다. Andrew Littlejohns and Simon Hall, in Aircraft Financing, p.230. 항공법상으로는 위와 같은 임차권에 대항력이 인정되는 결과 letter of quiet enjoyment가 반드시 필요한 것은 아니다.

를 원하는 거래당사자의 요청에는 부응하지 못하고 있다.

(2) 엔진의 등록

현행 항공기등록 관련 법령상 등록원부에 등록되는 것은 항공기인바, 항공기 등록시 그 엔진은 등록할 근거도 없고 실제로도 항공기등록원부에 등록되지 않는다. 항공기는 여러 개의 물건이 각 개성을 잃지 않고 결합하여 단일한 형체를 이루는 이른바 합성물에 해당한다. 따라서 법률상 단일물과 동일하게 1개의 물건으로 취급된다.[24] 그러나 항공기의 엔진은 법률상, 사실상 항상 항공기와 함께 처분되는 것은 아니고 엔진이 최초 부착된 항공기로부터 독립하여 다른 항공기에 설치되는 경우도 있다.[25]

항공기의 엔진은 항공기 가격의 상당부분을 차지하는 것이 보통인데 민법의 물건의 개념에 관한 일반이론으로는 항공기의 범위〔(예컨대 엔진, 부품, 예비부품 또는 항공기에 수반하는 기술적인 기록(technical records)〕를 정하기에 적절하지 않으므로 그에 대한 체계적인 법률적 취급을 위하여 일부 국가의 예에 따라[26] 엔진에 대한 별도의 등록제도를 도입하거나 항공기의 범위를 명확히 함으로써 소유권 또는 저당권 등 항공기에 대한 물권관계를 명확히 할 필요가 있을 것이다. 이에 대해

24) 이영준, 한국민법론〔총칙편〕, 박영사, 2003, 841면.

25) 이것이 이른바 '엔진의 pooling'이다. 이에는 동일항공사소유의 항공기 간 또는 다른 항공사 간의 엔진의 교환이 있다. Pooling에 관하여는 우선 Littlejohns/Hall, 앞의 책, 228-229면을 참조.

26) 예컨대 영국. 항공기등록에 관한 여러 국가의 법제에 관하여는 우선 Airfinance Annual을 참조하고 보다 상세한 논의는 Graham McBain/Richard Hames, Aircraft Finance, Registration, Security and Enforcement, Longman, Volumes 1 & 2, 1991을 참조.

우리 물권법의 일반원칙과 모순될 뿐 아니라 굳이 엔진만을 분리하여 취급할 이유가 없다는 견해도 있으나[27] 이는 적절하지 않다고 본다.

V. 항공기에 대한 담보권[28]

1. 임차항공기에 대한 저당권설정

항공법이 1991년 개정[29]되기 전에도 항공기저당법상 국내항공사가 소유하는 항공기에 저당권을 설정할 수 있음은 의문이 없었으나 국내항공사가 외국으로부터 임차한 항공기에 대하여는 저당권을 설정할 수 없는 것으로 해석, 운용되어 왔다. 그러나 항공법이 개정된 결과 임차등록부가 폐지되고 항공기등록원부로 통합됨에 따라 이제는 임차항공기에 대하여도 저당권의 설정이 가능하게 되었다.[30] 이러한 항공법의 개정은 항공기리스거래에 있어 자금을 제공하는 금융기관들에게 담보를 제공할 수 있도록 함으로써 국내항공사의 리스방식에 의한

27) 강인철, "운송장비의 국제담보권에 관한 협약," 저스티스 제32권 제3호(통권 제53호, 1999. 9), 130면.

28) 항공기저당권에 관한 일반적인 논의는 Nigel Meeson, Ship and Aircraft Mortgages, Lloyd's of London Press Ltd., 1989 참조. 우리 법상의 논의는 석광현, "이동장비에 대한 국제적 담보권에 관한 UNIDROIT 협약안(UNIDROIT Draft Convention on International Interests in Mobile Equipment)," 국제사법과 국제소송 제2권, 박영사, 2001, 534면 이하 참조.

29) 이는 1991년 12월 14일 항공법 개정을 말한다.

30) 구체적으로 항공기저당법은 항공기저당권은 항공기등록원부에 등록하여야 효력을 발생한다고 하고 있는데(제5조), 1991년 개정 전 항공법에서는 임차항공기는 항공기등록원부에 등록하지 않고 별도의 임차등록부에 등록하였으므로 임차항공기에는 항공기저당권을 설정할 수 없었다.

자금조달을 보다 용이하게 하기 위한 것이었다. 실무상 항공기에 설정되는 항공기저당권은 모두 근저당권의 형태에 의한다. 이하에서는 편의상 단순히 항공기저당권이라는 표현을 사용하기로 한다.

2. 저당권설정계약의 체결

(1) 당사자

통상의 저당권설정계약의 경우와 같이 항공기저당권설정계약도 채권자인 저당권자와 채무자이자 항공기의 소유자인 저당권설정자 간에 체결됨은 물론이다. 국제항공기리스와 관련한 항공기저당권설정계약의 경우 실무상 계속 제기되어 온 문제는, 채권자가 수인인 경우 모든 채권자를 저당권자로 하여 그들이 저당권을 준공유하도록 하는 대신 그중 일부(예컨대 대리은행)를 수탁자로 지정하여 그만이 저당권설정계약의 당사자로 되고 나아가 등록원부에 그를 다른 채권자의 수탁자로 등록할 수 있는가 하는 점이다.[31] 신탁의 일반이론에 따라 대리은행을 저당권부채권의 수탁자로 지정하는 것은 우리 법상으로도 가능할 것으로 생각되나, 항공법에 그에 관한 명시적인 규정이 없으므로 실무상으로는 등록이 어려울 것으로 보인다. 이와는 달리 저당권만을 대리은행에 수탁하는 것은 허용되지 아니한다고 볼 것이다.

---

31) 그렇게 하는 것이 편리함은 물론이다. 예컨대 대리은행만이 저당권자로 된 경우 어느 채권은행이 변경되더라도 저당권을 양도하고 그에 따른 저당권이전등록을 할 필요가 없게 된다. 항공기금융의 경우 대개 적게는 수 개에서 많게는 십수 개의 은행들이 차관단대출(syndicated loan)을 제공하고 대출기간 중 대출채권을 양도하는 사례가 빈번하므로 그때마다 저당권의 양도를 일일이 등록해야 한다면 매우 번거롭다.

이를 인정하면 결국 저당권자와 채권자가 분리되는 결과가 되는바 우리 민법상 요구되는 담보물권의 부종성에 비추어 저당권자는 채권자에 한하기 때문이다.

(2) 준거법

저당권설정계약의 준거법은 우리나라 법률이어야 한다. 이 점에 관한 법률상의 명시적인 규정은 없으나 항공기저당법상 항공기등록원부에 등록할 수 있는 담보권은 '항공기저당권'에 한정된다(동법 제1조, 제4조). 저당권설정계약의 준거법이 외국법인 경우, 동 계약에 의하여 설정하고자 하는 권리가 그 내용에 있어 우리 법상의 저당권과 유사하더라도, 우선 저당권에 해당하는 외국의 담보권(예컨대 영국법상의 mortgage)의 내용이 우리의 저당권과 일치할 수는 없으므로[32] 외국법을 준거법으로 하는 항공기저당권설정계약은 우리나라에서는 등록할 수 없다고 볼 것이다.[33] 실무상으로도 우리나라 변호사가 우리 법을 준거법으로 하는 저당권설정계약서를 작성하고 있다. 이 경우 리스회사와 채권은행들 간의 대출계약의 준거법과 저당권설정계약의 준거

32) 예컨대 영국법상 법정저당권(legal mortgage)은 소유권이전의 방식에 의한 담보로서 오히려 우리 법상의 양도담보에 유사한 것으로 보인다. Meeson, 앞의 책, 1-7면.

33) 이와 관련하여 우리나라에 등록된 항공기에 대해 우리나라에 등록을 함이 없이 외국법을 준거법으로 하여 설정된 담보권〔예컨대 영국법상의 floating charge(부동담보)〕이 우리나라에서 승인될 수 있는가의 문제가 있다. 이러한 권리는 우리나라에서는 담보권으로 승인될 수 없을 것으로 생각된다. 왜냐하면 항공기에 관한 물권관계는 등록국인 우리나라의 법률에 따라야 하고, 우리나라에서는 물권법정주의가 타당한데 우리나라에서는 그러한 물권을 알지 못하기 때문이다. 이태희 변호사도 같은 취지인 것으로 보인다, 이태희, in McBain/Hames, 앞의 책, Vol.II, Korea-14. 우리나라가 항공기에 대한 권리의 국제적 승인에 관한 제네바조약의 가입국이라면 결론은 달라질 수 있을 것이다.

법이 다르게 되는바 피담보채권의 준거법과 저당권의 준거법이 상이할 수 있음은 일반적으로 승인되고 있다.[34)]

(3) 계약의 체결시기

위에서 본 바와 같이 항공기저당권을 설정하는 목적은 채권은행들이 리스회사에 대한 채권을 담보하기 위한 것이므로 채권은행들은 가능하다면 그들이 최초로 대출을 일으키는 시점에(통상은 항공기가 인도되는 날) 저당권이 등록되기를 원한다. 이를 위하여 당사자는 항공기의 인도 전에 저당권설정계약을 체결하고 그 등록신청을 할 필요가 있다. 위에서 본 바와 같이 등록신청시부터 등록부에 권리가 기재되기까지는 수일이 소요되기 때문이다. 그러나 항공기는 인도일에 등록이 되고 리스회사는 그 때 비로소 항공기의 소유권을 취득하게 되므로, 저당권설정자인 리스회사가 아직 소유권을 취득하지 아니한 항공기

---

34) 이태희, 앞의 책, Korea-14 ; Christiane Wendehorst, Münchener Kommentar zum BGB, EGBGB IPR Band 10, 4. Aufl. 2006, Art. 43 Rn. 84. 저당권부채권을 양도할 경우 채권과 저당권은 각각 그에 관한 준거법에 따른다. 우리 법상 저당권은 채권과 분리하여 양도할 수 없으므로 적어도 저당권부채권의 양도인이 그 권리를 우리나라에서 행사하기 위하여는 결국 양 준거법에 따른 요건이 모두 구비되어야 저당권부채권이 양도되는 것으로 볼 것이다. 준거법에 관한 것은 아니지만, 대법원 2005. 6. 23. 선고 2004다29279 판결은 피담보채권을 저당권과 함께 양수한 자는 저당권이전의 부기등기를 마치고 저당권실행의 요건을 갖추고 있는 한 채권양도의 대항요건을 갖추고 있지 아니하더라도 경매신청을 할 수 있으며, 채무자는 경매절차의 이해관계인으로서 채권양도의 대항요건을 갖추지 못하였다는 사유를 들어 경매개시결정에 대한 이의나 즉시항고절차에서 다툴 수 있고, 이 경우는 신청채권자가 대항요건을 갖추었다는 사실을 증명하여야 할 것이나, 이러한 절차를 통하여 채권 및 근저당권의 양수인의 신청에 의하여 개시된 경매절차가 실효되지 아니한 이상 그 경매절차는 적법한 것이고, 또한 그 경매신청인은 양수채권의 변제를 받을 수도 있다고 판시한 바 있다.

에 관하여 저당권설정계약을 체결하고 나아가 등록신청을 할 수 있는지가 문제로 된다.

우선 저당권설정계약 체결의 가부를 보면, 일반적으로 저당권설정계약은 물권계약이므로 저당권설정자는 목적물에 관하여 소유권 기타 이를 처분할 수 있는 권한이 있어야 한다고 설명되고 있다.[35] 이는 예컨대, 타인소유의 물건 위에 저당권을 설정하고 등기 또는 등록할 수 없다는 의미이지 장래 취득할 물건에 대해 소유권취득을 조건으로 저당권설정계약을 체결할 수 없다는 취지는 아니라고 볼 것이다. 다음으로 저당권설정등록신청에 관하여는, 절차적으로 등록신청 당시 저당항공기가 아직 우리나라에 등록되지 않았음을 이유로 신청을 각하하여야 한다는 견해도 있을 수 있으나 신청서에서 명시적으로 항공기의 등록일을 저당권설정등록일로 할 것을 요구하는 경우에도 이를 부적합하다고 보아야 할 것인지는 의문이다.[36]

(4) 저당권설정등록

항공기저당권은 건설교통부장관이 항공기등록원부에 등록을 함으로써 비로소 발생한다(항공기저당법 제5조). 저당권설정등록을 위하여는 저당권설정자와 저당권자가 공동으로 신청하여야 한다(항공기등록령 제12조). 저당권설정등록신청을 하면 등록공무원은 일단 신청서류

35) 곽윤직, 물권법, 박영사, 2002, 329면.

36) 특히 임차등록과 저당권등록의 경우 접수일과 등록일이 일치하지 않는 것이 종래의 관행인데, 건설교통부로서는 본문에서와 같이 일단 등록신청을 접수하고 저당권설정등록은 항공기의 임차등록과 동시에 또는 그 후에 하므로 문제될 것은 없을 것이다.

를 접수하고 서류를 심사한 뒤 저당권설정등록을 하게 되는데 실무상 접수일이 아니라 실제로 등록하는 날을 등록일로 기재한다.[37)]

(5) 저당권의 효력

항공기저당권의 효력은 항공기저당법에 따른다.[38)] 항공기저당법은 저당권의 효력에 관하여 저당권의 내용에 관한 규정(제4조) 외에 특별한 규정을 두고 있지 않으므로[39)] 저당권의 효력은 동법에 의하여 준용되는 민법의 일반원칙에 의한다(동법 제9조). 항공기저당권의 효력과 관련하여 실무상 주로 문제 되는 점은 다음과 같다.

1) 저당권의 효력이 미치는 목적물의 범위

민법의 일반원칙에 의하면, 저당권의 효력은 저당목적물과 그에 부합된 물건과 종물에 미친다(민법 제358조). 항공기저당법은 저당권자는 "담보로 제공한 항공기에 대하여" 다른 채권자에 우선하여 채권의 변제를 받을 수 있다고 규정하고 있다(동법 제4조). 이를 묶어 보면 항공기저당권의 효력은 항공기 및 그와 결합하여 거래관념상 항공기의 일부분이 되었다고 인정되는 부합물과 종물에도 미치게 된다.

종래 사용되는 항공기저당권설정계약서는 국제적인 관행에 따라

---

37) 이는 접수일과 등기일이 일치하는 부동산에 대한 저당권설정등기와 다른 점이다.

38) 실무상 이용되고 있는 항공기저당권설정계약서는 저당권의 효력에 관하여 비교적 상세한 규정을 두고 있는데, 그러한 규정들은 우리 법상 허용되는 범위 내에서 효력이 인정됨은 물론이다.

39) 다만 항공기의 말소등록신청이 있는 때에는 저당권자를 보호하기 위하여 건설교통부장관이 저당권자에게 통지하고 저당권자로 하여금 저당권을 실행할 수 있는 기회를 부여하고 있다(항공기저당법 제6조 및 제7조).

항공기를 기체(airframe), 엔진 및 부품(parts)을 포함하는 개념으로 정의하는 것이 보통인바, 저당권의 효력이 미치는 범위를 정하는 우리 법상으로도 저당권이 기체와 엔진 및 부품에 미치는 것으로 볼 수 있을 것으로 생각된다. 이 경우 엔진과 부품은 저당권설정자의 소유에 속하는 것으로서 항공기에 부착되어 있는 것이어야 하는바,[40] 항공기리스계약에서 항공기에 부착되는 엔진의 소유권은 저당권설정자인 리스회사에 귀속한다고 규정한다. 그러나 예비부품(spare parts)은 그 자체로서 항공기의 일부 또는 그 부합물 또는 종물로 보기는 어렵지 않을까 생각된다. 항공기운항에 필요한 사용방법서와 각종 일지 등 기술적인 장부(technical records)에 대해서는 이를 어느 범위까지 항공기의 종물로 볼 수 있을지 의문이다.

우리 법상으로는 물상대위의 법리에 의하여 항공기저당권의 효력은 항공기에 관한 보험금청구권(보다 정확히는 그중 기체보험에 관한 부분)에도 미치게 된다. 다만 저당권자는 그 지급 전에 이를 압류하여야 한다(민법 제370조, 제342조). 국제항공기리스의 경우 보험금청구권은 담보 목적의 채권양도계약(이른바 insurance assignment agreement)에 의하여 채권자에게 이전되므로 저당권의 효력이 보험금청구권에 미치는가는 실제로는 문제로 되지 아니한다.

40) 이태희, 앞의 책, Korea-17. 저당권설정자의 소유에 속하지 않는 엔진에 대해서는 저당권의 효력이 미치지 않음은 물론이다. 제3자의 소유에 속하는 엔진이 저당권설정자 소유의 항공기에 부착되더라도 항공기의 부합물이 되는 것은 아니다. 왜냐하면 엔진은 훼손하거나 과다한 비용을 요함이 없이 항공기로부터 분리할 수 있기 때문이다(민법 제257조). 이에 관해서는 훼손하거나 과다한 비용을 요함이 없이 선박으로부터 분리할 수 있는 선박용 원동기는 선박에 부합되지 아니한다는 대법원 1965. 3. 9. 선고 64다1793 판결 참조.

2) 저당권자와 임차인의 대항력

항공법 제5조 제2항에 따라 임차등록을 하면 임차권자인 국내항공사는 임차권으로써 항공기의 소유권을 취득한 자에게 대항할 수 있다. 즉, 소유자의 처분 또는 항공기저당권의 실행 등으로 소유자가 바뀌더라도 임차인은 영향을 받음이 없이 리스계약에 따라 항공기를 계속 사용할 수 있다. 이는 부동산임대차의 경우처럼 임차인을 보호하기 위한 규정이다.

그런데 여기에서 주목할 것은 항공기의 경우는 임차등록이 항상 저당권설정에 논리적, 시간적으로 선행한다는 점이다. 즉, 우리나라의 국적을 취득하지 아니한 항공기에 대해 우리나라에서 저당권설정등록을 할 수 없을 뿐 아니라, 항공기저당법도 그에 따라 저당권을 설정할 수 있는 항공기는 항공법에 따라 등록한 것이어야 한다고 명시적으로 규정하고 있으므로(동법 제2조) 임차등록은 항상 저당권설정등록에 선행한다. 그러나 임차권의 대항력은 리스계약이 존속하는 것을 전제로 하는바 실제로는 임차인의 채무불이행이 있는 경우 리스계약이 해지되므로 대항력을 인정한 항공법의 규정은 별 의미가 없게 된다.[41)]

3) 저당권의 실행

우리 법상 저당권의 실행은 원칙적으로 민사집행법(제3편)에 정한 경매절차에 의하는바, 그 경우 구체적인 절차는 민사집행규칙(제3편)[42)]에 따라 법원의 주도하에 이루어지므로 이론적으로 특별히 문제될 것

41) 또한 저당권자와 소유자가 발행하는 letter of quiet enjoyment도 리스계약상 임차인의 채무불이행이 없는 경우에 한하여 임차인의 평온한 점유를 보장한다는 취지이므로 실제로 임차인에게 채무불이행이 있는 경우에는 대항력은 의미가 없다.

42) 특히 민사집행규칙 제196조는 항공기에 대한 경매에 관한 규정이다.

이 없다. 항공기저당권과 관련하여 문제로 되는 것은 경매절차에 의하지 아니하고 저당목적물의 소유권을 저당권자가 직접 취득하거나 임의의 방법으로 환가하기로 하는 이른바 유저당의 합의가 유효한가 하는 점인데, 판례와 학설은 저당권설정계약과 동시에 또는 이에 부가하여 체결하는 유저당계약을 유효한 것으로 인정한다.[43] 이에 따라 실무상으로도 저당권설정계약에서 그러한 유저당에 관한 합의를 하고 저당권자에게 유저당에 의한 저당권실행시 저당권설정자의 대리인으로서 서류를 작성하거나 기타 행위를 할 수 있도록 저당권자에게 대리권을 준다. 다만 이때 주의할 것은 유저당에 의하여 경매절차를 피할 수 있는 것은 항공기에 다른 저당권자 또는 가압류, 가처분채권자가 없는 경우에 한한다는 점이다.[44]

종래 국내 항공사가 항공기를 도입함에 있어서 실무상 체결되는 항공기저당권설정계약서는 담보권의 실행에 관하여 다음과 같은 취지로 규정한다. 즉 피담보채권의 발생근거가 되는 대출계약상 채무자의 채무불이행사유가 발생한 경우 저당권자는 즉시 저당권을 실행할 수 있다. 구체적으로 저당권자는 다음과 같은 행위를 할 수 있다.

① 한국 또는 항공기가 소재하는 국가의 권한 있는 기관에 항공기의 압류를 신청하는 행위

② 관할법원의 명령 또는 기타 법에 따라 항공기의 매각을 위한 법적 절차를 개시하는 행위

③ 그의 재량으로 결정하는 조건에 따라 세계의 어느 곳에서든 공

43) 곽윤직, 앞의 책, 345면 이하. 저당권자는 이 경우 정산의무를 부담한다.
44) 다른 저당권자가 없을 것이라는 요건은 곽윤직, 물권법, 박영사, 1980, 581면.

적 경매 또는 사적 계약에 의하여 항공기를 매각하는 행위[45]와

④ 항공기를 관리, 정비 또는 수선하거나, 항공기를 임대하거나 운항하는 행위

저당권자는 이러한 절차를 통하여 수령한 금전을 피담보채권의 변제에 충당하고 잔액이 있는 경우 이를 저당권설정자에게 지급해야 한다. 종래의 이러한 실무는 우리 법에 따라 설정되는 항공기저당권에 있어서 저당권자는 민사소송법의 경매절차에 의하지 아니하고 유저당계약 또는 임의환가 약정에 의하여 저당권을 실행할 수 있음을 전제로 한 것이다. 그러나 위에서 본 바와 같이 우리 법상 유저당계약 또는 임의환가의 약정의 효력이 제한될 수 있으므로, 위 국제적인 항공기 리스거래에 관여하는 한국변호사는 항공기저당권에 관한 법률의견서(legal opinion)에서, 저당권설정계약서가 한국법상 유효함을 확인하되, 다만 그의 조항에도 불구하고 후순위저당권자 또는 가압류채권자와 같은 이해관계인이 있는 경우에는 그 효력이 제한될 수 있음을 지적하고 있다.

3. 케이프타운협약과 항공기의정서[46]

(1) 개관

위에서 보듯이 종래 항공기에 대한 담보권의 설정은 어느 국가의

45) 저당권자는 저당권설정자로부터 처분권한을 위임받아 목적물을 제3자에게 처분할 수 있는데, 이처럼 저당권자에 의한 처분을 가능하게 하기 위하여 저당권설정계약서는 저당권설정자가 저당권자를 그의 대리인으로 선임한 것으로 하고 필요시 위임장을 교부하도록 규정한다.

46) 케이프타운협약에 관하여는 석광현, "항공기에 대한 국제적 담보거래—케이프타

국내법에 따라 이루어지므로 담보권의 준거법의 결정과 담보권의 국제적 승인이 관심의 대상이었다. 따라서 1948년 '항공기에 대한 권리의 국제적 승인에 관한 제네바협약(Convention on the International Recognition of Rights in Aircraft)'이 체결된 바 있으나 이는 불충분하였다.[47] 이러한 상황하에서, 고가의 이동장비를 위한 효율적인 금융을 조달하기 위한 방안으로 사법통일을 위한 국제연구소(UNIDROIT)는 국제민간항공기구(International Civil Aviation Organization, ICAO)와 공동으로 국제적으로 이동하는 장비(항공기, 철도차량과 우주자산)에 대한 국제적 권리(내지 담보권)에 관한 협약의 제정 작업을 추진한 결과 2001년 말 '이동장비에 대한 국제적 권리에 관한 협약 및 항공기의정서(Convention on International Interests in Mobile Equipment and Aircraft Protocol)'가 채택되었는바 이것이 케이프타운협약(이하 '케이프타운협약'이라 한다)이다.

케이프타운협약과 의정서의 목적은 첫째 모든 체약국들에서 승인되는 국제적 권리의 설정, 둘째 채권자에게 채무불이행시의 구제와 도산시의 구제를 부여하고 채무불이행시 최종 결정에 앞서 신속한 임시구제를 제공하는 것, 셋째 국제적 권리의 등록을 위한 국제적 전자등록부를 설정함으로써 제3자에게 권리의 존재를 알리고 채권자로 하여금 후순위채권자 등에 대해 우선권을 보존할 수 있도록 하는 것, 넷째 의정서를 통하여 관련 산업분야의 특정한 수요에 부응하도록 보

운협약과 항공기의정서를 중심으로—," 국제거래법연구 제12집, 2004, 163면 이하 ; 초안에 관하여는 윤여균/장선, 운송장비의 국제담보권협약 연구, 법무부, 2001, 참조. 미국, 아일랜드와 말레이시아 등이 협약과 의정서에 가입함으로써 협약은 2004. 4. 1., 항공기의정서는 2006. 3. 1. 각 발효되었다. 최근 2009년 2월에는 중국이 케이프타운협약과 의정서를 비준하였다.

47) 우리나라는 이 협약의 가입국이 아니다.

장하는 것과, 다섯째 이러한 수단에 의하여 여신을 제공하려는 채권자에게 여신제공결정에 대한 보다 큰 확신을 부여하고 채무자의 신용도를 증가시키고 차입비용을 절약함으로써 모든 이해관계인들에게 도움이 되도록 하는 것이다.[48)]

(2) 케이프타운협약의 특색

케이프타운협약은 적용대상인 모든 이동장비에 공통적으로 적용되는 조항을 규정한 '기본협약(framework convention 또는 basic convention)'과 각 이동장비별로 그에 특유한 조항을 정한 '의정서(protocol)'들로 구성된다. 현재 '철도차량에 관한 의정서(Protocol on Matters specific to Railway Rolling Stock)'와 '우주자산에 관한 의정서(Protocol on Matters specific to Space Assets)'의 예비초안이 작성되어 논의중이다. 협약은 다음과 같은 특색을 가진다.

현재는 준거법인 각국의 국내법에 따라 이동장비에 대한 권리 내지는 담보권이 설정되고 있고, 기존의 국제조약은 그와 같이 설정된 권리 내지는 담보권을 국제적으로 승인하는 것을 목표로 하나, 케이프타운협약은 국내법과 관계없이 협약 자체에 기초하여 모든 체약국들에서 승인되는 독자적인 '국제적 권리(international interest)'의 설정을 목표로 하는 점에 특색이 있다. 현재는 이를 위한 공시제도가 없으므로 협약은 국제등록부를 도입하고, 국제등록에 의해 우선권(priority)을 판단하도록 한다. 또한 협약은 성안과정의 측면에서도, 협약과 항공기의정서의 성안과정에 이익집단 특히 항공그룹과 같은 민간부문이 단순

48) Sir Roy Goode, Official Commentary, 2002, p.6 para.11.

한 조언자가 아니라 major player로서 참여했다는 점이 특색이다.

(3) 케이프타운협약과 항공기의정서의 주요내용

케이프타운협약과 항공기의정서의 주요내용은 다른 기회[49]에 논의한 바 있으므로 여기에서는 그에 대한 논의는 생략한다.

(4) 케이프타운협약의 의의와 가입

우리는 현행법상 항공기저당권을 설정할 수 있으므로 우리 항공사들이 항공기를 이용하여 금융을 조달함에 있어 항공기에 관한 담보법제의 미비로 인하여 크게 문제가 있는 것은 아니다. 어쨌든 항공기저당권을 이용하여 국내항공사들이 항공기를 도입하고 있음은 이를 증명하는 것이다. 그러나 장차 세계의 유수한 국가들이 케이프타운협약과 항공기의정서를 채택한다면 우리나라도 이를 채택하지 않을 수 없을 것이다. 그 경우 우리 항공사들도 금융비용을 낮추고 담보권과 관련된 법적 불인정을 제거할 수 있기 때문이다. 지금으로서는 케이프타운협약과 항공기의정서에 대하여 좀 더 면밀한 검토를 수행하면서 외국의 추이를 지켜볼 일이다. 그와 함께 엔진에 대한 등록제도를 포함하여 현행 항공기담보제도의 미비점을 개선할 필요가 있다.

---

49) 케이프타운협약의 주요내용은 석광현, 앞의 논문(주 46), 172면 이하 참조.

VI. 항공보험[50)]

1. 부보의무

항공사고로 인한 손해의 대형성, 거액성, 전손성에 비추어 항공기운항자의 위험부담을 전가함으로써 항공기업의 존속을 가능하게 함과 동시에 피해자를 위한 손해배상의 확보를 위하여[51)] 항공운송사업진흥법은 강제책임보험제도를 채택하고 있다. 국제항공기리스의 실무상으로는 리스계약에서 임차인[52)]이 그의 비용으로 항공보험에 가입하여야 함을 명시하고 그 구체적인 보험의 범위와 조건 등에 관하여 상세한 규정을 두는 것이 보통이다.

2. 항공보험의 종류

주요한 항공보험의 종류로는 다음과 같은 보험을 들 수 있다.

(1) 기체보험(hull insurance) : 보험사고로 인하여 항공기가 손상되거나 멸실된 경우 그에 따른 손해를 보상할 것을 내용으로 하는 보험(hull all risks insurance)으로 전쟁 및 그와 관련된 위험으로 인한 손해는

---

50) 항공보험에 관한 상세는 Rod D. Margo, Aviation Insurance 2nd. ed., Butterworths, 1989를 참조.

51) 항공보험의 필요성과 특성에 관하여는 최준선, 국제항공운송법론, 삼영사, 1987, 274-276면.

52) 종래 통상의 국내리스계약에 있어서는 임대인이 임차인의 비용으로 동산종합보험 등 보험계약을 체결하는 것이 일반적이었으나 최근에는 임차인이 보험계약을 체결하는 예도 있는 것으로 보인다.

보상하지 아니한다. 후자의 손해를 보상하기 위한 것이 이른바 전쟁위험기체보험(hull war risks insurance)이다.

(2) 운송인의책임보험(carrier's liability insurance) : 보험사고로 인하여 항공사가 손해배상책임을 부담하게 될 경우 그로 인한 손해를 보상하기 위한 보험인바, 이는 다시 여객배상책임보험(passenger liability insurance), 제3자배상책임보험(third party liability insurance), 화물배상책임보험(cargo liability insurance) 등으로 나누어진다.[53)]

실무상 보험계약은 국제적으로 정형화된 항공보험의 조건[54)]에 변경을 가하여 체결되는 것이 보통이고 그 조건에 관한 협의도 보험회사와 리스회사 또는 채권은행과 보험회사 또는 보험중개인(insurance broker)에 의하여 직접 이루어지고 있다. 실제로 항공사가 소정의 보험계약을 체결하였다는 증거로 제출하는 서류는 보험증권이 아니라[55)] 보험중개인이 작성한 보험증명서(insurance certificate)이다.[56)]

---

53) 그 밖의 보험의 종류에 관하여는 Margo, 앞의 책, 제11장 이하 ; 최준선, 앞의 책, 279-281면 참조.

54) 그 예로 AVN이라고 지칭되는 표준화된 보험계약의 조건을 들 수 있다. 예컨대 런던보험시장에서 널리 사용되고 있는 AVN 1에는 Lloyd's Aviation Underwriters Association(LAUA)가 작성한 것, Aviation Insurance Offices Association(AIOA)가 작성한 것과 Joint Technical and Clauses Committee(JTCC)가 작성한 것 등이 있다. Margo, 앞의 책, 113면 주 3. 참고로 JTCC는 런던보험시장에서의 항공보험인수의 기술적 측면과 표준보험약관의 문안 등을 검토하고 그에 대한 수정안을 작성하고 실행할 목적으로 LAUA와 AIOA가 공동으로 설립한 위원회이다. Margo, 앞의 책, 40면.

55) 보험증권을 제출하지 않는 이유는 다수의 보험회사들로부터 보험증권을 받는 것이 번거로울 뿐 아니라 영업상 비밀에 해당하는 사항을 공개하기를 원하지 않기 때문이다. Peter J.C. Viccars, in Aircraft Financing, p.251.

56) 이때 보험중개인은 선행조건서류의 하나로서 예컨대, 보험계약자가 보험료를 납

3. 원보험계약

보험계약을 우리나라 보험회사와 체결하는 경우 보험계약의 준거법은 우리 법으로 정하는 것이 보통이다. 외국법을 준거법으로 할 수 있는가를 결정하기 위하여는 국내항공사와 국내보험사 간에 체결하는 보험계약이 섭외적인 요소가 있는 국제계약인지 여부를 검토해야 할 것이다. 과거 섭외사법하에서는 순수한 국내계약에 대해 외국법을 준거법으로 합의할 수 있는지와 그렇게 합의할 경우 이를 이른바 '실질법적 지정'으로 이해할지가 문제되었으나 국제사법(제25조 제4항)은 유럽공동체의 1980년 '계약채무의 준거법에 관한 협약(이른바 로마협약)'[57]을 받아들여 순수한 국내계약의 경우에도 외국법을 준거법으로 지정하는 것을 허용하되 국내적 강행규정의 적용을 배제하지 않는다는 취지의 규정을 둠으로써 의문을 해소하였다.

원보험계약의 경우 실무상 문제로 되는 것은 리스회사 또는 그의 채권자인 금융기관들이 보험사고가 발생하는 경우 기체보험금을 국내보험사부터 직접 수령하고자 하는 점이다. 이를 위하여 리스회사와 채권은행들을 공동피보험자(additional assureds)로 기재하고 이들을 이른바 'loss payee'로 기재하도록 하는 loss payable clause를 두는 방식이 사용되고 있다. loss payable clause를 사용한 경우 그것이 보험금수령자(loss payee)에게 단순히 보험금 수령권한만을 준 것인지 아니면 나아가 보험회사에 대하여 직접 보험금의 지급을 청구할 수 있는 권리를

부하지 않는 경우 통지를 할 것 등 일정한 사항을 약정하는 약정서(letter of undertaking)도 리스회사 또는 금융기관들에게 제출한다.

57) 로마협약에 대하여는 석광현, "계약상 채무의 준거법에 관한 유럽공동체협약(일명 "로마협약")," 국제사법과 국제소송 제1권, 박영사, 2001, 53면 이하 참조.

준 것인지가 법률적으로 명쾌하지 않다는 점이다. 이 점에 관하여 일본에서는 활발한 논의가 있는 것으로 보이나 사견으로는 구체적인 loss payable clause의 문안에 따라 그 성질과 효과를 결정하여야 할 것으로 생각된다.

4. 재보험계약

국내보험회사가 항공회사와 원보험계약을 체결하는 경우 위험을 분산시키기 위하여 외국의 보험사들과 재보험계약을 체결한다.[58] 재보험계약과 관련하여 실무상 문제로 되는 것은 원보험계약의 경우와 같이 보험사고가 발생하는 경우 리스회사 또는 채권은행들이 기체보험금을 국내보험사를 거치지 아니하고 재보험사로부터 직접 수령하고자 하는 점이다.

이를 위하여 사용되는 방법이 리스회사와 채권은행들을 공동피보험자(additional assureds)로 기재하는 외에 재보험계약에 이른바 "cut-through clause"를 두는 방식이다. 원보험의 피보험자는 원칙적으로 재보험사에 대하여 직접적인 청구권이 없기 때문에,[59] 이러한 조항은 원보험회사가 파산한 경우 매우 중요한 의미를 갖는다. 종래 국내보험사들은 실무상 이러한 cut-through clause를 재보험계약에 넣는 것을 꺼리고 있다. cut-through clause에 관하여는 그의 성질을 비롯하여 그에 대한 보험업법과 외국환거래법상의 규제 등 이론적인 문제가 많이 있

58) 실무상으로는 이를 보험의 출재(to cede)라고 한다. 우리나라의 경우 인수가액의 거의 대부분이 영국의 Lloyd 보험시장에 재보험되고 있다, 최준선, 앞의 책, 279면.
59) Margo, 앞의 책, 335면 주 13.

으나 이곳에서는 논의를 생략한다.[60]

VII. 조세문제

국제항공기리스와 관련한 조세문제는 매우 복잡하다. 우선 리스계약에 따른 리스료와 수수료 등에 대한 법인세의 원천징수문제가 있다. 또한, 항공기의 수입에 따른 관세, 부가세, 항공기의 등록에 따른 등록세, 항공기의 소유자가 부담하는 재산세, 항공기에 대한 소유권이전이 있는 경우의 양도차익에 대한 법인세 등이 부과되는가의 여부와 그 과세표준 및 과세방법 등이 주로 문제되나 이곳에서는 주요 조세만 간략히 논의하기로 한다.

---

60) 그의 법적 성질은 구체적인 경우에 따라 차이가 있을 수 있으나, 일반적으로는 재보험계약에 사용되는 loss payable clause라고 보는 것으로 이해된다.

61) 법인세법상 금융리스는 아래와 같이 정의되어 있다(법인세법 시행규칙 제13조).
"제13조 (금융리스의 범위) 영 제24조 제5항에서 '재정경제부령이 정하는 금융리스'라 함은 「여신전문금융업법」 또는 「중소기업진흥 및 제품구매촉진에 관한 법률」에 의한 시설대여(리스기간 동안 계약해지금지조건이 부여된 리스에 한하며, 이하 이 조에서 '리스'라 한다)로서 다음 각 호의 1에 해당하는 것을 말한다.
1. 리스기간 종료시 또는 그 이전에 리스이용자에게 리스자산의 소유권을 무상 또는 당초 계약시 정한 금액으로 이전할 것을 약정한 경우
2. 리스기간 종료시 리스자산을 리스실행일 현재 취득가액의 100분의 10 이하의 금액으로 구매할 수 있는 권리가 리스이용자에게 주어진 경우 또는 동 리스자산의 취득가액의 100분의 10 이하의 금액을 재리스 원금으로 하여 재리스할 수 있는 권리가 리스이용자에게 주어진 경우
3. 리스기간(리스기간 종료시점에서 해지금지조건이 부가된 재리스의 약정이 있는 경우에는 재리스기간을 포함한다)이 별표 5 및 별표 6에 규정된 리스자산의 자산별 · 업종별(리스이용자의 업종에 의한다) 기준내용연수의 100분의 75 이상인 경우

1. 리스료에 대한 법인세

금융리스와 운용리스에 관한 법인세법상 구분[61]이 국제리스에도 그대로 적용되는지는 불분명한 것으로 보인다. 그러나 실무상 국외거래에 있어서는 유권이전 조건부 약정에 의한 자산의 임대는 법인세법 시행령(제68조 제3항)에 따라 '장기할부조건매매'로 취급되고 있다. 법인세법상 '장기할부조건'이라 함은 자산의 판매 또는 양도로서 판매금액 또는 수입금액을 월부 · 연부 기타의 지불방법에 따라 2회 이상으로 분할하여 수입하는 것 중 당해 목적물의 인도일의 다음날부터 최종의 할부금의 지급기일까지의 기간이 1년 이상인 것을 말하는데 소유권이전 조건부인 국외리스거래가 위 지급조건을 갖추는 경우 이를 장기할부 매매거래와 동일하게 취급하는 것이다. 그로 인해 대부분의 항공기금융리스거래는 장기할부조건의 매매로 간주되어 이를 국내에서 과세하지 아니한다.

2. 취득세

지방세법상 항공기를 취득한 자는 취득세를 납부하여야 한다(지방세법 제105조). 그런데 외국인 소유의 시설대여물건을 국내의 대여시설 이용자에게 대여하기 위하여 수입하는 경우에는 수입하는 자가 이를 취득한 것으로 본다(동조 제8항). 따라서 국제항공기리스거래에서는 임차인인 수입자가 항공기를 취득한 것으로 간주하고 법률상 소유자인

4. 리스실행일 현재 기본리스료를 영 제79조 제2호의 규정에 해당하는 리스회계처리준칙에 의하여 현재가치로 평가한 가액이 당해 리스자산의 장부가액의 100분의 90 이상인 경우."

임대인은 이를 항공기를 취득하는 것으로 보지 않고 있다. 한편 항공법에 의하여 면허를 받거나 등록을 한 정기항공운송사업 · 부정기항공운송사업 또는 항공기사용사업에 직접 사용하기 위하여 취득하는 항공기에 대하여는 취득세를 면제한다.

3. 등록세

항공기에 관한 권리의 취득 · 이전 · 변경 또는 소멸에 관한 사항을 항공기등록원부에 등록하는 경우에는 그 등록을 받는 자는 지방세법에 따른 등록세를 항공기의 정치장 소재지에서 납부하여야 한다.[62]

4. 재산세

항공기를 사실상 소유하고 있는 자는 재산세를 납부할 의무가 있다. 다만 과세기준일 현재 정기항공운송사업 · 부정기항공운송사업 또는 항공기사용사업에 직접 사용하는 항공기에 대하여는 재산세의 100분의 50을 경감한다.

VIII. 맺음말

이상에서 국제항공기리스와 관련하여 실무상 제기되는 법적인 문제점들을 개략적으로 살펴보았는데, 국제항공기리스거래를 올바르게

62) 등록세의 종류와 세율은 지방세법 제135조 참조.

이해하고 운용하기 위하여는 외국환거래, 대외무역, 항공기등록제도, 항공기저당권, 항공보험과 조세문제, 도산법상 문제점 등 국제항공기 리스거래에 관계되는 여러 가지 법 분야에 대한 체계적인 이해가 요구됨을 알 수 있다.

나아가 항공기에 관한 법률문제에 있어서는 특히 국제조약의 중요성이 증대되고 있으므로 외국법에 대한 비교법적인 연구와 국제조약(예를 들어 UNIDROIT가 채택한 국제금융리스협약 및 케이프타운협약)에 대한 보다 깊이 있는 이해가 필요하다. 또한 전에도 지적한 바이지만, 항공법과 같은 매우 중요한 법률의 개정이 많은 법률가들의 관심을 받지 못한 채 이루어지고 있는바 국제항공기리스 기타 국제항공기금융이 점증할 것으로 기대되므로 이 분야에 관한 논의가 활발하게 되기를 희망한다.

8

제8장 선박 금융의 실무 소개*

정우영**

I. 서론

1. 선박 금융이란

선박 자체의 교환가치 및 선박으로부터의 수익(Revenue)을 담보로 이용하여 이루어지는 금융을 선박 금융(Ship Financing)이라 하며, 항공기 금융(Aircraft Financing)과 더불어 소위 Asset Based Financing의 대표적인 예의 하나이다.

즉, 선박 금융상의 대주(Lender)는, 차주회사(Borrower) 또는 용선주(이하 'Charterer')의 일반재산으로부터 채권회수를 도모하는 것이 아니라, 차주 또는 용선주가 대주로부터 차입한 자금으로 획득(소유 또는 나용

---

* 이 논문은 BFL 제19호(2006. 9)에 게재되었다.

** 법무법인 광장 변호사

선)한 선박 그 자체 또는 동 선박을 운용하여 발생한 수익으로부터 대출 원리금을 회수할 것을, 신용 제공의 기초로 삼는다.

선박 금융은 다음과 같은 특징을 가진다. ① 대출금의 규모가 크다. 물론, 오래된 중고 소형 선박은 100만 달러 안팎의 적은 금액으로 구입할 수도 있으나, 국제 운송에 사용되는 선박은 대부분 수천만 달러에서 수억 달러(2006년 시장가 기준 : VLCC가 약 1억 2천만 달러, LNG 2억 5천만 달러)에 이른다. ② 원리금 상환기간이 대체로 길다. 선박의 수익구조에 따라 다르기는 하나, 통상 7~15년에 이르는 것이 일반이다. ③ 선박의 수익을 기초로 하는 까닭에 상환방법으로 통상 원리금합계 균등 상환방식(level payment)을 취하는 것이 일반이다. ④ 선박별 독립된 소유구조를 취하는 것이 일반이다. 해당 선박별 수익구조를 담보로 할뿐더러, 이행지체시에 해당 선박의 매각을 통한 채권회수를 용이하게 하기 위하여 선박운항회사(용선주, Charterer)와 별도의 형식상 소유자(SPC : 아래 부연 설명)를 두고 동 소유자를 대주가 직 · 간접적으로 지배한다. ⑤ 보험이 중요한 담보로 역할을 한다. 선박이 교환가치가 뛰어난 것은 분명하나 운항위험이 높은 자산 중의 하나이므로 반드시 보험을 필요로 한다. ⑥ 계약 구조가 상대적으로 복잡하다.

2. 국내에서의 선박 금융 현황

1990년대 이전에는 한국수출입은행(K-EXIM)이 제공하는 선박 금융과 한국산업은행(KDB)이 제공하는 계획조선 자금의 대출 및 일본계 종합상사에 의한 선박 금융이 주종을 이루었다. 특히 일본계 종합상사는 국내 선박시장에 대한 정보력과 막강한 자금력을 바탕으로 국내 선박 금융시장을 독점하다시피 하였다.

1990년대 초반에 들어, 유로 달러 시장에서의 운용금리가 점차 하회하여 일반금융기관의 금리가 위 K-EXIM, KDB 및 일본계 종합상사가 제공하는 금리보다 상대적으로 유리해지자 일반 금융기관의 유로 달러 금융이 점차 고개를 들기 시작하였으며, 특히 1990년대 초반에 이루어진 한국가스공사가 입찰한 LNG 도입을 위한 선박 금융이 다수의 국내 및 국외 금융기관의 참여하에 성공적으로 이루어지면서, 이를 계기로 1990년대는 유로 달러 선박 금융이 주종을 이루게 되었다. 더욱이 이 시기에는 종합금융회사 및 리스회사까지 선박 금융시장에 경쟁적으로 참여함으로써 1997년까지 국내 금융시장에서 선박 금융은 황금기를 맞게 되었다. 그러나 1997년 후반에 몰아친 외환위기는 다른 산업분야와 마찬가지로 선박 금융시장을 얼어붙게 만들었으며, 이는 2002년까지 지속되어 약 5년간은 국내 일반 은행이 주도하는 대형 선박 금융은 전무한 상황이었다. 이 시기에 있었던 몇 안 되는 대규모 선박 금융은 거의 모두 유럽계 은행과 일본계 종합상사가 추진하였으며, 국내은행은 매우 적은 금액 정도를 Junior Basis(후순위 대주의 지위)로 참여한 것이 대부분이다.

2002년 이후 국내 일반은행을 중심으로 선박 금융이 기지개를 펴는 듯하였으나, 회계 부정사건과 북핵 문제가 금융시장의 화두로 대두되면서, 다시 정체 국면을 맞다가 2004년 이후 국제적인 해운 운임 및 선가의 급격한 상승으로 인하여 선박 금융시장이 최고의 활황 국면을 맞고 있다.

3. 대상 선박

선박 금융의 대상 선박은 대부분 상선이며, 그중에서도 유로, 달러나 엔화 등 외화표시 금융의 대상이 되는 선박은 외항 상선이 주종을 이룬다. 외항 상선으로 국내 선박 금융의 주종을 이루고 있는 것은 ① 일반 잡화선(Cargo Carrier) ② 컨테이너 운반선(Container Carrier) ③ 광탄선(Ore Carrier) ④ 일반 유류 운반선(Tanker) ⑤ 원유전용 운반선(Crude Oil Carrier) ⑥ 천연가스 운반선(LNG Carrier) 등이 있다.

수익의 대부분이 외화인 외항 상선이 선박 금융의 주 대상이 되는 것은, 원화에 비하여 상대적 저금리인 선박 금융이 대부분 유로, 달러를 중심으로 하는 외화로 이루어지기 때문이다. 만일 차입 화폐와 수익 화폐가 다르면 Currency Swap을 하여야만 하고 이에는 다소간의 swap cost가 투입되어야 하므로 실질금리(all-in-cost) 인상의 효과를 초래하게 된다.

II. 국내에서의 선박 금융 실태

1. 일반은행의 선박 금융

일반은행이 선박 금융에 관여하는 형태는 해당 금융구조에 따라 천태만상이겠으나, 크게 구분하면 대체로 ① 보증을 제공하는 방법과 ② Buyer에 대한 직접 대출 방법 두 가지로 구분된다. 전자는 타 은행이 대출할 수 있도록 보증서를 제공하는 것으로 통상 Guarantee 또는 Standby L/C형태로 발행된다. 후자는 말 그대로 Buyer에게 직접 금융을 제공하는 것으로 통상적으로 해당 선박 소유를 위하여 설립되는 SPC(Special Purpose Company : Special Purpose Vehicle이라고도 함)에 대한 대출 형태로 이루어진다. 그 자세한 내용은 후술하는 바와 같다.

일반은행은 다른 기관에 비하여 저리 자금 모집이 상대적으로 자유로우므로, 저리로 대규모 자금이 필요한 경우 능동적으로 대처할 수 있는 장점이 있는 반면, 은행 심사규정의 경직성으로 인하여 금융구조 및 담보요건을 정함에 있어 아래 기술한 형태에 비하여 융통성이 상대적으로 떨어지는 단점이 있다.

2. 종합상사의 선박 금융

종합상사의 선박 금융형태는 그 실질은 위 일반은행의 경우와 유사하나, 국내법상 금융업을 할 수 없으므로, 법률적 형태는 ① 단순 금융주선형과 ② 금융 개입형으로 구분할 수 있다. 전자는 금융거래 기법에 관한 지식과 경험에 있어 우월한 지위에 있는 종합상사가 이를 이용하여 금융을 주선하는 거래로, 그 대가로 수수료를 받거나 수출실적을 쌓게 된다. 후자는 종합상사가 선박 금융을 성사시키기 위하여 담보 또는 보증을 제공하거나 또는 국내법의 적용을 받지 않아 금융업무를 할 수 있는 해외 자회사를 통하여 신용을 제공하거나 자본을 투자하는 형태의 거래를 의미한다.

일반은행의 경우에 비해 보다 많은 융통성을 발휘할 수 있다는 장점이 있는 반면, 큰 자금을 모집하기에는 일반은행에 비해 상대적으로 불리하므로 중형급 선박 금융에 많이 활용되었으나, 현재는 잘 이용되지 않고 있다.

3. 리스회사의 선박 금융

리스회사의 선박 금융은 주로 중소형 선사를 대상으로 이루어졌으며, 리스회사의 리스거래는 원화 대출이 주를 이루므로 수입이 원화인 국내 내항에서 운영되는 중소형 선박을 대상으로 하였다.

물론, 다수의 리스회사가 Syndication을 구성하여 외화표시 대규모 선박 금융거래를 취급한 예도 적지는 않으나, 이는 국내 리스회사의 차입비용 등을 고려할 때 1994~1996년 사이의 일시적 현상으로 보는 것이 적절할 것 같다.

계약상의 특징으로는 일반은행의 선박 금융에서는 나용선 또는 소유권이전조건부 나용선(국취부나용선 또는 BBCHP라고도 하며 이하 혼용함) 거래형태를 취하는 반면에, 리스회사의 경우는 법률상 부여된 영업 목적에 맞추어 리스계약형태로 계약을 체결하는 것이 일반이다.

4. 선박투자회사법이 고려하는 선박 금융

SPC를 해외에 설립하는 대신 국내에 주식회사형태로 설립하고, 주식을 발행하여 주식시장에서 선박확보를 위한 자금을 모집할 것을 고려한 형태의 거래이다.

외환위기 이후 일반은행의 선박 금융시장이 아직 침체기를 벗어나지 못하고 있는 상황에서(외환위기 이후 많은 수의 리스회사가 파산하여 리스회사는 2~3개를 제외하고는 신규 선박 금융을 하지 못하고 있음), 선사의 선박 수요가 늘어나자 이를 타개하기 위한 방편의 하나로 입법된 것이 선박투자회사법이다. 노르웨이나 독일의 선박투자 전문 Fund 제도(독일의 Kommendit Gesellschaft Fund/노르웨이의 Kommandit Selskap Fund)를 참조한 것으로 보인다.

선박 투자회사법을 제정하게 된 본질적인 이유는, 외환위기 이후 금융기관이 대출함에 있어 선박 도입에 필요한 금액(선박 건조가액 및 건조 중 이자의 합계금)의 70~80%에 상당하는 금액만을 대출하는 것으로 입장을 전환한 반면(외환 위기 전에는 100% 대출이 가능하였음) 외환위기를 가장 크게 겪은 선사들 입장에서는 20~30%에 달하는 자기자본 투자금을 지급할 여력이 없어, 이러한 자기 자본 투자금 상당액을 각 선박 단위별로 국내 주식시장 등을 통해 조달할 수 있는 길을 열어 줌으로써 선사들의 선박의 발주 및 조달을 보다 용이하게 하자는 데에 있다.

동법은 선박 소유만을 목적으로 하는 국내회사('선박투자회사')의 설립과 동 선박을 운영 · 관리할 '선박운용회사' 및 '자산관리회사'의 설립 근거 및 선박 투자회사에 투자한 투자자보호를 주된 내용으로 하고 있다.

2002년 8월부터 시행되어 2003년 3월 최초의 선박 운용회사가 설립된 이후 2006년 중반까지 4개의 선박 운영회사가 설립되었고, 약 45척의 선박이 선박투자회사법에 의하여 건조되어 외환위기 이후 위축되었던 선박 금융시장에 새로운 활력을 불어넣는 계기가 되었다.

III. 선박 금융구조

1. 기본구조

일반은행의 선박 금융의 기본구조는 아래 〔그림 1〕에서 보는 바와 같다. 리스회사의 경우는 리스회사가 직접 선박의 소유권을 취득하여 선사에 리스로 제공하는 형태가 기본적인 형태이기는 하나 구조가 매우 간단하여 본고에서는 논의하지 않기로 한다.

일반은행 주도의 선박 금융이 이루어지는 실무적인 형태는 다음과 같다.

① 선사와 조선소 간의 선박 건조 여부 및 가격, 지급 화폐의 종류 협의
② 선사의 대출의향이 있는 금융기관 물색
③ 선사와 대출금융기관 간의 Mandate 교환
④ 해외 SPC 설립
⑤ 관련 계약 체결
⑥ 외환관리법 등에 따른 제반 인 · 허가취득
⑦ 분할 대출 및 선박 건조 시작
⑧ 선박의 SPC에 인도 및 선사에 인도
⑨ ⑧과 동시에 선박의 소유권 및 저당권 등기 완료
⑩ 대출금 회수 시작

2. 소유자(SPC)의 설립과 선박의 국적

(1) SPC의 설립과 국적의 선택

1) SPC는 Special Purpose Company의 약어이며 Special Purpose Vehicle(SPV)이라고도 불린다. 금융대상사업의 수익(Revenue)을 기초로 하여 금융을 제공하는 이른바 Project Financing의 경우 그 실질 운영자의 다른 수익 및 위험과 혼재되는 것을 피하기 위하여 통상적으로 SPC를 설립하는 것이 일반이다.

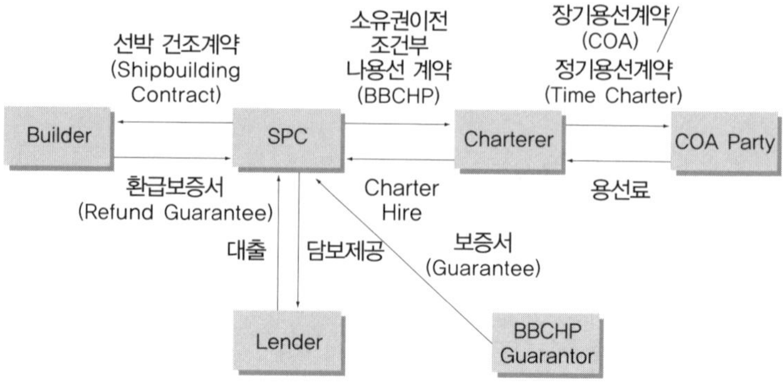

〔그림 1〕 선박 금융의 기본구조도

2) 선박을 소유할 SPC를 어디에 설립할 것인지 여부는, 선박에 대한 과세 여부(재산세, 양도세 등), 해당 법인(SPC)에 대한 법인세 부과 여부 및 세율, 설립 및 제반 등록절차의 편의성 및 소요비용, 제3국 입항 관련 제한 및 특혜 여부, 관련 당사자 간의 제반 금전의 수수에 대한 원천징수 여부, 선박우선특권과 저당권 간의 권리의 순위 및 선박의 국적지를 어디로 할 것인가 등 여러 가지 사항을 고려하여 결정한다.

3) SPC의 설립지와 선박의 국적이 반드시 동일하여야 하는 것은 아니다. 국적에 관한 각국의 제도는 다양하여, ① 선박의 소유권 전부가 자국민의 소유인 경우에만 국적을 부여하는 국가, ② 선박 소유권의 일부가 자국민에 속하는 경우에 국적을 부여하는 국가, ③ 선박 소유권의 전부가 자국민에 속하고 더불어 승무원의 일정수가 자국민이어야 국적을 부여하는 국가, ④ 선박 소유권의 일부가 자국민에 속하고 승무원의 일부가 자국민이어야 국적을 부여하는 국가, ⑤ 일정한 요건 없이 제3국에 등록되어 있지 아니하고 소유자가 희망하면 국적을 부여하는 국가 등이 있다. ⑤ 의 경우를 편의치적(flag of convenience)이라

하며 대표적인 편의치적국으로는 파나마, 온두라스, 벨리즈, 마셜제도 등이 있다.

선박의 국적은 해상기업의 보호 · 감독을 위한 행정적 규제대상을 결정하고 국제법상 선박의 관리와 책임의 소재를 표시하며 국제사법상 선박과 관련된 법률관계의 해결에 적용될 준거법 지정의 요소가 되므로 매우 중요한 요소이다.

4) 위 2)에서 언급된 요소를 고려하여 비용 및 세제가 선박 금융에 가장 적합하고 국적의 발급이 쉬운 국가를 물색하여 보면 대체로 편의치적을 인정하는 국가로 국한된다. 이 중 대부분의 선사가 가장 선호하는 곳이 파나마이며, 미국계 선사가 선호하는 곳은 마셜제도이다. 벨리즈는 최근 다소 이용되고 있으나 그다지 이용도가 높지는 않으며, 온두라스는 등록절차의 불편함으로 인하여 별로 사용되지 않고 있는 편이다.

(2) 선박 금융에 SPC를 사용하는 이유

1) 선박 금융에서 SPC가 많이 사용되는 것은 —해운업은 위험기업으로 선박 소유에 따른 위험이 선사의 기타 자산에까지 확산되는 것을 방지하기 위하여—소유와 운영을 분리하는 오랜 연혁에 기인한다. 전 세계적으로 1선박 1선주(SPC) 원칙은 해운업계에 확고하게 자리 잡고 있다.

2) 우리나라의 소유권이전 조건부 나용선계약(BBCHP)은 반드시 SPC 설립을 전제로 이루어지고 있는데, 이러한 형식이 필요한 이유는

우리나라의 외국환거래법상의 엄격한 외환 및 금융거래 규제를 가능한 완화 · 회피하려는 금융기관과 해운회사들의 요구와 이에 대한 정부의 배려 때문이다.[1)]

3) 특정 사업(선박운송업)의 현금흐름이 실질 사업주(운영선사)의 현금흐름과 혼합되지 않고, 한 사업의 현금흐름이 다른 사업의 현금흐름과 혼합되는 것도 막을 수 있어 특정 사업의 현금흐름이 투자자에게 담보로서의 진정한 효과를 가지게 하여 투자의 안정성을 꾀할 수 있다

4) SPC가 편의치적선제도와 연계될 경우, 아래와 같은 편의치적선제도 이용의 이점[2)]을 얻을 수 있다.

① 통상의 자유에 대한 정치적인 제한에 대한 회피수단(예 : 정치적 이유로 특정한 국가에 경제적 제재를 가할 때 경제적 제재에 참가한 국가의 무역업자가 편의치적선을 이용하여 이들 국가와 무역거래를 할 수 있음)

② 선주 소속국의 정치적 불안으로부터 회피(예 : 그리스의 정치적 불안을 피하기 위하여 그리스 선주가 편의치적 활용, 1997년 홍콩의 중국반환시 불안을 느낀 홍콩 선주가 영국, 홍콩 등록선을 편의치적국으로 이전)

③ 조세부담의 완화(편의치적국은 전통적으로 등록세와 매년 징수하는 소액의 톤세를 제외하고는 선주의 소득에 대하여 어떤 종류의 조세도 징수하고 있지 않음. 그러나 최근 우리나라도 제2선적제도와 톤세제도를 도입함에

1) 손일태/김건우, "해운산업의 효율적인 자금조달 방안," 산업논집 제27집(2002. 12), 경희대학교 산업관계연구소, 226면.

2) 민성규/최재수, "선박국적제도의 국제법상 의의와 국적취득조건부나용선 선박의 통관문제," 한국해법학회지 제26권 제2호(2004. 11), 454-455면.

따라 해운기업은 조세부담의 완화보다는 금융상의 이유로 편의치적을 활용하고 있음)

④ 보다 저렴한 제3국 선원의 활용

⑤ 금융상의 편의(편의치적선은 금융기관의 선박에 대한 저당권 확보, 저당권 실행 등이 매우 용이하여 국제금융에 대한 담보용으로 금융기관이 매우 선호함)

⑥ 선박의 안전기준유지 등에서의 비용 저렴(초기의 편의치적선 이용 이유였으나 그 후로는 점차 감소됨)

(3) SPC 소재 국가로의 편의치적과 관세법

우리 대법원 판례는 일관하여, "선박운항에 관한 중추 기업이 소재하는 국가와는 별도의 국가에 형식적으로 개인명의 또는 법인을 설립하여 그 명의로 선박의 적을 두고 그 나라의 국기를 게양하는 이른바 편의치적제도는 그 자체가 위법한 것이라 할 수는 없더라도, 우리나라에 거주하는 자가 외국에 있던 선박을 사실상 소유권 내지 처분권을 취득하고 나아가 그 선박이 우리나라 국적을 아직 취득하지 아니하였더라도 실질적으로 관세 부과의 대상이 되는 수입에 해당한다고 보는 것이 실질과세의 원칙에 비추어 타당하다"라는 입장을 취하고 있다(대법원 2004. 3. 25. 선고 2003도8014 판결, 2000. 5. 12. 선고 2000도354 판결, 1998. 4. 10. 선고 97도58 판결 등 다수).

이에 따르면, 선박의 법률적 소유권이 해외 편의치적국에 소재한 법인에 있다 하더라도, 국내 선사가 주식 또는 신탁증서 등을 통하여 동 SPC를 직 · 간접적으로 지배하고 있거나 또는 계약을 통하여 동 선박에 대한 사실상의 지배권이 있고 동 선박과 관련하여 국내에서

운송업 면허를 받는 등(실질적으로는 해양 수산부가 관리하는 운항선박 명세에 기재하는 형식으로 이루어짐) 국내에 반입하여 사용하고 있다면 (가사 법률상의 소유자가 아니라고 하더라도) 관세법상 수입신고를 경료하여야 한다는 것이다.

IV. 관련 계약의 검토

1. 선박 건조 계약과 환급보증서

(1) Shipbuilding Contract

선박 건조 계약(Shipbuilding Contract)은 조선소와 SPC 간에 체결되며, 그 주요 내용은 선박의 건조, 선가 및 그 지급방법, 성능에 따른 선가의 조절, 건조기간 및 그 조절, 선박 건조 감독방법, 불가항력 사유, 계약해지사유, 분쟁의 해결방법 등이다.

특이한 것은, 선가를 인도시에 일시에 지급하는 방식(Heavy-tail Cash Payment)은 거의 없고, 대부분이 건조기간 중 4～5회에 나누어 분할 지급하는 방식(Payment in Instalment)을 취한다는 것입니다.

계약 직후 20%, Steel Cutting시 20%, Keel Laying시 20%, Launching시 20%, 인도시 20% 등 5회에 걸쳐 지급하는 형식을 취하는 것이 가장 일반적이다. 외환위기 이후 약 3년 동안은 조선소도 환급 보증서(Refund Guarantee) 발급에의 어려움과 수주경쟁의 치열함으로 인해 초기에 10～20%만 받고 나머지는 모두 선박 인도시에 지급하는 방식을 취한 것도 있고(Heavy-tail방식), 경우에 따라서는 선박 건조대금의 일부를 인도 후 일정기간 나누어 갚는 외상방식을 취한 것도 있다.

준거법은 영국법으로 분쟁은 영국상사중재원의 중재로 해결하도록 합의하는 것이 일반적인 형태이다.

(2) Supervision Agreement & Basic Agreement

SPC가 건조계약의 형식상 당사자이기는 하나, SPC를 대표하여 실질적으로 활동할 실질적 인원이 없을뿐더러 SPC는 단지 금융을 조달하기 위한 편의적 도구(Conduit)로만 존재하는 반면, 경제적 · 실질적으로는 용선주인 Charterer가 선박의 사양과 건조과정에 실질적인 이해관계가 있으며, 조선소도 실질적 선주인 Charterer를 사실상 Buyer로 보고 있어 조선소는 Charterer와 선박 건조와 관련된 모든 일을 협의하고자 한다.

한편, 대출 은행들도 SPC를 통하여 건조대금을 지급하는 의무 외에는 선박 건조와 관련하여 어떠한 의무나 위험을 부담하려 하지 아니하며, 나아가 건조기간 중 Charterer가 계약해지사유에 해당하는 경우(비록 조선소는 의무이행을 계약에 따라 준수하고 있더라도) 그 이후의 추가적 대출은 부실만 초래하므로 선박 건조 계약을 해지할 수 있기를 원한다.

이러한 현실을 반영하기 위해서는 선박 건조 계약이 일부 수정되어야 하는바, 그 방식으로는 ① 선박 건조 계약을 직접 수정하는 방법, ② 별도의 계약을 만들어 Charterer가 선박 건조 감독에 관여할 수 있는 여지만 만들어 주고 그 범위 안에서 선박 건조 계약이 수정된 것으로 간주하는 방법이 있다. 통상 후자의 방법을 택하는바, 선사와 조선소의 요구만을 반영하는 경우 Supervision Agreement형태로, 선사와 조선소 및 대출은행의 요구를 반영하는 경우 Basic Agreement 형태로 별도 계약을 체결하는 것이 통례이다.

(3) Refund Guarantee

위 (1)에서 언급한 바와 같이 통상적으로는 선박 건조기간 중에 선가의 일부(약 20~80%)가 지급되므로, 건조기간 중 계약이 취소 · 해지되는 경우에는 조선소는 buyer인 SPC에게 선 지급 받은 건조대금을 반환하여야 한다(선박 금융에 있어서는 계약 관행상 조선소에 책임이 없는 경우조차도 조선소에게 반환의무를 부여한다).

이때 반환의무의 지급을 담보하기 위하여 신용도가 높은 은행 발급의 보증서를 받는 것이 일반적인데, 이를 Refund Guarantee(환급보증서)라 부르며, Letter of Guarantee 또는 Standby L/C 형식으로 발행된다.

Refund Guarantee는 선박 건조기간 중의 신용위험을 부보하므로, 대출 은행들이 가장 중요시할뿐더러 그 내용에 대하여도 매우 면밀하게 검토하는 서류 중의 하나인바, 그 주요 내용으로는 ① 무조건적 보증조항, ② 독립적 보증조항, ③ 요구불 즉시 지급조항, ④ 부보 범위(원금 및 이자), ⑤ 효력기간, ⑥ 분쟁해결조항 등이 있다.

2. BBCHP(소유권이전 조건부 나용선계약)

(1) 선사들이 운항 선박을 확보하는 방법으로는 신조 발주, 중고 구매, 소유권이전 조건부 나용선(Bareboat Charter Hire Purchase), 단순 나용선(Bareboat Charter), 정기용선(Time Charter), 항해용선(Voyage Charter) 등의 형식이 있다. 그러나 전액 자기 자본으로 신조 발주를 하는 예는 거의

없고, 신조선 발주조차도 본고에서 언급하는 선박 금융의 형식을 빌어 나용선 형태로 도입한다. 현실을 보면, 소형 선사는 자기 신용으로 금융기관 차입을 일으켜 중고선 구매형태로 선박을 확보하는 것이 가장 많고(자신이 법률적 소유자가 됨), 선사가 대형화될수록 선박 금융을 통한 나용선과 정기용선 방식으로 선박을 확보하고(주로 선박 임차인이 됨) 영업에 투입하고 있다. 이 중 선박 금융과 밀접한 관계를 갖는 것이 나용선이다.

(2) 타인의 선박을 나용선하여 선박을 지배 · 운항하는 자를 선박 임차인(Charterer)이라 하며, 선박 임차인이 동 선박의 항해에 사용하는 경우에는 제3자에 대하여 선박 소유자와 동일한 권리와 의무를 갖는다(상법 제766조). 선박임차인(Charterer)은 선장 및 선원을 임명 · 감독하고 그를 통하여 선박에 대한 점유권을 확보하며 선박의 항해를 지배한다는 점에서, 선박에 대한 점유권이 없이 단지 해상 기업단위조직으로의 선박 또는 선복의 전부 또는 일부를 항차(항해용선, Voyage Charter) 또는 기간별(기간용선, Time Charter)로 이용하는 용선계약과는 구별된다.

(3) 언급한 바와 같이 선박의 나용선은 소유권이전 조건부 나용선(BBCHP)과 단순 나용선(BBC) 두 가지 종류가 있다. 강학상으로는 구별이 없으나 실무에서는 제반 법률의 적용에 있어 매우 현격한 차이를 보인다. 계약상 양자의 기본적인 구별은 나용선 기간이 종료하거나 중도에 해지되는 경우에 나타나는바, 전자의 경우는 임차인인 선사가 만기시까지의 미상환 원금에 해당하는 부분 전액을 선주(SPC)에 지급하고 선박을 취득하여야 하는 반면(권리이자 의무임), 후자의 경우는 선박을 반환하고 반환시까지 미지급 용선료가 있으면 그것만 지급

하면 족하다는 것이다.

이러한 기본적인 차이가 세무, 회계 및 외환관리규정상으로는 많은 차이를 가져오므로 이하에서 살펴보고자 한다.

① 회계 처리상 차이점 : BBCHP는 금융리스로 보아 선박 건조가액, 건조중 이자 및 부대비용 합계금 전액을 자산항목으로, 용선료 부채 총 합계를 부채항목으로 계상한다.[3] 반면 BBC의 경우 자산 · 부채로 일체 계상하지 아니하고, 지급용선료만 비용으로 계상된다.

② 외국환거래법상 차이점 : BBCHP는 원칙적으로 한국은행총재에게 신고하여야 하고(단, 미화 3천만 달러 이하의 경우는 외국환은행의 장에게 신고하면 족함) BBC의 경우는 외국환은행의 장에게 신고하여야 한다.

③ 세법과 관련하여 : BBCHP는 연불조건부 매매로 간주하여 취득세(및 농특세, 교육세 등 부가세도 납부하여야 함)를 납부하여야 하나, BBC의 경우는 취득세가 없다.

같은 이유로 하여 BBCHP에 따른 용선료는 매매대금의 지급이므로 세액원천징수(withholding tax)의무가 없으나, BBC에 따른 용선료는 전액 임대 수익으로 보아 원천징수의무가 있다.

---

3) 그러나 BBCHP는 금융리스, BBC는 운영리스라 단정할 수는 없다. 금융리스와 운영리스의 구별은 리스회계처리준칙(현재 효력을 발하는 것은 2005년 기업회계기준 제90조에 따라 제정된 것임)에 정한 기준에 따라야 하며, 동 준칙에 따르면, 리스자산의 위험과 효익이 실질적으로 리스 이용자에 이전되는 경우에는 금융리스로 분류하고 그 이외의 것은 운영리스로 본다. 동 준칙에서 금융리스로 분류되는 것의 예로 들고 있는 것이 ① 리스기간 종료시 또는 그 이전에 리스자산의 소유권을 무상 또는 일정한 가액으로 이전하기로 한 경우 ②리스 이용자에게 염가구매선택권이 부여된 경우 ③리스기간이 리스자산의 내용연수의 75% 이상인 경우 ④총 리스료의 현재가치가 리스자산 공정가액의 90% 이상인 경우 ⑤리스 이용자가 환율변동 위험을 부담하고 있는 경우 등이다.

④ 선원법과 관련하여 : 우리 선원법에 따르면 국적선 또는 국적취득조건부 나용선의 경우는 반드시 일정수 이상의 우리나라 선원(해양수산부 발급의 선원수첩을 보유한 자)을 승선시켜야 한다. 따라서 BBCHP 조건으로 선박을 나용선한 자는 반드시 일정수 이상의 우리나라 선원을 고용하여야 하며, BBC의 경우는 그러하지 아니하다.

(4) 나용선 계약의 주요 내용

실무에서 통용되는 나용선 계약은 그 법률적 성질상 민법의 임대차 계약 및 소비대차 계약의 결합형태를 가지나, 대상물이 선박이라는 점에서 일반 임대차나 금전소비대차와는 다른 몇 가지 특징이 있다. 즉, ① 선박의 운항 수입이 대체로 일정하므로 용선료 지급 schedule이 원리금 균등형태로 작성되고 ② 보험의 종류와 조건이 매우 상세히 기재되며, ③ 그 외 선박 전손시(Total Loss) 처리 방법, 규정손실금(Stipulated Loss Value)조항, 강제수용 보상금 처리조항 및 선박관리조항(IMO Rule) 등을 규정하게 된다.

3. 담보 관련 계약서

(1) 선박 금융에서 담보의 유형

선박 금융에 있어 가장 중요한 담보는 선박 자체이다. 그러나 선박 건조 중에는 가치 있는 담보물이 없으므로, 선박 금융에서 담보를 논하는 경우는 선박 건조 중과 선박 인도 후로 나누어 살펴봄이 적절하다.

1) 선박 인도 전 담보

선박 건조 계약 및 Refund Guarantee상 SPC가 보유하거나 장래 보유할 권리의 양도 담보

2) 선박 인도 후 담보

①선박에 대한 1순위 저당권 ②BBC(HP) 계약상 SPC의 권리(용선료 수취권, 강제수용 보상금 수취권 등 제반 권리)의 양도 담보 ③선박에 관한 보험 청구권 양도 담보 또는 질권 ④운영선사의 수익 계좌상 질권

3) 기타

SPC 발행 주식에 대한 질권 설정(cf. Option Agreement)

(2) 선박 소유권의 등록(SPC를 파나마에 설립하는 경우를 중심으로)

SPC가 파나마에 설립된 경우 선박 소유권도 파나마에 등록하게 된다. 선박 소유권 등록을 위해서는, ① 신조의 경우는 선박 건조 증명서(Builder's Certificate)와 매도증서(Bill of Sale and Acceptance of Sale)가 필요하며, ② 그 이외의 경우에는 매도증서만 제출하면 된다. 등록을 위한 제출시에는 위 서류 모두 공증인에 의한 공증 후 파나마 영사인증을 필한 후 제출하여야 한다. 파나마 본국에서 등록시에는 스페인어로 번역되어 제출되나, 실무적으로는 영어로 작성된 서류(공증 및 영사 인증 후)를 파나마 영사관 또는 파나마 변호사에게 송부하면 번역 등 필요한 서비스를 제공하여 등록을 대행하여 준다.

(3) 선박 저당권의 설정

저당권 설정 계약서(First Preferred Naval Mortgage)를 SPC와 대주 은행 간에 체결하여, 공증과 영사인증을 경료한 뒤, 파나마 영사관 또는 파나마 변호사에 송부하는 방식으로 처리한다.

저당권은 대출 담보 중 가장 중요한 것이므로 대출 전에 담보권 설정이 되어야 하나, 최종 대출은 선박 인도일에 일어나고, 선박이 인도가 되어야 저당권 등록이 가능하며(본 등록을 하는 데에는 국내의 경우 통상 3~7일이 걸린다), 등록이 되어야 대출이 가능하므로, 위 모든 event가 동시에 발생하지 않으면 위와 같은 조건을 맞출 수가 없다. 이러한 어려움 때문에 파나마의 경우 가등록 제도가 있어 당일 또는 익일 내에 가등록을 완료케 하는 제도를 두고 있다.

이러한 가등록제도는 선박의 소유권 등록의 경우나 뒤에 보는 선박 국적 등록의 경우에도 마찬가지로 이용되고 있다.

(4) 보험

1) Asset Based Financing에 있어서는 대상 자산의 담보가치가 매우 중요하다. 그러나 선박의 경우는 일반 부동산과는 달라 저당권을 설정하더라도 선박의 난파, 침몰, 폭발 등으로 인하여 그 교환가치가 소멸하거나 또는 기타 사유로 그 가치가 감소할 수 있다. 이러한 이유로 선박이나 항공기의 경우는 보험이 Financing을 위한 절대적 필요요소로 요구된다.

2) 선박의 경우 그 종류와 항로 등에 따라 요구되는 보험의 종류가

다르나 대체로 다음과 같은 종류의 보험이 요구된다.

① Hull and Machinery Insurance : 일반 해상위험을 부보하기 위하여 가입하는 것으로 전손 또는 추정전손의 경우 약정보험가액을 지급받게 된다. 통상 일반 해상위험 약관에 따라 가입하므로 공동해손(general average)을 부보한다.

② War Risk Insurance : 일반 해상위험이 아닌 전쟁 등의 사유로 선박에 분손, 전손, 공동 해손 등이 발생하는 것을 부보하는 보험이다. 그러나 전쟁선포지역으로 항해할 경우는 특약을 체결하고 추가 보험료를 납부하여야 되며, 그렇지 않은 경우는 보험금이 지급되지 않는다.

③ P&I Insurance : 손해배상 책임보험으로 선주가 제3자가 입은 손해를 배상할 책임을 부보하는 보험이다. 약정된 금액은 없으나, Oil Pollution의 경우 최대 미화 10억 달러까지의 책임 제한이 있다.

④ Loss of Hire : 일정 기간을 초과하는 휴항으로 인하여 발생하는 수익의 상실을 부보하는 보험으로 최대 부보기간은 통상 180일이다.

⑤ MII(Mortgagees' Interest Insurance) : 위 보험들의 경우 i) 보험가입자가 고지의무를 위반하였거나, ii) 선박이 감항능력이 없거나 iii) 고의 멸실의 경우 등은 보험금이 지급되지 않는바, 저당권자인 대출은행들은 이러한 경우까지도 부보되기를 원하여 가입하는 것이 MII이다. 통상 저당권자가 가입하고 선주가 보험료를 부담한다.

3) 이상 보험의 보험이익(보험금 청구권 등)은 Charterer 및 SPC가 갖게 되는바, 선박 금융의 경우 동 보험이익은 모두 대출은행에 담보조로 양도된다(Insurance Assignment Agreement).

4. 금융계약서(Loan Agreement)

국제금융에서 널리 사용하는 형태의 대출계약을 사용하므로 본고에서는 자세한 설명을 생략한다.

제9장 국제금융을 위한 담보수단*

—개관 및 관련된 몇 가지 문제—

김용호**· 선용승***

I. 머리말

오늘날 많은 국내외 기업은 국제무역거래, 국제자본거래 및 국제투자거래 등 각종 국제거래에 관여하고 있으며,[1] 이와 같이 국가 간 또

* 이 논문은 BFL 제10호(2005. 3)에 게재된 것을 수정 · 보완한 것이다.

** 김 · 장법률사무소 변호사

*** 김 · 장법률사무소 변호사

1) 국제거래의 분류방법에 대한 일반적인 원칙은 없으나, 박훤일, 국제거래법, 한국경영법무연구소, 1995, 목차 및 15면에서는 국제거래의 유형을 국제무역거래〔신용장거래, 국제 어음 · 수표거래, 전자문서교환(EDI), 비시장경제 국가와의 거래〕, 국제자본거래(국제대출 · Term loan · 신디케이트 론 · 채권발행), 특수금융거래(국제리스 · 국제팩토링 · 파생금융상품의 거래 · 프로젝트 파이낸스) 및 국제투자거래(해외직접투자 · M&A · 프랜차이즈) 등의 유형으로 구분하고 있고, 서헌제, 국제거래법(초판 2쇄), 법문사, 1997, 목차 및 32-34면에서는 국제거래의 유형을 국제물품거래(국제매매 ; 국제어음, 화환신용장, 독립적 보증 등의 국제결제 · 보증 ; 국제운송 · 보험), 국제용역 · 기술거래, 국제자본 · 금융거래(국제대출거래 · 국제증권거

는 국제적으로 이루어지는 경제활동 중 자금의 이동과 관련된 현상을 포괄하여 국제금융(international finance)이라고 부를 수 있을 것이다.[2)]

국내기업을 중심으로 한 이러한 국제금융거래의 주요한 유형으로는 신디케이트론 등 각종 대출거래, 신용장거래, 글로벌 본드(global bond), 전환사채, 교환사채 등 각종 채권(bond)의 해외발행,[3)] 자산유동화에 관한 법률(이하 '자산유동화법')에 따른 자산담보부증권(ABS)의 해외발행, 파생금융상품거래, 항공기나 선박의 국제리스거래 등을 예로 들 수 있을 것이고, 이러한 국제금융거래에는 개별 거래의 유형에 따라 다양한 인적담보와 물적담보가 제공되고 있다. 인적담보의 수단으로는 은행의 독립적 보증(independent bank guarantee)이나 보증신용장(standby L/C), 컴포트 레터(comfort letter) 등이 주로 이용되고 있고, 물적담보의 수단으로는 저당권, 질권, 양도담보, 소유권유보부매매, 판매재취리스(sale and lease back), 팩토링 등이 주로 이용되고 있으며, 담보목적물로는 부동산, 항공기, 선박, 자동차, 동산, 유가증권〔주식, 출자증권, 사채권(bond) 등〕, 매출채권(receivables) 등이 제공되고 있다.

래 · 국제금융리스, 국제팩토링, 프로젝트 파이낸스, 파생금융상품거래 등의 특수금융거래 ; 국제직접투자) 등의 유형으로 구분하고 있다. 다만, 서헌제, 앞의 책(제4판 1쇄), 2006에서는 위와 같은 구분을 삭제하였다.

2) 국제금융 1(12판), 한국금융연수원, 2003, 3면 참조. 한편 이태희, 국제계약법(전정판 2쇄), 법문사, 2002, 255면에서는 국제금융(international finance)을 국제무역, 해외투자, 자금의 대차 등에 수반하여 금융자산의 이동이 국제적으로 반복적으로 이루어지는 현상이라고 정의하고 있다.

3) 최병선, "해외사채발행 실무해설," BFL 제8호(2004. 11), 서울대학교 금융법센터, 85면에서는 해외사채를 "국제자본시장에서 사채발행을 통하여 자금을 조달하는 거래"라고 정의하고 있지만, 실제로 어떠한 경우에 사채가 해외에서 발행되었다고 할 것인지 여부에 관한 일의적 기준을 설정하기는 어려우며, 사채의 해외발행 여부에 관한 판단기준은 증권거래법령, 외국환거래법령, 조세법령의 관점에서 각각 다르며, 실무상으로는 사채발행의 준거법, 사채의 상장(listing) 장소, 사채의 투자자 등의 요소를 종합적으로 고려하여 사채의 해외발행 여부를 판단하고 있다.

이러한 국제금융거래에 있어 많은 경우에 채권자의 권리 확보를 위한 적절한 담보의 확보와 그 실행은 필수불가결한 요소라고 할 수 있는데 본고에서는 국제금융을 위한 담보수단과 관련된 몇 가지 법률 쟁점들을 논의하고자 한다. 본고의 주제를 논함에 있어 논의의 방향은 거래의 유형별로 담보수단에 관한 검토를 하는 방법, 거래의 유형과 무관하게 담보수단별 또는 담보목적물별로 검토를 하는 방법 등 여러 가지 접근방법이 있을 수 있겠으나, 이하에서는 국제금융을 위한 담보수단을 개관한 후 몇몇 특정 거래의 유형에 따라 담보에 관하여 제기되었거나 제기될 수 있는 주요 법률 쟁점들을 검토하는 접근방법을 따르기로 한다. 다만, 지면의 제약상 본고에서 모든 거래 유형과 모든 법률쟁점을 망라적으로 상세히 다루기보다는 우선 필자들의 국제금융거래 경험에 비추어 담보와 관련하여 실무상 제기되었던 주요 쟁점들에 대해 문제제기를 하는 것에 그 의의를 두기로 하며, 최근 활발히 진행되고 있는 국제금융거래와 관련된 효율적인 담보제도를 확립하기 위한 국제적인 노력에 관하여도 간략히 살펴보고자 한다. 참고로 이하에서의 논의의 범위는 국내기업이 해외 채권자를 위하여 제공하는 한국법에 따른 담보(인적담보는 간단히 살펴보고 물적담보 위주로 검토하기로 한다)와 관련된 쟁점으로 한정하기로 하며, 파생금융상품거래와 관련된 담보에 관한 논의 및 담보제공과 관련된 국제사법, 외국환거래법령, 조세법령과 관련된 상세한 논의는 그 자체만으로도 하나의 독립된 주제를 이룰 만큼 방대한 분야이므로 본고에서는 그 검토를 생략하기로 한다.

II. 국제금융을 위한 담보수단 개관

1. 인적담보

(1) 독립적 은행보증(independent bank guarantee[4])

국제매매거래에서 군수물자라든지 중요 원자재를 대량구매하는 매수인이나 해외건설공사의 발주자들은 계약상대방의 물품인도의무를 적시에 확보할 필요가 있고 이를 위한 담보수단으로 많이 이용되는 것이 독립적 보증 또는 요구불보증인데, 독립적 보증은 일반적으로 국제적으로 신용 있는 은행이 발행하고 있기 때문에 독립적 은행보증이라고 부르기도 한다.[5]

대법원 판례는 독립적 은행보증을 주채무에 대한 관계에 있어서 부종성을 지니는 통상의 보증이 아니라, 주채무자(보증의뢰인)와 채권자(수익자) 사이의 원인관계와는 독립되어 그 원인관계에 기한 사유로서는 수익자에게 대항하지 못하고 수익자의 청구가 있기만 하면 보증인의 무조건적인 지급의무가 발생하게 되는 은행보증이라고 정의하고 있으며, 이러한 은행보증의 보증인으로서는 수익자의 청구가 있기만 하면 그것이 명백한 기망(fraud)에 의한 청구가 아닌 한 보증의뢰인이 수익자에 대한 관계에 있어서 채무불이행책임을 부담하게 되는지의 여부를 불문하고 그 보증서에 기재된 금액을 지급할 의무가 있으며,

4) 대법원 1994. 12. 9. 선고 93다43873 판결, 서울고법 2001. 2. 27. 선고 2000나8863 판결에서는 독립적 은행보증을 영문으로 'first demand bank guarantee'라고 표기하고 있다.

5) 서헌제, 국제거래법(제4판 1쇄), 법문사, 2006, 349면 참조.

이 점에서 독립적 은행보증은 수익자와 보증의뢰인과의 원인관계와는 단절된 추상성 내지 무인성을 가진다.[6)]

한편, 독립적 은행보증을 둘러싼 거래에 대하여도 신용장통일규칙(Uniform Customs and Practice for Documentary Credits)에 나타난 국제적인 표준은행관행(international banking standard)이 원용될 수 있다고 본 판례가 있다.[7)·8)]

(2) 보증신용장(stand-by letter of credit)

보증신용장이란 신용장거래 중에서 신용장개설은행이 지급보증 상대은행으로 하여금 특정인에게 금융지원 등 여신행위를 하도록 하고, 채무의 상환을 이행하지 않을 경우에 지급을 이행하겠다는 약속증서로서 현지금융조달을 위한 담보 또는 지급보증수단으로 사용되는 채무보증신용장을 말한다.[9)]

보증신용장의 개설의뢰인과 개설은행 사이의 법률관계는 당사자

---

6) 주 4의 판결 참조.

7) 채동헌, "독립적 은행보증의 법리(대상판결 : 서울고법 2001. 2. 27. 선고 2000나8863 판결)," 판례월보 371호, 28-29면 또는 채동헌, 국제거래와 법—신용장편(제1판 1쇄), 청림출판, 2004, 168-169면 참조. 서울고법 2001. 2. 27. 선고 2000나8863 판결에서 설시된 내용이며, 위 판결은 대법원에서 2001. 3. 19. (상)소장각하명령을 통해 확징되있다.

8) 독립적 은행보증을 통일적으로 규율하기 위한 것으로는 1992년 4월 국제상업회의소(International Chamber of Commerce)가 제정한「요구불보증에 관한 통일규칙」〔URDG, Uniform Rules for Demand Guarantees(ICC Publication No. 458)〕및 1995년 12월 UNCITRAL총회에서 채택된「독립적 보증과 보증신용장에 관한 협약」(United Nations Convention on Independent Guarantees and Stand-by Letters of Credit)이 있다.

9) 강원진, 신용장론(제3판), 박영사, 2000, 135면 참조.

사이의 신용장 개설계약의 내용 및 그 계약의 내용으로 편입되는 신용장통일규칙(Uniform Customs and Practice for Documentary Credits)에 의하여 규율되며, 그 외에 고도의 신뢰관계를 바탕으로 하는 개설은행과 개설의뢰인 사이의 법률관계의 특성상 사법상의 대원칙인 신의성실의 원칙이 더욱 폭넓게 적용된다는 것이 대법원 판례의 태도이다.[10)·11)]

(3) 컴포트 레터(comfort letter)

컴포트 레터란 일반적으로 국제자본거래에서 자회사나 공공단체가 금전의 차입 등으로 인하여 채무를 부담하는 경우에 모회사나 정부가 대주(lender)에 대하여 지급보증서의 형태로 보증하는 것과는 달리 자기의 명예나 신용 등을 근거로 하여 그 채무의 이행을 보장하는 법적 구속력이 약화된 형태의 보장을 말한다.[12)]

최근 국내 하급심 판례 중에는 컴포트 레터의 법적 구속력을 판단함에 있어 컴포트 레터의 문언, 그 작성동기 및 경위, 당사자의 의사, 거래관행 등을 종합적으로 고려하여 판단해야 한다고 판시한 것이 있는데,[13)] 그 후 대법원 판례 중에는 컴포트 레터에 법적 구속력이 없음을 확인한 것이 있다.[14)]

---

10) 대법원 2004. 9. 24. 선고 2001다69771 판결 참조.

11) 보증신용장에 관하여는 국제상업회의소(International Chamber of Commerce)가 1998년 국제보증신용장규칙(ISP98, International Standby Practices)을 승인하였고, 1999년 1월 1일부터 발효되어 현재 사용되고 있다.

12) 김양곤, "컴포트 레터(Comfort Letter)의 법적 효력—한국, 미국, 영국 및 호주의 사례비교—," BFL 제5호(2004. 5), 서울대학교 금융법센터, 7면 ; 이태희, 앞의 책, 104면 참조.

13) 서울지방법원 2002. 4. 26. 선고 2001가합29150 판결 참조.

14) 대법원 2006. 8. 25. 선고 2004다26119 판결에서는 "자회사나 공기업이 금전을 대

2. 물적담보

(1) 저당권

저당권 또는 근저당권은 가장 확실한 담보수단으로 평가받고 있는 담보이며, 통상 저당권이 설정되는 담보목적물로는 부동산, 항공기, 선박, 자동차, 건설기계, 공장 및 공장재단 등[15]을 들 수 있다.

현재 저당권의 설정과 관련해서는 민법, 부동산등기법 및 담보목적물을 규율하는 개별 법률에 특별히 규정된 절차를 따르도록 되어 있으나, 항공기와 같은 이동장비에 대하여는 「이동장비에 대한 국제적 권리에 관한 협약 및 항공기의정서」(Convention on International Interests in Mobile Equipment and Aircraft Protocol. 소위 케이프타운협약)에 따라 새로운 형태의 담보권이 설정될 수 있다. 이에 관한 논의는 아래 IV. 2에서 자세히 살펴보기로 한다.

또한 저당권의 실행과 관련하여서는 민사집행법 및 민사집행규칙에서 부동산은 물론 선박, 항공기, 자동차 등에 대한 집행방법을 규정하고 있는데, 이 중 자동차를 목적으로 하는 임의경매와 관련하여서

출받거나 그 밖에 금전지급의무를 부담하는 국제금융거래에 있어 모회사 또는 정부가 대주에 대하여 일정한 확인이나 보장을 하게 되는 경우가 많고, 이러한 보장은 대체적으로 법적 구속력을 가지는 보증의 형태로서 이루어지는 것이 보통이나, 때로는 이행을 보장하는 자의 명예나 신용 등에 일임할 뿐 거기에 법적 구속력을 부여하지 아니하는 서면, 자회사에 대한 지분의 확인 및 유지에 대한 언급, 자회사가 체결하는 계약에 대한 인식 및 승인, 자회사의 자력 또는 이행능력을 뒷받침할 방침의 선언 등을 담은 서면"(이하 'letter of comfort')이라고 설시하여 컴포트 레터에 법적 구속력이 없음을 방론으로 확인하고 있다.

15) 부동산등기법 제2조 제5호, 항공기저당법 제3조, 상법 제871조 제1항, 선박등기법 제3조 제2호, 자동차저당법 제2조, 건설기계저당법 제3조, 공장저당법 제5조 · 제11조 참조.

는 자동차의 점유를 확보하지 아니하고는 절차를 진행할 수 없게 되는바,[16] 실무상으로는 오토리스채권을 기초자산으로 한 자산유동화거래에서 자동차에 대하여 저당권을 설정하거나 이전하는 경우,[17] 채권자가 저당권을 실행하고자 하여도 채무자 아닌 제3자가 자동차를 점유하고 있는 경우에는 제3자가 집행관에게 자동차를 임의로 제출하지 아니하는 한 사실상 채권자가 자동차저당권을 실행하지 못하는 어려움이 있다.[18]

(2) 질권

민법상 동산 또는 재산권에 질권을 설정할 수 있으며(민법 제329조, 제345조 본문), 실무상 동산, 매출채권(receivables) 및 기타의 채권, 주식, 출자지분, 사채권(bond)과 같은 유가증권 등이 질권의 목적물로 이용될 수 있다. 다만, 부동산,[19] 항공기, 자동차, 선박 등에는 질권을 설정

16) 민사집행규칙 제116조, 제197조 제2항 참조.

17) 오토리스에는 등록명의를 리스회사로 하는 운용리스(메인티넌스운용리스 포함)와 등록명의를 리스이용자로 하는 금융리스가 있는데〔김세민, "오토리스에 대한 이해," 여신금융 제6호(2003. 12), 여신금융협회, 23-27면 참조〕, 오토리스채권 및 대출채권 등을 유동화자산으로 하였던 씨앤에이치오토제이차유동화전문회사의 경우를 예로 들면, 리스회사가 자동차의 등록명의자로 되어 있는 차량 전부에 대하여 리스회사가 유동화전문회사에게 공동저당을 설정해 주고, 리스이용자가 자동차 등록명의자로 되어 있는 차량 전부에 대하여 리스회사가 기설정받은 저당권 설정등기를 유동화전문회사에게 이전등기를 해주었다. 자세한 내용은 금융감독원 웹사이트인 http://dart.fss.or.kr의 공시자료 참조.

18) 법원실무제요 민사집행(III), 법원행정처, 2003, 89 · 123면 ; 민사집행규칙해설, 법원행정처, 2002, 327면 참조.

19) 부동산질권은 저당권제도가 발달함에 따라 이를 폐지하는 것이 오늘날의 입법추세이고 다수의 학자들이 이에 찬성하고 있으나, 수익질에 유사한 전세제도가 널리 시행되고 있음을 들어 그 타당성에 의문을 표시하는 견해도 있다. 곽윤직(편집대

할 수 없다.[20)]

이 중에서 증권예탁결제원[21)]을 통해 등록 및 예탁발행을 하는 주식이나 채권(bond)에 대한 질권설정과 관련하여서는 증권거래법 제174조의3 제2항의 해석과 관련한 몇 가지 쟁점이 제기될 수 있다. 증권거래법 제174조의3 제2항은 "고객계좌부와 예탁자계좌부에의 대체의 기재가 유가증권의 양도 또는 질권설정을 목적으로 하는 경우에는 유가증권의 교부가 있었던 것과 동일한 효력을 가진다"라고 규정하고 있으므로, 예탁유가증권의 경우에는 '계좌부에의 대체의 기재'를 하면 현실의 교부가 있었던 것과 동일한 효과가 있게 된다. 그런데 이와 관련하여 다음과 같은 의문점들이 논의될 수 있다.

첫째, 공사채등록법 제5조 제1항에 의하여 최초 발행시부터 아예 증권실물을 발행하지 않고 등록발행하는 경우[22)]에 그러한 유가증권에 관하여 '유가증권의 교부'로 간주하는 것이 논리적으로 모순이 아닌가 하는 의문이 제기될 수 있다. 그런데 증권거래법 제174조 제5항에 따라 등록발행된 경우에도 예탁자계좌부 또는 고객계좌부에의 기재로써 '점유'가 의제되므로[23)] 이와 같이 의제된 점유를 기초로 하여 교부가 이루어진 것으로 볼 수 있을 것이다.[24)]

표), 민법주해(VI)(초판 7쇄), 한국사법행정학회, 2001, 344면 참조. 한편 부동산 자체뿐만 아니라 부동산의 사용, 수익을 목적으로 하는 권리도 질권의 목적으로 할 수 없다(민법 제345조 단서).

20) 항공기저당법 제8조, 자동차저당법 제7조, 상법 제873조 및 제874조 참조.

21) 2005년 1월 27일부터 증권예탁원의 명칭이 증권예탁결제원으로 변경되었다.

22) 국채법 제5조 제2항, 한국은행통화안정증권법 제3조 제2항도 등록발행에 관하여 규정하고 있으나, 본고의 검토범위에는 포함되지 않으므로 생략하기로 한다.

23) 증권거래법 제174조의3 제1항 참조.

24) 점유취득의 이론구성에 대해서는 비판적인 견해가 제기되고 있으며, 증권예탁결제원의 예탁자계좌부의 대체기재의 효력을 실물증권의 교부와 연계시키지 않도록 하여야 한다는 견해가 있다. 이에 관하여는 임중호, "증권대체거래에 있어서의

둘째, 공사채등록법 제6조 제1항은 공사채등록부에 등록하지 아니하면 질권설정을 제3자에게 대항할 수 없다고 규정하고 있는데, 이러한 유가증권은 증권거래법 제174조 제5항에 의하여 증권예탁결제원 명의로 공사채등록부에 등록될 뿐이고 그 이후의 거래자는 증권예탁결제원의 예탁자계좌부에 기재될 뿐 공사채등록부에 기재되지 않으므로 공사채등록법이 요구하는 대항요건을 갖추지 못한 것이 아닌가 하는 의문이 제기될 수 있다. 그러나 증권거래법 제174조 제5항과 일괄예탁제도의 취지에 비추어 보면 증권예탁결제원만을 명의인으로 하여 등록하더라도 그 이후 계좌대체에 의하여 이루어지는 양도 또는 질권거래에 대해 등록과 동일한 효력을 인정하겠다는 것으로 해석하는 것이 타당할 것이다.

마지막으로, 질권은 증권예탁결제원의 예탁자계좌부의 예탁자소유분(예탁자가 질권설정자일 경우) 또는 예탁자의 고객계좌부(고객이 질권설정자일 경우)로부터의 대체의 기재에 의하여 설정되어야 할텐데, 그동안의 증권예탁결제원 실무관행에 의하면 고객계좌부는 증권예탁결제원이 관리하지 아니하므로 고객명세를 확인할 수 없어 질권설정자를 특정할 수 없다는 이유로 예탁자계좌부의 예탁자소유분에 대하여 질권설정을 하는 것(즉, 예탁자에 의한 질권설정)만 허용하여 왔고,[25] 예

유가증권의 무권화현상과 그 법적 문제," 비교사법 제5권 제1호(1998. 6), 한국비교사법학회, 402-405면 ; 임중호, "독일의 증권예탁결제제도," 비교사법 제3권 제2호(1996. 12), 한국비교사법학회, 40면 ; 김두안, "유가증권의 무권화제도와 법률관계의 충돌," 법학연구 제6집(1997. 2), 경상대학교 법학연구소, 165면 ; 최한준, "주식거래에 있어서 예탁결제제도의 현황과 향후 전개," 상법거래의 이론과 실제(석영 안동섭 교수 화갑기념논문집), 세창출판사, 1995, 334면 등 참조.

25) 증권예탁결제제도, 증권예탁원(전정판), 2003, 130면 참조. 예탁자가 고객의 동의를 얻어 예탁자계좌부상의 고객소유분 유가증권에 대하여 질권설정을 하는 것이 가능한지 여부에 대하여 학설, 판례상 논의는 활발하지 않으나, 예탁자계좌부의

탁자계좌부에 질권을 설정할 때는 증권예탁결제원은 질권설정자의 예탁자계좌부에서 질권설정에 해당하는 수량만큼 금일잔량 칼럼에서 질권설정 칼럼으로 숫자를 옮겨 기재하고 이와 별도로 질권계좌부에 질권설정된 수량, 질권자의 성명 및 주소 등을 기재하되 질권자의 예탁자계좌부에는 질권설정에 관한 별도의 기재가 일어나지는 않는 것으로 이해된다.[26] 이와 관련하여서는 최소한 예탁자계좌부의 금일잔량 칼럼에서 질권설정 칼럼으로 기재가 이동하고 질권계좌부에 계정대체[27]하는 것만으로도 증권거래법상의 대체의 기재로 보아야 한다는 견해[28]와 질권설정자의 예탁자계좌부에서 질권자의 예탁자계좌부

기재사항으로 "예탁자 자기소유분의 예탁유가증권을 질권의 목적으로 하는 계좌에 있어서는 질권자의 성명 및 주소"라고 규정하던 구 증권거래법 시행규칙(2000. 11. 21. 개정되기 전의 것) 제25조가 개정되어 질권의 대상을 예탁자계좌부의 자기소유분에 한정하지 않고 있는 점, 질권의 목적물은 질권계약 등을 통해 확정하면 되므로 이를 예탁자계좌부에 명시할 필요는 없다는 점을 들어 질권설정이 가능하다고 보는 견해와 증권거래법 제174조 제2항, 제174조의2 등 규정의 취지상 고객예탁분에 대한 질권설정은 예탁자계좌부의 대체기재가 아닌 고객계좌분의 대체기재로 이루어져야 한다는 점, 예탁자계좌부는 고객예탁분 유가증권의 총량만 표시되고 각 고객별 보유유가증권의 수량이 특정되지 아니하므로 예탁자계좌부상 대체기재만으로는 질권설정자 및 질권의 목적물이 특정되지 않는다는 점을 이유로 질권설정이 가능하지 않다는 견해가 제기될 수 있다.

26) 이 경우에도 질권자인 예탁자는 증권예탁결제원에 대하여 질권설정된 유가증권에 관하여 본인계좌로 대체기재를 청구할 수 있고(유가증권의 예탁 및 결제 등에 관한 규정 제21조 제3항), 이 경우에는 질권자의 예탁자계좌부 중 계정대체 칼럼에 해당 수량이 기재되는 것으로 이해된다.

27) 예탁자계좌부(통상 일반계좌부라고 한다)에서 질권계좌부로의 대체의 기재를 증권예탁결제원은 '계좌대체'와는 달리 '계정대체'라고 부르고 있다.

28) 증권거래법 시행규칙 제25조 제2호는 "예탁유가증권을 질권의 목적으로 하는 계좌에 있어서는 질권자의 성명 및 주소"를 예탁자계좌부에 기재할 사항으로 규정하고 있는데, 질권설정자의 성명 및 주소가 아니라 질권자의 성명 및 주소를 기재하도록 한 점에 비추어 볼 때 질권자의 계좌가 아니라 질권설정자의 계좌에 질권설정사실을 기재하도록 되어 있으므로 질권설정자의 예탁자계좌부에 대한 질권계좌부에 계정대체를 하더라도 유효하다는 것이 이 견해의 논거 중 하나이다.

로 대체의 기재가 있는 경우에만 증권거래법상의 대체의 기재로 보아야 하므로 현재의 질권설정에 관한 실무는 증권거래법이 예정하고 있는 계좌의 대체기재가 아니어서 질권설정의 유효성에 의문이 있다는 견해도 있을 수 있다. 그러나 아직 법원에 의해 위와 같이 설정된 질권의 유효성이 다투어진 사례는 없으나, 입법적으로 이를 명확히 하는 것이 바람직할 것으로 생각된다.[29)]

또한 국제금융거래에 있어서는 질권을 설정받고자 하는 채권자가 다수인 경우가 많고, 예를 들어 아래 Ⅲ. 2. (1)의 거래구조도에서 국내 SPC가 제공하는 질권에 대한 질권자는 해외 SPV(유동화사채권자)는 물론 업무수탁자,[30)] 자산관리자, 수탁관리자, 담보대리인, 유동화사채등록인, SPC계좌개설은행, 신용공여자 등 복수로 되어 있다. 그런데 증권예탁결제원의 전산시스템상으로는 질권자계좌부를 공동으로 개설하는 것이 불가능한 것으로 알려져 있으므로 실무상 복수의 질권자가 있는 경우에는 예탁유가증권을 실물로 인출하여 민법 및 상법에 따른 질권설정방식을 따라야 하는 불편함이 있다.[31)]

29) 참고로 최근 재정경제부는 증권거래법 제173조 제2항 및 동법 시행규칙 제26조 제2호를 근거로 예탁유가증권에 대해서는 질권설정자의 계좌부(고객계좌부)상에 질권자의 성명 및 주소 등을 기재하는 방법으로 유효한 질권을 설정할 수 있는 것으로 해석하고 있다(2006. 2. 14. 재정경제부 질의회신 증권제도과—165).

30) cross-border 자산유동화 거래에서는 사원총회의 소집, 재무제표의 작성 등 SPC의 행정업무를 주로 담당하는 회사업무수탁자(corporate administrator)와 유동화사채의 원리금지급업무 등을 주로 담당하는 거래업무수탁자(transaction administrator)로 역할을 구분하여 업무수탁자를 복수로 선임하는 사례가 많다.

31) 복수 질권자에 대한 질권설정의 사례에 대하여는 주 52 · 70 참조.

(3) 양도담보

양도담보와 관련하여 문제되는 것 중 중요한 것으로서 집합물[32]에 대한 양도담보를 들 수 있는데, 대법원은 재고상품, 제품, 원자재 등과 같은 집합물을 하나의 물건으로 보아 이른바 집합물에 대한 양도담보권설정계약에 있어서는 목적 동산의 종류와 수량의 범위가 지정되고 그 소재장소가 특정되어 있으면 그 전부를 하나의 재산권으로 보아 담보권의 설정이 가능하다고 보아 집합물 양도담보의 유효성을 인정하고 있다.[33]

이러한 집합물의 양도담보와 관련하여서는 양도담보로 제공하고자 하는 집합물이 해당 회사의 자산의 중요한 일부에 해당하는 경우 이러한 담보제공이 상법 제374조 제1항 제1호가 정하고 있는 영업의 전부 또는 중요한 일부에 해당하여 주주총회 특별결의를 요하는지 여부가 문제된다. 학설상으로는 상법이 주주총회의 특별결의를 요구하는 것은 영업의 '양도'이므로 영업용재산을 '담보로 제공'함에 있어서는

32) 강동욱, "집합적 동산의 담보—유동집합동산의 양도담보를 중심으로—," 민사판례연구 XXVI(초판), 박영사, 2004, 671면 이하에서는 판례가 인정하고 있는 '집합물' 이라는 개념의 불필요성에 대해 상세히 논하고 있다.

33) 대법원 1988. 12. 27. 선고 87누1043 판결(공장에 있는 철강제품과 원자재) ; 대법원 1988. 10. 25. 선고 85누941 판결(제강회사가 제품생산에 필요하여 반입하는 연열코일 등 원자재) ; 대법원 1990. 12. 26. 선고 88다카20224 판결(일정한 양만장 내에 있는 뱀장어 등 어류 전부) ; 대법원 2004. 11. 12. 선고 2004다22858 판결 및 대법원 2007. 2. 22. 선고 2006도8649 판결(돈사에서 사육하는 돼지) 참조. 이러한 집합물양도담보에 대해서 동산담보등록제도를 도입하여야 한다는 논의에 대하여는 김재형, "동산담보제도의 새로운 전개," BFL 제5호(2004. 5), 서울대학교 금융법센터, 48-49면 참조. 그리고 아래 IV장에서 논의하고 있는 EBRD 모범담보법 및 국제채권양도협약도 참조.

특별결의를 요구하지 않는다고 보는 견해[34]도 있으나, 대법원 판례는 영업용재산의 처분이라 하더라도 그로 인하여 회사의 영업 전부 또는 중요한 일부를 양도하거나 폐지하는 것과 같은 결과를 가져오는 경우에는 그 처분행위에 상법 제374조 제1호 소정의 주주총회 특별결의를 요한다고 보는 입장을 취하고 있다.[35] 위 판례의 사안은 매도담보에 관한 것이었으나 매도담보와 양도담보는 그 실질에 있어 큰 차이가 나지 않을 것이다.[36] 담보제공 회사로서는 주주총회 특별결의를 거치는 것이 해당 거래의 장애요소로 작용할 수도 있는데, 위 대법원 판례의 태도에 비추어 볼 때 회사가 해당 목적물을 양도담보 등으로 제공

---

34) 정동윤/손주찬(편집대표), 주석상법〔회사(III)〕(제4판 1쇄), 한국사법행정학회, 2003, 118면(정동윤 집필 부분) 참조.

35) 대표적인 판례를 들면, 대법원 1965. 12. 21. 선고 65다2099, 2100 판결은 "회사의 유일한 재산으로서 그 재산의 양도가 매도담보에 의한 것이라 하여도 위 소외 회사는 그 회사의 영업재산의 전부를 상실하였고, 환매할 수 있는 기한까지 이 재산의 사용을 위 회사에 허용한 것이라 하여도 환매기한 내에 그 회사에서 이를 환매하지 못할 경우에는 회사영업의 전부 또는 그 중요부분을 폐업하지 아니하면 아니 될 결과를 초래하게 될 것이므로 매도담보에 의하여 회사의 영업재산전부를 양도하는 행위는 위 회사의 영업의 전부 또는 그 중요부분을 폐업하는 결과를 초래하여 영업의 양도와 동일한 결과를 초래할 것이므로 회사존속의 기초가 되는 영업재산의 전부를 매도담보에 의하여 양도하는 행위는 구 상법 제245조 소정(의) 주주총회의 특별결의를 요하는 사항이라 해석함이 상당하다"라고 판시하였고, 대법원 1992. 2. 14. 선고 91다36062 판결은 "영업용 재산의 처분으로 말미암아 회사 영업의 전부 또는 일부를 양도하거나 폐지하는 것과 같은 결과를 가져오는 경우에는 주주총회의 특별결의가 필요하다 할 것이다"라고 판시하였다. 한편, 매도담보 · 양도담보와 달리 근저당권설정에 관하여 대법원은 "주식회사의 중요한 재산이라도 그 위에 근저당권설정계약을 함에 있어 주주총회의 특별결의를 요하는 것은 아니"라고 판시하고 있는데(대법원 1971. 4. 30. 선고 71다392 판결), 그 차이가 무엇인지는 의문이다.

36) 정동윤/손주찬, 앞의 책(주 34), 118-119면에서는 "대법원은 중요한 영업용재산을 양도담보로 제공하는 경우는 양도와 동일한 위험이 있는 것으로 보아 처리하고 있다"라고 하면서 위 대법원 1965. 12. 21. 선고 65다2099, 2100 판결을 인용하고 있다.

한 후에도 목적물을 계속 사용할 수 있도록 보장해 줄 뿐만 아니라 담보권자가 담보권의 실행으로서 목적물을 처분할 때에도 담보설정회사의 사용권을 보장해 주는 자에게만 처분할 수 있도록 조건을 부가하는 등의 장치를 마련해 둔다면 회사의 영업의 전부 또는 중요한 일부를 양도하거나 폐지하는 결과를 가져오지 않는다고 보아 회사가 주주총회 특별결의를 거치지 않더라도 목적물을 담보제공할 수 있다고 판단될 수 있는 가능성은 커질 것이다.

(4) 소유권유보부매매

소유권유보부매매란 매매대금의 완불 전에 매매목적물의 점유는 매도인으로부터 매수인에게 이전하고 매매대금채권의 확보를 위하여 목적물의 소유권을 매도인이 유보하는 담보방법을 말한다. 소유권유보의 법적 성질에 관하여 학설은 매매대금의 완불을 정지조건으로 하여 소유권이 매수인에게 이전된다는 정지조건부 소유권이전설(소위 물권적 기대권설)과 소유권유보의 목적이 채권담보에 있으므로 목적물의 인도로 매도인은 담보권을 취득하고 소유권은 매수인에게 귀속된다는 담보물권설이 대립하고 있는데,[37] 대법원은 정지조건부 소유권이전설을 취하고 있다.[38]

---

37) 학설대립에 대하여는 양형우, "소유권유보부 동산매매계약의 법적 성질과 그 목적물의 소유권귀속관계— 대상판결:대법원 1999. 9. 7. 선고 99다30534 판결—," 판례월보 372호(2001. 9), 25면 ; 이성훈, "소유권유보부매매에 있어서의 매도인과 매수인의 지위," 리스와 신용거래에 관한 제문제(상), 재판자료 63집(1994), 법원행정처, 411-412면 ; 문용선, "소유권유보부매매목적물의 제3취득자의 지위," 리스와 신용거래에 관한 제문제(상), 재판자료 63집(1994), 법원행정처, 446-450면 참조.

38) 대법원 1999. 9. 7. 선고 99다30534 판결은 "동산의 매매계약을 체결하면서, 매도인이 대금을 모두 지급받기 전에 목적물을 매수인에게 인도하지만 대금이 모두 지

소유권유보부매매와 관련하여 구 회사정리법(채무자회생 및 파산에 관한 법률에 의해 폐지되기 전의 것)[39]에 따라 매수인이 대금을 완제하기 전에 매수인에 대하여 회사정리절차가 개시된 경우 이를 미이행쌍무계약으로 보아 회사정리법 제103조를 적용할 수 있는지 여부가 문제되었는데, 서울중앙지방법원의 실무례는 소유권의 유보는 실질적으로 잔대금채권의 확보를 위한 담보적인 성격을 가지는 것이므로 정리담보권으로 해석하여 위 조항을 적용하지 않고 있었다.[40] 채무자회생 및 파산에 관한 법률 제335조와 관련하여서도 동일한 논리가 적용될 것으로 생각되나, 매도인은 유보된 소유권이라는 담보권에 기하여 별제권을 행사할 수 있다고 해석된다.[41]

급될 때까지는 목적물의 소유권은 매도인에게 유보되며 대금이 모두 지급된 때에 그 소유권이 매수인에게 이전된다는 내용의 이른바 소유권유보의 특약을 한 경우, 목적물의 소유권을 이전한다는 당사자 사이의 물권적 합의는 매매계약을 체결하고 목적물을 인도한 때 이미 성립하지만 대금이 모두 지급되는 것을 정지조건으로 하므로, 목적물이 매수인에게 인도되었다고 하더라도 특별한 사정이 없는 한 매도인은 대금이 모두 지급될 때까지 매수인뿐만 아니라 제3자에 대하여도 유보된 목적물의 소유권을 주장할 수 있으며, 이와 같은 법리는 소유권유보의 특약을 한 매매계약이 매수인의 목적물 판매를 예정하고 있고, 그 매매계약에서 소유권유보의 특약을 제3자에 대하여 공시한 바 없고, 또한 그 매매계약이 종류물을 목적물로 하고 있다 하더라도 다를 바 없다"라고 판시하였다.

39) 이하 구 회사정리법과 관련된 논의는 달리 언급이 없으면 채무자회생 및 파산에 관한 법률에서도 같은 논의가 적용될 것으로 보인다.

40) 백창훈/임채홍(집필대표), 회사정리법(상)(제2판 1쇄), 한국사법행정학회, 2002, 365면 ; 회사정리실무(개정판), 서울지방법원, 2001, 180-181면 참조.

41) 전병서, 도산법(초판 1쇄), 법문사, 2006, 124-125 · 300-301면에서는 동산에 대하여는 점유 이전 이외에 소유권이전을 위한 별도의 행위가 남아 있지 않으므로 제335조가 적용되지 않으나, 부동산이나 자동차와 같이 소유권이전에 등기, 등록을 필요로 하는 경우에는 잔존채무가 남아 있다는 이유로 제335조가 예외적으로 적용된다고 보아야 한다고 한다.

(5) 판매재취리스(sale and lease back)

판매재취리스[42]란 일반적인 리스계약의 구조에서 리스이용자와 리스물건의 공급자가 결합된 형태로 리스이용자가 현재 자기 소유의 고정자산을 리스회사에게 장부가격이나 시장가격으로 매각한 후 그 판매가액을 취득원가로 하여 동시에 매수인인 리스회사로부터 그 자산을 다시 리스받는 거래형태를 말한다.[43]

판매재취리스는 양도담보와 유사한 점이 있으나 그 법적 성질은 물적 금융의 실질을 가지는 것으로서 금융리스계약의 일종이다.[44] 일반적으로 금융리스계약과 관련해서는 리스이용자가 회사정리절차에 들어간 경우 미이행쌍무계약에 해당하는지 여부에 대하여 리스회사의 리스채권은 정리담보권에 해당한다고 보아 미이행쌍무계약에 해당하지 않는다고 보고 있으며, 리스회사가 회사정리절차에 들어간 경우에도 리스회사의 관리인이 리스계약의 해지권을 행사할 수 없다고 보고 있다.[45]

---

42) 대법원 1998. 8. 21. 선고 97누19649 판결에서는 sale and lease back을 '판매 후 리스'라고 표현하고 있고, 서울행정법원 2005. 12. 8. 선고 2004구합36106 판결에서는 '매각 후 임차'라고 표현하고 있다.

43) 정동윤/손주찬(편집대표), 주석상법〔총칙, 상행위(2)〕(제3판 1쇄), 한국사법행정학회, 2003, 398면 참조.

44) 대법원 1998. 8. 21. 선고 97누19649 판결 ; 정동윤/손주찬, 앞의 책(주 43), 398면 ; 황한식, "리스계약의 법적 성질," 리스와 신용거래에 관한 제문제(상), 재판자료 63집(1994), 법원행정처, 111면 ; 황한식, "리스계약의 종류와 법률관계—판례를 중심으로—," 금융거래법강의 II—서울대학교 법과대학 전문분야 연구과정 제6권(초판 1쇄), 법문사, 2001, 708면 참조.

45) 백창훈/임채홍(집필대표), 앞의 책, 372-375면 ; 앞의 책, 회사정리실무, 179-180면 참조.

(6) 팩토링(factoring)

팩토링(factoring)이라 함은 물건을 판매하는 거래상인(client)이 전문적으로 채권회수업을 영위하는 팩토링업자(factor)에게 그의 외상매출채권을 양도하고, 팩토링업자는 거래상인에 갈음하여 채무자(customer)로부터 매출채권을 추심하는 동시에 이와 관련된 채권의 관리, 장부작성 등의 행위를 인수하는 것을 말하며, 팩토링거래의 법적 성질에 대해서는 매매계약설, 소비대차설, 상환청구권이 없는 팩토링(factoring without recourse)은 채권의 매매이고 상환청구권이 있는 팩토링(factoring with recourse)은 채권을 담보로 한 소비대차라는 절충설(독일의 통설과 판례, 우리나라의 다수설)이 대립하고 있다.[46] 팩토링과 관련하여 문제될 수 있는 장래채권의 양도가능성에 관하여는 아래 III. 2. (2)에서 살펴보기로 한다.

III. 국제금융의 특정 거래 유형에 따른 담보와 관련된 주요 쟁점

1. 해외 교환사채 발행구조와 관련된 담보에 대한 쟁점

해외 사채발행은 교환사채나 전환사채, 신주인수권부사채발행 등 여러 가지 유형이 있고, 실무상 이들 사채 발행과 관련하여 인적, 물적 담보가 제공되는 경우는 그다지 많지 않으나, 본고에서는 해외 교환

46) 정동윤/손주찬(편집대표), 앞의 책(주 43), 470 · 476-478면 ; 박휜일, 앞의 책, 219-220면 참조.

사채 발행구조와 관련하여 담보제공이 문제될 수 있는 경우를 검토하기로 한다.

(1) 거래구조 1

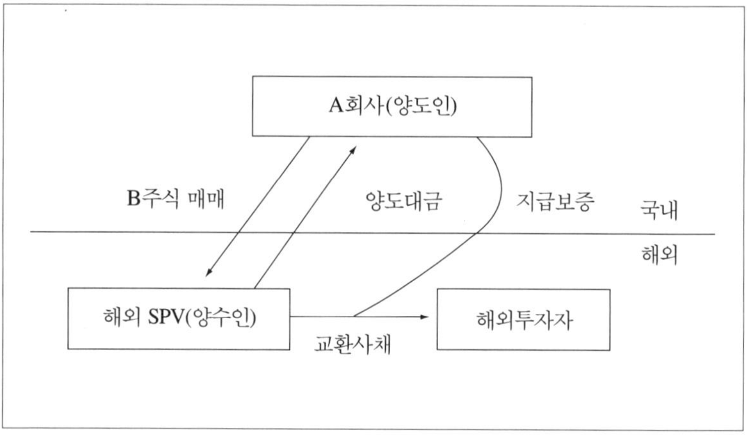

〔그림 1〕 양도거래를 통한 해외 교환사채 발행구조

거래구조 1은 A회사가 보유중인 B회사 주식을 해외 SPV에게 양도하고, 해외 SPV는 B회사 주식으로 교환할 수 있는 권리가 부여된 교환사채를 해외투자자에게 발행하는 구조로서 아래 거래구조 2와 비교할 때 간단한 형태이다. 위와 같은 거래구조를 취할 경우 A회사는 해외 SPV가 교환사채 발행으로 조달한 자금을 B주식 양도매금 명목으로 지급받게 되는데, A회사는 해외투자자를 위하여 교환사채의 원리금에 대한 지급보증 등 담보제공을 하게 된다.

위 거래구조는 교환사채의 교환대상인 B회사 주식의 주가변동에 대한 위험을 양도인인 A회사가 양도 후에도 여전히 부담한다는 점에서 진정한 매매(true sale)인지 즉, B회사 주식이 A회사의 도산 위험으로부터 절연되는지 여부가 문제될 수 있다.

한편 주권상장법인이나 코스닥상장법인이 아닌 회사가 교환사채를 발행할 수 있는지의 여부와 관련하여 이를 긍정하는 견해[47]와 부정하는 견해[48]가 있는바, 감독당국은 부정설의 입장을 취하고 있는 것으로 이해된다.[49]

(2) 거래구조 2

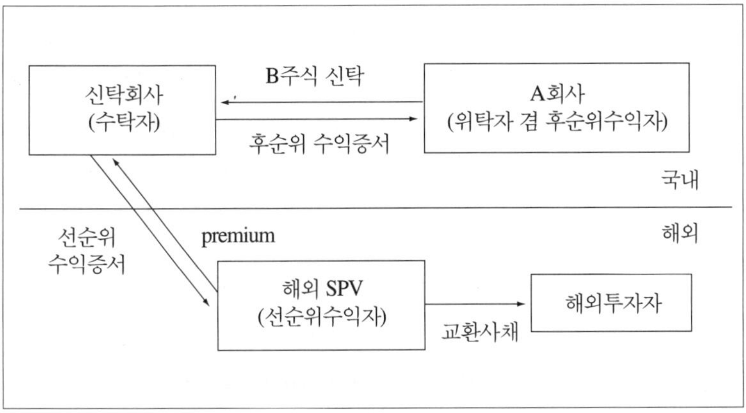

〔그림 2〕 신탁거래를 통한 해외 교환사채 발행구조

47) 최병선, "우리 기업의 해외증권 발행—교환사채를 중심으로—," 증권법연구 제3권 제2호(2002), 104면 ; 석광현, 국제사법과 국제소송 제1권(초판), 박영사, 2001, 633면 ; 윤승한, 증권거래법 강의(4판), 삼일인포마인, 2005, 854면 참조.

48) 임재연, 증권거래법(중판), 박영사, 2007, 775면 ; 정동윤, 회사법(제7판 2쇄), 법문사, 2003, 581면 ; 최기원, 상법학신론(상)(제16판), 박영사, 2006, 1128면 ; 정찬형, 상법강의(상)(제10판), 박영사, 2007, 1090면 ; 권기범, 현대회사법론(2판 2쇄), 삼지원, 2007, 876면 ; 이기수/최병규, 증권거래법(전정판), 세창출판사, 2003, 337면 참조.

49) 자산유동화실무연구회, 금융혁명 ABS(제1판 9쇄), 한국경제신문사, 2006, 435면 각주 162에서 인용하고 있는 유석호, "자산의 유동화제도에 관한 고찰," 증권조사월보(1998. 7) 증권감독원 참조.

거래구조 2에서 A회사는 보유중인 B회사 주식을 신탁회사에 신탁하고 신탁회사는 그 주식을 기초로 선순위 수익증서를 해외에 설립한 특수목적기구(SPV, special purpose vehicle)에게 후순위 수익증서를 위탁자인 A회사에게 발행하는데, 선순위 수익증서는 수탁자가 보유하고 있는 B회사 주식에 대한 콜옵션을 내용으로 하며, 후순위 수익증서는 선순위 수익자가 수탁자에게 지급한 프리미엄을 지급받을 권리 및 콜옵션 행사시 지급되는 양도대금을 지급받을 권리를 내용으로 한다. 한편 해외 SPV는 수탁자가 보유한 B회사 주식으로 교환할 수 있는 권리가 부여된 교환사채를 해외투자자에게 발행하는 구조를 취하게 된다.

거래구조 2에서는 A회사가 교환사채의 해외투자자에게 인적 · 물적 담보를 제공하지 않는 것이 보통이다. 따라서 이 거래구조에서는 B회사 주식이 A회사의 도산 위험으로부터 절연되는지의 여부는 거의 문제되지 않으며, 가사 B회사 주식의 신탁이 담보목적의 신탁이라 하더라도 아래 III. 4. (2)에서 논의하는 대법원 판례의 범위 내에서는 보호될 수 있다. 다만, 이 거래구조에서 교환사채의 발행대금은 해외 SPV에게 귀속되고 그 발행대금이 교환사채 발행시점에서 A회사에게 지급되지는 않게 되어 A회사로서는 자금조달의 효과는 크지 않으므로 위 거래구조는 자금조달의 필요보다는 보유하고 있는 주식을 부외자산으로 처분할 필요가 있는 등의 경우에 채택될 수 있다.

2. 자산유동화거래에 대한 담보와 관련된 주요 쟁점

(1) 거래구조도

cross-border 자산유동화거래의 기본 구조는 국내 자산보유자가 자

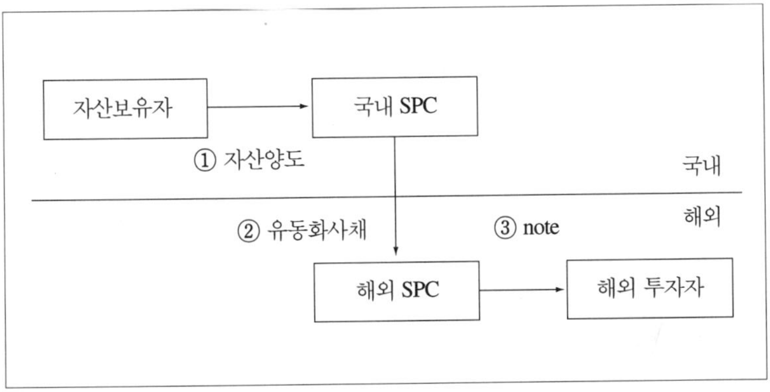

〔그림 3〕 2 SPC 방식의 cross-border 자산유동화 구조

산유동화법에 따른 국내 유동화전문회사(SPC)에 유동화자산을 양도(또는 신탁회사에 신탁한 후 제1종 수익권을 국내 SPC가 인수)하고 국내 SPC가 해외 SPV에게 외화표시 유동화사채(bond)를 사모로 발행하며, 해외 SPV는 유동화사채를 기초자산으로 하여 해외에서 note를 공모 발행하는 형태로 이루어진다. 이러한 2단계 구조를 취하는 이유는 국내 SPC가 외화표시채권의 이자 및 수수료를 지급할 때 이를 지급받는 비거주자는 소득세 및 법인세를 면제받을 수 있는 등[50] 조세혜택이 있기 때문이며 국내 SPC는 유동화사채를 사모로 발행하므로 유가증권신고서 제출 등 공모 발행에 수반되는 국내법상의 절차를 생략할 수 있기 때문이다.[51]

---

50) 조세특례제한법 제21조 제1항 제1호, 동법 시행령 제18조 제1항 참조.

51) 다만, 2006. 11. 30.부터 시행된 개정 유가증권의 발행 및 공시 등에 관한 규정에 의하면 발행인이 비거주자를 대상으로 해외에서 유가증권을 발행하는 경우에는 i) 발행일로부터 1년 이내에 당해 유가증권등을 거주자에게 양도할 수 없다는 뜻을 당해 유가증권의 권면(실물발행의 경우), 인수계약서, 취득계약서 및 투자권유문서에 기재하고, 발행인 또는 인수 증권회사 등이 취득자로부터 그러한 발행조건을 확인 · 서명한 동의서를 징구하고, 당해 동의서의 이행을 담보할 수 있는 장치를

이러한 거래에서 해외 투자자가 투자한 note의 원리금상환은 국내 SPC가 보유하는 유동화자산의 회수실적에 영향을 받을 수밖에 없으므로 투자자로서는 각종 담보를 요구하게 되는데, 해외보증기관(monoline insurer)의 보증이나 국내 금융기관의 신용공여 외에 국내 SPC의 사원들이 그 출자지분에 질권을 설정해 주고, 경우에 따라 국내 SPC가 보유한 유동화자산 자체를 담보(저당권, 질권 등)로 제공하고 있는바,[52] 이와 관련한 문제점들은 아래에서 살펴보기로 한다.

(2) 장래채권의 담보설정과 관련된 문제

자산보유자가 장래 발생할 채권[53]을 SPC에 양도하거나 신탁회사에

강구한 후 발행하는 경우, ii) 발행후 지체없이 발행지의 공인 예탁결제기관에 예탁하고 그 예탁일로부터 1년 이내에는 이를 인출하지 못하며 거주자에게 당해 유가증권 등을 양도하지 않는다는 내용의 예탁계약을 체결한 후 그 예탁계약을 이행하는 경우 또는 iii) 기타 발행일로부터 1년 이내에 거주자가 당해 유가증권 등을 취득할 수 없는 구조로 발행되는 경우에 해당하지 않으면 간주공모의 규정이 적용되어 발행인이 유가증권신고서를 제출하여야 한다(제12조 제1항 제6호).

52) 유동화자산은 그 자체로 유동화증권의 상환을 담보하기 위한 것인데 여기에 추가하여 담보권을 설정하는 이유는 명백하지 아니하나, 유동화자산 자체에 대하여 우선권을 확보해 둠으로써 유동화자산의 처분 등을 통제하고 이에 대한 직접적인 권리를 확보하려는 목적도 그중 하나인 것으로 이해된다. 최근 cross-border 자산유동화거래 중에서는 2004. 12. 7. 중소기업제육차유동화전문유한회사가 발행한 엔화 Primary CBO거래에서 국내 SPC는 중소기업은행의 신용공여약정이 있음에도 불구하고 해외 SPV 등을 공동질권자로 하여 유동화자산인 중소기업 발행의 엔화 신주인수권부사채, 엔화 일반사채에 대하여 질권을 설정하여 주었고, 질권설정과 관련하여서는 I. 2. (2)에서 논의된 문제점 때문에 유동화자산을 등록 및 예탁발행 방식이 아닌 실물발행을 하여 민법에 따른 질권설정을 하였다. 자세한 내용은 금융감독원 웹사이트인 http://dart.fss.or.kr의 공시자료 참조.

53) 장래채권이란 광의로는 채권의 발생요건이 모두 갖추어진 것이 아닌 채권을 말하는데, 장래채권의 개념에 관하여는 양창수, "장래채권의 양도," 저스티스 통권 제73호(2003. 6), 32-34면 ; 김용호, "자산유동화 실무상의 몇 가지 문제," 금융거래법

신탁하는 경우, 이러한 장래채권의 양도 또는 신탁과 관련하여서는 대법원 판례가 요구하고 있는 권리의 특정가능성과 가까운 장래의 발생가능성이라는 두 가지 요건이 여전히 필요한지 여부, 대항요건의 효력 발생시기 및 상계 가능여부 등과 관련한 다양한 법률쟁점이 있다.

먼저 장래채권의 양도의 요건인 '가까운 장래의 발생가능성'에 관하여 살펴보면 일본에서는 판례를 통해 일찍이 그 요건이 필요하지 않다고 정리되었고 우리나라에서도 대법원에서 최근 다소 완화된 해석론을 펴고 있기는 하나 대법원 판례의 태도를 유지하는 한 아직 발생가능성 요건은 필요하다고 보아야 할 것이다.[54] 그러나 신용카드거래와 같이 향후 장기간에 걸쳐 발생할 것으로 예상되는 '계속적 장래채권'의 양도 또는 신탁과 관련하여 현재 명시적으로 판단한 대법원의 판례가 존재하지 아니하므로 향후 이 문제에 관하여 대법원에서 달리 판단할 가능성을 배제할 수는 없으나, 적어도 일회성 장래채권이 아닌 계속적 장래채권 양도의 경우에는 '가까운 장래의 발생가능성' 요건이 요구되지 아니하거나, 그렇지 않다 하더라도 양도 또는 신탁대상인 장래채권의 발생이 가까운 장래에 개시될 가능성을 요구하는 것을 넘어 장래 가까운 일정기간(신탁기간) 동안 계속하여 발생할 가능성을 요구하는 의미는 아닌 것으로 해석하는 것이 합리적인 것으로 판단된다.[55]

강의 II—서울대학교 법과대학 전문분야 연구과정 제6권(초판 1쇄), 법문사, 2001, 375-376면 참조.

54) 양창수, 앞의 논문, 34-47면 ; 김용호/이선지, "자산유동화거래와 법적 과제," BFL 제5호(2004. 5), 서울대학교 금융법센터, 31-32면 참조.

55) 그 논거로는 i) 일본의 경우 발생가능성 여부를 더 이상 장래채권 양도의 요건으로서 요구하고 있지 않고, 우리 대법원 판례도 이 요건에 관해 최근 유연한 태도를 보이고 있다는 점(대법원 2001. 9. 18. 고지 2000마5252 결정 참조), ii) 장래채권을 기초를 하는 자산유동화기법 등의 발달로 인하여 계속적 장래채권의 양도에 관한

다음으로, 장래채권 양도의 대항요건 효력발생시기와 관련해서는 일본에서는 채권발생시점이라고 보는 견해[56]와 대항요건 구비시점이라고 보는 견해[57]가 대립하고 있었는데, 최고재판소 판례[58]에 의해 대

사회적 수요가 이미 존재하고, 특히 마스터신탁(master trust)의 구조를 이용한 자산유동화기법의 도입 등 향후 상당히 장기간에 걸쳐 발생할 계속적 장래채권의 신탁이 필요할 뿐만 아니라 현재의 거래관념상으로도 이러한 계속적 장래채권의 양도 또는 신탁을 수용하지 못할 바 아니라는 점, iii) 특히 자산유동화를 위한 계속적 장래채권 양도(신탁)의 경우에는 자산유동화법상 자산양도(신탁)등록절차를 통하여 채권양도(신탁)에 관한 공시가 가능하게 되므로 채무자의 재산도피수단으로 악용되거나 선의의 채권자들에게 불측의 손해를 가할 우려가 적다는 점 등을 들 수 있을 것이다. 학설상으로도 결국 장래 발생할 채권의 양도가능성을 인정하는 이상 어느 범위 내에서 인정할 것인가 하는 점은 논리적 · 절대적인 필연성이 있는 것이 아니라 시대의 거래관념, 사회적 필요성 등에 의하여 판단될 수 밖에 없는 것이고, 장래채권의 양도요건 중 '가까운 장래의 발생가능성'이란 요건은 주로 계속적 채권관계가 아닌 채권관계에서 발생하는 장래채권에 대하여 문제되는 것이라고 보는 견해〔허근영, "장래 발생할 채권의 특정과 그 양도가능성," 대법원판례해설 통권 제29호(1997 하반기), 법원도서관, 107-109면〕, 장래채권을 특정할 수 있을 정도로 채권의 기초가 되는 법률관계가 이미 존재하는 경우에는 폭넓게 장래채권의 양도성을 인정해야 한다는 견해〔문흥수, "채권의 양도성과 압류가능한 채권의 범위," 인권과정의(2000. 4), 94-95면〕도 제기되고 있다.

56) 東京地裁 平成 8년(1996) 9월 20일 선고 平成 7년 (ワ) 제14393호 판결, 大阪高裁 平成 7년(1995) 12월 6일 선고 平成 7년 (ネ) 제1609호 판결. 이 견해는 미발생한 장래채권 양도의 대항요건의 효력발생시기는 채권이 발생한 때라고 해석하는 것이 상당하다는 것인데, 이에 대하여는 장래채권이 이중으로 양도되어 각각 대항요건을 구비하는 경우 각 대항요건은 채권발생시에 효력이 발생한다고 보게 되므로 양수인 간에 우열을 가릴 수 없게 되어 법률관계의 안정을 해하는 결과를 야기하게 된다는 비판이 제기되고 있었다.

57) 東京高裁 平成 8년(1996) 11월 6일 선고 平成 7년 (ネ) 제2671호, 제2622호 판결, 東京高裁 平成 9년(1997) 2월 20일 선고 平成 8년 (ネ) 제4715호 판결〔주 50의 平成 7년 (ワ) 제14393호 판결의 항소심 판결이고, 확정되었다〕. 이 견해는 대항요건의 효력발생시기를 채권발생시점으로 해석하는 것은 장래채권의 양도가 중복되는 경우 양수인간의 우열을 가릴 수 없는 문제 및 채권자에 의한 압류의 대항요건의 효력발생시기에 관한 해석과의 정합성을 결하게 되는 문제가 있다고 비판하고, 대항요건의 구비시점에 대항요건의 효력이 발생한다고 해석하는 견해이다.

58) 일본 최고재판소는 平成 11년(1999) 1월 29일 판결에서 원고인 세무기관이 소외인의 세금 체납을 이유로 소외인이 피고에게 양도한 장래채권에 대해 이를 압류

항요건 구비시점으로 정리되었다. 우리나라의 판례,[59] 학설[60] 및 일본의 판례 등에 비추어보면, 장래채권 양도의 제3자에 대한 대항요건의 효력발생시기는 채권발생시점이 아니라 자산유동화법 제7조 제2항에 따라 자산유동화법에 의한 양도등록을 할 때에 제3자에 대한 대항요건의 효력이 발생한다고 보는 것이 타당할 것이다.

마지막으로 장래채권의 양도 또는 신탁에 대한 대항요건을 구비한

한 후 위 장래채권의 제3채무자가 채무금액을 공탁한 공탁금의 환부를 청구한 사안에서, 원고의 압류 이전에 먼저 대항요건을 갖춘 양수인인 피고가 원고에 우선한다고 판시하여 원고의 청구를 배척하였고, 이러한 최고재판소의 판례는 장래채권양도의 효력은 채권양도 계약시에 생기고 대항요건 구비의 효력은 채권양도의 통지 또는 승낙시에 발생한다는 점을 전제로 한 것으로 해석되고 있다. 道垣內弘人, "普通預金の擔保化," 金融取引と民法法理, 有斐閣, 2000, 57면 참조. 최고재판소 平成 19년(2007) 2월 15일 (平16 (行ヒ) 310호) 판결은 장래채권을 목적으로 하는 (집합)채권양도담보계약이 체결되어 제3자 대항요건이 구비된 후에 양도담보설정자의 국세법정납기가 도래하였고 그 후에 양도담보에 제공되었던 장래채권이 발생한 경우, 당해 채권은 법정납기 이전에 양도담보재산이 되어 있었다는 이유로 양도담보채권자의 물적납세책임을 부정한 판결로 위 최고재판소의 견해를 재확인하고 있는 것으로 이해된다. 이 판결에 대한 평석으로는 潮見佳男, "將來債權讓渡擔保と國稅債權の優劣," NBL 856호(2007. 5. 1), 11-21면 참조.

59) 대법원은 장래채권의 압류 및 전부명령에 관하여 전부명령의 송달시점을 효력발생의 기준시점으로 보고 있다(대법원 2000. 10. 6. 선고 2000다31526 판결 등 참조).

60) 이에 관해 논의하는 학설은 많지 않으나, 서민 교수는 (장래채권의) 사전 양도시에 장래 발생할 채권의 법적 기초가 이미 마련되어 있는 경우에는 양도시에 양도의 대항요건을 갖추는 것이 가능하며 이 경우에는 양수인은 채권성립과 동시에, 즉 채권이 일순간이라도 양도인에게 귀속됨이 없이 직접 채권을 취득하는 것으로 해석함이 타당하다고 하면서, 그 이유로는 이 경우에는 이미 대항요건이 갖추어져 있으므로 채권이 일단 양도인에게 발생한다고 하더라도 제3자가 양수인에 우선하는 법적 지위를 차지할 가능성은 없고, 그 채권은 이미 성립의 기초가 이루어져 있으므로 양수인은 그 채권에 대한 기대권을 취득하였다고 보아야 하는데, 양수인은 바로 이 기대권을 취득하였을 뿐만 아니라 이 기대권은 대항요건에 의하여 제3자 대항력까지 갖춘 것으로 평가되므로, 채권은 이 기대권의 작용에 의하여 직접 양수인에게 발생한다고 보아야 할 것이기 때문이라고 설명하고 있다. 서민, "채권양도에 관한 연구," 서울대학교 법학박사 학위논문, 109면 참조.

이후에 채무자의 양도인 또는 위탁자에 대한 반대채권이 발생한 경우 채무자가 이를 자동채권으로 하여 상계할 수 있는지 여부가 문제되는데[61] 이에 관한 논의는 거의 이루어지지 않고 있으며, 채무자에 대한 통지만 한 경우 또는 채무자가 상계권에 관한 이의를 보류한 승낙을 하였을 경우에 채무자가 향후 양도인에 대하여 취득한 반대채권으로 양수인에게 상계항변으로 대항할 수 있는지 여부가 문제될 수 있다.[62]

이상의 논의는 기본적으로 장래채권의 양도와 관련된 문제이나, 채권에 대한 담보설정에 있어서도 담보목적물의 특정성이 요구되며, 특히 채권에 대한 질권설정의 방법은 채권의 양도에 관한 방법에 의하여야 하므로 장래채권의 담보설정에 있어서도 마찬가지로 문제된다.

---

61) 곽윤직(편집대표), 민법주해(X)(초판 8쇄), 한국사법행정학회, 2002, 592-593면에서는 채무자가 통지를 받았을 당시 양도인에 대하여 상계적상에 있는 반대채권을 가지고 있는 경우에는 상계할 수 있으나 통지가 있은 후에 양도인에 대하여 반대채권을 취득하여도 상계할 수 없고, 통지가 있었을 당시에 반대채권은 있었으나 변제기가 도래하지 아니하여 상계적상에 없었던 경우에도 향후 상계적상이 생기면 상계할 수 있다는 것이 통설이라고 설명하고 있다. 그러나 위 설명이 확정채권이 아닌 장래채권의 양도의 경우 채무자가 양도통지 후 취득한 반대채권으로 상계할 수 없다는 것을 예정하고 있는지는 명확하지 않다.

62) 양도인이나 위탁자는 장래채권의 양도 또는 신탁에 관한 계약 체결시 유동화자산 확정일 현재 및 해당 청구일(또는 자료처리일) 현재 상계 기타 항변권이 부착되지 않은 완전한 채권을 양도 또는 신탁한다는 점에 관한 진술 및 보장을 하는 것이 일반적인데, 만일 장래채권에 관하여 상계가 가능하다고 보게 될 경우에는 장래 청구일(자료처리일) 현재 진술 및 보장위반이 되어 양도인이나 위탁자가 담보책임을 지게 되거나 계약상 조기상환사유에 걸린다고 해석될 가능성도 전혀 배제할 수는 없다.

(3) 유동화자산에 대한 담보권 설정 절차와 관련된 문제[63)·64)]

1) 등기 생략된 저당권부채권에 대한 질권설정시의 문제

자산유동화법 제8조는 자산유동화계획에 따라 양도 또는 신탁한 채권이 질권 또는 저당권에 의하여 담보된 채권의 경우 유동화전문회사 등[65)]은 저당권이전등기를 하지 않더라도 자산양도 등의 등록이 있을 때에 그 질권 또는 저당권을 취득한다고 규정하고 있다. 그런데 위 규정에 따라 저당권이전등기를 생략한 채 국내 SPC가 취득한 저당권부채권을 국내 SPC가 해외 SPV 등에게 다시 담보로 제공하면서 질권설정하고자 할 때 생략된 저당권이전등기를 먼저 경료하여야 하는지 여부가 문제된다. 이에 대해서는 민법 제187조 단서에 따라 국내 SPC 명의로 생략된 저당권이전등기를 먼저 경료한 후 새로운 질권설정등기를 하여야 한다는 견해(제1설)와 자산유동화법 제8조는 민법 제187조의 특칙이라고 보아 특별법 우선의 원칙에 따라 생략된 저당권이전등기를 경료할 필요가 없다는 견해(제2설)가 있을 수 있다.

그러나 자산유동화법 제8조는 저당권을 '취득'하는 경우에 저당권이전등기를 생략할 수 있다는 조항으로서 취득에 대한 예외를 인정해 준 것에 불과하고 SPC가 '처분'하는 경우에까지 특례를 인정해 준 것은 아니므로 민법 제187조의 특칙이라고 보기 어려우며, 우리 법상 부

63) 자산유동화거래와 관련된 담보권에 관한 기타의 문제점에 관하여는 김용호, 앞의 책(주 53), 364-375면 참조. 한편 2004. 3. 1.부터 시행된 한국주택금융공사법에 신설된 저당권에 관한 촉탁등기 규정인 제28조 제2항 및 부칙 제9조 제4항도 참조.

64) 이하에서 설명된 쟁점에 관하여도 최근 자산유동화법 개정안에 반영시키는 방안이 논의되고 있다.

65) 유동화전문회사 등이란 유동화전문회사, 자산유동화업무를 전업으로 하는 외국법인 및 신탁회사를 말한다(자산유동화법 제3조 제1항).

동산 물권변동의 성립요건주의라는 대원칙에 비추어 이에 대한 예외는 법상 명확한 근거가 있는 경우 등에만 제한적으로 인정되어야 한다는 점을 감안하면 제1설이 타당하다고 생각한다.[66)·67)]

2) 질권설정시 금융감독위원회 등록의 요부

자산유동화법 제6조 제1항 제2호 다.목에 의하면, 유동화전문회사 등이 자산유동화계획에 따라 유동화증권의 투자자를 위하여 제3자에 유동화자산에 대한 질권 또는 저당권을 설정하거나 해지한 경우 유동화전문회사 등이 그 사실을 금융감독위원회에 등록하도록 하고 있는 바, 위 III. 2. (1)의 거래구조도에서 유동화자산을 양도받은 국내 SPC가 해외 SPV에게 유동화사채를 발행하고 그 원리금 상환을 담보하기 위하여 해외 SPV에게 '유동화자산'에 대하여 질권을 설정하여 주는 경우 이러한 질권설정사실을 금융감독위원회에 등록하여야 하는지 여부가 문제된다.

---

66) 리서전스코리아원유동화전문회사는 자산유동화전업외국법인인 MSDW Xian, Inc. 및 MSDW Tornado, Inc.가 한국자산관리공사로부터 취득한 저당권부채권(제1단계 자산유동화) 및 부동산 등을 다시 양수받아 이를 기초로 자산유동화거래(제2단계 자산유동화)를 하였는데, 실제로 제1설의 견해에 따라 MSDW Xian, Inc. 및 MSDW Tornado, Inc. 앞으로 생략되었던 저당권이전등기를 경료하고 거래를 진행하였던 선례가 있다. 위 거래는 해외 양도인이 국내 SPC에게 저당권부채권을 양도한 사안으로서 본고에서 논의하고 있는 국내 SPC가 해외 SPV 등에게 저당권부채권을 담보로 제공하는 거래와 동일한 사안은 아니지만 법률적인 쟁점은 동일하다고 볼 수 있다. 위 거래에 관한 자세한 사항은 금융감독원 웹사이트인 http://dart.fss.or.kr의 공시자료 참조.

67) 한편 은행이 보유한 저당권부채권을 유동화자산으로 한 자산유동화거래에서는 일반적으로 국내 SPC가 해외 SPV 등에게 저당권부채권에 대하여 질권을 설정해 주는데, 질권계약서에 확정일자만 받아 두고 저당권에 대한 질권의 부기등기를 하지 않고 있다가 향후 notice triggering event가 발생할 경우에만 채무자에게 통지하고 관련 등기절차를 이행하도록 하는 것이 실무이다.

이는 원래 우리 법상 담보권의 부수성 때문에 담보부사채신탁법에 따라 담보부사채를 발행하는 경우를 제외하고는 채권자를 위하여 담보권만을 보유하는 이른바 담보수탁자(security trust) 또는 담보대리인(security agent)의 개념이 인정되고 있지 않는바,[68] 이러한 개념을 자산유동화와 관련하여 도입하여 담보수탁자 또는 담보대리인에게 질권을 설정하고자 하는 경우에 그 설정등록의무자를 규정하여 둔 것으로서,[69] 위 사례에서와 같이 담보수탁자 또는 담보대리인에게 질권을 설정하는 경우가 아닌 경우에는 금융감독위원회에 그 사실을 등록하지 않아도 되는 것이 아닌가 하는 의문이 있다. 위 규정의 문언만을 보면 '유동화증권의 투자자를 위하여 제3자에' 질권 또는 저당권을 설정하는 경우로 규정되어 있으므로, 국내 SPC가 유동화사채의 투자자에게 직접 제공하는 담보는 등록이 필요 없고, 국내 SPC 가 유동화사채의 투자자를 위하여 담보부사채신탁법에 따라 신탁업자에게 담보를 제공하는 경우에만 등록이 필요하다고 해석되어야 한다는 주장이 가능할 것으로 보인다. 그러나 금융감독원에서는 위 '제3자'에 유동화사채의 투자자도 포함된다고 보아 그 경우에도 등록이 필요한 것으로 해석한 사례가 있다.[70]

참고로 SPC가 제공하는 담보가 '유동화자산'이 아닌 경우, 예컨대 신탁 · SPC 방식의 2단계 ABS에서 국내 SPC가 인수한 제1종 수익권

68) 담보대리인 개념 및 현행법상의 문제점에 관하여는 김용호, 앞의 책(주 53), 381-383면 참조.

69) 자산유동화실무연구회, 앞의 책, 321면 참조.

70) 주 53에서 언급한 Primary CBO거래에서 중소기업제육차유동화전문유한회사는 유동화자산에 대하여 해외 SPV, 수탁관리자, 담보대리인, 유동화사채등록인, SPC 계좌개설은행, 회사업무수탁자, 자산관리자, 신용공여자를 공동질권자로 하여 질권을 설정하였으며, 이에 대한 자산유동화법 제6조에 따른 질권등록을 하였다. 금융감독원 웹사이트인 http://dart.fss.or.kr의 공시자료 참조.

에 대해 해외 SPV 등에게 질권을 설정하는 경우, 이러한 수익권은 자산유동화법 제2조 제1호 라.목에 따라 '유동화자산'이 아닌 '유동화증권'으로 보아 자산유동화법 제6조에 따른 질권등록을 하지 않으며,[71] 예금반환채권, 각종 계약상의 권리 등 SPC의 기타 자산[72]에 대해서 질권을 설정하는 경우에도 이들 자산은 자산유동화법 제6조 소정의 유동화자산이 아닌 것으로 보아 질권등록의 대상이 되지 아니한다는 것이 실무이다.

3. 담보부사채의 발행과 관련된 쟁점

국내기업의 해외 증권발행, 특히 해외 자산유동화증권발행의 경우 담보부사채신탁법의 적용 여부가 문제되는 경우가 많다. 위 III. 2. (1)의 거래구조도를 예로 들어 살펴보면, 국내 SPC가 자신이 발행한 유동화사채의 원리금상환의무를 담보하기 위하여 국내 SPC가 보유하고 있는 자산을 유동화사채권자인 해외 SPV를 비롯한 복수의 채권자에게 담보로 제공하는 경우가 많다는 점은 이미 살펴본 바와 같아서, 이러한 담보제공의 실질은 결국 사채에 대한 담보를 제공하는 것과 다를 바 없다고 보아 담보부사채신탁법에 위반되는 것은 아닌지 여부가 문제되는 것이다. 담보부사채신탁법에 의하면 사채에 일정한 물상담보를 붙여서 발행하고자 하는 회사(위탁회사)는 신탁업자와의 신탁

71) 이에 대해 수익권은 '유동화자산'을 기초로 발행된 '유동화증권'이지만, 이는 2단계 SPV의 입장에서 보면 자산유동화법 제2조 제3호에 의해 다시 SPV의 유동화자산을 구성하는 것이라고 보아야 한다는 견해도 있을 수 있다.

72) SPC가 자산보유자로부터 최초에 양도받은 유동화자산을 제외한 다른 자산을 말한다.

계약을 통하여 신탁업자에게 총사채에 대한 물상담보를 설정하여 관리시키고[73] 필요한 때에는 담보권을 실행하게 함으로써 총사채권자는 수익자로서 평등하게 담보의 이익을 향수시키도록 하고 있으며,[74] 위 법에 기하여 제공할 수 있는 담보의 종류도 제한하고 있는데, 우리나라에서는 과거에 위 법에 의한 담보부사채가 몇 차례 발행된 사례가 알려져 있는데[75] 최근에는 위 법에 의한 담보부사채의 발행이 활발하지 않은 실정이다.

(1) 담보부사채신탁법의 적용범위

먼저 국제금융거래에 있어서 우리나라의 담보부사채신탁법이 적용되는지 여부에 관하여는 사채를 우리나라에서 발행하는 경우 담보부사채신탁법이 적용된다는 견해(제1설), 사채의 준거법이 한국법이면 담보부사채신탁법이 적용된다는 견해(제2설), 사채의 준거법과 무관하게 담보계약(신탁계약)의 준거법이 한국법이면 담보부사채신탁법이

73) 담보부사채신탁법 제3조 참조.

74) 이상은, "우리나라 담보부사채신탁제도와 그 활용방안," 법제월보(1966. 10 · 11), 103면 ; 곽윤직(편집대표), 민법주해(VII)(초판 8쇄), 한국사법행정학회, 2002, 263면 참조

75) 1962년 담보부사채신탁법이 제정된 이후 1969년에 처음으로 8개 회사가 총 14억 2500만 원에 달하는 담보부사채를 발행하였는데 당시의 발행은 은행차입을 위한 변형된 융자형태로서 신탁은행이 사모로 총액인수하였고, 그 후 1982년 11월 태평양상사가 최초로 담보부사채를 공모발행한 이후 1984년 상반기까지 8건의 담보부사채발행 사례가 있었다. 이에 대한 자세한 사항은 양경철, "담보부사채발행제도에 관한 고찰," 증권(1984. 9), 56면 참조. 한편 우현용, "담보부사채에 관한 연구," 부산대학교 대학원 법학석사 학위논문, 1991, 8면에서 인용하고 있는 재정경제부 통계에 의하면 1986년부터 1990년까지 약 20건의 담보부사채가 발행된 것으로 되어 있다.

적용된다는 견해(제3설), 사채와 담보계약(신탁계약)의 준거법이 모두 한국법이면 담보부사채신탁법이 적용된다는 견해(제4설) 및 사채법(채권법)적 측면과 담보권(물권법)적 측면을 구별하여 사채는 채권 준거법에 따르고, 담보는 담보의 준거법에 따른다는 견해(제5설) 등이 있을 수 있다.

제1설은 해외발행의 경우에도 담보부사채신탁법이 적용된다는 명문의 규정(제11조)에 반하므로 타당하지 않다. 제2설 내지 제5설은 사채와 담보계약의 준거법을 기준으로 구분하는 견해인데, 사채의 준거법과 담보계약의 준거법이 모두 한국법인 경우 담보부사채신탁법이 적용되고 사채의 준거법과 담보계약의 준거법이 모두 외국법이면 담보부사채신탁법이 적용되지 않을 것이며, 사채의 준거법이 한국법이고 담보계약의 준거법이 외국법인 경우 및 사채의 준거법이 외국법이고 담보계약의 준거법이 한국법인 경우에도 담보부사채신탁법이 강행적으로 적용된다고 보기는 어려울 것이라는 점을 감안하면 제4설이 가장 합리적인 견해라고 생각된다.[76] 실무상으로는 일반적으로 사채의 준거법이 외국법이고, 사채가 해외에서 발행되며, 공모가 아닌 사모로 발행되는 요건을 모두 갖춘 경우 담보부사채신탁법이 적용되지 않는 것으로 보고 있는데, 이 점에 대한 판례나 학설상 명확한 근거는 없는 실정이다.[77]

---

76) 석광현, 국제사법과 국제소송 제3권(초판), 박영사, 2004, 582면 각주 8에서는 "한국기업이 해외에서 발행하는 담보부사채에 적용하기 위하여는 담보부사채신탁법이 사채, 담보 및 신탁계약의 준거법이 모두 한국법이어야 할 것이다. 문제는 담보의 준거법은 한국법인데 사채와 신탁계약의 준거법을 외국법으로 할 수 있는가이다"라고 기술되어 있다.

77) 道垣内弘人, "담보부사채신탁법의 국제적 적용범위," ジュリスト 1175호(2000. 4), 50-52면에서는 일본의 담보부사채신탁법에는 사채에 관한 규정, 담보에 관한 규정,

(2) 담보부사채신탁법 위반의 효력

담보부사채신탁법에 의하지 않고 사채권자와의 개별계약으로 물상담보를 제공하여 발행한 사채 및 담보계약의 효력에 관하여는 사채와 담보계약이 모두 유효하다고 보는 견해, 사채는 유효하나 담보계약은 무효라는 견해, 사채와 담보계약이 모두 무효라는 견해가 있을 수 있다.[78] 사적자치의 원칙상 당사자 간의 개별적인 교섭을 통하여 이루어지는 거래를 과도하게 제한할 필연적인 이유는 없어 보인다는 점에서 사채와 담보계약이 모두 유효하다고 보는 견해가 설득력이 있는 것으로 생각된다.

사채를 발행할 때 사채권자와의 개별계약으로 물상담보를 제공할 필요성은 국제금융거래는 물론 국내금융거래에서도 증대될 수 있으며, 자산유동화거래[79]뿐만 아니라 각종 사채 발행거래에서도 증대될

신탁에 관한 규정, 신탁회사에 관한 규정이 있고, 담보부사채신탁법의 사법상의 규정은 일본법인이 사채발행회사인 경우, 일본법이 사채의 준거법인 경우, 일본에 담보목적물이 소재하는 경우, 신탁의 준거법이 일본법인 경우 적용된다고 설명하면서, 일정한 담보물권에 관한 규정(제70조 제1항, 제72조, 제73조 등)은 일본에 소재하는 동산 및 부동산을 담보목적으로 하는 담보부사채이면 발행회사의 준거법, 사채계약의 준거법, 신탁의 준거법 등이 외국법이라도 적용된다고 하고 있다.

78) 한편 최병선, 앞의 논문(주 3), 97면에서는 (담보부사채신탁법상의) "이러한 절차적인 복잡함을 피하기 위하여 사채권자에게 지급할 원리금채무를 별개로 담보하는 경우도 실무상 많이 있는 것으로 이해된다(주: 이렇게 사채권자에게 별도로 주는 담보는 담보부사채신탁법의 적용을 받지 않는 것으로 실무가들은 해석하며, 외국환거래법규상 특별한 신고 등을 요하지 아니하는 것으로 이해한다). 이 경우 담보부사채신탁법을 우회하기 위한 탈법행위로서 이러한 담보제공은 무효라는 견해도 있을 수 있으나 실무는 유효하다는 견해에 기초하고 있는 것으로 보인다. 그리고 담보는 현재의 사채권자에게만 제공되는 것으로서 사채권이 이전될 경우 담보권이 당연히 함께 이전되는 것이 아님을 유의하여야 한다"라고 기술하고 있다.

79) 참고로 최근 자산유동화법 개정안에서는 유동화전문회사 등이 유동화사채의 투자자에게 유동화자산을 담보로 제공하는 경우에는 담보부사채신탁법에 의하지

수 있는 가능성이 있으므로 이에 대비하여 담보부사채신탁법을 정비할 필요가 있을 것이다.

4. 기타 주요 쟁점

(1) 담보권의 실행과 부인권의 행사

대법원 판례에 의하면 회사정리법상 부인권은 원칙적으로 정리 전 회사의 행위를 대상으로 하는 것이고 회사의 행위가 없이 채권자 또는 제3자의 행위만 있는 경우에는 예외적으로 정리 전 회사가 채권자와 통모하여 가공하였거나 기타 특별한 사정으로 인하여 회사의 행위가 있었던 것과 동일시할 수 있는 사유가 있는 때에 한하여 부인의 대상이 되는 것이 원칙이다.[80] 그런데 대법원 2003. 2. 28. 선고 2000다50275 판결은 채권자가 정리 전 회사로부터 담보로 제공받은 출자증권에 대한 질권을 실행한 사안에 대하여 "회사정리절차에 있어서는 담보권자는 개별적으로 담보권실행행위를 할 수 없고(회사정리법 제67조), 정리담보권자로서 정리절차 내에서의 권리행사가 인정될 뿐, 정리절차 외에서 변제를 받는 등 채권소멸행위를 할 수 없으며(같은 법 제123조 제2항, 제112조), 또한 같은 법 제81조 후단이 부인하고자 하는 행위가 집행행위에 기한 것인 때에도 부인권을 행사할 수 있다고 규정한 취지에 비추어 보면, 질권의 목적물을 타에 처분하여 채권의 만족을 얻는 경우도

아니할 수 있도록 담보부사채신탁법의 적용을 배제하는 방안이 검토 중이다.

80) 대법원 2002. 7. 9. 선고 2001다46761 판결, 대법원 2002. 7. 9. 선고 99다73159 판결, 대법원 2002. 7. 9. 선고 2001다46761 판결, 대법원 2004. 2. 12. 선고 2003다53497 판결 등 참조.

그 실질에 있어서 집행행위와 동일한 것으로 볼 수 있어 부인의 대상이 되는 행위에 포함된다"라고 판시하였고, 이 판결에 대해서는 찬성하는 견해[81)]와 반대하는 견해[82)]가 대립하고 있다. 과거 하급심 판결 중에도 양도담보권자의 양도담보권 실행행위에 대하여 부인의 대상이 된다고 판시한 것이 있었는데,[83)] 향후 대법원의 위 2000다50275 판결의 태도가 유지된다면 국제금융거래에서 채권자들이 질권 기타 담보권을 설정받더라도 특히, 채무자의 재정적 위기시에 있어서는 이를 임의실행하는 데 제약을 받을 수밖에 없을 것이다. 국제금융거래에 있어 담보권의 안정성이 확보되지 않게 되면 그만큼 거래비용이 증가할 수밖에 없으므로 채권자의 입장에서 자기 행위의 결과를 보다 분명하게 예측할 수 있는 방향으로 관련 규정을 손질하는 것이 바람직할 것이다.

---

81) 임채웅, "담보권의 임의적 실행행위와 부인권에 관한 연구," BFL 제1호(2003. 9), 서울대학교 금융법센터, 79-81면 ; 김형두, "담보권의 실행행위에 대한 관리인의 부인권," 민사판례연구 XXVI(초판), 박영사, 2004, 573면 참조.

82) 임지웅, "담보권 실행행위에 대한 회사정리법상 부인권의 행사," Jurist 401호(2004. 2), 47면 참조.

83) 수원지방법원 1994. 4. 26 선고 93가합5560 판결은 "회사정리법 제78조 제1항 각 호에서는 부인권 행사의 대상이 되는 행위를 '회사의 행위'라고만 규정하고 있으나, 회사의 재산을 보전하여 회사의 갱생을 돕고 일반 다수의 채권자들의 희생 하에 특정 채권자가 이익을 보지 않도록 채권자들 사이에 있어서 이해의 공평을 기하자는 부인권 제도의 규정 취지와, 동법 제81조에서 집행행위의 부인을 규정하고 있는 점, 회사정리절차에 있어서 모든 담보권자는 정리담보권자로서 정리절차개시에 따른 절차상의 제약에 따라 정리절차에 참가할 권리만을 가진다는 점에 비추어 보면 부인권 행사의 대상을 반드시 회사의 행위에 국한할 것은 아니고 양도담보와 같은 비전형담보에 있어서의 담보권실행행위도 부인권 행사의 대상이 된다고 해석할 것"이라고 판시한 바 있다.

(2) 담보신탁과 관련된 문제

저당권이나 질권 등은 담보제공자가 회사정리절차에 들어간 경우 정리담보권이 되므로 정리계획안에 따라 그 권리의 행사가 제한될 수밖에 없고, 더욱이 위 III. 4. (1)에서 검토한 바와 같이 담보권의 실행행위가 부인될 가능성도 잠재되어 있기 때문에 신탁을 통한 담보취득방식이 선호되고 있다.

대법원은 부동산 담보신탁에 관한 사안에서 "신탁법상의 신탁은 위탁자가 특정의 재산권을 수탁자에게 이전하거나 기타의 처분을 하고 수탁자로 하여금 수익자의 이익을 위하여 또는 특정의 목적을 위하여 그 재산권을 관리, 처분하게 하는 법률관계를 말하므로, 신탁자가 어음거래약정상의 채무에 대한 담보를 위하여 자기 소유의 부동산에 대하여 수탁자와 담보신탁용 부동산관리 · 처분신탁계약을 체결하고 채권자에게 신탁원본 우선수익권을 부여하고서, 수탁자 앞으로 신탁을 원인으로 한 소유권이전등기를 경료하였다면, 위탁자의 신탁에 의하여 신탁부동산의 소유권은 수탁자에게 귀속되었다고 할 것이고, 그 후 신탁자에 대한 회사정리절차가 개시된 경우 채권자가 가지는 신탁부동산에 대한 수익권은 회사정리법 제240조 제2항에서 말하는 '정리회사 이외의 자가 정리채권자 또는 정리담보권자를 위하여 제공한 담보'에 해당하여 정리계획이 여기에 영향을 미칠 수 없다고 할 것이므로 채권자가 정리채권 신고기간 내에 신고를 하지 아니함으로써 정리계획에 변제의 대상으로 규정되지 않았다 하더라도, 이로써 실권되는 권리는 채권자가 신탁자에 대하여 가지는 정리채권 또는 정리담보권에 한하고, 수탁자에 대하여 가지는 신탁부동산에 관한 수익권에는 아무런 영향이 없다고 할 것"이라고 판시하여 담보신탁의 경우에는 신탁재산의 소유권이 수탁자에게 귀속하고 이는 정리회사 이외의 제3자가 채권자를 위하여 제공한 담보에 해당한다는 점을 명백히 하여 수익자를 보호하고 있다.[84)]

따라서 위 대법원 판결의 취지에 의하면 담보제공자가 회사정리 또는 파산절차에 들어간 경우라 하더라도 채권자의 담보실행 행위는 담보제공자가 아닌 제3자에 대하여 권리를 행사하는 것으로서 부인권의 대상이 되지 않게 된다. 또한 위 대법원 판결은 담보신탁된 자산이 부동산인 경우에 대하여 판시한 것인데, 위 판결의 논리는 신탁법상 신탁의 법리에 의하여 신탁부동산의 소유권이 수탁자에게 귀속되었기 때문에 신탁부동산에 대한 수익권은 정리회사 이외의 제3자가 제공한 담보에 해당하여 정리계획의 영향을 받지 않는다는 것으로서, 위 판결에서 대법원이 신탁의 법리를 논거로 들고 있고 때문에 이는 신탁재산이 부동산인지 동산인지 여부에 따라 차이가 나지는 않으며 따라서 위 판결은 신탁재산이 동산, 유가증권 등인 경우에도 당연히 적용된다고 해석된다. 다만 위 대법원 판결 이후 담보신탁을 이용한 거래가 증가하고 있는데, 위 대법원 판례에 대하여는 그 결론의 타당성에 의문을 가지는 견해도 있으므로 위 판례에 의해 담보권에 미치는 담보제공자의 도산 위험에 관한 모든 문제가 해결된 것처럼 이해하는 것은 바람직하지 않다. 예컨대 위탁자에 대하여 기업구조조정촉진법[85)]에 따른 절차가 진행될 경우에는 아직 이에 관한 판례가 없기

84) 대법원 2001. 7. 13. 선고 2001다9267 판결 참조. 동지 대법원 2003. 5. 30. 선고 2003다18685 판결, 대법원 2002. 12. 26. 선고 2002다49484 판결 등 참조.

85) 기업구조조정촉진법은 2001년 8월 14일 최초 제정되어 2005년 12월 31일까지 효력을 가지는 한시법으로서 위 기간 만료로 폐지되었다가, 2007년 8월 3일 다시 제정되어 2007년 11월 4일부터 2010년 12월 31일까지 효력을 가지는 한시법으로 존속하게 된다(부칙 제1조, 제2조 제1항 참조).

때문에 수익자가 신탁된 자산에 대하여 위 절차에 따른 제약을 전혀 받지 않는 완전한 권리를 행사할 수 있는지 여부는 확실하지 않다. 한편 위 쟁점에 관하여 대법원이 채무자회생 및 파산에 관한 법률하에서 선고한 판결은 아직 없으나 이 법률에 의하더라도 결론은 동일할 것으로 생각된다.

(3) 기타

본고에서의 논의는 국제금융거래는 물론 국내금융거래에도 그대로 적용되는 경우가 많을 것으로 생각되고, 본고에서는 국제금융거래의 준거법에 대한 검토를 생략하고 있으나, 실제로 국제금융거래에서 각종의 다양한 담보목적물에 대해 담보를 설정하는 경우 담보계약의 준거법이 각각 달라 발생하는 실무적인 어려움이 있으므로 준거법에 관한 문제는 국제금융거래를 할 때 항상 염두에 두어야 할 분야이다.[86)]

뿐만 아니라 거주자의 비거주자에 대한 인적 · 물적담보의 제공과 관련해서는 외국환거래법령상 필요한 한국은행 또는 재정경제부의 각종 허가나 신고 등을 거쳐야 한다는 점 또한 유의해야 한다.

---

86) 준거법에 관한 논의의 대표적인 예로는 석광현, BFL 제4호(2004. 3), 서울대학교 금융법센터, 93면 이하 ; 석광현, "국제적인 증권담보거래의 준거법— 헤이그국제사법회의의 유가증권협약을 중심으로—," 증권법연구 제5권 제1호(2004), 한국증권법학회, 43면 이하 ; 석광현, "우리기업의 해외증권발행과 관련한 법적인 미비점과 개선방안," 증권법연구 제3권 제2호(2002), 한국증권법학회, 59면 이하 등 참조.

Ⅳ. 효율적인 담보제도를 위한 국제적 노력

국제금융거래는 그 개념상 국경을 넘어 이루어지는 거래인 만큼 다양한 법역과 관련되고 따라서 앞서 언급한 바와 같이 준거법 기타 국제사법적 문제가 중요한 문제로 대두된다. 한편, 그러한 국제사법적 문제 중 법체계의 차이 또는 법체계의 불명확성이 초래하는 국제금융거래의 장애 요소를 제거 또는 감소시킴으로써 저렴한 비용에 의한 국제금융거래의 활성화를 도모하고자 하는 국제적 노력에 관하여 주목할 필요가 있다.

그와 같은 노력과 관련하여서는 i) 유럽부흥개발은행(EBRD, European Bank of Reconstruction and Development)이 1994년 공표한 「모범담보법」(Model Law on Secured Transactions. 이하 'EBRD 모범담보법'), ii) 사법통일을 위한 국제연구소(UNIDROIT, Institut international pour l'unification du droit privé)[87]가 2001년 채택한 「이동장비에 대한 국제적 권리에 관한 협약 및 항공기의정서」〔Convention on International Interest in Mobile Equipment and Aircraft Protocol. 이하 '케이프타운협약(Cape Town Convention)'〕,[88] iii) UN 국제상거래법위원회(UNCITRAL, United Nations Commission on International Trade Law)가 2001년 채택한 「국제거래에서의 채권양도에 관한 UN 협약」(United Nations Convention on the Assignment of Receivables in International Trade. 이하 '국제채권양도협약'), iv) 헤이그국제사법회의(Hague Conference on Private International Law)가 2002년 채택한 「중개기관에 보유된 유가증

87) 영어로는 'International Institute for the Unification of Private Law' 라고 한다.

88) 이하에서 '케이프타운협약'이라 함은 문맥에 따라 협약과 항공기의정서를 함께 의미하기도 한다.

권에 관한 일부 권리의 준거법에 관한 협약」(Convention on the Law Applicable to Certain Rights in respect of Securities held with an Intermediary. 이하 '헤이그유가증권협약') 및 v) UNCITRAL의 「담보거래에 관한 입법 지침 초안」(Draft Legislative Guide on Secured Transactions. 이하 'UNCITRAL 담보거래 입법 지침 초안') 등을 들 수 있다.

다만 위 각각의 노력과 관련하여서는 그 하나하나가 방대한 논의를 요하는 사항이므로 아래에서는 간단한 소개에 그치기로 한다.

1. EBRD 모범담보법

이는 담보거래에 관한 규범이 없거나 미비하였던 러시아를 비롯한 동구의 여러 나라들이 사유화를 통한 시장경제 체제로의 전환을 추진하는 과정에서 필요한 외국 금융기관 기타 해외채권자로부터의 금융지원과 관련하여 각 나라가 자기 나라의 법제를 정비함에 있어서 모범으로 삼을 수 있도록 EBRD가 마련한 모델법이다.[89] 이 EBRD 모범담보법은 국제 투자자들과 채권자들이 그들의 거래와 관련하여 무엇을 기대하고 있는지에 대한 지침을 제공하고, 담보거래에 관한 법제정비의 접근 방법에 조화를 기하는 등의 목적으로 마련되었다.[90]

우리 법과 비교하여 특징적인 것으로서 주요한 내용을 살펴보면 우선 모든 담보목적물에 대하여 단일 형태의 담보권(charge)만을 창설하

89) EBRD 웹사이트http://www.ebrd.com/country/sector/law/st/core/modellaw/modellaw.pdf(2007. 10. 17) ; 박훤일, "상사채권에 대한 새로운 담보수단의 모색—국제기구에서의 논의를 중심으로—," 상사법연구 제21권 제1호(통권 제33호, 2002), 한국상사법학회, 150-158면 참조.

90) 위 EBRD 웹사이트 참조.

고 있으며,[91] 피담보채권(secured debt) 및 담보목적물(charged property)을 개별적으로나 포괄적으로(specifically or generally) 특정할 수만 있으면(identified) 현재의 것이든 장래의 것이든(present or future) 불문하며, 담보권이 존재하는 동안 담보목적물이 변동하더라도 최초 단계에서 특정할 수 있으면 충분한[92] 것으로 하여 담보목적물의 특정성이 매우 완화되어 있다는 점을 들 수 있다.[93] 또한 계속기업(enterprise as a going concern)이 가진 자산을 총체적으로 담보화할 수 있는 기업담보권(enterprise charge)을 설정할 수 있도록 하고 있는 점이 주목된다.[94] 그 외 담보금지특약에도 불구하고 원칙적으로 이 특약을 담보권자에게 대항할 수 없도록 한 것이라든지[95] 담보관리인(charge manager)제도를 두고 있는 것[96] 및 부동산 이외의 담보목적물에 관하여도 등록담보권[97]을 설정할 수 있도록 한 것 등이 우리 법과 비교되는 주요 특징이라고 할 수 있다.

2. 케이프타운협약[98]

케이프타운협약과 항공기의정서는 고가의 이동장비(mobile equipment)

---

91) 제1.1조 참조.

92) 제4.3조, 제4.4조, 제5.2조, 제5.5조, 제5.8조 및 제5.9조 참조.

93) 주 33에 인용된 판례에서 보는 바와 같이 우리나라에서도 집합물양도담보에 있어서 담보목적물의 특정성이 일부 완화되어 있으나 EBRD 모범담보법에서와 같이 일반적인 것은 아니다.

94) 제5.6조 및 제25조 참조.

95) 제5.4조 참조.

96) 제16조 참조.

97) 제6.1조 및 제8조 참조.

98) 이에 대한 자세한 논의는 석광현, "항공기에 대한 국제적 담보거래—케이프타운협

에 대한 담보권의 설정과 실행을 원활히 함으로써 금융기관의 대출위험을 낮추고 금융비용을 절감하며 담보부채권의 유동성을 제고하기 위한 방안으로 UNIDROIT가 2001년 11월 채택한 것으로 2007년 9월 말 현재 28개국이 서명하였고 7개국이 비준하였으며 12개국이 가입(accession)하였다.[99] 케이프타운협약은 항공기, 철도차량과 우주자산에 대해 적용되며,[100] 모든 체약국들에 적용되는 국제적 권리의 창설,[101] 국제적 전자등록부 설정, 담보실행절차 등에 대한 규정을 두고 있다. 우리나라는 현재 위 협약의 가입국이 아니지만 향후 위 협약에 가입하여 협약이 국내법과 동일한 효력을 가지게 될 경우에는 항공기에 대한 담보설정은 위 협약이 정하고 있는 새로운 형태의 포괄적 담보권 제도에 따르게 될 것이다.

3. 국제채권양도협약

이는 UNCITRAL이 국제적인 채권양도의 방법을 통하여 저리에 의한 자금조달을 원활하게 함으로써 국제 상거래의 발전을 촉진시키기 위하여 채택한 초안을 UN 총회에 제출함으로써 제85차 본회의에서

약과 항공기의정서를 중심으로—," 국제거래법연구 제12집(2004. 2), 국제거래법학회, 163면 이하 ; 박훤일, 앞의 논문(주 89), 145면 이하 ; 석광현, "이동장비에 대한 국제적 담보권에 관한 UNIDROIT 협약안," 국제사법과 국제소송 제2권(초판), 박영사, 2001, 527면 이하 ; 운송장비의 국제담보권협약 연구, 법무부, 2001 참조.

99) UNIDROIT의 웹사이트인 http://www.unidroit.org/english/implement/i-2001-convention.pdf(2007. 10. 17)참조.

100) 제2조 제3항.

101) 국제적 담보권은 국제적 권리 중 하나로서 우리 법상의 저당권과 질권을 포괄하는 담보권이 되며, 질권도 담보권자의 점유를 수반하지 않는 동산질권이 된다〔석광현, 앞의 논문(주 98), 176면 참조〕.

채택[102]된 것으로서 채권의 진정한 양도만이 아니라 담보 목적의 양도 또는 담보로서의 양도에 관하여도 적용된다.[103] 우리 법과의 비교법적 관점에서 그 주요한 내용을 살펴보면 다음과 같다.[104]

국제채권양도협약은 양도의 대상인 채권이 양도와 관련된 것으로 개별적으로 또는 그 밖의 방법에 의하여 기술되고, 원계약 체결시(채권 발생시)에 양도와 관련된 채권으로 특정될 수 있으면 효력이 있는 것으로 규정하고 있다.[105] 다수의 장래채권을 양도할 경우에도 개별채권의 양도를 위하여 새로운 이전행위를 할 필요가 없다.[106] 채권의 등록 시점에 존재하는지의 여부와 관계없이 하나의 등록은 양도인의 양

---

102) 동 협약은 다섯 번째 비준서(ratification), 수락서(acceptance), 승인서(approval) 또는 가입서(accession)가 수탁기관에 기탁된 날로부터 6월이 경과하는 달의 익월 초일에 발효하게 되는바(국제채권양도협약 제45조), 2007년 9월말 현재 Luxembourg, Madagascar, U.S.A. 3개국이 서명하였고, Liberia가 비준하였다. UNCITRAL 웹사이트 http://www.uncitral.org/uncitral/en/uncitral_texts/payments/2001Convention_receivables_status.html(2007. 10. 17) 참조.

103) 국제채권양도협약 제2조 (a)호 ; "Receivables Financing : Analytical Commentary on the Draft Convention on Assignment of Receivables in International Trade," United Nations Commission on International Trade Law, 34th session, U.N. Doc. A/CN.9/489 (2001), para. 28 참조.

104) UNCITRAL 웹사이트http://www.uncitral.org/pdf/english/texts/payments/receivables/ctc-assignment-convention-e.pdf(2007.10.17) ; 협약의 내용에 관한 상세한 해설에 관하여는 석광현, 국제채권양도협약연구, 법무부, 2002 ; Spiros V. Bazinas, "Key Policy Issues of the United Nations Convention on the Assignment of Receivables in International Trade," 국제거래법연구 제12집, 83-118면〔이 논문은 Tulane J. of Int'l & Comp. Law (Vol.11, 2003)과 동일한 것임〕 ; 협약의 내용에 관한 간단한 소개에 관하여는 박훤일, 앞의 논문 "상사채권에 대한 새로운 담보수단의 모색—국제기구에서의 논의를 중심으로—," 158-164면 ; 협약의 내용과 관련된 우리 법상의 몇 가지 문제에 관하여는 김용호, "한국법적 관점에서 본 국제채권양도협약," 국제거래법연구 제12집, 119-138면 및 김용호/이선지, 앞의 논문(주 54), 32-33 · 35-37면 등 참조.

105) 국제채권양도협약 제8조 제1항 참조.

106) 국제채권양도협약 제8조 제2항 참조.

수인에 대한 하나 또는 그 이상의 기존 또는 장래채권의 양도를 포괄할 수 있다.[107] 특히 채무자를 특정하지 아니하거나 금액을 확정하지 아니한 장래채권의 일괄양도도 가능한 것으로 해석된다.[108] 그 밖에 채권양도금지특약의 효력을 제한한 것이라든가[109] 채권양도의 등록시스템의 설립에 관한 규정을 둔 것[110] 등이 주목할 만하다.

4. 헤이그유가증권협약

이 협약은 각국의 상이한 실질법은 그대로 둔 채 모든 유형의 실질법적 접근방법에 공통적으로 통용될 수 있는 저촉법의 통일을 목적으로 한 것으로서, 국제적인 증권담보거래에서 담보설정자가 증권계좌를 개설하고 그것을 통하여 유가증권을 보유하는 중개기관 소재지법을 간접보유유가증권에 대한 담보 · 처분 등 이 협약 제2조가 열거하는 사항의 준거법으로 보는 견해인 관련중개기관 소재지 접근방법(PRIMA, place of the relevant intermediary approach)이 예비초안에서 제시되었으나, 최종 협약은 계좌보유자와 관련 중개기관 간에 명시적으로 합의한 계좌약정의 준거법이 간접보유유가증권에 대한 담보권의 준거법이 되도록 하는 변형된 PRIMA를 채택하였다.[111] 우리나라가 위 협약에 가입할 필요가 있는지, 협약에 가입하는 대신 또는 임시로 증

---

107) 국제채권양도협약 부속서(Annex to the Convention) 제4조 제2항 참조.

108) "Receivables Financing : Analytical Commentary on the draft Convention on Assignment of Receivables in International Trade," United Nations Commission on International Trade Law, 34th session, U.N. Doc. A/CN.9/489 (2001), paras. 63, 90 참조.

109) 국제채권양도협약 제9조 참조.

110) 국제채권양도협약 부속서(Annex to the Convention) 제3조 내지 제4조 참조.

111) 제4조 제1항 제1문.

권거래법이나 국제사법, 공사채등록법 등을 개정하여 이에 대비할 수 있는지 여부 등이 논의되고 있다.[112)]

5. UNCITRAL 담보거래 입법 지침 초안

이는 UNCITRAL이 현대적인 담보법은 자금 조달의 가능성과 비용에 중대한 영향을 미치고 나아가 국제 거래에도 영향을 미칠 수 있다는 인식하에 효율적인 담보권 법제의 개발을 위하여 그 산하의 Working Group VI를 통하여 2002년부터 현재까지 작업하여 오고 있는 것으로서 2007년 2월에 개최된 제12차 회의까지 마친 상태에 있다.[113)] 이는 앞서 본 모델법이나 협약의 형태가 아니라 각국이 자국의 담보법제를 정비함에 있어 지침으로 삼도록 하기 위한 것인바, 이는 각국의 담보 법제 관련 정책의 다양성과 괴리를 고려하여 좀더 유연한 접근방법이 바람직하다는 판단에 따른 것이다.[114)] 아직 작업이 진행 중으로 확정된 것이 아니어서 가변적이나 그 주요 내용을 살펴보면 다

112) 구체적인 내용에 관하여는 서광현, 앞의 논문(주 86) 및 정대익, "독일 · 스위스의 무권화 논의와 헤이그협약," 증권예탁(증권예탁결제원 웹사이트인 http://www.ksd.or.kr/ICSFiles/afieldfile/2005/06/07/46th.pdf 에서 다운로드 가능) 참조.

113) UNCITRAL 웹사이트http://www.uncitral.org/uncitral/en/commission/working_groups/6Security_Interests.html(2007. 10. 17) ; Spiros V. Bazinas, "The UNCITRAL Draft Legislative Guide on Secured Transactions I," 국제거래법연구 제12집, 139-151면 ; Peter Winship, "The UNCITRAL Draft Legislative Guide on Secured Transactions II," 국제거래법연구 제12집, 153-161면 참조.

114) "Draft Legislative Guide on Secured Transactions —Background Remarks," United Nations Commission on International Trade Law, U.N. Doc. A/CN.9/WG.VI/WP.31, para. 1 참조. http://daccessdds.un.org/doc/UNDOC/LTD/V06/584/49/PDF/V0658449.pdf?OpenElement(2007. 10. 17).

음과 같다.[115)]

우선 동 지침은 부동산 및 유가증권을 비롯한 몇 가지를 제외한 재산권, 그중에서도 주로 동산 및 매출채권 담보 제도에 관한 입법 지침을 마련하기 위한 것으로서, 특히 점유를 수반하지 않는 담보권의 설정을 위한 등록 제도의 도입에 초점이 맞추어져 있다. EBRD 모범담보법에서와 유사하게 미래의 채권 및 변동하는 채권도 피담보채권이 될 수 있으며, 담보제공자가 담보목적물을 현재 소유하고 있는지의 여부나 담보 설정 계약 당시 담보목적물이 현존하는지의 여부를 불문하고 담보제공자의 다른 자산과 구별될 수 있는 한 담보목적물이 될 수 있도록 함으로써 담보목적물의 특정성이 크게 완화되어 있다. 동 지침 초안의 대체적인 내용은 미국 통일상법전(U.C.C., Uniform Commercial Code) Article 9의 기조를 따르고 있는 것으로 보인다.[116)]

V. 맺음말

앞에서 국제금융거래를 위한 담보수단의 개관 및 이와 관련된 주요 법률 쟁점들 및 효율적인 담보제도를 위한 국제적 노력에 대해 개략적으로나마 살펴보았다. 국제금융거래를 위한 담보와 관련하여 본고

---

115) "Draft Legislative Guide on Secured Transactions—Background Remarks," United Nations Commission on International Trade Law, U.N. Doc. A/CN.9/WG.VI/WP.31/ ADD.1 참조. http://daccessdds.un.org/doc/UNDOC/LTD/ V06/585/73/PDF/ V0658573.pdf?OpenElement(2007. 10. 17).

116) 윤성근, "담보거래에 관한 UNCITRAL 입법가이드와 국내 담보거래 현황," 국제거래법연구 15집 2호, 275-317면에서는 제9차 회의까지 논의되었던 내용을 기초로 우리 법제와의 차이점을 논하고 있다.

에서 문제제기만 하였거나, 미처 다루지 않은 중요한 쟁점들에 대한 많은 논의가 진행되기를 기대해 본다.

한편 국제금융거래와 관련한 효율적인 담보제도를 위한 국제적인 노력의 대체적인 방향을 우리 법과의 비교법적 관점에서 요약한다면 피담보채권과 담보목적물의 특정성 완화, 점유를 수반하지 않는 담보권을 위한 등록 시스템의 확립 그리고 양도금지특약의 효력의 제한 등으로 요약할 수 있을 것으로 생각된다. 관련하여, 위에서 논의한 사항을 포함하여 국제금융거래와 관련되어 제기될 수 있는 우리 법상의 문제점들을 해결하기 위한 노력에 있어서 모델법이나 협약 등에 포함되어 있는 것으로서 우리 법상 생소한 개념들을 무분별하게 수용할 수는 없을 것이나 국경을 넘나드는 국제거래의 속성상 위와 같은 국제적 노력과의 정합성을 고려하지 않을 수는 없을 것이다.

제10장 채무자회생 및 파산에 관한 법률 제120조의 해석* —지급결제제도, 청산결제제도 및 적격금융거래에 대한 특칙의 적용범위—

박 준**·홍선경***·김장호****

I. 머리말

2005년 3월 31일 제정되어 2006년 4월 1일부터 시행된 채무자회생 및 파산에 관한 법률[1] 제120조는 '지급결제제도에 관한 특칙'이라는 제목하에 i) 한국은행이 지정한 일정한 지급결제제도의 지급결제의 완결성(finality) 보장, ii) 증권선물거래의 청산결제제도의 청산결제의 완결성 보장 및 iii) 일정한 적격금융거래의 종료 및 정산의 효력 보장을 위하여 회생절차상의 부인·해제 등의 적용을 배제하는 등의 특칙

* 이 논문은 BFL 제22호(2007. 3)에 게재된 것을 수정·보완한 것이다.

** 서울대학교 법학전문대학원·법과대학 교수
*** 김·장법률사무소 미국 변호사
**** 도이치뱅크 코리아 변호사

1) 이 글에서 법령의 조항 인용시 단순히 '법'으로 표시한 것은 채무자회생 및 파산에 관한 법률(2005년 3월 31일 법률 제7428호)을 의미하고, '시행령'이라고 표시한 것

을 두고, 제336조에서 파산절차에도 이를 준용하도록 하고 있다. 이러한 특칙의 제정은 우리나라 금융거래의 발전과 금융시장의 성장을 반영한 것이라고 할 수 있다.

먼저 지급결제제도의 완결성을 보장하기 위한 법 제120조 제1항은, 지급결제제도를 이용하는 금융기관 등에 대하여 회생절차가 개시된 경우 관리인이 회생절차에서 부인권, 미이행 쌍무계약의 해제권 등의 권리를 행사하여 지급결제제도를 통한 결제의 효력이 인정되지 않고 결제가 원상복귀되어야 하거나 지급결제를 위한 계약이 중도해제되어 지급결제를 완결할 수 없게 되면, 그 파급효과가 지급결제제도에 참여하고 있는 다른 금융기관과 금융시스템 전체에 미치게 되어 매우 심각한 사태를 초래할 수 있다는 점을 고려한 것이다.[2)] 법 제120조 제2항도 같은 취지에서 증권선물거래소를 통한 다수 당사자 간의 증권선물거래에 대한 특칙을 마련한 것이다.

한편 일정한 적격금융거래의 종료 및 정산시 특칙을 규정한 법 제120조 제3항은, 파생금융거래가 우리나라에서도 점차 활발해지는 현상을 반영하여 파생금융거래 당사자들의 예측 가능성을 높이고 리스크를 줄일 수 있도록 하는 조항이다. 그동안 국제금융시장에서는 파생금융거래에 따른 거래 상대방 신용리스크를 줄이기 위하여 네팅(netting),[3)] 특히 거래당사자의 도산 등 채무불이행 발생시 일괄정산

은 동법 시행령(2006년 3월 29일 대통령령 제19422호)을 의미한다.

2) 국제결제은행(BIS)에서도 각국이 지급결제시스템의 결제의 완결성을 보장하는 조치를 취하도록 권고하여 왔다. Committee on Payment and Settlement Systems(이하 'CPSS'), Core Principles for Systemically Important Payment Systems, CPSS Publications No.43 (January 2001)(이하 'CPSS, 앞의 글'로 인용). http://www.bis.org/publ/cpss43.pdf, 2007년 2월 5일 최종확인.

3) 네팅의 종류에 대하여는 김건식, 스왑계약에 관한 법적 연구, 한국금융연구원, 1997, 58면 이하 참조.

(close-out netting)[4)]을 하도록 하는 내용의 계약〔예컨대 ISDA(International Swap and Derivatives Association, Inc.) Master Agreement〕을 체결하여 왔다. 종전의 파산법 및 회사정리법(채무자회생 및 파산에 관한 법률에 의해 각 폐지된 법률)상으로도 이러한 일괄정산 약정의 효력이 인정되어야 한다는 것이 학자들의 견해였지만, 법률상 효력을 명시적으로 인정하고 있지 않다는 점에서 논의의 여지가 있을 수 있었다. 우리나라 금융기관과 거래하는 외국 금융기관에서는 파산 등의 절차에서 일괄정산의 효력이 우리 법상 확실히 인정되지 않을 수 있다는 점, 즉 거래상대방 리스크가 네팅하지 않은 거래금액 전액이 될 수 있다는 점을 거래에 반영하게 되어, 국내 금융기관의 국제적 파생금융거래 조건에 불리한 영향을 줄 수 있어 법률상 명시적으로 일괄정산의 효력을 인정하여야 한다는 주장이 증대되었다. 따라서 이러한 점과 아울러 국내에서도 파생금융거래가 증가하고,[5)] 유가증권 대차거래 및 환매조건부 채권매

4) 법 제120조 제3항의 '적격금융거래의 종료 및 정산'은 close-out netting을 의미하는 것으로 보인다. 채무자회생 및 파산에 관한 법률 시행 이전에는 각종 논문에서 close-out netting을 '일괄청산네팅'으로 표현하기도 하였으나, 시행 이후에는 '일괄정산'으로 표현하고 있다〔오수근 / 김나영, "적격금융거래의 일괄정산에 관한 입법론," 이화여자대학교 법학논집 8권 2호(2004. 2), 41면 ; 서울중앙지방법원 파산부 실무연구회, 회생사건실무(상), 박영사, 2007, 153면 ; 임치용, "지급결제제도에 관한 회생 및 파산절차의 특칙 · 제120조의 해석론," 인권과 정의 제356호(2006. 4), 88면 및 96-97면 ; 임치용, 파산법 연구 2, 박영사, 2006, 177면 ; 정순섭, "통합도산법상 금융거래의 특칙에 관한 연구 — 채무자회생 및 파산에 관한 법률 제120조 제3항의 해석론을 중심으로," 증권법연구(2005. 12), 260면〕.

참고로 일본에서는 파생금융거래에서 널리 이용되는 ISDA Master Agreement에서는, 당사자의 일방에게 채무불이행 사유가 발생한 경우, 당사자 간의 모든 파생금융거래가 해지되고 그 해지가격(termination value)이 산정된 다음 차감계산(net)된 하나의 채권으로 남게 되는 전 과정을 close-out netting이라고 하고 이를 일괄청산으로 표현한다〔西村總合法律事務所, ファイナンス法大典(上), 商事法務, 2003, 590면 참조〕.

5) 금융감독원이 2006년 12월 발표한 "2006년 1~9월 국내금융회사의 파생상품 거래

매거래 등 새로운 유형의 금융거래가 발달 및 증가함에 따라 국내외 금융환경의 변화를 수용하여 일괄정산의 효력에 대한 불확실성을 해소할 필요 등을 반영하여 법 제120조 제3항의 특칙을 제정하기에 이른 것이다.[6)]

이 글에서는 법 제120조의 제1항 내지 제3항의 해석 및 적용에 관하여 검토하여 일부 불명확한 부분에 관한 문제를 제기하고 이에 관한 올바른 해석론을 모색하고자 한다.

II. 지급결제제도를 통한 결제의 완결성 보장(제1항)

법 제120조 제1항[7)]은 일정한 지급결제제도의 참가자에 대하여 회생절차가 개시된 경우, 그 참가자에 관련된 이체지시 또는 지급, 기타 이와 관련된 결제행위에 관하여 지급결제제도를 운영하는 자가 정한 바에 따라 효력이 발생하도록 하는 특칙을 두고 지급결제제도의 지정

현황"에 따르면 은행(외국은행의 국내지점 포함), 증권회사(외국증권회사의 국내지점 포함), 보험회사(외국보험회사 국내지점 포함), 은행신탁, 투신운용회사, 선물회사, 종금사, 카드회사 등 국내금융기관의 2006년 1~9월 파생상품 총거래현황은 3경 4,552조 원으로, 2005년 같은 기간의 2경 6,207조 원에 비하여 약 31.8% 증가하였다. http://dtm.fss.or.kr/kor/dtm/gen/general_v.jsp?seqno=6769&no=15, 2007년 2월 9일 최종확인.

6) 정순섭, 앞의 논문, 247-250면.

7) 제1항 : 지급결제의 완결성을 위하여 한국은행총재가 재정경제부장관과 협의하여 지정한 지급결제제도의 참가자에 대하여 회생절차가 개시된 경우, 그 참가자에 관련된 이체지시 또는 지급 및 이와 관련된 이행, 정산, 차감, 증거금 등 담보의 제공 · 처분 · 충당 그 밖의 결제에 관하여는 이 법의 규정에도 불구하고 그 지급결제제도를 운영하는 자가 정한 바에 따라 효력이 발생하며 해제, 해지, 취소 및 부인의 대상이 되지 아니한다. 지급결제제도의 지정에 관하여 필요한 구체적인 사항은 대통령령으로 정한다.

에 관하여 필요한 구체적 사항은 시행령에서 정하고 있다.

1. 적용대상 지급결제제도

제120조 제1항은 지급결제제도의 정의 규정을 두고 있지 않다.[8] '지급결제'란 문언상 자금의 이체를 전제로 하는 것이라고 할 수 있고, 제1항은 특칙이 적용되는 행위에 관하여 "이체지시 또는 지급 및 이와 관련된 이행, 정산, 차감, 증거금 등 담보의 제공, 처분, 충당 그 밖의 결제"라고 규정하고 있는바, 이들 모두 자금의 이체를 전제로 한 행위에 해당하는 것이어서 채무자회생 및 파산에 관한 법률상으로는 자금의 이체를 행하는 지급결제제도를 적용대상으로 한 것으로 보인다.[9] 그런데 시행령 제5조에서 지급결제제도 지정 신청시 제출할 서류를 정하면서 이체지시는 "자금의 이체와 유가증권의 대체를 포괄한다"라고 규정하고 있다. 이 조항이 i) 단순히 자금이체를 행하는 지

---

8) 참고로 BIS의 Committee on Payment and Settlement Systems가 2003년 3월 발간한 『Glossary of Terms Used in Payment and Settlement Systems』에서는 Payment and Settlement Systems에 관한 포괄적 정의는 없고, 다만 다음과 같이 payment system와 settlement system에 관하여 독립적으로 정의하고 있다(http://www.bis.org/publ/cpss00.pdf, 2007년 2월 9일 최종확인). 이러한 정의는 CPSS, 앞의 글, 14면의 6.4.에서도 같다.

payment system : payment system consists of a set of instruments, banking procedures and, typically, interbank funds transfer systems that ensure the circulation of money.

settlement system : a system used to facilitate the settlement of transfers of funds or financial instruments.

9) 한국은행총재는 2006년 8월 21일을 발효일로 하여 i) 한국은행이 운영하는 한은금융망, 금융결제원이 운영하는 ii) CD공동망, iii) 타행환공동망, iv) 전자금융공동망 및 v) CLS Bank International이 운영하는 CLS System의 5개 지급결제제도를 제120조 제1항의 적용을 받을 수 있는 지급결제제도로 지정하였다. 이들 5개 지급결제제도는 모두 자금 이체를 행하는 시스템들이다.

급결제시스템이 자금이체와 더불어 증권의 대체를 통한 계약이행의 종결절차까지 행하는 경우를 염두에 두고 제출서류의 범위에 유가증권의 대체에 관한 사항을 포함시킨 것인지, 아니면 ii) 제120조 제1항의 적용대상인 지급결제제도에 유가증권결제제도도 포함시키고자 한 것인지 명확하지 않다.

그러나 지급결제시스템이라는 용어의 의미나 제120조 제1항의 특칙이 적용되는 행위에 비추어 볼 때, 자금의 이체를 전혀 행하지 않고 유가증권의 대체만 행하는 시스템을 제120조 제1항의 적용을 받을 수 있는 지급결제시스템이라고 보기는 어려울 것이다.[10)] 자금의 이체와 유가증권의 대체를 함께 행하는 시스템의 경우는 어떠한가? 제120조 제1항이 유가증권의 대체를 행하는 시스템까지 지급결제시스템에 포함하도록 한 것인지에 대하여는 의문이 있다. 이 점에 대하여는 제120조 제2항에 관하여 검토하면서 다시 논하기로 한다.

한편 지급결제제도의 범위와 관련하여 2003년 9월 3일 개정된 한국은행법 제81조는 한국은행에게 지급결제제도의 운영 개선 및 자료 제출을 요구할 수 있는 권한을 부여하였고, 동법 제28조는 지급결제제

---

10) "제120조 제1항은 중앙은행과 시중은행, 우체국 간에 현금으로 이루어지는 자금결제제도뿐 아니라 증권매매에 따라 증권예탁결제원에서 계좌 간 대체결제를 통한 증권결제제도에도 적용된다"라는 견해가 있다(서울중앙지방법원 파산부 실무연구회, 앞의 책, 148면 ; 임치용, 앞의 논문, 100면 ; 임치용, 앞의 책, 195면). 그러나 그 근거가 무엇인지, 그 적용범위가 어디까지인지 등에 대하여는 명확하게 설명하지 않고 있다. 증권예탁결제원의 계좌 간 대체결제는 증권의 교부에 갈음하는 것에 불과하므로 증권선물거래소에서의 매매거래, 즉 장내거래의 결제와 증권선물거래소를 통하지 않은 매매거래, 즉 장외거래의 결제시뿐 아니라 매매거래가 아닌 다른 증권의 교부가 필요한 거래(예컨대 질권의 설정)시에도 행하여질 수 있다. 이러한 모든 경우를 제120조 제1항의 적용대상으로 삼는 것은 제1항의 입법취지나 아래에서 보는 제2항의 적용범위에 비추어 볼 때 불합리하다고 본다.

도에 관한 사항을 통화신용정책에 관한 사항의 하나로 정하고 있다.[11] 지급결제제도의 운영 관리에 대한 행정법적 감독과 민사법적 취급의 일관성을 유지한다는 점에서 법 제120조 제1항의 지급결제제도는 한국은행법 제81조의 적용을 받는 지급결제제도와 같은 의미로 해석하는 것이 바람직한 면이 있다. 그런데 한국은행법에서도 지급결제제도의 정의를 두지 않았고, 다만 한국은행의 지급결제제도 운영관리규정 제2조 제2호에서 "자금의 이체를 가능하게 하는 지급수단, 참가기관, 운영조직, 업무처리 규정 및 절차, 전산시스템 등으로 구성되는 제도적 장치"라고 지급결제시스템을 정의하고 있을 뿐이어서 법 제120조 제1항의 적용을 받는 지급결제제도의 범위를 정하는 데 큰 도움을 주지 못하고 있다.[12]

2. 적용대상 행위

한국은행이 지정한 지급결제제도의 참가자에 대하여 회생절차 또는 파산절차가 개시된 경우, 그 "참가자에 관련된 이체지시 또는 지급

11) 한국은행법 제28조 제10~11호.

12) 2003년 한국은행법 제81조의 개정과 관련된 입법자료를 보면, 지급결제제도(payment and settlement system)란 실물 및 금융거래 등 각종 경제활동의 결과 발생하는 채권 채무관계를 화폐적 가치의 이전을 통해 종료시키는 제도적 장치를 총칭하는 것이라고 설명하면서(법안 검토보고서 12면), 증권예탁원의 증권결제시스템도 우리나라의 지급결제제도의 구조도 속에 넣어서 설명하고 있다(법안 검토보고서 25면). 입법론적으로는 증권의 결제를 행하는 결제제도의 안전성과 효율성을 도모하기 위하여 지급결제제도와 유사하게 관리 · 감독할 필요성 및 결제의 완결성을 보장할 필요성이 있다는 점은 타당하다고 하겠으나, 앞서 지적한 바와 같이 과연 해석론으로 증권결제제도를 지급결제제도의 범주에 포함된다고 하는 것이 타당한지에 대하여는 의문이 있다.

및 이와 관련된 이행, 정산, 차감, 증거금 등 담보의 제공 · 처분 · 충당 그 밖의 결제"에 관하여는 채무자회생 및 파산에 관한 법률의 규정에 불구하고 그 지급결제제도를 운영하는 자가 정한 바에 따라 효력이 발생하며 해제, 해지, 취소[13] 및 부인의 대상이 되지 아니한다. 즉 i) 지급결제제도의 참가자에 관련된 ii) 이체지시 또는 지급 및 이와 관련된 이행, 정산, 차감, 증거금 등 담보의 제공 · 처분 · 충당 그 밖의 결제에 대하여 특칙이 적용된다.

"참가자에 관련된" 이체지시, 지급 등에는 참가자가 행한 이체지시, 지급 등뿐 아니라 참가자에게 행한 지급도 포함된다. 정산, 차감, 결제, 담보의 처분 · 충당 등은 대체로 지급결제제도의 운영기관이 하는 행위가 될 것이다. 다만 담보제공의 경우에는 참가자가 지급결제제도의 운영기관에게 제공하거나 기타 지급결제제도의 이용을 위한 담보제공행위가 모두 포함된다고 보아야 할 것이다.

법 제120조 제1항에는 이체지시 · 지급 등이 언제 이루어져야 하는지에 대하여는 아무런 언급이 없다. 이체지시 · 지급 등이 당해 참가자에 대하여 회생절차 개시결정 또는 파산선고가 있기 전에 행하여진 경우, 그 이체지시 · 지급 등에 대하여 특칙이 적용된다는 점에 대하

---

13) 법 제120조 제1항 내지 제3항은 모두 '취소'의 대상이 되지 않음을 규정하고 있다, "이 법의 규정에도 불구하고"라는 문안이 있다는 점과 취소 이외에 '해제, 해지, 부인' 등 적용이 배제되는 사항이 모두 채무자회생 및 파산에 관한 법률상의 조항의 적용을 배제하는 것이므로 취소도 채무자회생 및 파산에 관한 법률상의 취소를 의도한 것으로 보인다. 그러나 채무자회생 및 파산에 관한 법률상 제120조 제1항 내지 제3항에 규정된 행위를 취소할 근거가 되는 조항을 찾을 수 없다. 이를 근거로 법 제120조의 취소가 다른 법률상의 취소(예컨대 민법상의 채권자 취소권의 행사, 사기, 강박, 착오 등에 따른 취소 등)을 포함한다고 보는 견해도 있을 수 있으나 다른 법률의 적용을 배제하였다고 해석하기에는 무리가 있어 보이고, 이 점에 대하여는 더 깊은 검토와 연구가 필요하겠다.

여는 의문이 없을 것이다. 그런데 당해 참가자에 대한 회생절차 개시결정 또는 파산선고 이후에 이체지시 · 지급 등이 행하여진 경우, 특칙이 어떻게 적용되는 것인지에 대하여는 의문이 있을 수 있다. 회생절차 개시결정 또는 파산선고 이후에는 관리인 또는 파산관재인이 참가자의 재산에 대한 관리처분권을 가지게 될 것이므로(법 제56조 제1항 및 제384조), 그 후에 이루어지는 참가자의 이체지시 또는 지급은 관리인 또는 파산관재인이 행하여야 할 것이다.[14] 법 제120조 제1항은 해제 · 해지 · 취소 · 부인에 대한 특칙을 마련하기 위한 것일 뿐이고, 관리인 또는 파산관재인의 권한에 기하지 않은 참가자의 행위에 대하여 효력을 부여하는 것은 아니라고 볼 여지도 있으나, 이 조항에서 "지급결제제도를 운영하는 자가 정한 바에 따라 효력이 발생"하도록 하고 있고, 이 조항이 지급결제제도를 통한 이체지시 · 지급 · 결제 등의 완결성을 보장하여 지급결제제도 운영의 안정성을 확보하기 위한 것이라는 점을 고려할 때, 이체지시 또는 지급이 행하여진 시점이 회생절차 개시결정 또는 파산선고 전후인지 여부를 불문하고 법 제120조 제1항의 특칙이 적용되는 것으로 해석하는 것이 타당하다.

이를 다시 살펴보면, 통상 전산망을 통하여 이루어지는 이체지시

14) 법 제64조 제2항과 제310조에서 채무자가 회생절차 개시일 또는 파산선고일에 행한 법률행위는 회생절차개시 또는 파산선고 이후에 행한 것으로 추정하도록 하고 있어서 실제로 관리인 또는 파산관재인이 선임되기 전에 한 법률행위도 관리인 또는 파산관재인이 선임된 이후에 행한 것으로 추정된다. 따라서(제120조 제1항이 적용되지 않는다면) 이러한 추정을 깨지 않는 한 관리인 또는 파산관재인이 선임되기 전에 행한 행위임에도 불구하고 관리인 또는 파산관재인에 의한 행위가 아니라는 이유로 효력이 부인될 수 있을 것이다. 이러한 결과는 지급결제제도의 안정성에 심각한 문제를 야기할 수 있다. 다만 지급결제제도는 통상 전산망을 이용할 것이므로 이체지시, 지급 등이 행하여진 시간을 정확하게 입증할 수 있다면 이체지시, 지급 등이 행하여진 시간에 대한 추정은 쉽게 깨질 수 있을 것이다.

또는 지급을 관리인 또는 파산관재인이 직접 행하는 경우는 매우 드물 것이고 실제로는 참가자의 임직원이 행할 것이므로, 관리인 또는 파산관재인이 그 행위를 승인하지 않았다는 것은 참가자의 내부 수권의 문제이다. 지급결제제도의 운영규정이나 참가계약상 참가자의 이체지시 또는 지급이 행하여진 경우, 지급결제제도 운영기관은 별도로 참가자 내부 수권 여부를 확인할 필요 없이(지급결제기관을 통하여 수많은 지급결제가 이루어지는 경우 지급결제기관이 이러한 확인을 한다는 것은 사실상 불가능할 것이다) 참가자가 적법하게 행한 것으로 믿고 처리하도록 하는 내용이 포함되어 있으면 그 운영규정이나 참가자와 지급결제제도 사이의 관계에서는 참가계약에 따라 이체지시 · 지급 등의 효력이 발생하는 것으로 보는 것이 입법취지에 부합하다고 하겠다. 이러한 경우 참가자의 관리인 또는 파산관재인이 이체지시 또는 지급에 대하여 다투고자 한다면, 지급결제제도 밖에서 그 이체지시에 따른 이체 또는 지급의 실질적인 상대방(즉 지급결제제도를 통하여 실제 지급을 받을 자)을 상대로 하여야 할 것이다.[15]

---

15) i) 관리인의 일정한 행위에는 법원의 허가를 받아야 하고(법 제61조 제1항), 통상 법원은 법원의 허가사항 및 위임사항에 대한 결정을 통해 관리인의 행위 중 "항목당 일정 금액 이상의 금원 지출. 다만 회생담보권 및 회생채권에 대한 변제는 그 일정금액 미만의 금원 지출도 포함" 등을 '법원의 허가사항'으로 정하고 있고 ii) 법 제61조 제3항은 "법원의 허가를 받지 아니하고 한… 행위는 무효로 한다. 다만 선의의 제3자에게 대항하지 못한다"라고 규정하고 있어서 법원의 허가를 받지 않고 이루어진 이체지시 또는 지급 등의 효력 여하에 대한 논란이 있을 수 있다. 지급결제제도를 통하여 지급 등이 이루어진 경우 법 제61조 제3항은 지급을 한 참가자와 실질적 상대방 사이에 적용하고 선의 여부도(지급결제제도의 운영기관이 아닌) 실질적 수령자를 기준으로 판단하는 것이 타당할 것으로 본다.
회생절차개시결정이나 파산선고 후에 행한 이체지시는 효력이 없고 또한 회생절차개시결정이나 파산선고 후에 이체지시가 이루어지는 것이 허용되는 결제제도는 완결성을 보호할 가치가 있는지 의문이라고 하면서, 이러한 이체지시에 수반되어 이루어지는 결제의 효력을 인정할 수 없다는 견해가 있으나〔오수근, "도산절차

정산, 차감, 결제, 담보의 처분 · 충당 등은 참가자가 행하는 행위가 아니고 지급결제제도의 운영기관이 행하는 지급결제제도 운영행위이므로, 그 행위시점이 참가자에 대한 회생절차의 개시 또는 파산선고 전후인지 여부를 불문하고 법 제120조 제1항의 특칙이 적용되는 것으로 해석하여야 한다.

법 제120조 제1항에서는 제3항과는 달리 중지명령 또는 포괄적 금지명령의 적용을 배제한다는 점을 명시적으로 언급하고 있지 않지만, 제3항과 마찬가지로 제1항의 적용 대상이 되는 행위에 대하여는 중지명령 또는 포괄적 금지명령의 대상이 되지 않는다고 보아야 할 것이다.[16)]

와 결제제도, 신도산법 제120조 해석론," 증권예탁 제62호(2007년 2분기), 16-17면), 법 제120조 제1항의 입법취지에 부합하는지 의문이다. 법 제120조 제1항에서 의도하는 결제의 완결성 보장은 한국은행이 심사하여 적격요건을 갖춘 결제제도를 통하여 이루어진 결제에 대하여는 결제의 완결성을 보장하는 것이다. 결제의 완결성 보장은 결제제도를 통하여 이미 이루어진 결제를 무효화하거나 취소하지 못한다는 것이고 이는 결제의 무효화 내지는 취소에 따른 금융시스템의 혼란을 방지하기 위한 것이며, 이는 결제제도에 참가하는 다른 참가자들과 금융시스템 전체가 결제완결성 보장의 수혜자라고 할 수 있다(주 2 및 그 본문 참조). 아마도 대체로 지급결제제도의 운영규정상 참가자에 대하여 채무불이행 등 일정한 사유(회생절차의 개시결정 또는 그 개시신청, 파산선고 또는 그 신청 등)가 있으면 그 결제제도를 이용할 수 없도록 하는 조항을 두고 있을 것이지만, 결제제도의 운용기관이 그 사유 발생을 모르는 상태에서는 그 참가자가 행한 이체지시를 적법한 이체지시로 믿고 처리할 수 있도록 하는 내용을 포함하는 것이 일반적일 것이다. 이렇게 결제제도의 운용규정에 따라 적법한 이체지시로 믿고 그 이체지시에 따라 결제가 이미 이루어진 경우 그 결제를 무효화 또는 취소하여 원상회복하여야 한다면 그 결제제도를 통하여 이루어진 수많은 결제의 원상회복의 문제가 발생할 수 있고 이는 금융시스템에 심각한 영향을 미칠 것이다. 이러한 경우에는 법 제120조 제1항에 따라 결제의 완결성을 인정하고 관리인 또는 파산관재인은 지급결제제도 밖에서 그 이체지시에 따른 이체 또는 지급을 받은 상대방(지급결제제도가 아닌 실제 지급받은 자)을 상대로 다투면 충분히 보호가 될 것이고 결제의 완결성에 영향을 주도록 하여서는 안 될 것이다.

16) 서울중앙지방법원 파산부 실무연구회, 앞의 책, 148-149면 ; 임치용, 앞의 논문, 100면 ; 임치용, 앞의 책, 196면도 같은 취지.

3. 결제완결성 보장 조항의 한계

결제완결성 보장조항은 채무자회생 및 파산에 관한 법률에 따른 부인권의 적용을 배제하고 있으나, 민법상의 채권자 취소권의 적용은 배제하지 않고 있다.[17] 법 제120조 제1항에서 부인권의 적용을 배제하고 있는 취지를 감안하면 적어도 회생절차 · 파산절차 개시 후에는 민법상의 채권자취소소송 제기가 허용되지 않는다고 보는 것이 타당하다. 또한 회생절차 개시결정 또는 파산선고 전에 지급결제제도 내에서의 지급행위 등에 대하여 사해행위취소를 하는 것도 아래와 같은 이유로 허용되지 않는다고 보는 것이 합리적이다.

지급결제제도를 통상적으로 운영하는 경우, 지급결제제도 참가자의 채권자가 참가자의 지급결제제도를 통한 이체지시 · 지급 등에 대한 채권자 취소권의 행사가 허용되어서는 안 된다. 지급결제시스템의 참가자는 이미 다른 당사자와의 사이에서 발생한 채권 · 채무를 이행하기 위하여 지급결제시스템을 이용하여 지급결제하는 것이고, 지급결제제도는 단지 경제활동의 효율을 높이기 위하여 결제에 관여하는 것에 불과하므로, 지급결제시스템 또는 그 운영기관이 아니라 그 지급결제로 해소된 채권 · 채무의 당사자(실질적으로 지급을 받은 자)가 지급결제시스템을 이용한 지급결제의 수익자에 해당한다고 보아야 할 것이다. 따라서 참가자의 지급결제제도를 통한 이체 또는 지급으로 인하여 참가자의 채권자를 해하게 된 경우에도 채권자취소권 행사

17) 법 제120조 제1항에서 취소의 대상이 되지 않는다고 하여 채권자취소권의 적용도 배제한 것이라고 볼 여지도 있으나, "이 법의 규정에도 불구하고 … 효력이 발생하며 … 취소 … 의 대상이 되지 않는다" 라고 하였으므로 법 제120조 제1항의 문면상 민법상의 채권자취소권의 적용이 당연히 배제된다고 보이지는 않는다(주 13 참조).

에 있어서 상대방은 지급결제제도의 운영기관이 아닌, 지급결제로 해소된 채권 · 채무의 당사자가 되어야 한다고 보는 것이 타당하다. 또한 지급결제제도의 운영기관은 이체지시 수령, 지급결제 등을 시스템을 이용하여 운영하는 것이므로 각 이체지시, 지급 등이 참가자의 채권자를 해하는 행위임을 알 수 없다고 하겠다. 지급결제제도에 대한 담보의 제공 또한 지급결제의 편의를 도모하기 위한 것이므로 통상의 거래에서의 담보 제공과 동일시하여서는 안 될 것이다.

만약 지급결제제도의 참가자의 이체지시 · 지급 · 담보의 제공 등의 행위에 대하여 참가자의 채권자가 채권자취소권을 행사하여 결제가 원상복귀되어야 하는 경우가 발생한다면, 결제완결성 조항을 두게 된 입법목적의 배경이 된 금융시스템에 미치는 부정적 영향이 심각할 것이므로 채권자취소권의 적용도 명시적으로 배제하도록 입법화하는 것이 더 바람직하였을 것으로 생각된다.

III. 증권청산결제제도를 통한 청산결제의 완결성 보장(제2항)

법 제120조 제2항[18]은 증권거래법 · 선물거래법 등에 따른 증권 · 파생금융거래의 청산결제제도의 참가자에 대하여 회생절차가 개시된 경우, 그 참가자와 관련된 청산결제에 관하여는 청산결제제도를 운영

18) 제2항 : 증권거래법, 선물거래법 그 밖의 법령에 따라 증권 · 파생금융거래의 청산결제업무를 수행하는 자 그 밖에 대통령령에서 정하는 자가 운영하는 청산결제제도의 참가자에 대하여 회생절차가 개시된 경우 그 참가자와 관련된 채무의 인수, 정산, 차감, 증거금 그 밖의 담보의 제공 · 처분 · 충당 그 밖의 청산결제에 관하여는 이 법의 규정에 불구하고 그 청산결제제도를 운영하는 자가 정한 바에 따라 효력이 발생하며 해제, 해지, 취소 및 부인의 대상이 되지 아니한다.

하는 자가 정한 바에 따라 효력이 발생하도록 하는 특칙을 두어 증권선물거래소를 통한 증권 · 선물거래의 청산결제의 완결성을 보장하고 있다.

1. 적용대상 청산결제제도

증권거래법 · 선물거래법 그 밖의 법령에 따라 증권 · 파생금융거래의 청산결제업무를 수행하는 자 또는 그 밖에 대통령령에서 정하는 자가 운영하는 청산결제제도에 대하여 적용되는데, 현재 대통령령으로 정한 것은 없다.

제1항과는 달리 제2항은 별도의 지정절차를 거치지 않고 증권 · 파생금융거래의 청산결제제도에 대하여 특칙을 적용하고 있다. 제2항은 증권거래법, 선물거래법에 따른 증권선물거래소에서의 증권 선물거래를 염두에 둔 것으로 이러한 법률에서 청산결제제도에 대하여 정하고 있다는 전제하에서 별도의 지정절차를 두지 않은 것으로 보인다.[19) 그런데 증권거래법 · 선물거래법에는 "증권 · 파생금융거래의 청산결제업무를 수행하는 자"에 대한 명시적 조항은 없고, 청산결제업무의 의미 내지는 범위에 관한 조항도 없다. 관련되는 조항으로는 매매거래계약의 체결 및 결제방법을 증권선물거래소의 업무규정에 정하도록 한 증권거래법 제94조 제2항 제3호와 선물거래의 결제의 방법을

19) 법 제120조 제1항의 적용을 받는 지급결제제도에 증권결제제도가 포함된다고 보기 어려운 점에 대하여는 앞에서 논의한 바 있다. 제1항의 적용을 받는 지급결제제도에 증권결제제도가 포함된다고 보는 경우에도 제1항은 지급결제제도에 대하여 적용되는 일반적인 조항이고, 제2항은 증권 · 선물거래의 청산결제제도에 적용되는 특별 조항이라고 보아야 할 것이고, 결국 제2항이 적용되는 범위에서는 제1항이 적용될 여지가 없다고 보아야 할 것이다.

업무규정에 정하도록 한 선물거래법 제24조 제2항 제6호 정도를 들 수 있다.

증권선물거래소의 유가증권시장업무규정 제74조(결제증권 및 결제대금의 확정)에서 증권선물거래소는 매매거래의 종류별 · 결제회원별로 증권과 대금을 각각 차감하여 결제회원이 납부해야 할 증권과 대금을 확정하도록 정하고 있으며, 제75조(결제증권 및 결제대금의 수수)에서 결제증권 및 결제대금의 수수업무는 증권예탁결제원이 수행하도록 하고, 이와 관련하여 필요한 사항은 증권예탁결제원이 정하는 결제업무규정에 의하도록 하고 있다. 선물거래에 관하여는 증권선물거래소의 선물거래업무규정 제5장에서 증권선물거래소와 회원 간 결제에 관한 상세한 조항을 두고 있다. 아래에서는 논의의 편의상 증권매매거래를 중심으로 검토하기로 한다.

증권선물거래소에서의 증권매매거래는 대량적 · 집단적 · 반복적 거래의 특성을 가지고 있고 그 매매거래를 이행하는 단계를 결제라고 할 수 있다. 결제는 다시 i) 협의의 결제, ii) 청산과 협의의 결제를 포함하는 개념인 광의의 결제로 나누어 볼 수 있다. 청산은 통상 증권매매에 따른 매매보고, 매매확인의 절차를 거쳐 확인된 매매의 이행을 위하여 차감 등의 방식으로 이행할 최종적인 채권 · 채무를 확정하는 절차(위에서 본 유가증권시장업무규정 제74조에 규정된 사항)를 말하고, 협의의 결제는 청산과정을 통하여 정해진 최종적인 채권 · 채무에 따라 매매당사자가 매매대금을 지급하고 증권을 인도하여 증권과 대금의 소유권을 이전하는 절차(위에서 본 유가증권시장업무규정 제75조에 규정된 사항)를 말한다.

이와 같이 증권매매거래의 청산과 결제가 각각 별개의 의미를 가지고 있는데 법 제120조 제2항은 '청산결제업무'라는 용어를 사용하고 있어 그것이 과연 무엇을 의미하는 것인지에 대하여 의문이 있을 수 있다. 제2항의 목적은 증권선물시장의 참여자의 도산으로 인하여 증권선물 청산 및 결제시스템이 영향을 받고 이로 인하여 증권선물매매거래 시스템 내지는 금융시장에 영향을 주는 사태를 방지하기 위한 것이라고 할 수 있으므로, 제2항에서 말하는 청산결제업무란 증권선물거래의 이행을 위한 일련의 과정인 '청산'과 '협의의 결제'를 모두 포괄한 개념으로 보는 것이 합리적이라고 하겠다. 이와는 달리 제2항은 청산업무에만 적용되고 협의의 결제업무에는 적용되지 않는다는 견해[20]도 있으나, 만약 제2항을 청산업무에만 적용할 의도였다면 '청산결제업무'라는 용어가 아니라 '청산업무'라는 용어를 사용하였어야 올바를 것이다. 또한 증권매매거래의 결제는 청산과 협의의 결제라는 일련의 과정을 거쳐서 이루어지는데, 청산에 관하여는 별도의 지정절차 없이 제2항을 적용하고 협의의 결제에 관하여는 제1항을 적용하여 지급결제제도로서 지정받아야 한다는 것은 균형이 맞지 않아 제2항의 입법취지에도 어긋난다. 제2항의 적용을 받는 "청산결제업무를 수행하는 자가 운영하는 청산결제제도"에는 증권선물거래소를 통한 증권거래 및 선물거래의 청산뿐 아니라 협의의 결제제도를 포함한다고 보는 것이 합리적이다.

법 제120조 제2항이 적용되는 청산결제제도의 의미 및 범위에 대하여 논란이 있을 수 있으므로 이 점을 입법적으로 명확하게 하는 것이 바람직하다. 아울러 현행 제2항과 같이 채무자회생 및 파산에 관한 법

20) 서울중앙지방법원 파산부 실무연구회, 앞의 책, 148면 ; 임치용, 앞의 논문, 100면 ; 임치용, 앞의 책, 195면 등은 "입법과정에서 자금결제와 증권결제제도를 분리하여 규정할 것인지에 관한 논의가 있었으나 증권결제제도 중 청산에 대하여는 법 제120조 제2항으로, 결제에 대하여는 자금결제와 합하여 동법 제120조 제1항으로 규정하는 방안이 채택되었다"라고 적고 있다.

률에서 "증권거래법, 선물거래법에 따라 증권 · 파생금융거래의 청산결제업무를 수행하는 자"라는 개념을 사용한다면 청산결제업무를 수행하는 자에 관하여 증권거래법, 선물거래법에 명시할 필요가 있겠다.[21)]

2. 적용대상 행위

청산결제제도의 참가자와 관련된 채무의 인수, 정산, 차감, 증거금 그 밖의 담보의 제공 · 처분 · 충당 그 밖의 청산결제에 관하여 특칙을 적용한다. 채무의 인수는 증권거래에 관하여는 증권선물거래소의 회원관리규정 제21조 제1항,[22)] 증권선물거래소의 유가증권시장업무규정 제73조 제1항[23)]에 따른 채무의 인수를, 선물거래에 관하여는 선물거래법 제28조 제1항[24)]과 선물시장업무규정 제57조[25)]에 따른 채무의 인

21) 재정경제부 2006년 12월 29일 보도자료에 첨부된 "자본시장과 금융투자업에 관한 법률안"은 제297조 및 제378조에서 증권시장과 파생상품시장의 청산기관은 한국거래소, 증권시장의 결제기관은 한국예탁결제원, 파생상품시장의 결제기관은 한국거래소로 명시하였다. 이 법안에서도 '청산결제업무' 또는 '청산결제제도'라는 개념을 사용하고 있지는 않고 청산업무와 결제업무를 별도로 정하고 있다.

22) 회원관리규정 제21조 제1항 : 거래소는 유가증권시장 및 코스닥시장에서의 유가증권의 매매거래 또는 선물시장에서의 선물거래에 관하여 결제회원이 다른 결제회원에 대하여 부담하는 채무를 면책적으로 인수하고 그와 동시에 그 결제회원은 거래소가 인수한 채무와 동일한 내용의 채무를 거래소에 대하여 부담하는 방법으로 결제한다.

23) 유가증권시장업무규정 제73조 제1항 : 거래소는 회원관리규정 제21조 제1항의 규정에 의하여 결제회원이 매매거래에 관하여 부담하는 채무를 면책적으로 인수하고, 당해 결제회원은 거래소가 인수한 채무와 동일한 내용의 채무를 거래소에 부담하는 방법으로 결제한다.

24) 선물거래법 제28조 제1항 : 거래소는 선물거래를 원활하게 하기 위하여 업무규정이 정하는 바에 의하여 회원을 대신하여 당해 회원의 선물거래에 의한 채권 · 채무에 대하여 당해 채권을 행사 또는 취득하거나 당해 채무를 이행 또는 인수할 수 있다.

25) 선물시장업무규정 제57조 제1항 : 거래소는 매도의 결제회원이 매수의 결제회원

수 등을 의미한다.

증거금에는 선물거래시 결제회원이 증권선물거래소에 예탁하는 거래증거금,[26] 긴급증거금[27] 등이 포함된다. 법 제120조 제2항이 증권선물거래소를 통한 증권선물거래의 청산결제의 완결성을 보장하고자 하는 것이고, 선물거래의 경우 증권선물거래소와의 결제는 결제회원과의 사이에서만 이루어지므로 거래전문회원이 결제회원에게 제공하는 거래전문회원증거금은 법 제120조 제2항의 증거금에 포함되지 않는다고 보는 것이 타당하다.

적용대상 청산결제제도의 범위와 관련하여 위에서 논의한 바와 같이 '그 밖의 청산결제'는 청산과 협의의 결제를 모두 의미한다고 보는 것이 합리적이다.

한편 법 제120조 제2항에서는 제3항과는 달리 중지명령 또는 포괄

에 대하여 부담하는 채무를 면책적으로 인수하고 그와 동시에 매도의 결제회원은 거래소가 인수한 채무와 동일한 내용의 채무를 거래소에 대하여 부담하는 방법으로 결제를 행한다.

26) 선물시장업무규정 제40조 제1항 : 결제회원은 거래소가 결제일마다 제10조 제2항의 규정에 의한 계좌(지정결제회원의 경우에는 거래전문회원으로부터 결제를 위탁받은 계좌를 포함한다. 이하 이 장에서 같다)별 미결제약정에 대하여 세칙에 정하는 바에 따라 거래대상의 가격이 일정수준 변동할 경우 발생할 수 있는 최대손실에 상당하는 금액으로서 가격변동증거금과 옵션가격증거금을 합산하여 산출한 금액 이상을 거래증거금으로 거래소에 예탁하여야 한다. 이 경우 당해 결제회원이 제232조 제1항 전단의 금액을 거래증거금으로 예탁하여야 하는 때에는 당해 금액을 합산한 금액 이상을 거래증거금으로 예탁하여야 한다.

27) 선물시장업무규정 제43조 제1항 : 거래소는 다음 각 호의 1에 해당하는 때에는 결제회원에 대하여 거래시간 중에 거래증거금(이하 이 절에서 '긴급증거금'이라고 한다)을 부과할 수 있다.

i) 선물거래품목별로 직전 거래일의 거래량(협의대량거래에 의한 체결수량은 제외한다)이 가장 많은 종목의 당일 체결가격과 직전 거래일의 정산가격 간의 차가 세칙으로 정하는 수치를 초과하는 때

ii) 거래소가 시장관리상 필요하다고 인정하는 때

적 금지명령의 적용을 배제한다는 점을 명시적으로 언급하고 있지 않지만, 제3항과 마찬가지로 제2항의 적용 대상이 되는 행위에 대하여는 중지명령 또는 포괄적 금지명령의 대상이 되지 않는다고 보아야 할 것이다.

Ⅳ. 파생금융거래의 네팅 등 보장(제3항)

법 제120조 제3항[28]은 기본계약에 근거하여 행하는 장외파생금융거래 등 일정한 적격금융거래의 당사자 일방에 대하여 회생절차가 개시된 경우, 적격금융거래의 종료 및 정산에 관하여는 기본계약에서 정한 바에 따라 효력이 발생하도록 하고 있다.

법 제120조 제3항의 입법 배경을 살펴보면 우선 국제결제은행의 권고를 들 수 있다. Angell Report[29]와 Lamfalussy Report[30] 등의 보고서는

28) 제3항 : 일정한 금융거래에 관한 기본사항을 정한 하나의 계약(이 항에서는 '기본계약' 이라고 한다)에 근거하여 다음 각 호의 거래(이 항에서는 '적격금융거래' 라고 한다)를 행하는 당사자 일방에 대하여 회생절차가 개시된 경우 적격금융거래의 종료 및 정산에 관하여는 이 법의 규정에 불구하고 기본계약에서 당사자가 정한 바에 따라 효력이 발생하고 해제 · 해지 · 취소 및 부인의 대상이 되지 아니하며, 제4호의 거래는 중지명령 및 포괄적 금지명령의 대상이 되지 아니한다. 다만 채무자가 상대방과 공모하여 회생채권자 또는 회생담보권자를 해할 목적으로 적격금융거래를 행한 경우에는 그러하지 아니하다.

i) 통화, 유가증권, 출자지분, 일반상품, 신용위험, 에너지, 날씨, 운임, 주파수, 환경 등의 가격 또는 이자율이나 이를 기초로 하는 지수 및 그 밖의 지표를 대상으로 하는 선도, 옵션, 스왑 등 파생금융거래로서 대통령령이 정하는 거래

ii) 현물환거래, 유가증권의 환매거래, 유가증권의 대차거래 및 담보콜거래

iii) 제1호 내지 제2호의 거래가 혼합된 거래

iv) 제1호 내지 제3호의 거래에 수반되는 담보의 제공 · 처분 · 충당

29) CPSS, Report on Netting Schemes Prepared by the Group of Experts on Payment

네팅이 은행 간 거래, 특히 국제금융거래에서 거래상대방에 대한 신용위험과 유동성 위험을 효과적으로 감소시킬 수 있음을 인정하고, 각국에서 네팅의 효력을 인정하는 확실한 법적 근거가 마련되어야 함을 권고하였다. 실제 국제금융거래에서는 당사자 간 계약(예컨대 장외파생금융거래의 경우에는 ISDA Master Agreement, 증권대차거래의 경우에는 Global Master Securities Lending Agreement)으로 어느 한 당사자의 채무불이행 또는 도산이 발생하는 경우, 그 당사자와 행한 복수의 거래에 따른 채권 채무를 일괄정산하여 남는 잔액을 지급하거나 수령할 하나의 채권 · 채무만 남도록 합의하는 것이 일반적이다. 이와 같이 은행 등 금융기관들은 계약으로 신용위험과 유동성위험을 감소시키는 조치를 취하여 왔으나, 상대방의 도산시 과연 그러한 계약의 효력이 인정될 것인지에 대하여 법률상 명시적인 조항을 두고 있지 않았다. 법 제120조 제3항이 입법되기 전의 학설은 대체로 파산 또는 회사정리절차상 파생금융거래의 네팅(특히 ISDA Master Agreement를 이용한 파생금융거래 당사자 일방의 채무불이행시 close-out netting)의 효력을 인정하여야 한다는 입장이었으나,[31] 논란의 여지가 있으므로 입법적으로 명확하게 하여야 한다는 의견이 제시되었다.[32] 이번 입법은 금융거래의

Systems of Central Banks of the Group of Ten Countries, CPSS Publications No.2 (February 1989). http://www.bis.org/publ/cpss02.pdf, 2007년 2월 9일 최종확인.

30) CPSS, Report of the Committee on Interbank Netting Schemes of the Central Banks of the Group of Ten countries, CPSS Publications No.4 (November 1990). http://www.bis.org/publ/cpss04.pdf, 2007년 2월 9일 최종확인.

31) 김건식, 앞의 책, 78면 ; 석광현, "스왑거래의 법적 문제점," 민사판례연구(23), 박영사(2001), 665-671면.

32) 김건식, "파생금융상품," 민사판례연구(23), 민사판례연구회(2001), 636면 ; 석광현, "파생금융상품거래에 있어서의 일괄정산의 문제점과 도산법의 개정," 국제거래법연구(8), 국제거래법학회(1999) ; 정순섭, 장외파생금융상품거래의 도산절차상 취급에 관한 법제도 정비방안, 한국법제연구원, 2003 ; 오수근/김나영, 앞의 논문.

신용위험과 유동성위험 및 이러한 위험부담으로 인한 자기자본비율 저하를 감소시킬 필요성과 이에 관한 학계의 논의를 반영한 것이라고 볼 수 있다.[33)·34)]

1. 적용대상 거래

(1) 기본계약의 존재

1) 법 제120조 제3항에 따른 특칙을 적용받기 위해서는 적격금융거

33) 법 제120조 제3항이 적용되는 적격금융거래의 종료 및 정산을 법 제120조 제1항 및 제2항과 마찬가지로 '결제제도'의 하나로 파악하고, 법 제 120조 제3항에 의하여 기본계약에서 당사자가 정한 바에 따라 적격금융거래의 종료 및 정산의 효력을 인정하는 것을 '결제제도의 완결성'을 보장하는 것으로 파악하는 견해가 있는데(오수근, 앞의 논문, 9-11 · 24-25면), 제3항의 적용대상을 제1항 및 제2항과 동일하게 결제제도로 파악하는 것은 의문이다. 제1항과 제2항은 다수의 참가자들(주로 금융기관)이 참가하는 지급결제제도 및 증권 선물 결제제도, 즉 '결제시스템'에서의 "결제의 완결성을 보장(즉 결제제도를 통하여 결제가 이루어진 경우 사후에 그 결제를 무효화하거나 취소할 수 없도록 보장)"하기 위한 것이고 이는 결제제도라는 금융시장의 하부구조에 의존하여 작동하는 금융시스템의 혼란 방지를 목적으로 한다. 제3항은 적격금융거래를 행하는 당사자들이 네팅약정을 통하여 거래상대방에 대한 신용위험과 유동성 위험을 효과적으로 감소시키고자 할 경우 그 "약정의 효력이 인정됨"을 명백하게 함으로써 적격금융거래를 행하는 당사자가 위험감소의 목적을 달성할 수 있도록 한 것이다. 제1항 내지 제3항이 모두 예측가능성을 높이기 위한 것이기는 하지만, 제3항의 적용을 받는 적격금융거래 내지는 네팅을 통한 적격금융거래의 정산이 '결제시스템' 내지는 '결제제도에 의한 결제'를 구성하는 것은 아니며, 제3항은 '네팅 약정의 효력'을 인정하는 데 중점이 있다. 제3항의 입법취지에 대한 기본적인 시각의 차이는 제3항의 해석에 상당히 큰 영향을 준다(주 36 · 45 참조).

34) 채무자회생 및 파산에 관한 법률 이외에도 실질적으로 도산절차를 다루는 법의 하나인 기업구조조정촉진법은 채권금융기관들이 채무자회사에게 행한 신용공여에 대하여 채권행사유예 등을 포함한 경영정상화계획을 의결하면 그 내용을 성실히 이행하도록 하고 있으나(제22조), 법 제120조 제3항과 같은 조항을 두고 있지

래가 기본계약에 근거하여 행하여져야 한다. 법 제120조 제3항에서 기본계약의 내용에 관하여 명시적으로 정하고 있지는 않다.[35] 그런데

않다. 기업구조조정촉진법에 따른 경영정상화 계획에서 채권행사를 일정기간 유예하도록 하는 경우가 대부분일텐데, 이때 채권행사의 유예 속에 일괄정산 약정에 따른 일괄정산이 포함되는지에 대하여 논란이 있을 수 있다. 이와 관련하여 재정경제부는 "여러 파생금융거래가 하나의 기본계약인 ISDA Master Agreement에 근거하여 이루어지고, 동 계약이 동 계약에 따라 행한 여러 파생금융거래를 일괄 정산하여 잔액만을 결제할 의무를 지도록 하는 조항을 두고 있는 경우에는, 동계약에 따라 일괄 정산한 잔액을 당사자간의 채권으로 볼 수 있다"라고 하여(재정경제부 2003. 1. 27.자 유권해석) 일괄정산 후의 단일의 잔액채권을 신용공여액으로 보고 있다. 한편 대법원은 기업구조조정 촉진법 제14조 제1항 (현행 기업구조조정촉진법 제9조 제1항에 해당)에 의한 "채권행사 유예요청은 채권금융기관을 구속하는 법적 효력이 없으므로, 금융감독원장이 채권금융기관에 대하여 채권행사를 유예하도록 요청하였다 하더라도, 위 요청을 받은 채권금융기관은 부실징후기업에 대하여 부담하는 채무와 자신의 채권이 상계적상에 있는 경우 대등액에 관하여 상계할 수 있다"라고 하여(대법원 2005. 9. 15. 선고 2005다15550 판결) 마치 채권금융기관을 구속하는 내용의 경영정상화계획이 의결되면 상계도 금지되는 듯이 판시하고 있다. 그러나 상계는 채권자의 권리 행사로서 채권자의 일방적인 의사표시에 의하여 법률효과가 발생하는 것인데 반하여, 일괄정산의 경우에는 거래가 종료된 경우 당사자 사이의 일괄정산 약정에 따라 일괄정산되는 효과가 발생하는 것으로서 채권자의 일방적인 선택에 의하여 효과가 발생하는 것이 아니므로 상계와는 성격이 다르다. 따라서 위 대법원 판결의 판시사항을 일괄정산 약정에 그대로 적용할 수 있다고 보기는 어렵다. 기업구조조정촉진법상의 부실징후기업관리에 들어가는 경우 일괄정산 약정에 따른 적격금융거래의 종료 및 정산의 효과를 약정대로 인정하지 않는다면, 당사자들이 네팅약정을 통하여 거래상대방에 대한 신용위험과 유동성 위험을 효과적으로 감소시키고자 하는 목적을 달성하지 못하게 된다. 법 제120조 제3항의 입법취지에 맞추어 일괄정산 약정에 따른 적격금융거래의 종료 및 정산의 효력을 인정하는 방향으로 기업구조조정촉진법상의 경영정상화계획의 실무가 정착되는 것이 바람직할 것이다.

35) 참고로 일본의 '금융기관 등이 행하는 특정금융거래의 일괄청산에 관한 법률(平成 10년 법률 제108호)' 제2조 제5항은 기본계약서를 "특정금융거래를 행하고자 하는 금융기관 등과 그 상대방 간에 둘 이상의 특정금융거래를 계속적으로 행하기 위하여 작성되는 계약서로서, 계약의 당사자 간에 이루어지는 특정금융거래에 관한 채무에 관하여 그 이행방법 기타 당해 특정금융거래에 관한 기본적 사항을 정하는 것"으로, 제2조 제6항은 일괄청산을 "기본계약서에 기하여 특정금융거래를 하고 있는 당사자 일방에 일괄청산사유가 발생한 경우에는 당해 당사자 쌍방

이 조항은 기본적으로 기본계약에 따른 다수의 거래의 정산을 하고자 하는 당사자들의 의사를 존중하여 어느 한 당사자의 도산이 발생하더라도 일괄정산의 효력에 대한 예측가능성을 높이는 데 입법 취지가 있다고 보아야 할 것이고, 이러한 입법 취지를 감안하면 기본계약에는 복수의 거래를 하나의 채권 · 채무로 만드는 정산조항(일괄정산조항)이 있어야 할 것으로 보는 것이 합리적이다.[36] BIS의 자기자본비율

의 의사에도 불구하고, 당해 일괄청산사유가 발생한 때에 있어 당해 기본계약서에 기하여 행해지고 있는 모든 특정금융거래에 대하여 그때에 있어서의 당해 특정금융거래의 각각에 관하여 총리부령, 대장성령으로 정하는 바에 따라 산출된 평가액을 합산하여 얻어지는 순합계액이 당해 당사자 간 하나의 채권 또는 하나의 채무가 되는 것"이라고 각각 정의하고 있다. 한편 위 법률 제3조 제1항은 "파산절차의 개시결정, 재생절차 개시결정 또는 정리절차 개시결정(이하 이 조에서는 '파산절차개시결정 등' 이라고 한다)을 받은 자가, 일괄청산의 약정을 한 기본계약서에 의하여 특정금융거래를 하고 있었던 금융기관 등 또는 그 상대방인 경우에는, 당해 기본계약서에 의하여 행해지고 있었던 모든 특정금융거래에 대하여 그들이 갖고 있는 다음의 각 호에 열거한 법률에 규정하는 당해 각 호에 정하는 재산 또는 채권은, 당해 파산선고 등에 관한 일괄청산사유가 발생함으로써 각각 당해 파산절차개시결정 등을 받은 자가 당해 약정에 기하여 가지게 된 하나의 채권 또는 그 상대방이 당해 약정서에 기하여 가지게 된 하나의 채권으로 한다"라고 규정하여, 파산절차개시결정 등 이후에 일괄청산의 유효성이 인정되는 것은 당해 기본계약서에 일괄청산약정이 포함되어 있는 경우를 전제로 하고 있다.

36) 이러한 점을 고려하여 법 제120조 제3항의 규정상 명시적으로 규정되어 있지 않음에도 불구하고, 일괄정산조항의 존재를 기본계약의 존재와는 독립된 별도 요건의 하나로서 설명하는 견해가 있다(임치용, 앞의 책, 204면 ; 정순섭, 앞의 논문, 260면). 일괄정산조항이 반드시 있어야 하는 것은 아니라는 견해도 있으나(오수근, 앞의 논문, 24-25면), 기본계약에서 다수의 적격금융거래를 일괄하여 정산하도록 하지 않고 예컨대 개별거래를 각각 독립적으로 종료 정산하도록 한 경우까지 법 제120조 제3항의 특례를 적용해야 할 합리적 이유가 있는 것인지 의문이다. 또한 제3항의 보호대상을 결제시스템이라고 보고 공적 결제시스템에 버금가는 정도로 기본계약이 높은 규범성을 가져야 하고 공정성을 유지하여야 한다는 견해도 있으나(오수근, 앞의 논문, 25면), 제3항의 적용대상은 적격금융거래이고 제3항이 보호하고자 하는 것은 당사자 간의 사적인 계약인 것이지 적격금융거래의 네팅약정을 금융시스템의 하부구조인 결제제도와 같은 평면에서 다룰 문제는 아니라고 생각된다. 제3항이 제1항 및 제2항과 같은 조문 속에 들어 있는 것은 입법상의 편의를

규제상으로도 네팅의 효과를 인정하기 위한 전제로 이와 같이 하나의 채권 · 채무로 만드는 계약의 존재를 요구하여 왔다.[37] 법 제120조 제3항에서 기본계약에 근거하여 적격금융거래를 한 경우에 한하여 특칙을 적용하고자 하는 것도 같은 취지라고 하겠다.[38]

2) 국제금융거래를 중심으로 하여 보면 파생금융거래에서 가장 흔히 사용되는 ISDA Master Agreement,[39] 증권대차거래에서 많이 사용되는 Global Master Securities Lending Agreement와 종전 버전인 Overseas Securities Lending Agreement, 환매거래에서 많이 사용되는 Global Master Repurchase Agreement 등이 대표적 기본계약에 해당될 것이다. 국내 거래에서는 증권업협회의 증권회사의 약관운영에 관한 규칙에 따른 표준약관인 유가증권대차거래약관과 기관 간 환매조건부 채권매매약관, 표준약관은 아니지만 증권업협회에서 권고안으로

위한 것이었지 같은 조문에 있다고 하여 제3항의 입법취지 및 적용대상을 제1항 및 제2항의 그것과 동일하게 볼 수는 없을 것이다.

이와 관련하여 법 제120조 제3항의 적용요건과 직접 관련되는 것은 아니지만, 금융감독원의 '파생상품 업무처리 모범규준(금융권역 공통)' (2006. 11)의 '〈참고 7〉 파생상품에 대한 위험가중자산 산출시 상계의 인정범위' 에서는 '상계인정요건' 의 하나로 "상계계약은 거래의 상대방이 파산, 부도, 청산 등의 사건이 발생했을 시에는 양 당사자간 모든 채권 · 채무관계가 상계되어 하나의 채권 · 채무관계가 된다는 조항을 포함하여야 한다" 라고 '일괄정산조항의 존재' 를 명시적으로 규정하고 있다.

37) Basel Committee on Banking Supervision, The Super-visory Recognition of Netting for Capital Adequacy Purposes (April 1993). http://www.bis.org/publ/bcbs11c.pdf, 2007년 2월 9일 최종확인.

38) 한편 제120조 제3항은 기본계약에 대하여 "일정한 금융거래에 관한 기본적 사항을 정한 하나의 계약" 이라고 규정하였을 뿐, 구체적 의미에 대하여는 정의하고 있지 않다는 점에서 해석 및 적용상의 혼란을 피하기 위하여 정의규정을 둘 필요가 있다는 주장(정순섭, 앞의 논문, 255면)을 경청할 필요가 있다.

39) 1992년 버전과 2002년 버전이 모두 사용되고 있고 두 계약서는 기본계약에 해당한다고 하겠다.

제시하고 있는 증권장외파생 금융상품거래 계약서 권고안 등이 이에 해당될 수 있을 것으로 보인다. 그러나 한국증권업협회의 표준약관 중 대고객 환매조건부채권매매 약관은 동일 고객과의 다수의 환매조건부 채권매매거래에 적용되는 약관이기는 하지만, 정산에 관한 조항(일괄정산조항)이 없는 계약으로서 제120조 제3항의 기본계약에는 해당하지 않을 것으로 보인다. 증권예탁결제원의 유가증권 대차거래의 중개 등에 관한 규정에 따른 증권대차거래 가운데 맞춤거래의 경우에는 대차 당사자들이 별도로 체결한 계약이 무엇인지에 따라 달라질 것이다.[40] 대차거래 당사자들이 Global Master Securities Lending Agreement 또는 Overseas Securities Lending Agreement를 체결하고 증권예탁결제원의 대차중개 서비스를 이용하여 맞춤거래[41]를 하는 경우에는 당사자들이 체결한 Global Master Securities Lending Agreement 또는 Overseas Securities Lending Agreement를 기준으로 기본계약의 존재 여부를 판단하여야 할 것이다. 결제거래[42]나 경쟁거래[43]의 경우에는 증권예탁결제원의 유가증권 대차거래의 중개 등에 관한 규정을 근거로 체결된다고 할 수 있으나, 위 규정이 각 거래의 종료에 대한 사항을 정하고 있을 뿐 여러 거래의 일괄정산을 정하고 있지 않으므로 결

40) 본문에서는 증권예탁결제원이 중개하는 대차거래만 논의하였으나, 한국증권금융주식회사가 별도로 유가증권대차거래중개업무규정에 따라 중개하는 대차거래의 경우도 마찬가지이다.

41) 맞춤거래 : 대차수수료율 및 담보비율 등 대차거래조건의 협의에 의하여 이루어지는 대차거래(유가증권 대차거래의 중개 등에 관한 규정 제2조 제1항 제3호).

42) 결제거래 : 유가증권시장에서의 매매거래에 따른 결제증권의 부족분의 보전 등을 목적으로 이루어지는 대차거래(유가증권 대차거래의 중개 등에 관한 규정 제2조 제1항 제1호).

43) 경쟁거래 : 대차수수료율의 호가경쟁에 의하여 이루어지는 대차거래(유가증권 대차거래의 중개 등에 관한 규정 제2조 제1항 제2호).

국 각 거래를 개별로 취급하는 계약이라고 할 수 있고, 이러한 경우를 법 제120조 제3항에서 의도한 기본계약에 해당된다고 볼 수 있을지 의문이다.[44)]

3) 장외파생금융거래를 할 경우 우선 ISDA Master Agreement와 계약서의 부속서인 스케줄에 준거법 · 관할 · 계약 종료시 지급통화 · 담보제공 등 선택적으로 합의하여야 할 사항에 관한 합의를 하여 서명하며, 그 이후 각 개별거래를 하는 것이 원칙이고 각 개별거래가 ISDA Master Agreement 서명 후 이루어지는 경우가 대부분이다.

그러나 두 당사자 간 최초로 장외파생거래를 하는 경우 ISDA Master Agreement를 체결하기 위해서는 계약의 부속서인 스케줄에 기재하는 선택적으로 합의하여야 할 사항에 관한 협상에 시간이 걸리는 경우가 있다. 이러한 경우 ISDA Master Agreement를 서명하기 전 당해 장외파생거래의 조건을 기재한 Confirmation을 통상의 Confirmation보다 상세하게 작성하여(이른바 Long Form Confirmation) 준거법과 관할에 관한 사항 등 당사자가 반드시 합의하여야 할 사항과 아울러 "ISDA Master Agreement를 서명하기 전에는 마치 스케줄이 없는 ISDA Master Agreement가 체결된 것과 마찬가지로 간주하여 ISDA Master Agreement의 적용을 받는다"라는 내용과 "스케줄에 합의하여 ISDA Master Agreement를 서명하면 이 Confirmation에 따른 거래도 그 ISDA Master Agreement에 따른다"라는 내용을 포함시켜 Confirmation에 서

44) 이러한 거래들의 경우 증권예탁결제원이 대이행책임을 부담한다는 점(유가증권 대차거래의 중개 등에 관한 규정 제25조, 제25조의2 및 제26조) 및 거래의 상대방이 특정되어 있지 않다는 점 등을 고려할 때, 현실적으로 일괄정산 자체가 불가능하므로 법 제120조 제3항을 적용하기 어려운 것으로 보인다.

명하는 것이 관행이다. 또한 추후 ISDA Master Agreement를 서명하는 경우, 계약의 효력발생일은 실제 서명일자와는 달리 첫 번째 거래일 또는 그 이전일자로 소급하는 것으로 정한다. 이렇게 ISDA Master Agreement의 적용을 받는다는 점을 명시하여 Long Form Confirmation을 체결하는 경우에는 ISDA Master Agreement를 서명하지 않았더라도, ISDA Master Agreement에 근거하여 거래를 한 것이라고 보아야 할 것이다. 실제 이러한 Long Form Confirmation에 따른 거래를 한 후 ISDA Master Agreement를 서명하지 못하였거나 ISDA Master Agreement를 서명한 후 행한 거래가 하나에 그친 경우라고 하더라도, 앞서 살펴본 바와 같이 일괄정산조항 등을 포함하고 있는 ISDA Master Agreement의 조건들에 구속된다고 합의한 것이 명확할 때에는 ISDA Master Agreement와 같은 기본계약에 근거하여 거래를 행한 당사자들의 예측 가능성을 보호하기 위하여 법 제120조 제3항이 적용된다고 보아야 한다. 물론 Long Form Confirmation이나 ISDA Master Agreement와 같은 기본계약에 따른 거래를 이용하여 법 제120조 제3항을 남용하는 경우에 대하여는 그 조항의 단서에 의하여 특칙의 적용을 배제할 수 있을 것이다.

(2) 적격금융거래

법 제120조 제3항의 특칙은 제1호 내지 제4호에 열거된 적격금융거래 즉 i) 선도 · 옵션 · 스왑 등 파생금융거래로서 대통령령이 정하는 거래, ii) 현물환거래 · 유가증권의 환매거래 · 유가증권의 대차거래 및 담보콜거래, iii) 제1호 내지 제2호의 거래가 혼합된 거래, iv) 제1호 내지 제3호의 거래에 수반되는 담보의 제공 · 처분 · 충당에 적용된다.

이 가운데 제4호의 담보거래에 대하여는 아래 '담보를 수반하는 적격금융거래'에 관한 논의에서 별도로 논하기로 한다. 기본계약을 체결하고 그 기본계약에 따라 적격금융거래를 행한 후 회생절차개시결정 또는 파산선고가 이루어진 경우에는 적격금융거래의 종료 및 정산 시점이 회생절차개시결정 또는 파산선고 전후 언제인지를 불문하고 법 제120조 제3항의 특칙이 적용된다고 보아야 한다. 적격금융거래의 당사자들이 체결한 기본계약 중 적격금융거래의 종료 및 정산에 관한 합의의 효력을 그대로 인정하겠다는 것이 법 제120조 제3항의 입법취지이기 때문이다. 적격금융거래의 종료 및 정산이 회생절차 개시결정 또는 파산선고 이후에 이루어지는 경우에도 그 이전에 합의한 기본계약에 따른 효력을 인정하여야 법 제120조 제3항이 의도하는 효과가 있는 것이다.[45)]

2. 특칙 적용의 효과

기본계약에 근거하여 체결된 적격금융거래의 종료 및 정산에 관하여는 채무자회생 및 파산에 관한 법률의 규정에도 불구하고 기본계약에서 당사자가 정한 바에 따라 효력이 발생하고 해제 · 해지 · 취소 및 부인의 대상이 되지 아니하도록 하여 법 제120조 제3항이 입법되기

45) 오수근, 앞의 논문, 16면은 기본계약에 의한 적격금융거래 체결 후 도산절차가 개시되고 그 이후 거래가 종료되고 정산이 이루어진 경우를 결제제도하에서 도산절차 개시 후에 이체지시가 이루어진 경우와 동일하게 취급하여 다른 의견을 취하고 있는 것으로 보이나 제3항의 입법취지에 부합하는지 의문이다(주 33 참조). 적격금융거래의 종료 및 정산에 수반되는 담보의 처분 및 충당에 대하여는 주 68 내지 70의 본문 참조.

전에 논의되던 미이행 쌍무계약 조항 적용에 따른 cherry picking[46]의 우려, 일괄정산 조항의 효력에 대한 반론의 우려 등을 해소하였다.[47] 일괄정산 후 남은 채권은 회생채권으로 채권을 행사하여야 할 것이다. 제4호의 거래, 즉 담보의 제공 · 처분 · 충당에 대하여는 부인권의 적용이 없을 뿐 아니라 중지명령 및 포괄적 금지명령의 대상이 되지 아니한다.

법 제120조 제3항이 규정한 적격금융거래에 있어서의 특칙의 효과와 관련하여 이 조항의 문언상 명확하지 않은 점이 있다. 특칙의 효과에 관한 부분을 보면 기본계약에 근거하여 적격금융거래를 행하는 당사자 일방에 대하여 회생절차가 개시된 경우 "적격금융거래의 종료 및 정산에 관하여는 이 법의 규정에 불구하고 ① 기본계약에서 당사자가 정한 바에 따라 효력이 발생하고 ② 해제 · 해지 · 취소 및 부인의 대상이 되지 아니하며, 제4호의 거래는 중지명령 및 포괄적 금지명령의 대상이 되지 아니한다"라고 규정하고 있다.

---

46) 당사자 사이의 기본계약의 적용 하에 있는 다수의 적격금융거래들 중 회생절차가 개시된(또는 파산이 선고된) 당사자에게만 유리한 방향으로 일부는 이행, 일부는 해제 또는 해지하도록 관리인이 선택권을 행사하는 것을 말한다.

47) 참고로 미국연방파산법 Section 362(a)(17)은 파생거래〔법문에서는 Section 101(53B)에서 개별 파생거래를 'swap agreement'라고 정의하여 이를 총칭하고 있다〕에 관하여, 회생절차 또는 파산절차의 개시신청에 따른 자동중지(automatic stay)의 적용을 배제하여 상계 및 담보의 처분 · 충당은 위 각 절차의 개시신청에 의하여 그 효력에 영향이 없도록 규정하고, 나아가 Section 546(g) 및 548(d)(2)는 부인의 대상에서 제외하도록 규정하며, Section 560은 파생거래를 일괄정산하는 계약상의 권리(contractual right)가 파산법의 규정 또는 법원의 명령 등에 의하여 중지 · 부인 또는 달리 제한되지 않음을 명시하여 그 효력을 인정하고 있고, 미이행 쌍무계약의 해제 여부에 대한 선택권을 규정한 Section 365(a)의 적용을 배제하고 있다〔한편 미국연방파산법 Section 101(53B)는 기본계약(master agreement)은 그에 기하여 체결된 개별적인 파생거래와 일체를 이룬다는 규정을 두어 미이행 쌍무계약의 해제여부에 관한 cherry-picking을 허용하지 않고 있다〕.

위 조항의 자구상 ①과 ②로 표기한 법문은 모두 특칙의 효과를 규정한 술어 부분에 해당하지만, 법문상 그에 대응하는 각 주어는 명확하지 않다. 조항의 전체적인 내용상, ①부분("기본계약에서 당사자가 정한 바에 따라 효력이 발생하고")에 대응하는 주어가 '적격금융거래의 종료 및 정산'이라는 점은 의문의 여지가 없다. 그러나 ②부분("해제 · 해지 · 취소 및 부인의 대상이 되지 아니하며")에 대응하는 주어는 '적격금융거래의 종료 및 정산'이 아니라 '각 적격금융거래'로 해석하는 것이 합리적이다.

위 조항에서 '해제 및 해지'는 미이행 쌍무계약의 이행 또는 해제 · 해지에 관한 관리인의 선택권(선택적 해제권, 법 제121조 및 제335조)에 대응하는 것으로서, ①부분에서 이미 적격금융거래를 '종료'하고 '정산'하는 것을 기본계약에서 정한 바에 따라 효력이 발생하는 것으로 인정하였으므로 관리인의 선택에 따라 이행하거나 해제 또는 해지할 계약 자체가 존재하지 않는다. 뿐만 아니라 채무자회생 및 파산에 관한 법률의 규정에도 불구하고 당사자가 기본계약에서 정한 바에 따라 그 효력이 발생한다고 규정한 이상, 채무자회생 및 파산에 관한 법률이 규정하고 있는 관리인의 선택권은 더 이상 기능할 수 없는 것이기도 하다. 오히려 관리인의 해제 및 해지에 관한 권한을 배제한 것은 기본계약의 적용을 받는 다수의 적격금융거래들 중 회생절차가 개시된(또는 파산이 선고된) 당사자에게만 유리한 방향으로 일부는 이행, 일부는 해제 또는 해지하는 것(이른바 cherry picking)을 방지한다는 점에서 의미가 있다. 즉 관리인에 의한 각 적격금융거래 자체의 '해제 및 해지'를 금지한 것이다. 또한 '적격금융거래의 종료 및 정산'은 관리인의 부인권 행사 대상으로 규정되어 있지 않다. 관리인의 부인의 대상에서 제외한 것은 적격금융거래 자체(특히 제3항 제4호의 담보의 제공 ·

처분 및 충당)가 관리인의 부인대상이 됨으로써 결과적으로 '기본계약에서 정한 바에 따른 적격금융거래의 종료 및 정산'이 이루어지지 않는 것을 방지하고자 하는 취지라고 보아야 한다.[48] 즉 관리인이 (종료 및 정산의 대상이 되는) 개별 적격금융거래 자체를 '부인'하는 것을 금지한 것이다.

관리인 또는 파산관재인이 부인권을 행사하는 외에 모든 채권자의 공적 수탁자로서 민법 제406조의 채권자취소소송을 제기할 수 있는지 여부에 관하여는 논의가 있을 수 있다.[49] 다시 말해 회생절차 개시결정 또는 파산선고 이후에도 관리인 또는 파산관재인이 민법 제406조에 근거하여 채권자취소소송을 제기할 수 있다고 본다면, 법 제120조 제3항의 적격금융거래도 채권자취소소송의 대상이 되는 것인지 문제가 될 수 있다. 이와 관련하여는 앞서 본 바와 같이[50] 법 문면상으로 민법상의 채권자 취소권의 적용이 당연히 배제된다고 보이지는 않으나, 법 제120조 제3항에서 적격금융거래에 관하여 관리인의 부인권의 대상에서 배제하는 내용의 특칙을 규정한 입법취지를 고려한다면, 회

48) 종전 회사정리법이 적용되던 시기에는 대법원이 "이 사건과 같이 질권의 목적물을 타에 처분하여 채권의 만족을 얻는 경우도 그 실질에 있어서 집행행위와 동일한 것으로 볼 수 있다"라는 점을 근거로 회사정리 개시결정 전에 이루어진 채권자의 질물처분행위를 부인의 대상으로 인정하였다(대법원 2003년 2월 28일 선고 2000다50275 판결). 이러한 판례의 태도에 의하면 일괄정산에 따른 변제나 담보의 처분행위 등이 부인의 대상이 될 수 있었던 점을 고려하여, 금융시스템 위험을 방지하고 거래의 안정을 보장하기 위하여 관리인 또는 파산관재인의 부인권을 이 한도에서 배제한 것이라고 본다.

49) 한민/박종현, "신탁과 도산법 문제," BFL 제17호(2006. 5), 34-35면. 회생절차 개시결정 또는 파산선고 이후에는 채권자들이 개별적으로 민법 제406조에 의한 채권자취소소송을 제기할 수 없고, 모든 채권자를 위한 공적 수탁자인 관리인이 행사할 여지는 있다고 보는 것이 일반적이다〔條解會社更生法(中), 弘文堂, 1998, 223면 ; 注解 破産法(第3版, 上卷), 青林書院, 1998, 556면 참조〕.

50) 주 13 및 17 참조.

생절차 또는 파산절차 개시 이후에 관리인이 적격금융거래를 대상으로 채권자취소소송을 제기하는 것은 허용되지 않는다고 해석하는 것이 타당할 것이다.[51] 이와 관련하여 적격금융거래에 대하여 적용을 배제한 취소가 무엇을 의미하는지 의문이다.

담보에 대한 특칙의 적용에 관하여는 아래 '담보를 수반하는 적격금융거래'에 관한 논의에서 살펴보기로 한다.

3. 특칙 적용의 배제

채무자가 상대방과 공모하여 회생채권자 또는 회생담보권자를 해할 목적으로 적격금융거래를 행한 경우에는 법 제120조 제3항의 특칙을 적용하지 않는다. 법 120조 제1항과 제2항에는 없는 이러한 적용배제조항이 제3항에 들어 있다. 제1항과 제2항은 금융제도로서의 지급결제제도 및 청산결제제도에 대하여 적용되는 것이므로 당사자 간의 합의로 제1항 또는 제2항의 적용을 남용할 우려가 없겠으나, 제3항의 경우에는 당사자 간의 계약에 의하여 이루어지는 것이므로 남용될 우려가 있기 때문이다.

51) 여기에서는 적격금융거래에 대하여 회생절차 개시 또는 파산선고 전에 민법상의 채권자취소소송이 제기되어 관리인 · 파산관재인이 이를 수계한 경우에는 어떻게 될 것인지의 문제는 다루지 않았으나, 이 점도 앞으로 심도 있게 검토할 필요가 있다.

4. 담보를 수반하는 적격금융거래

(1) 금융거래의 신용위험과 담보의 수반

파생금융상품을 비롯한 신종금융거래에서는, 금융거래의 상대방 당사자가 도산 기타 사유로 이행기에 거래상 채무를 이행하지 못할 위험을 의미하는 신용위험(Credit Risk) 또는 상대방위험(Counter-party Risk)이 금리, 환율 등 경제상황의 변동에 따라 거래의 만기시까지 계속 변동하고 그 위험을 부담하는 주체도 변경된다. 파생금융거래의 신용위험의 관리를 위하여 담보구조(collateral arrangement)를 수반하도록 하는 거래, 즉 일방당사자(담보제공자)가 현금 또는 유가증권 등과 같은 자산을 상대방(담보취득자)에게 담보로 제공하고, 그 담보제공자가 채무불이행을 할 경우 담보로부터 채권의 만족을 얻는 거래가 증가하고 있다.[52)] 1990년대 후반에 이르러 ISDA가 정한 신용보완문서 또는 담보부속서(Credit Support Document)의 출현에 의하여 담보구조를 수반하는 파생금융거래의 확산이 이루어졌고, 신용등급이 낮은 당사자가 신용보완을 위해 담보를 제공하는 전통적 담보구조뿐 아니라 최근에는 신용도가 비교적 우수한 은행 간 거래에서도 담보구조를 수반하는 금융거래의 비중이 증가하고 있다.

52) 금융거래의 신용위험을 관리하기 위한 수단으로서 당해 금융거래에 담보구조를 수반하는 Collateralization에 대하여는 정순섭, "신종금융거래의 담보화에 관한 연구," 증권법연구 4권 1호(2003), 145-147 · 148면 각주 2)에 기재된 문헌 등 참조.

(2) 적격금융거래에 수반되는 담보거래의 유형

장외파생상품거래, 유가증권의 환매거래 및 유가증권의 대차거래에서 흔히 사용되는 담보는 질권 등 담보권의 설정(담보권설정방식)과 담보물의 소유권이전(양도방식)의 두 유형이 있다.[53)]

담보권설정방식은 담보제공자가 담보취득자를 위하여 유가증권 등 특정 자산에 대하여 질권 등 담보권을 설정하여 주는 것으로 우리 민법상 담보물권 설정과 본질적으로 차이가 없고, 담보제공자에 대한 채무불이행 사유가 발생하지 않는 한 담보취득자는 담보물을 처분할 수 없다. 또한 담보권설정방식의 경우 그 담보권의 피담보채권은 일괄정산이 먼저 이루어지고 남은 단일의 잔액채권인 것이고, 그 잔액채권에 대하여 담보권의 실행이 이루어진다.

양도방식의 경우에는 담보제공자가 담보취득자에게 현금이나 유가증권 등 종류물의 소유권을 이전(양도)한다. 담보제공시 담보취득자는 담보물의 소유권을 취득하고 반대로 담보제공자는 담보물에 대한 소유권을 상실한다. 다만 담보제공자가 담보물의 제공으로 담보하고자 한 거래상 채무(피담보채무)를 이행할 경우, 양도받은 담보물과 동일한 가치를 가지는 동종 동량의 등가대체물(equivalent collateral)을 반환할 의무를 부담하며, 담보제공자는 담보취득자에 대하여 등가대체물(등가담보물)의 반환청구권을 가진다. 한편 담보제공자에게 채무불이행 사유가 발생한 경우, 기본계약상 i) 담보취득자가 담보제공자에 대하여 갖는 모든 채권과 ii) 담보취득자가 담보제공자에 대하여 부담하는

53) 위 두 가지 기본 유형의 법적 성질 및 법적 효과는 i) 담보계약의 준거법, ii) 담보물의 성격 및 그 소재 및 iii) 당사자의 유형 및 소재지 등에 따라 달라진다.

모든 채무(등가대체물의 반환채무 포함)와의 사이에서 일괄정산하는 방식으로 채권의 만족을 얻는다. 이러한 정산방식은, 담보를 제외한 나머지 개별채권 · 채무의 일괄정산이 먼저 이루어지고 남은 단일의 잔액채권에 대하여 다시 담보의 처분 및 충당이 이루어지는 담보권설정방식에서의 채권회수방식과는 차이가 있다(물론 일괄정산 결과 i)의 담보취득자가 보유하는 채권보다 i)의 담보취득자의 채무가 큰 경우에는 담보취득자는 그 차액에 해당하는 등가대체물을 담보제공자에게 반환하여야 할 것이다).

위에서 살펴본 바와 같은 담보구조의 법적 성질의 차이는 법률효과면에서도 상이한 결과를 가져온다. 양도방식에 있어 담보취득자는 양도받은 자산에 관한 소유권자로서 그 소유권의 본질상 허용되는 범위내의 제한 없는 지배권한을 보유하여, 담보물을 처분하거나 환매거래를 하거나 또는 자신의 채권자에게 자신의 다른 채무에 대한 담보물로 제공할 수도 있다. 이에 비하여 담보권설정방식의 경우, 담보제공자가 여전히 소유권을 보유하고[54] 담보취득자는 담보권자의 지위에 있을 수밖에 없다. 가령 제공된 담보가 우리 민법상 질권에 해당하는 경우, 담보취득자는 질권자로서 담보제공자(질권설정자)의 채무불이행이 있기 전에 담보목적물을 자유로이 처분할 수 없다(민법 제343조, 제324조).

54) 법 제141조는 양도담보권을 회생담보권으로 규정하고 있다. 양도담보의 법적 구성에 관한 이른바 신탁적 소유권이전설과 담보물권설의 견해 대립이 있고, 신탁적 소유권이전설에 의하더라도 양도담보권자는 대외적으로 소유권을 취득하지만, 그 소유권을 행사할 때 내부적으로 양도담보권설정자에 대하여는 담보목적을 넘어서는 그 소유권을 행사하지 않을 의무를 진다는 점에서 담보권설정방식의 범주에 속하는 것으로 볼 수 있다.

(3) 담보를 수반하는 적격금융거래의 실제

법 제120조 제3항 제4호는 "제1호 내지 제3호의 거래에 수반되는 담보의 제공 · 처분 · 충당", 즉 '담보거래'를 적격금융거래의 하나로 규정하여 제3항의 특칙의 적용대상임을 분명히 하고 있다. 따라서 이러한 담보거래에 관하여 제120조 제3항의 특칙이 적용되기 위하여는 담보거래는 '일괄정산조항이 포함된 기본계약'에 기하여 이루어져야 한다. 즉 담보거래가 법 제120조 제3항의 적용대상이 되기 위하여는 i) 기본계약상 그 담보거래에 관하여 직접 규정하거나 ii) 담보거래에 관한 부속계약서에서 당해 부속계약서는 기본계약과 일체로서 그 일부가 되는 것이라는 것을 규정하는 등 당해 담보거래가 기본계약에 기하여 이루어진 것임을 명확히 하여야 할 것이다.[55)]

이하에서는 담보를 수반하는 적격금융거래에 있어 담보거래에 사용되는 기본계약 등에 대하여 살펴보고자 한다.

1) 파생금융거래

파생상품거래시 가장 흔하게 사용되는 ISDA Master Agreement에서는 i) 뉴욕주법을 준거법으로 하는 1994년판 Credit Support Annex(이하 '뉴욕주법 CSA'), ii) 영국법을 준거법으로 하는 1995년판 Credit Support Annex(이하 '영국법 CSA'), iii) 영국법을 준거법으로 하는 1995년판 Credit Support Deed(이하 '영국법 CSD'), iv) 일본법을 준거법으로 하는 1995년판 Credit Support Annex(이하 '일본법 CSA') 및 v) 2001년판

55) 西村總合法律事務所, 앞의 책, 2003, 618-619면 참조.

ISDA Margin Provisions를 편입하기 위하여 사용되는 2001년판 ISDA Margin Supplement 등이 표준화된 담보계약서로 사용된다.

이를 위의 담보구조에 관한 두 가지 방식에 따라 구분하여 본다면, 뉴욕주법 CSA[56] 및 영국법 CSD는 담보권설정방식을, 영국법 CSA는 양도방식을, 일본법 CSA 및 2001년판 ISDA Margin Supplement는 위 두 방식을 선별적으로 결합한 방식을 취하고 있다.

2) 유가증권 대차거래

유가증권 대차거래는 담보 제공을 기초로 이루어지는 전형적 거래이다. 다수의 국내외 기본계약서, 즉 Bond Market Association의 Master Securities Lending Agreement,[57] International Securities Lending Association의 Global Master Securities Lending Agreement 및 Overseas Securities Lending Agreement[58]와 국내 증권회사들의 유가증권대차거래를 위해 한국증권업협회가 정한 표준계약서(이하 '증권업협회 유가증

56) 뉴욕주법 CSA에 의하더라도 당사자 간의 합의가 있는 경우에는 질권자(Pledgee)는 담보의 처분을 포함하여 소유권자와 마찬가지로 담보를 자유로이 이용할 수 있다〔뉴욕주법 CSA, 제6조 (c)항〕.

57) Master Securities Lending Agreement는 미국 국내 거래를 위한 표준계약서로서, 차입자는 Pledge라는 형태의 담보권설정방식에 따른 담보를 제공할 의무가 있고 그 담보물은 증권과 현금으로 구성된다. 대여자는 담보로 제공받은 현금을 그의 재량하에 이용하거나 투자할 수 있으나, 한편 중개인을 겸하는 딜러가 아닌 대여자의 경우에는 자기 자신의 자산 및 기타 유가증권과 혼합되는 것을 방지하기 위하여 이를 분리하여 담보로 제공받은 유가증권을 보유하여야 한다. 담보는 당사자 간 계약에 정한 바에 따라 총액기준 또는 순액 기준으로 제공될 수 있다.

58) Overseas Securities Lending Agreement는 영국 국적의 당사자들을 위한 것이고, Global Master Securities Lending Agreement는 영국 이외의 국적을 가진 당사자들이 용이하게 사용할 수 있도록 작성한 것이다. 이 두 가지 표준계약서 모두 차입자가 제공하여야 할 담보에 관하여 양도방식을 채택하였고, 그러한 담보는 당사자들의 합의에 따라 총액 기준 또는 순액 기준으로 제공될 수 있다.

권대차거래약관')[59] 등에서 담보에 관하여 규정하고 있다.

3) 유가증권의 환매거래

국제 금융시장에서 유가증권의 환매거래에 관한 계약서로는 International Capital Market Association의 Global Master Repurchase Agreement(이하 'GMRA')가 주로 이용되고, 한편 한국증권업협회는 환매조건부 채권매매에 관한 표준약관(이하 '증권업협회 환매조건부 채권매매약관')을 발간한 바 있다. GMRA 및 증권업협회 환매조건부 채권매매약관에 의하면, 대상채권들은 매도자로부터 매입자에게 매도되고 그에 따라 대상채권 및 유가증권증거금에 대한 소유권은 절대적으로 매입자에게 이전된다.[60]

(4) 적격금융거래에 수반하는 담보의 의미

법 제120조 제3항은 담보의 의미에 관하여 아무런 정의를 내리지

---

59) 증권업협회 유가증권대차거래약관은 증권회사가 차입자 또는 대여자로서 체결하는 유가증권 대차거래에 사용되는데, 특히 유가증권에 대한 질권설정뿐만 아니라 현금담보를 허용하고 있다는 점에서 담보권설정 방식 및 양도방식 모두를 채택한 것으로 볼 수 있다. 민법상 현금 자체에 대한 질권 등 담보권을 설정하는 것은 가능하지 아니하므로 차입자가 대여자에게 담보목적으로 교부하는 현금, 즉 현금담보는 현금에 대한 담보권 설정이 아니라 현금에 대한 소유권의 이전으로 보아야 하기 때문이다. 한편 일방 당사자의 채무불이행이 발생한 경우, 증권업협회 유가증권대차거래약관은 유가증권 담보의 경우에도 양도방식의 경우와 마찬가지로 제공받은 담보물의 가액과 차입한 유가증권들의 가액 사이의 일괄정산을 허용하고 있다(제15조 제6항).

60) 다만 증권예탁결제원을 환매서비스기관으로 지정하여 이루어지는 환매조건부채권매매 거래의 경우, 그 증권예탁결제원은 매도자 또는 매수자가 납부하는 증권증거금을 당해 매도자 또는 매수자의 환매채권예탁계좌에 기재하되 그 증권증거금의 반환시까지 그 처분을 제한하고 있다(증권예탁결제원, 환매조건부채권매매결제업무규정 제15조의2 제1항)

않고 있다.[61] 담보에는 질권, 저당권, 양도담보권 내지 그러한 담보권이 설정된 담보물이 포함되는 데 대하여는 의문이 없을 것이다. 질권 등 담보권이 외국법에 근거하여 설정된 경우(예컨대 뉴욕주법 CSA상의 pledge, 영국법 CSA상의 charge 또는 MSLA상의 pledge)라 할지라도, 그 담보권은 법 제120조 제3항의 담보에 해당하는 것으로 보아야 한다. 법 제120조 제3항 제1호 내지 제3호의 적격금융거래에 수반되는 양도방식의 담보제공이 제120조 제3항 제4호의 담보에 포함되는지에 대하여 논란이 있을 수 있으나, 제120조 제3항 제4호의 담보는 반드시 우리 민법에 의하여 인정되는 담보물권에 한하지 않고, 담보적 기능을 수행하는 것이라면 양도방식에 의한 증거금과 유가증권담보도 포함된다고 보아야 한다.[62]·[63] 제120조 제3항 제4호의 입법취지는 적격금

61) 법 제120조 제3항 제4호는 '담보의 제공 · 처분 · 충당'이 그 자체로서 '적격금융거래'에 해당하는 것처럼 규정하고 있다. 그러나 담보의 수반성을 고려할 때 '담보의 제공 · 처분 · 충당' 자체를 별도의 적격금융 '거래'로 정한 위 규정에 대하여 의문이 제기될 수 있으나, 본 규정의 입법과정을 살펴본다면 이러한 의문은 해소될 수 있다. 즉 채무자회생 및 파산에 관한 법률안 초안의 작성과정에서 적격금융거래의 유형의 하나로 "…거래에 수반되는 담보 또는 담보목적의 소유권 이전거래"가 포함되어 있었다. 이와 같이 '담보 목적의 소유권 이전 거래'가 명시적으로 적격금융거래에 포함된 것은 그에 따른 담보구조가 ISDA Master Agreement의 개별거래에 해당하는 것으로 규정하고 있는 영국법 CSA에 따른 담보구조, 즉 양도방식의 담보구조를 적격금융거래의 하나로 포섭할 의도에서 비롯되었다. 그러나 최종적으로 공포된 법률에는 '담보 목적의 소유권 이전 거래'는 법 제120조 제3항 제4호에 포함되지 않게 되었고, '담보의 제공 · 처분 · 충당'을 독립적 적격금융거래로 한 것이다. 즉 '담보의 제공 · 처분 · 충당'을 독립적 적격금융거래의 하나로 규정한 배경에는 영국법 CSA에서 양도방식의 담보거래를 개별거래로 규정하고 있는 점이 고려되었다고 할 수 있다.

62) 정순섭, 앞의 논문, 261-262면도 같은 취지.

63) 흔히 '인적 담보'로 부르는 보증은 적격금융거래 당사자의 채무부담행위이므로 담보의 '처분, 충당'의 대상이 될 수 없고, 때문에 제120조 제3항 제4호의 담보에는 포함되지 않는다. 적격금융거래의 당사자가 아닌 제3자가 보증채무를 부담하거나 물적 담보를 제공한 경우, 적격금융거래의 당사자에 대하여 회생절차가 개시

융거래에 관한 담보구조를 채무자회생 및 파산에 관한 법률상 부인 또는 중지명령 등 다양한 제한들의 적용으로부터 보호하려는 데 있는 것이므로, 담보권설정방식에 의한 담보와 대비하여 양도방식에 의한 담보를 다르게 취급하는 것은 부당하다(게다가 영국법 CSA와 뉴욕주법 CSA는 경제적 효과 면에서 실질적인 차이가 없다는 점을 고려하면 더욱 그러하다).

양도방식의 담보 중 현금담보는 우리 민법상으로는 보증금과 유사한 개념의 거래 내지는 일종의 소비임치 또는 소비대차계약에 상계약정을 부가한 계약관계라고 할 수 있을 것이다. 이러한 거래는 민법상의 담보권에 해당하지는 않겠으나, 소유권을 완전히 이전한다는 점에서 양도담보보다 강력한 담보적 효력을 가지는 거래 형태이다. i) 법 제120조 제3항 제4호의 법문상 적격금융거래의 하나로서 '담보권의 설정 · 처분 · 실행'이 아닌 '담보의 제공 · 처분 · 충당'이라는 용어를 사용하고 있다는 점, ii) 법 제 120조 제1항 및 제2항에서는 "증거금 등

되거나 파산이 선고되더라도 법 제120조 제3항이 없더라도 그 회생절차나 파산절차로 인하여 보증인에 대한 권리나 제3자가 제공한 물적 담보에 영향을 주지 않는다(법 제250조 제2항, 제567조). 적격금융거래의 당사자에 대하여는 회생절차가 개시되거나 파산이 선고되지 않은 상태에서 물적 담보를 제공한 제3자, 즉 물상보증인에 대하여 회생절차가 개시되거나 파산이 선고된 경우, 이러한 물상보증인을 적격금융거래의 당사자라고 볼 수는 없으므로 물상보증인에 대한 회생절차나 파산절차에서 법 제120조 제3항을 적용 또는 준용할 것은 아니라고 보아야 한다. 물상보증인에 대한 회생절차 또는 파산절차에서 제120조 제3항이 적용 또는 준용되지 않더라도, 채권자는 물상보증인에 대한 회생절차 또는 파산절차에서 회생담보권 또는 별제권을 가지게 될 것이다. 물상보증인에 대한 회생절차의 개시 또는 파산의 선고 등은 피담보채무의 발생원인이 되는 적격금융거래의 중도해지 사유가 되도록 계약을 체결된 경우가 대부분일 것이고 이러한 경우에는 채권자가 가지는 회생담보권 또는 별제권은 그 적격금융거래의 종료 및 정산 후 남는 단일의 잔액채권을 피담보채권으로 하는 권리가 될 것이다.

담보의 제공 · 처분 · 충당" 또는 "증거금 그 밖의 담보의 제공 · 처분 · 충당"이라고 규정하여 현금담보의 대표적 예인 증거금을 담보의 한 유형으로 파악하고 있는 점[64] 및 iii) 증거금 등 현금담보는 현금의 소유권을 이전하는 것으로 우리 민법상의 담보권의 설정에 해당하지는 않지만, 현실적으로 실질적으로 담보의 기능을 한다는 점[65] 등을 고려한다면, 양도방식의 현금담보 역시 제120조 제3항 제4호의 담보에 포함된다고 보는 것이 합리적이다.

한편 유가증권의 소유권을 이전하는 방식(양도방식)의 담보거래에 관하여도 양도담보나 질권을 설정하는 방식으로 유가증권을 제공하는 경우에는 담보에 해당되고, 동일한 유가증권을 양도방식으로 제공하면 담보에 해당되지 않는다고 보는 것은 균형이 맞지 않는 결과가 된다. 따라서 현금이 아닌 유가증권의 소유권을 이전하고 변제기에 채무가 이행되면(또는 파생금융거래의 시장가치가 변동하여 담보제공의 필요성이 없어지거나 줄어들면) 동종의 유가증권으로 반환하고, 채무불이행이 발생하면 그 유가증권의 가액만큼 채무에 충당하기로 하는 약정을 한 경우에도 제120조 제3항의 담보로 취급하여야 할 것이다.[66] · [67] · [68]

64) 제120조 제1항(지급결제제도에 관한) 및 제2항(청산결제제도에 관한)은 "증거금 등 그 밖의 담보의 제공 · 처분 · 충당…에 관하여는 이 법의 규정에 불구하고…그 지급결제제도(청산결제제도)를 운영하는 자가 정한 바에 따라 효력이 발생하며 해제 · 해지 · 취소 및 부인의 대상이 되지 아니한다"라고 규정하고 있으므로, 제120조 제3항의 담보 역시 제1항 및 제2항의 담보와 동일한 의미를 가지는 것이고, 제3항의 담보에는 지급결제은행 또는 증권선물거래소에 제공되는 증거금과 같은 성질을 가진 담보가 포함된다고 해석하여야 일관성이 있다.

65) 현금담보는 국내거래에서도 현금증거금이라는 형태로 이미 이용되고 있다(증권업감독규정 제5-67조, 제5-69조 제1항 제2호 및 증권업협회 유가증권대차거래약관 제5조 제2항 제2호).

(5) 적격금융거래에 수반되는 담보의 처분 및 충당

제120조 제3항 제4호는 "제1호 내지 제3호의 거래에 수반되는 담보의 제공, 처분 및 충당"을 적격금융거래의 하나로 열거하고 있다. 통상 거래라고 함은 둘 또는 그 이상의 당사자 간에 새로운 계약관계를 형성함을 이야기하는 것이지 어느 한 당사자의 일방적 행위를 포함하지는 않는다. 담보의 처분시 처분하는 담보권자와 그 담보물을 취득하는 자 사이에는 거래가 형성되겠으나, 담보제공자와 담보권자 간에서는 담보권자가 가지고 있는 권리의 행사로서 담보제공자와 담보권자

66) 양도방식의 담보구조를 취하는 영국법 CSA에 의하면, 양도인은 적격담보물(the Eligible Credit Support)에 대한 소유권을 양수인에게 완전히 이전하도록 되어 있고, 이에 따라 양수인은 적격담보물의 처분에 관한 절대적 권한은 가진다〔제5조 (a)항〕.
나아가 위 영국법 CSA의 제5조 (b)항은 당사자들은 담보권을 설정할 의도가 아님을 명시적으로 규정하고 있다. 우리 법상 양도담보에서는 담보물에 대한 소유권은 담보권자에게 담보목적으로 이전되지만, 채무자가 피담보채무를 전부 변제하면 담보물의 소유권은 채무자에게 회복되고 채무불이행이 발생하지 않는 한 담보권자는 담보물을 처분할 수 없다. 이러한 우리 법상 양도담보와 영국법 CSA상의 양도방식의 담보 간에는 차이가 있음을 고려할 때, 영국법 CSA상의 유가증권의 양도가 우리 법상 (회생절차상 담보권으로 취급되는) 양도담보에 해당하는 것으로 인정될지는 의문이지만, 양도담보로 인정되는지 여부에 관계없이 제120조 제3항 제4호의 담보에는 포함된다고 보는 것이 합리적이다.

67) 참고로 일본의 '금융기관 등이 행하는 특정금융거래의 일괄청산에 관한 법률시행규칙' 제1조 제1호는 "담보의 목적으로 행하는 금전 또는 유가증권의 대차 또는 임치"를 담보거래로 정의하고, 제1호 이하에서는 '금융기관 등이 행하는 특정금융거래의 일괄청산에 관한 법률'의 적용대상이 되는 특정금융거래를 열거하면서, 그 담보거래를 담보대상이 되는 거래와 아울러 특정금융거래의 하나로 각각 포함시켜 금전 또는 유가증권의 대차 또는 임치를 담보로 인식하고 있다.

68) 서울중앙지방법원 파산부 실무연구회, 앞의 책, 160면도 같은 취지에서 "여기서 말하는 '담보'라 함은 반드시 우리나라가 민법에 의하여 인정하는 담보물권의 목적물에 한하지 아니하고 담보적 기능을 하는 것이라면 소유권이전방식에 의한 증거금, 유가증권담보도 포함된다"라고 하고 있다.

간의 새로운 거래라고 할 수는 없을 것이다. 담보 처분 후의 충당도 마찬가지로 담보제공자와 담보권자 간의 거래라고는 할 수 없을 것이다. 이와 같이 통상의 의미의 거래에 속하지 않는 행위를 적격금융거래의 범주에 넣은 것이 과연 논리적으로 타당한 입법인지 의문이 있을 뿐 아니라 실제 도산절차(특히 회생절차)상 적격금융거래에 속하는 담보의 처분 및 충당을 어떻게 취급할 것인지에 대하여 논란이 야기될 수 있다.

제120조 제3항에 의하면, 적격금융거래를 담보하기 위해 제공된 담보의 처분은 중지명령 또는 포괄적 금지명령의 대상이 되지 않으므로, 회생절차에 관하여 회생절차 개시 이전에 중지명령 및 포괄적 금지명령이 있더라도 담보의 처분이 허용된다는 점에 대하여는 의문의 여지가 없다. 그런데 법 제58조는 법원의 회생절차개시결정이 있으면 담보의 처분을 포함한 채권자의 모든 개별집행이 금지되도록 규정하고 있고, 회생담보권자로서 회생절차 내에서 권리행사가 인정될 뿐 회생절차 외에서의 변제 등 채권소멸행위는 원칙적으로 금지되나(법 제131조, 제141조 제2항), 적격금융거래에 관하여 제공된 담보의 처분에 관하여는 아무런 규정을 두고 있지 않아서 회생절차 개시결정 이후 담보의 처분(환가)을 통한 채권의 만족이 허용될 것인지에 관하여는 논란의 여지가 있다.[69)]

우선 두 가지 담보제공방식 중 양도방식에 있어서는 앞서 살핀 바와 같이 i) 양도방식의 담보제공은 법 제120조 제3항 제4호의 적격금융거래에 해당하는 것이고, ii) 기본계약상 양도방식에 있어서는 담보

69) "좌담회 : 파생상품거래와 국내법상 합성증권화의가능성," BFL 제14호(2005. 11), 28-31면.

제공자의 채무불이행사유 등이 발생한 경우 담보취득자의 담보제공자에 대한 기본계약상의 모든 채권과 담보제공자에 대한 기본계약상의 모든 채무(등가대체물 반환채무 포함) 사이의 일괄정산이 이루어지도록 하고 있을 것이므로, 법 제120조 제3항의 "적격금융거래의 종료 및 정산은 채무자회생 및 파산에 관한 법률의 규정에 불구하고, 기본계약에서 정한 바에 따라 효력이 발생한다"라는 규정에 따라 일괄정산의 효력이 인정된다. 즉 양도방식의 경우에는 회생절차 개시결정 이후의 '담보의 처분' 또는 '담보(권)의 실행'이 아닌 '적격금융거래의 정산'을 통하여 채권의 만족을 얻는다는 점에서 채무자회생 및 파산에 관한 법률의 규정, 특히 법 제58조 및 법 제141조 제2항, 제131조 등에 불구하고 법 제120조 제3항에 따라 효력이 인정된다.[70)]

담보권설정방식에 있어서는 일괄정산 후 남는 단일의 잔액채권을 담보하기 위하여 담보가 제공되고, 채무불이행 사유 발생시 담보의 처분 및 충당이 전제되어 있다는 점에서 양도방식의 경우와는 달리 논란의 여지가 있다. 즉 i) 담보취득자에게 담보권을 설정하여 준 점에서 담보취득자에게 소유권 이전이 이루어지는 양도방식과는 차이가 있고, ii) 담보의 처분 및 충당은 실질상 담보권에 기한 채무자 재산에 대한 사적 집행에 해당한다고 보아 '회생담보권에 기한 강제집행'을

70) 서울중앙지방법원 파산부 실무연구회, 앞의 책, 제160면은 법 제120조 제3항 제4호의 담보에 양도방식의 담보가 포함된다고 하면서도, 아래에서 보는 바와 같이 "회생절차 개시 후에도 담보물의 환가처분하는 것은 허용되지 아니한다"라고 하고 있으나, 양도방식의 담보의 경우에는 일괄정산 이외에 별도로 담보의 처분 및 충당이 이루어지지 않는 것이라는 점을 고려할 때, 회생절차 개시결정 이후 담보권설정방식으로 제공된 담보의 처분 및 충당이 허용되지 않는다는 취지로 이해되고, 회생절차 개시결정 이후 양도방식에 의한 담보에 관한 일괄정산까지도 허용되지 않는다는 취지는 아닌 것으로 이해된다.

금지하는 법 제58조 제1항 제2호 및 회생계획에 규정한 바에 따르지 아니한 변제 등 채권소멸행위를 금지하고 있는 법 제13조 등의 취지에 비추어 회생절차 개시결정 이후 담보의 처분 및 충당은 허용되지 않는다는 주장이 있다.[71]

이에 반하여 i) 현실적으로 양도방식 또는 담보권설정방식 중의 선택은 해당 담보물의 소재지 법률 및 관련 규제 등 당해 거래 외적인 사정에 의하여 좌우되는 경우가 많고, 앞서 살핀 바와 같이 두 가지 방식은 법적 형식에 차이에도 불구하고 경제적 효과는 거의 동일하다는 점 및, ii) 회생절차상 실체법상 권리를 존중하여 채권자들을 취급할 때 양도방식의 담보권자와 담보권 설정방식의 담보권자 사이에 우열을 두어야 할 만한 실질적 차이가 없다는 점 등에 비추어 담보권 설정방식의 경우에도 회생절차 개시결정 이후의 담보의 처분 및 충당을 통한 채권의 만족을 허용하여야 한다는 주장 또한 있을 수 있고, 후자의 주장이 파생금융거래 등 적격금융거래의 실정을 더 잘 반영하는 면이 있다.[72]

---

71) 서울중앙지방법원 파산부 실무연구회, 앞의 책, 160면 ; 임치용, 앞의 논문, 108면 ; 임치용, 앞의 책, 206-207면은 "입법취지가 다른 채권자들의 희생 하에 적격금융거래상의 채권자를 우대하는 것이므로 가급적 제120조 제3항을 엄격하게 해석할 필요가 있다. 따라서 담보권을 행사한다고 하는 것은 당초 적격금융거래를 시작하면서 일괄정산시에 사용할 담보물을 자동종료시점을 기준으로 환가정산한다는 것으로 한정적으로 해석하여야 한다"라고 하면서, "회생절차 개시 후에도 담보물을 환가처분한다는 하는 것은 허용되지 아니한다. 이를 허용하면 개별집행금지에 어긋나게 되기 때문이다"라고 해석하고 있다.

72) 오수근, 앞의 논문, 31면은 "신도산법은 종료방법이나 정산시점까지 일률적으로 규정하지는 않았다. 따라서 당사자 간에 정한 대로 종료 및 정산이 이루어지게 된다.… 담보의 처분 및 충당은 독립된 행위가 아니고 넓은 의미의 결제의 일부로서 이루어지는 것이므로 도산절차의 개시와 동시에 결제가 시작된 이상 그 후에 담보의 처분이나 충당이 있더라도 당사자가 정한 바에 따라 효력이 발생된다고 본다"라고 하여 당사자 간에 도산절차 개시 이전에 체결한 약정에서 정한 바 있다

위와 같은 논란은 기본적으로 회생절차상 일반채권자와 달리 적격금융거래, 특히 담보거래에서의 채권자를 어느 정도까지 특별하게 취급하여야 하는가 하는 측면의 문제로서, 이에 관하여는 앞으로 더욱 심층적인 연구 및 검토가 이루어져야 할 것으로 생각된다.

위에서는 회생절차상의 담보의 처분 및 충당에 대하여만 언급하였으나, 파산절차상 별제권의 행사에 대한 제한(법 제497조 제498조 등)과 관련하여서도 유사한 논란이 있을 수 있고 제120조 제3항을 근거로 이러한 별제권자의 처분기간에 대한 제한이나 파산관재인의 목적물 환가 권한 등에 대한 조항의 적용이 배제된다고 볼 수 있을지는 의문이다.

한편 담보제공방식 여하에 불문하고 당해 적격금융거래에 관련된 기존의 채권(예컨대 일괄정산 및 담보의 처분 · 충당 등을 거친 후에도 완제되지 않은 채권)은 회생절차상 회생채권으로 취급되어야 할 것이므로, 이러한 회생채권을 피담보채권으로 하여 회생절차 개시 후 새로이 담보를 제공하는 것은 회생절차 개시결정에 따른 효과로서 당연히 금지되어야 하는 것이다.

V. 맺음말

법 제120조는 우리나라의 금융거래와 금융시장의 성장을 반영한 시의 적절한 입법이나, 위에서 본 바와 같이 해석상의 의문점 몇 가지

면, 도산절차의 개시 이후 그 당사자들이 정한 바에 따라 담보를 처분하여 단일의 잔액 채권의 변제에 충당하는 것도 그 효력이 있다고 하고 있다.

를 내포하고 있다. 법 제120조는 금융시장의 발전과 금융거래의 안정성 확보 및 금융거래 당사자의 예측 가능성 제고의 차원에서 해석 적용되어야 하고, 특히 법 제120조 제3항의 경우에는 적격금융거래 및 담보거래의 구조가 국제적으로 발전하고 있음을 감안하여 해석 적용될 필요가 있다. 또한 지급결제제도와 청산결제제도에 관한 특칙을 정하고 있는 법 제120조 제1항 및 제2항에는 입법적으로 해결하여야 할 문제들이 남아 있다.

제11장 국제금융과 국제도산법에 관한 소고*

—실무상의 문제점 분석을 중심으로—

한 민**

11

I. 머리말

도산법제는 채무자가 재정 파탄에 빠져 도산절차에 들어가는 경우 채권자의 권리가 어떠한 제약하에서 어떻게 행사될 수 있을 것인지를 예측하고 그에 따라 채권자가 부담하는 위험의 정도를 가늠할 수 있게 해준다. 특히 국가 간 자금 이동을 수반하는 국제금융과 관련하여

---

* 이 글은 서울대학교 금융법센터의 BFL 제27호(2008. 1)와 제28호(2008. 3)에 나누어 실린 글을 다소 보완하여 통합한 것이다. 이 글의 초고 단계에서 주제 전반에 관하여 상세한 코멘트를 주신 서울대학교 법과대학의 박 준 교수님께 감사드린다. 또한 이 글의 주요 논점에 관하여 고견을 주신 이화여자대학교 법과대학의 오수근 교수님, 서울대학교 법과대학의 석광현 교수님, 임치용 변호사님께도 감사드린다. 물론 이 글에 제시된 사견은 필자 개인의 견해이며, 이 글의 내용에 잘못이 있다면 이는 전적으로 필자의 책임이다.

** 김 · 장법률사무소 변호사

서 본다면, 채무자 국가에서의 도산절차의 제도적 틀과 운용이 국제적으로 보편화된 기준에 부합되고 그에 대한 예측 가능성이 높은 경우, 채무자는 보다 용이하게 그리고 보다 낮은 비용으로 국제금융시장에서 자금을 조달할 수 있게 된다. 따라서 어느 국가가 선진화된 도산법제를 갖추고 있는가는 곧 그 국가의 기업들이 얼마나 용이하게 국제금융시장에 접근할 수 있는지에 영향을 주게 되는 것이고, 이는 기업의 국제 경쟁력과도 직결되는 문제라고 할 수 있다. 이러한 점에서 채무자 회생 및 파산에 관한 법률(이하 '통합도산법' 또는 '법')이 도산절차법 측면에서 과거의 엄격한 속지주의를 버리고 국제적 추세에 맞추어 소위 수정된 보편주의를 지향하고, 도산실체법 영역에서도 이미 국제적으로 널리 수용되어 있던 파생금융거래에서의 일괄정산(close-out netting)의 유효성을 명시적으로 인정하는 특례규정을 신설한 것은 우리 도산법제 국제화의 기틀을 마련한 것으로서 높이 평가되어야 한다.[1] 이하에서는 다양한 유형의 국제금융거래를 구성하는 기본적인 금융수단이 되는 신디케이트 대출, 사채발행, 리스(lease), 후순위약정 등의 거래에서 실무상 문제될 수 있는 주요 도산법 문제들에 관하여 사례 중심으로 검토하면서[2] 현행 도산법제 및 그 운용에서 해석상 명확

1) 그러나 2005년 12월 31일자로 실효된 구기업구조조정촉진에 관한 법률의 내용과 거의 동일한 내용으로 2007일 8월 3일 기업구조조정촉진에 관한 법률(이하 '기업구조조정촉진법')이 다시 제정되어 2007년 11월 4일 발효되었는바, 동법이 파생금융거래의 일괄정산에 관하여 아무런 규정을 두지 아니한 것은 파생금융거래에 대한 도산법상의 취급에 대하여 법적 안정성을 부여한 통합도산법의 성과를 반감시키는 것으로 매우 아쉽게 생각되는 대목이다. 통합도산법의 규정과 일관되게 파생금융거래의 일괄정산을 명시적으로 인정하는 내용으로 기업구조조정촉진법이 시급히 개정될 것을 기대해 본다.

2) 파생금융거래의 도산법상 취급에 관하여는, 박 준/홍선경/김장호, "채무자회생 및 파산에 관한 법률 제120조의 해석 — 지급결제제도, 청산결제제도 및 적격금융거래에 대한 특칙의 적용범위," BFL 제22호(2007. 3), 서울대학교 금융법센터 ; 오수근, "도산절차와

하지 아니한 점이나 개선되어야 할 점을 짚어 보기로 하며(아래 II장), 국제금융과 관련하여 특히 중요하다고 할 수 있는 국제도산에서의 배당조정에 관한 통합도산법의 신설 규정과 관련하여 해석상 논란이 있을 수 있는 점에 관하여 살펴보기로 한다(아래 III장).

II. 주요 국제금융 거래에서의 도산법 문제

1. 국제 신디케이트 대출에서의 균등분배(pro-rata sharing)

국제 신디케이트 대출의 경우 대출원리금은 대출은행들의 대리인인 대리은행(agent)에 지급되어 대출금의 비율에 따라 대출은행들에게 분배되는 것을 원칙으로 한다. 그러나 신디케이트 대출의 대출계약서에서는 대출은행들이 개별적으로 채권을 회수하는 경우에 대비하여 대출은행단을 구성하는 어느 한 대출은행이 차입자로부터 개별적으로 채권을 회수하는 때에는 동 회수금을 모든 대출은행이 잔존 채권액에 비례하여 나누어 갖기로 하는 소위 균등분배에 관한 약정을 거의 예외 없이 포함하고 있다. 일반적으로 이러한 균등분배의 방법으로는, 회수한 대출금을 다른 대출은행들에게 분배하는 대출은행이 다른 대출은행들로부터 분배금액에 상당하는 대출채권을 매입하는 방법을 취한다. 위 균등분배의 대상이 되는 대출채권의 변제유형으로는

결제제도 — 신도산법 제120조 해석론," 증권예탁 제62호(2007년 2분기, 2007. 8), 증권예탁결제원 ; 임치용, 파산법연구 2, 박영사, 2006, 183-194 · 198-208면 등에서 상세히 논의하고 있으므로 이 글에서는 논의를 생략하기로 한다.

대체로 상계 · 담보권의 실행과 임의변제가 포함되나, 당사자 간의 협상 여하에 따라 이보다 적용 대상을 넓게 정하는 경우도 있고 개별적인 소송 제기에 의한 회수나 개별적으로 따로 받은 담보로부터의 회수 등을 적용 대상에서 제외시키는 경우도 있다. 균등분배 약정의 적용 대상과 관련하여 아래와 같은 점에 유의할 필요가 있다.

(1) 상계의 반복에 의한 균등분배(double dipping)

신디케이트 대출의 대출원금 총액이 100이고, 대출은행단에 외국은행의 해외 지점인 A(대출원금 20)와 B(대출원금 20), 국내 은행의 본점 C(대출원금 40) 및 외국 은행의 국내 지점 D(대출원금 20)가 참여하고 있고 대출계약서의 준거법은 영국법이라고 하자. 이 사안에서 차입자가 국내 은행 C에 보통예금(100)을 예치하고 있는데, 차입자가 지급정지 상태에 빠지게 되어 대출원리금의 기한의 이익이 상실되었고 이에 따라 C가 그의 대출채권 40 전액과 예금채무 중 40을 상계하였다. 상계에 의한 회수가 위 균등분배약정의 적용 대상에 포함되어 있다면, C는 회수한 채권액 40 중 자기 몫인 16을 초과하는 나머지 24를 다른 대출은행들에게 대출금비율에 따라 분배하고 그 대가로 다른 대출은행들로부터 대출채권(합계 24)을 새로이 매입하게 되므로 상계 및 분배 후의 잔존 대출채권은 A(12), B(12), C(24) 및 D(12)가 된다. 이 경우, C는 새로 취득한 대출채권(24)과 예금채무 잔액을 대등액에서 거듭 상계할 수 있고, C는 상계에 의해 회수한 금액 중 자기 몫을 초과하는 금액을 다시 다른 대출은행들에게 분배하고 그들로부터 대출채권을 취득하게 된다. 이러한 방식으로 상계 및 분배를 계속하면 차입자의 예금을 보유하고 있는 C의 경우, 사실상 자행예금이 무한정 다른 대출은행들을 위한 공동담보재산이 된다.[3)] 따라서 이를 피하려면 C로서는 상계에 의한 변제를 균등분배 대상에서 제외하든지, 아니면 위와 같이 두 번째로 하는 상계에 관하여는 균등분배를 하지 않는 것으로 정하는 방안을 고려해 보아야 한다. 그런데 위 사안에서 두 번째부터의 상계는, 차입자가 이미 지급정지 상태에 빠진 후에 비로소 C가 다른 대주들로부터 취득한 대출채권을 자동채권으로 하여 C의 예금반환채무와 상계한 것이므로 차입자에 대하여 회생절차나 파산절차가 개시되는 경우 상계가 무효가 될 수 있음에 유의하여야 한다(법 제145조 제4호 및 제422조 제4호). 신디케이트 대출계약서에서는 위 균등분배와 관련하여 상계 · 임의변제 등에 의한 어느 대출은행의 채권회수가 무효로 되는 경우, 그 대출은행은 균등분배 과정에서 취득한 대출채권을 다른 대출은행들에게 반환하고 분배한 변제금을 반환받을 수 있는 것으로 정하고 있다. 그런데 위 사례에서 만일 차입자가 외국 은행 A에 준거법이 외국법인 예금계약에 따라 예금을 예치하고 있다고 하더라도, 국내 도산절차에서의 상계의 허용범위 내지는 상계의 효력에 대한 제한에 관하여는 예금채권에 대한 준거법이 아니라 도산법정지법인 우리 통합도산법이 적용된다〔상계의 효력에 관한 준거법 문제에 관하여는 아래 II. 2. (3)에서의 논의 참조〕.[4)]

---

3) Philip R. Wood, International Loans, Bonds and Securities Regulation (Sweet & Maxwell, 1995), 97면 ; 西村ときわ法律事務所(編), 新しいファイナンス手法, 金融財政事情研究會, 2006, 143면에서도 이러한 문제점을 지적하고 있다.

4) 도산국제사법(도산저촉법)에 관하여는, i) 도산실체법에 속하는 사항으로서 도산절차에 내재하는 구성요건에 의하여 발생하고 나아가 도산절차의 목적에 봉사하는 '도산전형적인 법률효과' 또는 ii) 실체적 사항 중 총 채권자의 평등, 공평한 만족 내지 도산적 사법질서의 유지라고 하는 도산제도의 목적을 실현하기 위하여 도산법이 특별히 규율하고 있는 사항은 도산개시국의 공서 또는 국제적 강행법규로서 법정지법의 규율을 받는다고 한다. 석광현, 국제사법과 국제소송 제3권, 박영사, 2004, 562-563면.

(2) 기업구조조정절차와 외국 채권자에 대한 변제

만일 위 사례에서 차입자에 대하여 기업구조조정촉진법에 의한 채권금융기관 공동관리가 개시되어 동법에 따라 국내 금융기관들의 차입자에 대한 채권행사가 유예되고 있는 상태에서,[5] 동 절차가 적용되지 아니하는 외국 은행인 A 및 B가 차입자로부터 대출원리금을 임의 변제 받았다면, 국내 은행 C 및 D는 위 균등분배약정에 따라 A 및 B에게 자기 몫을 분배해 줄 것을 청구할 수 있을까? 통상적 신디케이트 대출에서는 대출약정상 차입자와 각 대출은행 사이에 개별적인 대출약정이 병존하므로[6] 차주에 대하여 위 기업구조조정절차가 개시되더라도 위 사례에서 외국 은행인 A 및 B의 대출채권행사는 유예되지 않는다고 본다. 그런데 만약 균등분배규정이 적용된다면, A와 B는 C 및 D로부터 각자의 몫의 분배금액에 상당하는 금액의 대출채권을 양도받아야 하는데, 기업구조조정촉진법상 국내 은행인 C 및 D가 갖고 있는 채권을 외국 은행인 A 및 B에게 양도하기 위해서는 A와 B가 기업구조조정촉진법의 규정을 따르기로 하는 내용의 확약서가 채권금융

5) 새로 제정된 기업구조조정촉진법은 구법과 마찬가지로 채권금융기관 공동관리절차를 개시하기 위하여 소집된 채권금융기관협의회에서 채권행사의 유예결의를 하여 유예기간이 개시된 때에는 채권금융기관들의 채무자에 대한 채권행사가 유예되고(동법 제8조 및 제9조 제1항), 동 협의회의 의결에 따라 채권재조정, 신규신용공여 등을 하게 된다(동법 제12조 제1항). 채권금융기관이 외국 법인인 경우, 외국 법인의 본점 또는 해외 지점은 동법의 적용을 받지 아니하나 외국 법인의 국내 지점은 채권금융기관에 포함되어 동법의 적용을 받는다(동법 제2조).

6) 대법원 2001. 12. 24. 선고 2001다30469 판결 참조. 석광현, 앞의 책, 558면은 위 대법원 판결은 문제된 사안에서 신디케이트 대출계약상 하나의 계약 안에 개별 대출은행과 차입자 간의 복수의 개별적 대출약정이 병존하는 것으로 이해하고 파산한 대출은행과 차입자 간의 대출약정만의 해제가 가능하다고 본 것인데, 그러한 결론은 타당하다고 분석하고 있다.

기관협의회에 제출되어야 한다(동법 제19조 제4항). 이러한 확약서가 제출된 경우, A와 B가 C 및 D로부터 양수받은 채권의 행사는 기업구조조정촉진법의 적용을 받고 채권금융기관협의회의 의결에 따라 채권변제조건의 조정(출자전환 포함)을 받게 되며, A와 B는 신규대출의무를 질 여지도 있다. 이것은 기업구조조정촉진법이 적용되지 않는 A와 B에 대하여는 불합리한 결과가 된다. 위 사례에서 균등분배규정이 적용되는지의 문제는 대출계약의 준거법인 영국법에 따라 해석될 문제이다. 만일 대출계약의 준거법이 우리나라 법이라면 어떻게 해석될까? 사견으로는 기업구조조정촉진법에 의한 C · D의 채권에 대한 위 제한은 그 성격상 C · D가 국내 채권자이기 때문에 생긴 제한, 즉 채권자의 성격이나 지위에 따른 제한이라고 보아야 하므로 A와 B가 C · D에 특유한 위 제한까지 부담하면서 균등분배를 할 의무가 있다고 보기는 어렵지 않을까 생각된다. 이는 결국 균등분배약정의 해석 문제로 귀착되므로 균등분배약정에서 이 점을 명확히 해두는 것이 바람직하다.

2. 해외발행사채의 사채권자 확정 문제

국내 회사가 해외에서 사채를 발행하는 경우, 일반적으로 사채권은 포괄사채권(global bond)으로 발행되어 유로클리어(Euroclear, 벨기에) · 클리어스트림 뱅킹(Clearstream Banking, 룩셈부르크) · 디포지토리 트러스트 컴퍼니(Depository Trust Company, 미국) 등 국제결제기관이 지정한 보관기관이 보관하고, 위 결제기관에 개설된 계좌를 통해 계좌이체방식으로 사채가 양도된다. 이와 같은 방법으로 해외에서 사채를 발행한 회사에 대하여 국내에서 회생절차 또는 파산절차가 개시되는 경우, 실무상 사채권자가 누구인지, 즉 누구를 사채권자로 하여 채권신고 등을 하여야 하는지의 문제에 부딪힌다. 다음에서는 사채권자들을 위한 수탁회사(trustee)가 선임된 경우와 그렇지 아니한 경우로 나누어 살펴보기로 한다.

(1) 수탁회사가 선임된 경우

해외발행사채에 있어서 사채권자들을 위한 수탁회사가 선임되어 있는 경우에는 신탁증서(trust deed 또는 indenture)에서 수탁회사가 사채권자들을 위하여 도산절차에서 채권신고를 하는 것을 수권하고 있는 것이 일반적이고,[7] 실무상으로도 수탁회사가 선임되어 있는 경우에는 통상 수탁회사의 명의로 채권신고를 하고 있다.[8] 그런데 이와 같이 사채권자들을 위한 수탁회사가 있는 경우, 사채권자가 개별적으로 채권신고를 하는 것이 허용되는지의 문제가 있다. 이 점에 관하여 우리나라에서는 아직 논의가 별로 없는 것으로 보인다. 사채권자가 개별적으로 채권신고를 하고자 하는 이유는 주로 사채권자가 채무자에 대하

7) 미국에서 발행되는 사채의 경우 대부분의 신탁증서에서 수탁회사가 사채권자들을 위하여 채권신고를 하는 것을 수권하고 있다고 하며, 미국 연방파산법은 수탁회사가 관련 신탁증서에 정하여진 대로 모든 사채권자를 위하여 채권신고를 하는 것을 허용하고 있다고 한다. James L. Bromley · Joseph Lamport · Sean A. O'Neal/한민(역), "미국 파산절차에 있어서의 전환사채, 신주인수권증권 및 교환사채 권리의 행사," 민사판례연구(XXVIII), 박영사, 2006, 1077면.

8) 국내 실무에서는 수탁회사가 채권신고를 하였음에도 불구하고 개별 사채권자가 중복하여 채권신고를 한 경우 관리인 또는 파산관재인이 개별 사채권자들의 신고를 부인한 사례들이 있고, 예외적인 경우이기는 하나 파산절차에서 파산관재인이 개별 사채권자들이 한 신고를 시인하고 그와 중복되는 수탁회사의 채권신고를 부인하였다가 나중에 배당단계에서 중복변제가 일어나지 않도록 당사자 간 합의를 통하여 파산채권자를 확정한 사례도 보인다.

여 부담하고 있는 채무와 상계하기 위한 목적이거나 사채권자가 포괄담보권을 갖고 있고 사채원리금채권이 피담보채무에 포함될 수 있는 경우에 도산절차에서 담보부채권으로 채권을 행사하기 위한 목적일 수도 있다. 사채권자의 개별적 채권신고가 허용될 것인지는 신탁증서 등 관련 계약과 그 준거법에 의하여 사채권자의 개별적인 권리행사가 허용되는지 여부에 따라 결정될 문제인 것으로 생각된다.[9] 사채권자가 개별적으로 권리를 행사하는 것이 허용된다고 하는 경우에도 위 결제기관에 개설된 계좌를 통하여 계좌이체방식으로 사채의 양도가 이루어지는 경우, 아래 (2)에서 논의하는 바와 같이 어느 나라의 법을 준거법으로 하여 사채권자를 정할 것인지의 문제가 제기된다.

(2) 수탁회사가 선임되지 아니한 경우

사채권자들을 위한 수탁회사가 선임되어 있지 아니한 경우에 사채권자들은 개별적으로 사채원리금채권을 행사하여야 하므로 회생절차나 파산절차에서의 채권신고도 사채권자들이 개별적으로 하여야 한다. 예컨대 국내 회사 K가 사채권자들을 위한 수탁회사를 두지 아니하고 사채를 해외에서 발행하여 포괄사채권을 국제결제기관인 벨기에의 유로클리어의 보관기관에 보관하고 유로클리어의 계좌를 통하

9) 미국 연방파산법상으로는 개개의 사채권자가 채권을 개별적으로 신고하는 것을 금지하지 않고 있다고 하며, 실제로 사채권자들은 빈번히 그들 자신의 채권을 신고하고 있다고 한다. 개개의 사채권자는 그가 채무자에 대하여 부담하는 채무에 대하여 상계할 수 있는 권리를 보전하기 위하여 채권신고를 하는 것을 고려할 수 있는데, 사채가 포괄사채권으로 발행되어 중개기관을 통해 간접적으로 보유되고 있는 경우에는 상계권의 행사에 관하여 법적으로 불확실한 점이 생긴다고 한다. 위 James L. Bromley · Joseph Lamport · Sean A. O'Neal/한민(역), 앞의 논문, 1077면 참조.

여 사채의 양도가 이루어지고 있는데, 외국의 투자자인 A사가 그의 거래처인 증권회사 B를 통하여 아래와 같은 방법으로 사채를 매입하였다고 하자. B사는 유로클리어에 계좌를 갖고 있지 아니한 관계로 유로클리어에 계좌를 보유하고 있는 금융기관 C에게 주문을 냈고, 이에 따라 C는 유로클리어의 참가자인 다른 금융기관 D로부터 사채를 매입하여 이를 C명의의 유로클리어 계좌로 이체받아 B를 위하여 동 계좌에 사채를 계속 보유하고 있다. 이 경우, 사채에 관한 권리는 유로클리어 계좌의 보유자인 C→ 증권회사 B → 사채의 실질 소유자 A에 이르는 다층구조에 의하여 보유되고 있다고 할 수 있다. 이러한 다층구조에 의하여 간접보유되는 사채와 관련하여서는, i) 사채발행회사 K와의 관계에서 A · B · C 또는 포괄사채권의 보관기관 중 누가 사채권자가 되는 것인지, ii) D→C→B→A로의 사채(또는 증권계좌에 대한 권리)의 양도, 나아가 A사가 사채(보다 정확하게는 B사에 있는 A 명의의 증권계좌에 관한 A사의 권리)를 다시 양도하거나 처분(담보권의 설정 등)하는 경우에 그 양도 또는 처분에 관한 준거법은 어느 나라 법이 되는지,[10] iii) 사채권 실물의 보관기관이 도산하는 경우, 사채의 최종 보유자인 A사는 사채권에 대하여 어떠한 권리를 갖는지(예컨대 물권적 권

10) 유가증권의 부동화(immobilization)와 무권화(dematerialization 또는 decertification)에 따른 소위 간접보유증권(indirectly held securities)에 대한 담보권의 설정, 기타 처분에 관한 준거법에 관하여는 2002년 12월 헤이그국제사법회의에서 「중개기관에 보유된 유가증권에 관한 일정한 권리의 준거법에 관한 협약(Convention on the Law Applicable to Certain Rights in Respect of Securities Held with an Intermediary)」이 채택되었고, 국내에서도 종래의 PRIMA(Place of the Relevant Intermediary Approach : 관련 중개기관 소재지 접근방법) 또는 위 협약이 채택한 '변형된 PRIMA(당사자들이 계좌약정에서 명시적으로 합의한 준거법)'에 의한 준거법 결정에 관하여 활발히 연구 및 논의가 이루어지고 있다. 이에 관한 상세한 내용은, 석광현, 국제사법과 국제소송 제4권, 박영사, 2007, 277-360면 ; "특집 헤이그 유가증권협약," 국제사법연구 제11호(2005), 한국국제사법학회, 법영사, 3-163면 참조.

리를 갖는지, 아니면 채권적 권리만 갖는지)[11] 등의 문제가 주로 검토되고 있다. 이 글에서는 위 세 가지 문제 중 첫 번째 문제—즉 위 사례에서 사채발행회사인 K에 대하여 우리나라에서 회생절차 또는 파산절차가 개시되는 경우, 누가 사채권자로서 채권신고 등의 권리행사를 하여야 하는지의 문제—에 관하여만 검토하기로 한다.

기명식 사채의 경우 국제사법상 명문의 규정은 없으나 해석상 일반적으로 기명식 증권의 양도 가능성과 양도를 위하여 필요한 행위는 증권에 화체된 권리의 준거법에 의하고,[12] 증권 자체에 대한 권리의 득실 변경에 관한 준거법은 증권소재지법에 의한다고 보고 있다.[13] 따라서 기명식 사채에서 사채권자가 누구인지를 판단함에 있어서는 우선 사채의 준거법에 의하여 사채에 관한 권리를 취득하기 위한 요건을 갖추었는지를 검토하고(예컨대 사채원부에의 기재 · 사채권의 교부 등), 만일 사채의 준거법상 권리 취득을 위하여 필요한 행위의 하나로서 사채권의 교부가 필요하다면 사채권의 소재지법상 요구되는 방법에 의하여 사채권의 교부(즉 사채권에 대한 점유의 이전)가 이루어졌는지를 검토하여야 한다. 한편 우리 국제사법상 무기명증권의 경우에는 "권리의 득실 변경은 그 원인된 행위 또는 사실의 완성 당시 그 무기명증권의 소재지법에 의한다"라고 하므로 무기명사채의 사채권자는 사채권의 소재지법에 의하여 결정된다(국제사법 제21조). 이러한 법리

---

11) 이 점에 관하여는, 石黒一憲, "集中的證券決濟システムと國際倒産," 石黒一憲 외, 國際金融倒産, 經濟法令硏究會, 1995, 370-384면 참조. 이 논문에서는 무증권화(증서가 없는 증권)에 의하여 말단의 투자자(증권의 보유자)가 어떻게 보호되는가를 국제도산현상과의 관계에서 고려할 필요가 있음을 지적하면서 이에 관한 일본, 독일, 프랑스, 미국, 영국, 벨기에, 룩셈부르크 등의 법제를 소개 · 분석하고 있다.

12) 석광현, 국제사법과 국제소송 제1권, 박영사, 2002, 620면.

13) 석광현, 2001년 개정 국제사법 해설(제2판), 도서출판지산, 2003, 184 · 186-187면.

를 그대로 적용한다면, 위 포괄사채권이 기명식 사채인 경우에는 포괄사채의 준거법(양도 가능성 및 양도를 위하여 필요한 행위) 및 포괄사채권의 소재지법(증권 자체에 관한 권리)에 의하여, 무기명사채인 경우에는 포괄사채권의 소재지법에 의하여 사채권자를 판단하게 될 것이다. 이에 관한 우리 법원의 판결로는, 국내 법인이 해외에서 발행한 무기명사채가 룩셈부르크 소재 국제결제기관인 클리어스트림 뱅킹에 개설된 증권계좌를 통하여 계좌이체방식으로 양도되어 있었고, 사채의 매수인이 클리어스트림 뱅킹에 계좌를 갖고 있던 금융기관으로부터 사채를 매입한 후 매도인의 위 계좌를 통하여 사채를 보유하고 있던 사안에서, 매수인이 사채권을 취득하였는지, 즉 사채발행회사와의 관계에서 매수인이 사채권자로서 채권을 행사할 수 있는지 여부에 관해 사채권 실물의 소재지법으로서의 룩셈부르크법을 적용하여 판단한 하급심 판결 예가 있다.[14] 일본의 경우에는 소위 간접보유증권과 관련된 일본의 현행법의 해석론으로서, i) 문제로 되는 권리의 준거법상 권리가 증권에 화체되어 권리자는 증권에 의하여 권리자인 것을 보여주도록 되어 있는 경우에는 증권의 소재지법상 증권의 소유자로 인정되는 자가 권리자로 취급되어야 한다는 견해, ii) 포괄증권마저 존재하지 아니하는 경우에는 채권양도 등의 문제로 된다는 견해, iii) 분쟁의 실태를 직시하여 증권이 누구에게 귀속되는가를 둘러싸고 분쟁이 생긴 경우에는 증권의 소재지법에 의하되, 매매계약 당사자 간에 권리가 이전되었는지 여부가 다투어지는 경우에는 매매계약의 준거법에 의하여야 한다는 견해 등이 있다고 한다.[15]

14) 서울서부지방법원 2004. 12. 15. 선고 2002가합5514 판결.

15) 櫻田嘉章 · 道垣內正人(編)/森下哲郎, "間接保有證券の權利の移轉," 國際私法判例百選, 別冊ジュリスト, 제185호(2007), 有斐閣, 53면 참조. 石黑一憲, 앞의 논문(주 11),

그런데 이에 대하여는 무기명증권의 실물은 중개기관에 예탁되어 움직이지 않고 계좌이체에 의해 무기명증권에 관한 권리가 처분되는 유가증권 부동화의 경우에는 마치 동산처럼 취급된다는 무기명증권의 특성이 사장되고 우연적으로 결정되는 무기명증권 실물의 소재지는 결정적인 의미를 갖지 아니하므로 국제사법 제21조는 적용되지 않는다는 유력한 견해가 있다. 이 견해는 그 근거를 국제사법 제21조의 취지를 고려한 합리적 해석 또는 동법 제8조의 규정에서[16] 구하고 있고, 무기명증권이 부동화된 경우 무기명증권, 보다 정확하게는 계좌보유자의 권리 처분의 준거법은 계좌 보유자의 권리의 준거법 내지 계좌 소재지법이 준거법이 된다고 한다.[17] 사견으로도, 위 사례에서

385-386면에서는, i) 물(物)로서의 증권 자체의 물권적 측면에 관하여는 목적물 소재지법에 의하고, ii) 그 증권에 권리가 표창되어 있는가의 여부나 표창되어 있다면 어떠한 권리인지는 당해 권리(채권 · 물권 · 주주권 등)의 준거법에 의하며, iii) 증권의 양도 당사자 간 분쟁이 생기는 경우와 같이 실제로 증권 소재지인 국가가 당해 분쟁의 사실관계와 오히려 거리가 먼 경우(국제적인 다층구조에 의한 증권 보유의 경우에는 이에 해당할 수 있다)에는 오히려 당사자 간 계약의 준거법에 의할 필요가 있고, iv) '증서 없는 증권'의 경우에는 목적물 소재지법에 의한다는 정책적 의미가 없는 것이므로 다른 준거법(채권의 준거법 등)에 의하여야 하는바, 증서 없는 증권의 양도거래 내지는 양도 당사자 간의 분쟁에 관하여는 양도거래의 준거법을 적용하되, 발행자와 그 보유자의 관계는 채권(계약)의 준서법 또는 회사의 속인법(주식의 경우)에 의하여 처리하여야 한다고 하고 있다.

16) 국제사법 제8조 제1항은, "이 법에 의하여 지정된 준거법이 해당 법률관계와 근소한 관련이 있을 뿐이고 그 법률관계와 가장 밀접한 관련이 있는 다른 국가의 법이 명백히 존재하는 경우에는 그 다른 국가의 법에 의한다"라고 규정하고 있다. 동조 제2항은, "제1항의 규정은 당사자가 합의에 의하여 준거법을 선택하는 경우에는 이를 적용하지 아니한다"라고 정하고 있다.

17) 석광현, 앞의 책(주 13), 174-176면. 이 견해는 주로 증권계좌에 관한 권리(이를 실질적 사채권이라고 할 수 있을 것이다)의 양도 또는 기타 처분(담보권 설정)이 있는 경우 그 효력에 관한 준거법에 초점을 맞춘 것으로 보이고, 사채발행회사와의 관계에서 누가 사채권(이를 형식적 사채권이라고 할 수 있을 것이다)을 갖고 있는 것으로 볼 것인지의 문제는 직접적으로 다루고 있지는 아니한 것으로 보인다.

포괄사채권이라는 것은 원래 유통시킬 생각으로 발행한 것이 아닌데 단지 무기명식이라고 하여 자유로운 유통을 전제로 하는 무기명증권의 법리를 그대로 적용한다는 것은 지나친 형식논리이고, 사채의 투자자들은 통상 계좌이체 당시의 사채권 실물의 보관장소를 알지 못할 것이므로 위 견해와 같이 국제사법 제21조의 규정에도 불구하고 동법 제8조 제1항에 근거하여 국제결제기관에 개설된 증권계좌의 소재지법에 따라 사채권자를 판단하는 것이 타당하다고 생각된다. 또한 포괄사채권이 기명식 사채인 경우에도 사채권 자체에 대한 권리 취득(사채권의 교부 등)의 준거법은 사채권 실물의 소재지가 아니라 국제결제기관에 개설된 증권계좌의 소재지법에 의하는 것이 타당하다고 본다. 그런데 포괄사채방식에 의하여 발행되는 사채 중에는 사채원리금 지급의무의 불이행이 있거나 국제결제기관의 업무가 중단되는 때 등 일정한 경우에는 개별 사채권자들의 권리행사를 위하여 미리 정해진 기간 내에 확정사채권(definitive bond)을 발행하는 것으로 하되, 이 기간 내에 확정사채권이 발행되지 아니하는 경우에는 포괄사채는 효력을 상실하고 동시에 사채발행회사가 개별 사채권자들을 위하여 사채발행 당시에 미리 작성 · 교부한 확약증서(이를 deed of covenant 또는 deed poll이라고 한다)에 기하여 국제결제기관에 개설된 개개의 증권계좌 보유자가 사채권자로 간주되어 사채발행회사에 대하여 직접 사채에 관한 권리를 행사할 수 있도록 하는 경우가 있다. 이와 같이 포괄사채의 효력이 상실되고 확약증서에 의하여 사채에 관한 권리가 행사되는 경우, 사채발행회사와의 관계에서 사채권자가 누구인지는 어느 법에 의하여 판단할 것인가? 확약증서 및 사채에 관한 준거법에 의할 것인지, 아니면 국제결제기관에 개설된 증권계좌의 소재지법에 의하여야 하는지 그리고 당초 발행되었던 포괄사채가 기명식 사채인 경우와 무기명사채인 경우에 그 준거법의 선택이 달라져야 하는지 등의 의문이 있다. 사견으로는 사채권 실물은 더 이상 존재하지 아니하므로 확약증서 및 사채에 관한 준거법에 의하여 사채권자를 정하여야 할 것으로 생각된다.

위에서 본 바와 같이 해외발행사채가 간접 보유되고 있는 경우, 누구를 사채권자로 볼 것인지는 간단한 문제가 아니다. 이에 관한 우리 법원의 실무 예도 아직 정립되어 있지 아니하고 해당 외국법의 적용에 의한 처리 역시 사안별로 차이가 있을 수 있으므로, 채권신고 전에 관련된 외국법(사채권 실물의 소재지법, 기명식 사채의 준거법, 국제결제기관에 개설된 증권계좌의 소재지법, 중개기관 소재지법 등)에 따라 누가 사채권자로 인정되는지의 문제에 관하여 해당 국가의 변호사를 통하여 검토할 필요가 있다. 채권신고기간 내에 사채권자를 확정하기 어려운 경우에는 일단 예비적 신고방식에 의하여 사채권자로 인정될 수 있는 모든 관련 당사자 명의로 채권신고를 하여 두는 것이 바람직하다. 사견으로는 특히 회생절차의 경우, 채권신고기간 내에 채권신고가 되지 아니할 때 회생계획의 인가 확정과 동시에 채권이 실권되는 가혹한 결과가 생긴다는 점과 계좌이체에 의하여 양도되는 해외발행사채의 경우 사채권자의 확정에 있어서 법적 불확실성이 높다는 현실을 고려하여 법원의 실무상 사채권자의 확정 문제는 탄력적으로 운용하여야 한다고 생각된다. 즉 채권신고 명의인이 우리 국제사법 및 해당 외국법의 적용 결과 사채권자가 아닌 것으로 판명되는 경우에는 그후 진정한 사채권자로 인정되는 자가 기왕의 무권리자가 한 채권신고를 승계하는 것이 허용되어야 한다고 본다.[18)]

18) 박홍우, "정리채권 등의 신고 · 조사 · 확정에 있어서의 문제점," 회사정리법 · 화의법

(3) 사채원리금채권의 상계와 준거법

계좌이체방식으로 양도되는 해외발행사채에서 사채권자가 회생절차나 파산절차에서 사채원리금채권을 자동채권으로 하여 자신이 회생채무자나 파산자에 대하여 부담하는 채무와 상계하는 경우, 어느 국가의 법에 의하여 상계의 요건 및 효력이 판단되어야 할까? 상계가 성립될 수 있는지를 판단하기 위해서는 우선 앞의 (1) 및 (2)에서 논의한 내용에서와 같이 사채발행회사와의 관계에서 누가 사채권자인지를 정하여야 한다. 사채권자가 정하여지면, 그 다음으로 자동채권인 사채원리금채권과 회생채무자 또는 파산자가 가지는 수동채권 간의 상계의 요건 및 효력에 대하여 어느 법을 준거법으로 하여야 하는가의 문제가 있다. 도산절차 밖에서의 상계의 효력에 관한 국제사법상의 준거법에 관하여는 당해 채권의 준거법을 그 준거법으로 하는 것이 타당하다는 데에 대체로 견해가 일치하는 것으로 보이나, 이러한 채권준거법설은 자동채권과 수동채권의 준거법을 누적적으로 적용하여야 한다는 견해[19]와 수동채권의 준거법을 적용하여야 한다는 견해[20]로 나뉜

상의 제 문제, 법원도서관, 2000, 211면도 회사정리절차에 관하여 같은 취지의 견해를 취하고 있으며 진실한 권리자가 밝혀진 경우에는 신고명의변경절차를 거쳐야 한다고 하고 있다. 대법원 2003. 9. 26. 선고 2002다62715 판결도, "정리채권의 귀속을 둘러싸고 사전 또는 사후에라도 분쟁이 있고 그 분쟁 당사자 중 어느 일방이 이를 정리채권으로 신고하였으나, 나중에 신고하지 아니한 다른 당사자가 진정한 채권자임이 판명된 경우에는 정리회사의 관리인으로서는 정리절차의 진행과 관련하여 일단 정리채권신고를 한 자를 정리채권자로 취급하여 절차를 진행하다가 나중에 진정한 채권자가 따로 있는 것이 밝혀지면, 그때부터 종전 신고자를 배제한 채 진정한 채권자를 정리채권자로 취급하여야 하고 이와 같은 의미에서 무권리자가 한 정리채권의 신고도 유권리자에 대한 관계에서 그 효력이 인정된다"라고 판시하고 있다.

19) 김연/박정기/김인유, 국제사법(제2판), 법문사, 2006, 332-333면 ; 신창섭, 국제사법, 세창출판사, 2007, 276면. 이 견해에서는 상계는 두 개의 채권을 상호적으로 소멸시키는

다. 한편 도산절차 내에서는 상계로 인한 회생채권 또는 파산채권의 우선적 변제와 이에 따른 다른 채권자들과의 형평을 고려하여 상계의 요건, 허용범위와 효력에 관하여는 통합도산법에서 이를 따로 정하고 있다. 따라서 국제사법상 정해지는 상계의 준거법에 의해 상계의 효력이 인정되더라도 회생절차와 파산절차에 있어서의 상계의 요건, 허용범위, 효력 등에 관하여는 통합도산법의 규정들이 강행적 · 중첩적으로 적용된다고 본다.[21)]

3. 국제 리스거래

X국의 법인인 A사는 우리나라 법인인 K사에게 컨테이너를 리스(원리스 : master lease)하였고, K사는 A사의 동의를 받아 동 컨테이너를

제도이므로 두 개의 채권, 즉 자동채권과 수동채권의 각 준거법에 의해 상계의 요건을 구비하지 않으면 상계는 성립하지 않는다고 한다.

20) 大塚章男, 事例で解く國際取引訴訟, 日本評論社, 2007, 219-221면. 이 견해에서는, i) 상계라 함은 자동채권에 의하여 수동채권을 소멸하게 하는 것이고 수동채권의 변제와 마찬가지로 고찰하여야 한다는 점, ii) 상계가 문제로 되는 장면에서는 경제적 가치가 있는 수동채권이 법률관계의 중심에 있다는 점, iii) 수동채권에 관하여 채권양도나 채권질권이 이루어지는 것이 예상되고 그 사이의 우열을 판단함에 있어서 상계의 준거법과 채권양도 또는 채권질권의 준거법을 일치시켜야 한다는 점 등을 이유로 들고 있다.

21) 일본에서의 통설에 의하면, 도산절차에서의 집단적 · 일률적 처리의 관점으로부터 상계의 요건 · 허용성의 범위 · 상계의 행사방법에 관하여는 도산절차개시국법을 준거법으로 하고, 상계의 효력의 준거법에 관하여는 일반 국제사법상의 준거법에 의하는 것으로 한다. 永石一郎(編集代表), 倒産處理實務ハンドブック, 中央經濟社, 2007, 819면. 이와 관련하여, 新堂幸司 · 佐藤正謙(編著), 金融取引最先端(佐藤正謙 집필 부분), 商事法務研究會, 1996, 230면은 도산절차는 도산절차 밖에서 생성된 법률관계를 그 실체적 규정에 의하여 완전하게 대체하는 것은 아니고 어디까지나 종전의 상계에 관한 실체적 규정 위에 중첩적으로 적용되는 것이므로, 도산절차 밖에서의 상계에 관한 법률관계를 준거법에 의하여 결정하고 거기에 도산절차에 있어서 법정지법의 실체적 규정을 중첩적으로 적용하여야 한다고 설명하고 있다.

Y국의 법인인 T사에게 다시 리스(전리스 : sub-lease)해 주면서, K사가 T사에 대하여 갖는 전리스계약상의 채권을 A사에 담보로 양도하고 필요한 대항요건을 갖추었다. 원리스는 리스기간 동안 리스물건의 취득원가, 이자, 비용 등 투하자본 전액이 회수되고 리스기간의 종료시 리스물건의 소유권이 리스회사(lessor)인 A사로부터 리스이용자(lessee)인 K사로 이전되는 이른바 금융리스(finance lease)이고, 전리스는 통상의 임대차계약의 성격을 갖는 운용리스(operating lease)이며, 원리스계약 및 전리스계약의 준거법은 모두 영국법이다. K사에 대하여 우리나라에서 회생절차가 개시된 경우, A사의 K사 및 T사에 대한 권리와 K사의 T사에 대한 권리는 어떻게 취급될 것인가?

(1) 회생절차에서의 리스채권의 취급

현재 우리 법원의 실무에 의하면, 물적 금융의 성격을 갖는 금융리스의 경우에는 리스기간 동안 리스회사에 소유권이 유보되어 있는 리스물건이 실질적으로 리스료채권에 대한 담보적 기능을 하고 있으므로 회생절차 내에서는 리스채권을 회생담보권이나 이에 준하는 것으로 취급하고 있고, 금융리스계약은 미이행쌍무계약에 해당되지 않는 것으로 보고 있다.[22] 그러나 운용리스나 렌털과 같은 형태의 것들은 대부분 금융적 성격보다는 임대차적 성격이 강한 계약들이기 때문에 임대차의 경우와 같은 방법으로 실무 취급하되, 금융리스와 운용리스의 구별은 그 계약서의 제목이나 회계처리방법으로만 결정해서는 안

22) 서울중앙지방법원 파산부 실무연구회, 회생사건실무(상), 박영사, 2006, 352면. 파산절차의 경우에는 금융리스 채권은 실무상 별제권으로 취급된다. 서울지방법원 파산부 실무연구회, 법인파산실무, 박영사, 2006, 314면.

되고 그 계약내용의 실질을 검토하여 결정할 문제라고 한다.[23)·24)] 미이행쌍무계약에 해당되는지 여부와 환취권과 담보권 중 어느 것으로 인정될 것인지의 문제는 도산절차에서 채권자들의 공정·형평한 채권 만족에 관련된 문제이므로, 원리스계약의 준거법이 영국법이고 나아가 리스물건인 컨테이너가 Y국에 소재하고 있다고 하더라도 도산법정지국인 우리나라의 법에 의하여야 한다고 본다.[25)] 따라서 원리스계약은 금융리스로서 회생절차에서 미이행쌍무계약에 관한 규정이 적용되지 아니하므로 리스이용자인 K사의 관리인은 미이행쌍무계약이라는 이유를 들어 리스계약을 해지할 수 없다. 리스회사 A사도 리스계약의 약정해지 사유에 근거하여 리스계약을 해지하고 리스물건의 소유권에 기하여 환취권을 행사하여 K사의 관리인으로부터 리스물건을 반환받을 수 없게 된다. 한편 운용리스인 전리스계약은 K사의 회생절차에서 미이행쌍무계약으로 취급되고 K사의 관리인은 전리스

23) 앞 회생사건실무(상), 352면.

24) 회생절차 및 파산절차에서 담보거래로 취급되는 금융리스와 임대차계약에 준하여 취급되는 운용리스의 구별기준은 명확하지 아니하다. 법인세법 시행규칙 제13조에 금융리스의 기준을 규정하고 있으나, 이는 세무회계 측면에서 구분하고 있는 것이므로 도산절차에서 담보권에 해당하는지 여부를 가리기 위한 목적으로 금융리스와 운용리스를 구분하는 경우에 그대로 적용하기는 어렵다. 법인세법 시행규칙 제13조에 규정된 금융리스에 해당하는 경우에는 도산절차에서도 일응 담보권으로 취급될 것으로 보이나, 그에 해당되지 아니하여 법인세법목적으로는 운용리스로 취급되는 경우에도 도산절차에서는 물적 금융에 해당하는 리스로서 담보거래로 취급될 여지가 있다. 명확한 기준이 없는 만큼 실제 거래에서는 법적 불확실성이 생기고 있다.

25) 永石一郎(編), 앞의 책(주 21), 819-820면에서는 미이행쌍무계약을 존속하게 하여 상대방을 우선적으로 만족시키는 것은 다른 채권자와의 평등에 관한 문제가 생기는 것으로서 일률적으로 해석할 필요가 있으므로 도산법정지법에 준거하는 것이 적절한 해석이라고 보고 있고, 또한 국제도산에 있어서 국제적인 리스계약의 도산실체법은 도산절차 개시지법이 준거법이 된다고 보는 것이 일본의 통설이라고 한다. 다만, 伊藤 眞, 破産法(第4版補訂版), 有斐閣, 2006, 177면에서는 환취권의 성립에 관하여는 목적물 소재지법에 의한다고 보는 것이 일반적이라고 한다.

계약의 해지 또는 이행을 선택할 수 있다. 그러나 K사의 관리인이 전 리스계약을 해지하고 T사로부터 리스물건을 반환받기 위하여 Y국 등 외국에서 소송을 제기하는 경우, K사의 관리인이 승소할 것인지는 해당 외국 법원이 우리 도산절차의 효력을 승인할 것인지와 우리 도산 실체법을 여하히 적용할 것인지에 달려 있다.

(2) 외국 소재 리스물건과 회생절차의 대외적 효력

위 사례에서 회생절차 개시 당시 리스물건이 Y국에 소재하고 있었다면 A사의 채권 중 리스물건의 가액으로 담보되는 채권은 K사의 회생절차에서 회생담보권으로 인정될 수 있을까? 과거 속지주의하에서라면 우리 회생절차는 국외 재산 내지는 국외 재산에 설정된 담보권에 효력을 미치지 아니하므로 원리스계약상의 A사의 리스료채권은 무담보채권으로서 전액 회생채권으로 인정되었을 것이고, 반면에 A사는 외국에 소재한 리스물건에 대하여 우리 회생절차와 관계없이 권리를 행사할 수 있었을 것이다. 수정된 보편주의를 취하고 있는 통합도산법에서는 어떻게 처리될 것인가? 이에 대하여는 반대의 견해도 있을 수 있을 것으로 생각되나, 사견으로는 아래〔III. 3. (2) 4) ③ 및 III. 4. (1) 참조〕에서 논의하는 바와 같이 리스물건 소재지인 외국에서 국내 도산절차의 효력이 승인되기 전에는 국외 재산에 설정된 담보권에 대하여 국내 도산절차의 효력(리스물건에 대한 회생담보권의 성립 및 담보권실행의 금지를 포함하여)이 미치지는 않는다고 보는 것이 보다 타당한 해석이라고 생각된다. 따라서 위 사례에서 채권의 시부인 목적으로는 A사의 채권을 회생담보권으로 인정하되, 동 채권은 국내재산으로 담보되는 다른 회생담보권자들과는 조를 달리하여 별도의 변제조건을 적용하는 것이 타당하다고 본다.

(3) 도산절차에서의 리스료채권 양도의 효력

위 사안에서 K사는 A사에 대한 채무를 담보하기 위하여 K사가 T사에 대하여 갖고 있는 운용리스인 전리스계약상의 채권을 A사에게 담보로 양도하였다. 그런데 통합도산법은 구회사정리법에서와 마찬가지로 임대인인 채무자에 대하여 회생절차가 개시된 때에는 차임의 선급 또는 차임채권의 처분은 회생절차가 개시된 때의 당기와 차기에 관한 것을 제외하고는 회생절차와의 관계에서 그 효력을 주장할 수 없고(법 제124조 제1항) 그로 인하여 손해를 받은 자는 그 손해배상에 관하여 회생채권자로서 권리를 행사할 수 있다고 규정하고 있다(법 제124조 제2항).[26] 도산절차에서 담보채권으로 분류되고 있는 금융리스에서의 리스료채권의 경우에는 차임채권의 처분에 관한 위 통합도산법 규정은 적용되지 않는다고 보아야 한다. 그렇게 해석하는 것이 금융리스채권의 경우 미이행쌍무계약의 적용을 배제하고 담보부채권으로 파악하는 법리와 논리가 일관된다.[27] 그러나 위 사안에서와 같이 K사의 T사에 대한 전리스가 임대차계약의 성격을 갖는 운용리스인 경우

26) 파산절차에서도 구파산법과 마찬가지로 차임채권의 처분을 제한하는 동일한 취지의 규정을 두고 있다(법 제340조).

27) 西村總合法律事務所(編), ファイナンス法大全(下), 商事法務(2003), 458면에서는 일본의 개정 전 파산법 및 회사갱생법상의 위와 동일한 규정에 관하여 "금융리스가 실질적으로 금융이고 임대차계약과는 성질상 다른 계약이라는 견해를 전제로 한다면, 금융리스채권의 양도담보에 관하여는 구파산법 및 구회사갱생법의 동 규정이 적용될 가능성은 낮다"라고 보고 있으나, 금융리스 이외의 리스의 경우에는 동 규정의 적용 가능성이 충분하다고 보고 있다.

에는 A사는 임대인인 K사에 대하여 회생절차가 개시된 때의 당기 및 차기에 대한 리스료채권에 대하여만 유효하게 양도담보권을 설정받은 것이 되고, 그 이후의 리스료채권에 대한 양도담보는 K사의 회생절차에 있어서는 그 효력이 없으므로 그 부분 리스료채권은 K사의 관리인에게 귀속된다. 전리스계약의 준거법이 영국법이라고 하더라도 통합도산법상의 차임채권 처분에 대한 제한은 도산법정지법인 우리법에 의하게 된다. 회사정리법과 파산법에서 차임채권의 처분제한규정을 둔 취지는 채무자가 임차인과 통모하여 차임채권을 사전에 처분하거나 다액의 선급이 있었다고 주장하는 것이 가능하게 함으로써 채무자의 재산의 충실을 해할 우려가 있기 때문이라고 한다.[28] 그러나 회생절차나 파산절차의 개시 전 차임의 선급이나 차임채권의 처분은 채무자에 의한 것이고 그것이 채무자의 재산 또는 파산재단의 충실을 해하는 경우 다른 유형의 재산의 처분과 마찬가지로 부인권행사를 통하여 그 효력을 부인하는 것으로 충분하다고 생각되며, 현행법과 같이 회생절차나 파산절차에 있어서 이를 당연 무효로 하여 채무자의 자산처분에 의한 자금조달수단을 원천적으로 막을 필요는 없는 것으로 생각된다.[29] 자산유동화에 관한 법률에서는 차임채권을 유동화자산으로 하는 자산유동화거래에 대하여 위 통합도산법 규정의 적용을

28) 앞 회생사건실무(상), 333면.

29) 이에 대하여는 선급 또는 차임채권의 양도는 모두 파산절차 개시 전의 파산자의 행위에 관한 것이고 부인의 가능성은 별론으로 하고 파산채권자에 대한 효력을 당연히 제한할 이유는 없으며〔伊藤 眞, 앞의 책(주 25), 266면〕, 현대에는 채권의 재산적 가치의 비중이 증대되어 있고 그에 따라 민법 및 강제집행법의 영역에서 장래의 차임채권의 양도 · 압류 · 선급 등에 관하여 원칙적으로 그 효력을 전면적으로 인정하고 있으며, 최근에는 운용리스채권을 증권화하는 등 채권의 유동화거래가 이루어지고 있는 점 등에 비추어 위와 같이 차임채권의 처분의 효력을 제한할 합리적인 이유가 없다〔中島弘雅, 郎系倒産法1(破産 · 特別清算), 中央格濟社, 2007, 243면〕는 비판이 있었다. 일본의

배제하는 특칙을 두고 있다(동법 제15조). 통합도산법상의 차임채권에 대한 처분제한규정은 리스료채권의 매매나 담보거래에 커다란 장애가 되고 있다. 위 불합리한 규정들은 시급히 폐지되어야 한다고 본다.

4. 국제금융에서의 후순위약정

(1) 후순위약정의 유형

국제금융거래에서 이용되고 있는 후순위약정의 유형을 보면, i) 후순위채권에 우선하는 모든 선순위채권자들의 채무가 전액 변제되는 것을 정지조건으로 하여 후순위채권을 변제하기로 하는 소위 '정지조건부 후순위특약(contingent subordination)',[30] ii) 선순위채권자와 후순위채권자 간에 그들의 채권 간 우선순위를 정하고 특정 선순위채권이 전액 변제될 때까지는 후순위채권자가 채무자로부터 변제받은 금액을 선순위채권자에게 지급하기로 하는 '채권자 간의 후순위약정'과[31] iii) 채무자 · 선순위채권자 및 후순위채권자의 삼자 간에, 채무자는 선

경우에는 최근 회사갱생법 및 파산법의 개정시 위와 같은 차임채권의 처분제한에 관한 규정들은 모두 삭제하였다. 伊藤 眞, 앞의 책(주 25), 266면 참조.

30) 후순위사채에 포함된 정지조건부 후순위특약에 의하여 후순위사채의 원리금채권은 '동 순위에 있는 모든 선순위채권'에 대하여 후순위가 되는 것이므로 절대적 후순위약정이라고도 한다. 반면에 사채의 시장성(marketability)을 유지하기 위하여 사채발행회사가 도산절차에 들어가기 전까지는 정상적으로 이자를 지급하는 것으로 하므로 불완전후순위(inchoate subordination) 라고도 한다.

31) 채권자 간 후순위약정은 후순위채권자가 변제받은 금액을 선순위채권자에게 지급한다는 점에서 'turn over subordination'이라고도 하며, 상대적 후순위약정이다. 일반적으로 채무자에 대한 도산절차 개시 여부와 관계 없이 선순위채권이 완제될 때까지는 후순위채권에 대하여 전혀 지급을 하지 않는 것으로 하므로 이를 완전후순위(complete subordination)라고도 한다.

순위채권자에게 먼저 변제하기로 하고 후순위채권자는 선순위채권보다 먼저 변제받는 경우 변제금액을 선순위채권자에게 지급하기로 하는 '삼자 간의 후순위약정'으로 구분해 볼 수 있다. 위 채권자 간의 후순위약정과 삼자 간의 후순위약정은, 이를 다시 i) 선 · 후순위채권자 간 신탁약정에 의하여 후순위채권자가 변제받은 금원(proceeds)에 대하여 선순위채권자를 위한 신탁(subordination trust)을 설정하는 경우와 ii) 그러한 신탁의 설정 없이 후순위채권자와 선순위채권자 간 채권적 약정에만 의존하는 경우(debtor-creditor turn over subordination)로 나누어 볼 수 있다.[32] 위 subordination trust는, 후순위채권자가 채무자로부터 변제받은 금원에 대하여 후순위채권자가 선순위채권자를 위한 신탁의 수탁자(trustee) 자격에서 변제받도록 하여 동 변제금을 후순위채권자의 일반 재산 및 도산으로부터 절연시킴으로써 선순위수탁자가 후순위채권자의 도산시에도 동 금액을 후순위채권자로부터 변제받을 수 있도록 하기 위한 것이다.[33]

32) 이러한 후순위약정의 유형에 관한 보다 상세한 내용은, Philip R. Wood, The Law of Subordinated Debt, Sweet & Maxwell (1990), 9-12면 참조.

33) 이러한 subordination trust는 후순위채권 자체를 신탁의 목적물로 하는 것이 아니라 수탁자인 후순위채권자가 제3자인 채무자로부터 받은 변제금을 신탁의 대상으로 한다는 점에서 우리 신탁법상으로도 이러한 신탁이 유효하게 설정될 수 있을지는 따로 검토를 요한다. 영국법에 따라 설정되는 subordination trust에 관한 보다 상세한 내용은, Philip R. Wood, 앞의 책(주 32), 9-10면 ; Philip R. Wood, Project Finance, Subordinated Debt and State Loans, Sweet & Maxwell (1995), 65-71면 참조. 영국법을 준거법으로 하여 subordination trust가 설정된 경우, 도산절차에서 후순위채권자가 채무자에 대하여 부담하는 채무를 후순위채권과 상계하는 것이 가능한지의 문제가 있다. 이에 관한 영국법상의 논의에 대하여는 앞의 Philip R. Wood, Project Finance, Subordinated Debt and State Loans, 45-47면 참조. 채무자에 대하여 우리나라에서 도산절차가 개시된 경우에는 앞에서 본 바와 같이 i) 도산절차 밖에서의 상계의 효력에 관한 우리 국제사법에 따른 준거법(견해의 대립이 있다)과 ii) 통합도산법상의 상계의 요건을 중첩적으로 적용하여 판단하여야 할 것인바, 이에 관하여는 논의를 생략하기로 한다.

국내 은행들이 해외에서 후순위사채를 발행하는 경우에 일반적으로 이용되고 있는 위 정지조건부 후순위특약의 내용을 보면, 사채의 만기 전 또는 사채원리금 등의 채무가 잔존하고 있는 동안에 사채발행인에 대하여 도산절차가 개시되는 경우 그 당시 변제기가 도래한 채무(연체된 채무 포함) 및 그후 변제기가 도래할 모든 채무는, i) 파산절차가 개시된 경우에는 파산절차에서 최후 배당을 위하여 법원에 제출된 배당표에 기재된 선순위채권,[34] ii) 회생절차가 개시된 경우에는 회생계획에 대한 법원의 인가결정이 확정된 시점에 회생계획에 기재된 선순위채권이 전액 변제되는 경우에 한하여 변제되고, iii) 외국에서 도산절차가 개시되는 경우에도 원칙적으로 이에 준하는 조건이 충족되는 경우에 한하여 변제되는 것으로 정하고 있다. 이와 같은 정지조건부 후순위특약은 채무자와 후순위채권자 간 합의에 의하여 해당 선순위채권이 전액 변제되는 때에(즉 선순위채권의 전액 변제를 정지조건으로 하여) 후순위채권이 발생하는 것으로 구성하는 것인데, 그 이유는 i) 선순위채권자가 불특정 다수인이어서 선순위채권자들의 합의를 얻을 수 없고, ii) 채무자와 후순위채권자 간에 해당 선순위채권에 대하여 후순위로 하기로 직접적으로 약정을 하는 경우,[35] 채무자에 대한 도산절차에서 해당 도산법상 무담보채권 간의 '강행적인 평등변제원

34) 선순위채권은, i) 해당 후순위사채와 동일한 내용의 정지조건부 후순위특약이 있는 채권과 ii) 해당 후순위사채와 동 순위 또는 그보다 후순위인 채권을 제외한 은행에 대한 예금, 기타 일체의 채권을 말하는 것으로 정의하고 있다.

35) Philip R. Wood, 앞의 책(주 32), 11면에 소개된 아래와 같은 특약은 위 직접적인 순위 합의에 해당된다.
"If the debtor becomes subject to any liquidation, dissolution, rehabilitation or insolvency proceeding or to any assignment for the benefit of its creditors or any other distribution of its assets or any analogous event occurs, the junior debt will rank in right of payment subordinate to and after the prior payment of the senior debt."

칙(mandatory pari passu rules)'으로 인하여 후순위합의의 효력을 인정받지 못할 가능성이 있었기 때문이다. 한편 위에서 본 채권자 간의 후순위약정은 프로젝트금융이나 M&A 금융 등에서 특정 선순위채권과의 관계에서 사업주(sponsor)인 모회사가 갖는 채권을 후순위로 하기 위하여 많이 이용되고 있다. 예컨대 대출은행들이 차입회사의 모회사와 후순위계약서(subordination agreement)를 체결하여 대출은행들이 차입회사로부터 대출원리금을 전액 회수할 때까지 모회사는 차입회사로부터 변제받은 금액을 선순위대출은행들에게 지급하기로 약정하는 것이다. 차입회사가 이 후순위약정의 당사자가 되어 선순위채권에 앞서서 후순위채권을 변제하지 않겠다고 약정하는 경우도 있는데, 이와 같이 채무자 · 후순위채권자 및 선순위채권자의 삼자 간 후순위약정이 체결되는 경우에는 '채무자와 후순위채권자 간의 후순위약정'과 '채권자 간의 후순위약정'이 공존한다고 볼 수 있다.

(2) 통합도산법상의 약정 후순위채권에 관한 규정

당사자간 약정에 의한 후순위채권에 관한 통합도산법상의 규정을 보면, 통합도산법은 파산절차와 관련하여서는 구파산법에는 없었던 약정 후순위채권에 관한 규정을 신설하여 제446조 제2항에서 "채무자가 채권자와 파산절차에서 다른 채권보다 후순위로 하기로 정한 채권은 그 정한 바에 따라 다른 채권보다 후순위로 한다"라고 정하고 있고, 회생절차와 관련하여서는 제193조 제3항에서 "제1회 관계인집회의 기일 전날까지 전부 또는 일부의 채권자들 사이에 그들이 가진 채권의 변제순위에 관한 합의가 되어 있는 때에는 회생계획안 중 다른 채권자를 해하지 아니하는 범위 안에서 변제순위에 관한 합의가 되어 있는 채권에 관한 한 그에 반하는 규정을 두어서는 아니 된다. 이 경우 채권자들은 합의를 증명하는 자료를 제1회 관계인집회의 기일 전날까지 법원에 제출하여야 한다"라고 구회사정리법 제228조 제3항과 동일한 내용의 규정을 두고 있다. 위 규정들은 도산절차에서의 권리의 우선순위를 정하고 있는 것이므로 위와 같은 후순위약정에 해당되는지 여부에 관하여는 해당 후순위약정의 준거법이 아니라 도산법정지법인 우리 통합도산법에 의하여야 한다고 본다. 이하에서는 위 통합도산법 규정들에 관한 해석상의 의문점들을 살펴보기로 한다. 이러한 의문점들은 아래에서 보는 바와 같이 우선은 위 규정들이 파산절차와 회생절차에서 문언상 다른 유형의 후순위약정—즉 '채무자와 채권자 간의 후순위합의'(파산절차)와 '채권자 간의 변제순위합의'(회생절차)—을 규정하고 있다는 점에 기인하고, 나아가 이 규정들이 권리의 우선순위에서 절대우선의 원칙이 적용되고 있는 파산절차와 상대우선설에 입각하고 있는 회생절차에서 어떻게 조화롭게 해석·적용될 것인지의 문제이다.

(3) 파산절차에서의 약정 후순위채권의 취급

1) 채무자와 후순위채권자 간의 후순위약정

종래 이용되어 왔던 정지조건부 후순위특약의 경우, 실무상으로는 위 제446조 제2항과 같은 법문상의 근거가 없었던 구파산법하에서도 그 효력을 인정받을 수 있다고 보았다. 위 정지조건부 후순위특약은 파산절차에서 해당 선순위채권들이 전액 배당된 후에 발생하는 일종의 조건부채권으로 구성되어 있기 때문이다. 그런데 위 정지조건부 후순위특약은 넓은 의미에서 위 신설 규정에서 말하는 채무자와 채권자 간 합의에 해당된다고 볼 수 있으므로 통합도산법상보다 명확히 법적 근거를 부여받게 되었다고 할 수 있다.[36] 이와 같은 후순위사채의 원리금채권은 파산절차에 있어서 법정 후순위파산채권(파산절차 개시 후의 이자 및 지연손해금)까지 전액 변제된 경우에 한하여 변제될 수 있는 것이므로 실질적으로 최후 순위가 된다.[37] 법 제446조 제2항이 신설됨에 따라 앞으로는 굳이 정지조건부 후순위특약 방식에 의하지 아니하고 채무자와 후순위사채권자 간에 파산절차에서 해당 후순위채권을 해당 선순위채권과의 관계에서 후순위로 하기로 하는, 즉 직접적인 후순위합의를 하는 방법을 이용할 수도 있을 것으로 생각된다.[38]

여기서 채무자와 후순위채권자 간에 파산절차에서 특정의 채권 및 그와 동 순위에 있는 모든 채권(사실상 일반 파산채권 또는 법정후순위채권 중의 하나가 될 것이다)과의 관계에서 후순위로 하기로 하는 약정을 맺는 경우에는 파산절차에서 그와 같은 약정에 따라 배당 순위를 정하는 데에 별다른 문제는 없을 것이다.[39]

---

36) 앞 법인파산실무, 318면 ; 임치용, "자산유동화와 파산," 사법 창간호(2007. 9), 사법연구지원재단, 129면은 후순위사채를 본 조의 적용 대상으로 보고 있다.

37) 임치용, 앞의 논문, 129면 ; 笹山幸嗣/村岡香奈子, M&Aファイナンス, 金融財政事情研究會, 2006, 127면도 같은 견해이다.

38) 일본의 개정 파산법은 우리 통합도산법과는 달리 파산법상의 법정 후순위파산채권보다도 그 순위를 후순위로 하는 최후 순위의 약정 후순위파산채권만을 파산법에서 인정하고 있다(동법 제99조 제2항). 따라서 위 최후 순위인 약정 후순위파산채권을 제외한 모든 채권의 변제를 정지조건으로 하는 후순위사채의 경우, 이제는 굳이 정지조건부방식을 이용하지 아니하고 채무자와 후순위채권자 간의 위 최후순위약정에 의할 수도 있다고 한다. 笹山幸嗣/村岡香奈子, 앞의 책, 127면 참조.

39) 이와 관련하여, 임치용, 앞의 논문, 129면은 일본의 개정 파산법과는 달리 통합도산법의 위 신설 규정에서는 후순위약정의 혜택을 받는 '다른 채권'이 일반 파산채권인지 법정후순위파산채권인지 명시하고 있지 않음을 지적하면서, 후순위약정의 취지가 파산절차에서 최후에 배당을 받겠다는 취지인지 아니면 다른 일반파산채권보다 후순위

그러나 후순위약정에서 특정 선순위채권과의 관계에서만 파산절차에서 후순위로 하기로 한 경우, 이러한 약정은 파산절차에서 어떻게 취급될 것인지의 문제가 있다. 위 신설 규정을 두지 아니하였던 구파산법하에서는 위와 같은 약정은 파산절차에서 그 효력을 인정받기 어려웠을 것으로 생각된다. 통합도산법상으로는 달리 해석될 수 있을까? 이에 대하여는 아래와 같이 견해가 나뉠 수 있을 것으로 생각된다. 예컨대 특정의 선순위채권자 A(20), 후순위채권자 B(20), 선순위채권자와 동 순위인 일반채권자 C(20), 합계 60의 채권이 있고 파산절차에서의 총 배당대상재산이 30이라고 하자.

① 제1설 : 특정 선순위채권과의 관계에서 상대적으로 후순위합의를 하더라도 그 후순위채권은 그 특정 채권과 동 순위에 있는 모든 채권에 대하여도 후순위가 될 수밖에 없으므로 파산절차에서의 배당에 있어서는 특정의 선순위채권뿐만 아니라 그와 동 순위인 다른 모든 채권과의 관계에서도 후순위로 취급되어야 한다는 견해이다. 이 견해에 의하면, 특정 선순위채권과 동 순위에 있는 다른 채권자들이 후순위합의의 혜택을 보게 되어 아래 제2설 및 제3설과 비교할 때 가장 유리해진다.

위 사례에 제1설을 적용하는 경우, 각 채권자에 대한 배당액은 A(15) · B(0) · C(15)가 된다. 즉 특정의 선순위채권자와의 상대적 후순위약정에 대하여 제1설을 적용하는 경우, 앞에서 본 정지조건부 후순위특약이 붙은 후순위사채 즉 절대적 후순위약정의 경우와 동일한 결과가 된다.

로 배당받겠다는 취지인지를 구별하여 후자라면 법정후순위채권과 동 순위로 배당하는 것이 타당하다는 취지로 설명하고 있다.

② 제2설 : 일반 채권이 아닌 특정의 채권에 대하여 후순위로 한다는 상대적 후순위약정이 있는 경우에는, 총 채권자의 이해관계를 조정하는 파산법에서는 그러한 합의를 인정하게 되면 절차가 복잡해지므로 이와 같은 상대적 후순위약정은 파산법에서 규정하는 위 약정후순위 파산채권에는 포함되지 않는다고 보는 견해이다.[40] 이 견해를 취하게 되면, 파산절차에 있어서는 '채무자와 채권자 간 후순위약정'은 없는 것으로 보아 후순위채권자에게 선순위채권자와 평등하게 배당할 것이다. 채무자 · 후순위채권자 · 선순위채권자의 삼자 간에 상대적 후순위약정을 한 경우로서 후순위채권자가 변제받은 금액을 선순위채권자에게 지급하기로 하는 약정이 포함되어 있다면, 후순위채권자는 평등배당 받은 몫을 선순위채권자에게 파산절차 밖에서 지급하여야 할 의무를 부담하게 될 것이다. 위 사례에 제2설을 적용하는 경우 각 채권자에 대한 파산절차 내에서의 배당액은 A(10), B(10), C(10)이 된다. 당사자 간의 약정에 따라 파산절차 밖에서 B가 위 배당받은 10을 A에게 추가로 지급하게 되면 A(20), B(0), C(10)이 된다. 그러나 B가 무자력이어서 A가 B로부터 추가로 지급을 받지 못하게 되면, A는 10만 회수하게 되어 오히려 위 제1설의 경우보다 불리해진다.

③ 제3설 : 통합도산법의 위 신설 규정에서 "그 정한 바에 따라 다른 채권보다 후순위로 한다"라고 규정하고 있는 것은 일부 채권과의 사이의 상대적인 후순위합의의 효력까지도 그 대상으로 포함하고 있다고 보는 견해이다. 이 견해는 미국의 연방파산법이 파산절차(파산절차 및 회

40) 임치용, 앞의 논문, 130면 ; 김도경, "프로젝트 파이낸스의 자금조달문제 중 후순위대출과 담보확보에 관한 몇 가지 법적 문제점," 상사법연구 제24권 제2호(2005), 한국상사법학회, 375면은 이 견해를 취하고 있다.

생절차 포함)에서의 후순위약정의 취급에 관하여 취하고 있는 입장과 같다고 할 수 있다.[41] 미국의 경우, 후순위약정은 일반적으로 i) 회생절차 · 파산절차 등에서 후순위채권자에게 지급되어야 할 모든 배당은 선순위채권자들에게 직접 지급되도록 하는 규정과 ii) 후순위채권자가 채무자로부터 변제를 받은 경우에는 이를 선순위채권자에게 지급하여야 한다는 규정을 포함하고 있다고 한다.[42] 채무자는 후순위약정의 당사자가 될 수도 있고 그렇지 아니할 수도 있다고 하며, 선순위채권자를 제3자를 위한 계약의 수익자로 하여 '채무자와 후순위채권자 간 약정'만으로도 가능하다고 한다. 또한 선순위채권자는 개별적으로 지정된 채권자일 수도 있고, 하나 또는 그 이상의 조에 속한 채권자로 할

---

41) 미국의 연방파산법 제510조 (a)항은, "A subordination agreement is enforceable in a case under this title to the same extent that such agreement is enforceable under applicable non-bankruptcy law"라고 규정하고 있고, 배당의 우선순위를 정하고 있는 동법 제726조에서는 제510조에 의한 후순위약정을 그 예외로 명시하고 있다. 미국 연방파산법의 위 규정은 구연방파산법(1898년 파산법)하에서 대부분의 판례에 의하여 인정되었던 바와 같이, 연방파산법 이외의 법률에 따라 집행 가능한 범위와 동일한 범위에서 파산절차에서도 후순위약정의 효력이 인정된다고 규정하는 것이고, 따라서 전통적인 계약의 요건을 갖추고 있는 경우에는 언제나 파산절차에서 후순위약정의 효력이 인정된다고 한다. Daniel, C. Cohn, Subordinated Claims : Their Classification and Voting under Chapter 11 of the Bankruptcy Code," 56 Am. Bankr. L. J. 293 (1982) 참조. 미국 연방파산법상 후순위약정의 취급에 대한 개요는 岩村 充/神田秀樹, "劣後債に關する法的問題," 金融法務事情 제1126호(1986. 7. 5), 金融財政事情硏究會, 6-8면 참조.

42) Daniel, C. Cohn, 앞의 논문 참조. 이 논문(주 10)에 소개되어 있는 파산절차 등에서 후순위채권자의 몫이 선순위채권자에게 직접 배당되도록 하는 규정의 예는 다음과 같다. "Upon any distribution of the assets of the 〔debtor〕 upon any dissolution or winding up or total liquidation or reorganization of the 〔debtor〕··· any payment or distribution of assets of the 〔debtor〕, whether in cash, property or securities, on account of the 〔subordinated〕 indebtedness··· shall be paid or delivered by the trustee in bankruptcy, receiver, assignee for the benefit of creditors, or other liquidating agent making such payment or distribution, directly to the holders of Senior Indebtedness.

수도 있다고 한다.[43)] 위 제3설에 의하면, 파산절차에서 특정의 선순위채권이 전액 변제될 때까지는 후순위채권자에게 배당될 몫은 이를 특정 선순위채권자에게 배당하여야 한다고 보게 되므로, 특정의 선순위채권자만이 후순위합의의 혜택을 보게 되고 종국적으로 동 순위의 다른 채권자보다 많은 금액의 배당을 받게 된다. 위 사례에 제3설을 적용하면, 파산절차에서의 배당액은 A(10+10=20), B(0), C(10)이 된다. B가 무자력인 경우, A는 위 제2설보다 많이 배당받을 수 있으며 C의 배당액은 제2설과 차이가 없다.

④ 검토 : 위 제1설은 계약 당사자들의 의사를 무시하고 상대적 후순위약정을 획일적으로 절대적 후순위약정으로 의제하는 것으로서 선순위채권자를 부당하게 불리하게 취급하는 한편, 후순위약정의 당사자가 아닌 다른 채권자들에게는 망외의 이득을 주는 것이어서 채택하기 어려운 견해라고 생각된다. 제2설과 같이 좁게 해석하는 견해도 근거가 없는 것은 아니나, 사견으로는 법 제446조 제2항에서 말하는 '다른 채권'에는 특정한 채권도 포함하는 것으로 보아야 하고 이를 '동 순위에 있는 모든 채권'을 의미하는 것이라고 굳이 제한하여 해석할 이유는 없다고 본다. 또한 "그 정한 바에 따라"라는 문언의 해석상 상대적인 후순위합의도 포함될 수 있다고 본다. 후순위채권자 몫을 선순위채권자에게 더 배당하더라도 다른 파산채권자의 이익을 해할 우려는 없는 것이고, 위 추가적인 배당은 후순위채권자가 갖는 후순위채권을 선순위채권자에게 양도한 것에 따른 결과는 아니며 당사자간 후순위합의의 일부를 구성하는 것으로서 법 제446조 제2항이 파산

43) 이상의 논의는, David Kravitz, Non-consenting Senior Lenders' Rights Under Subordination Agreements in Bankruptcy, 91 Mich. L. Rev. 281 (1992) 참조.

절차에서 그 효력을 특별히 인정해 준 것이라고 볼 수 있다. 특히 회생 절차에 있어서는 법 제193조 제3항에 의하여 채권자 간의 상대적 후순위약정의 효력이 인정된다고 해석하는 경우에는 파산절차에서의 채무자와 채권자 간의 상대적 후순위약정의 효력도 인정하는 것이 논리적으로 일관될 것이다. 따라서 법 제446조 제2항에 관하여 위 제3설을 취하는 것이 타당하다고 본다.

2) 채권자 간의 후순위약정

채권자 간의 후순위약정의 경우에는 파산절차에서의 평등배당의 원칙이 그대로 유지되고 배당에는 영향을 주지 않는다. 법문상으로도 법 제446조 제2항은 '채무자와 채권자 간의 합의'에 적용되는 것이므로 채권자 간의 후순위약정에 대하여는 적용되지 않는다. 따라서 채권자 간의 후순위약정의 경우, 파산절차에서는 후순위채권자 · 선순위채권자 및 동 순위의 다른 채권자에게 채권액에 따라 평등배당을 하여야 한다. 다만, 채권자 간 후순위약정에서는 선순위채권이 전액 변제되기 전에 후순위채권자가 변제받은 금액은 이를 선순위채권자에게 지급하기로 약정하고 있고 이러한 약정은 당사자 간에 유효하다고 할 것이므로, 선순위채권자는 후순위채권자에 대하여 파산절차에서 배당받은 금액을 파산절차 밖에서 선순위채권자에게 지급할 것을 청구할 수 있다.

3) 삼자 간의 후순위약정

삼자 간의 후순위약정에 따른 후순위채권의 경우도 채무자가 당사자가 되어 후순위채권자와 파산절차에서의 후순위에 관한 합의를 하는 것이므로 법 제446조 제2항의 적용대상이 된다고 본다. 따라서 파산절차 내에서는 위 '(3) 1) 채무자와 후순위채권자 간의 후순위약정'에 관한 논의가 그대로 적용된다. 삼자 간의 후순위약정의 경우에도 후순위채권자가 변제받은 금액을 선순위채권자에게 지급하기로 하는 약정이 포함되어 있을 것이므로 파산절차 밖에서의 선순위채권자와 후순위채권자 간의 관계는 위 '(3) 2) 채권자 간의 후순위약정'의 경우와 같다.

(4) 회생절차에서의 약정 후순위채권의 취급

1) 채무자와 후순위채권자 간의 후순위약정

통합도산법은 회생절차에 있어서는 법 제446조 제2항의 '약정 후순위파산채권'에 대응되는 '약정 후순위회생채권'의 개념을 따로 명시적으로 인정하고 있지 아니하다. 그 이유는 아마도 통합도산법에서는 구회사정리법상 인정되던 법정 후순위정리채권을 없애고 이를 일반 회생채권에 통합시킨 점이 고려된 듯하고, 약정 후순위회생채권의 개념을 따로 두지 않더라도 아래에서 보는 바와 같이 회생계획상 약정 후순위채권에 대한 변제조건을 정할 수 있는 법상의 근거가 있다고 보았기 때문인 것으로 짐작된다. 즉 불이익을 받을 자의 동의가 있는 경우에는 회생계획의 조건을 일반의 회생채권보다 불리하게 취급할 수 있으므로(법 제218조 제1항 제1호), 일반 채권에 비하여 후순위로 취급받을 것을 사전에 동의한 경우 약정에 의한 후순위채권도 성립할 수 있다고 보고, 따라서 약정에 의한 후순위회생채권은 회생절차 개시가 있으면 그 특약에서 선순위의 지위를 부여하기로 정한 일반 회생채권보다 후순위로 변제를 받게 된다고 한다.[44] 이러한 견해에 의하

44) 앞 회생사건실무(상), 박영사, 2006, 336-337면.

면, 위에서 본 정지조건부 후순위특약에 의한 후순위채권뿐만 아니라 채무자와 후순위채권자 간의 직접적인 후순위합의에 의하여 일반회생채권(제217조 제1항 제3호)보다 후순위로 하기로 한 후순위약정도 회생절차에서 효력을 인정받게 될 것이다.

그런데 위 후순위사채의 경우, 사채조건에서 "회생절차가 개시된 때에는 해당 선순위채권으로서 회생계획에 기재된 채권이 전액 변제된 경우에 한하여 후순위채의 원리금이 지급된다"라고 정하고 있으므로 선순위채권에 대하여 권리변경이 있는 경우(즉 선순위채권이 전액 변제되지 않는 경우), 파산절차에서와 마찬가지로 회생계획에서도 후순위채권에 대하여 전혀 변제할 수 없는 것이 아닌가 하는 의문이 생긴다. 그러나 파산절차와는 달리 회생절차에서는 권리의 우선순위에 관하여 상대우선설을 취하고 있으므로 회생계획에서 선순위채권이 전액 변제되지 않고 권리변경이 되더라도 후순위사채에 대하여 공정하고 형평에 맞는 차등을 두고(즉 선순위채권에 대하여는 불리하나 주주조보다는 유리하게) 일부라도 변제를 하여야 한다고 생각된다. 이와 달리 위 후순위채권에 대하여 전혀 변제를 하지 않는다면, 후순위사채가 발행된 경우(또는 위에서 본 바와 같이 후순위약정에 의하여 모든 일반 회생채권보다 후순위로 하기로 채무자와 후순위채권자 간에 합의한 경우), 해당 후순위채권자보다 후순위인 주주의 조는 회생계획상 권리를 전혀 인정받을 수 없게 된다. 후순위채권자는 선순위채권보다 불리하게 취급되는 것에 대하여 동의한 것이지 주주보다도 불리하게 취급되는 것에 대하여 동의한 것으로 보기는 어렵기 때문이다. 그런데 이러한 결과는 후순위약정이 있는지 여부에 따라 회생절차에서 주주의 권리에 대한 취급이 달라진다는 것인데, 당사자들이 임의로 후순위약정을 함으로써 회생절차에서 상대우선설의 적용을 일부 배제하여 주주의 권리에 불리한 영향을 주는 것을 허용하는 것은 문제가 있다고 생각한다. 따라서 후순위사채의 발행이나 위 후순위약정에 관계없이 회생절차에서의 상대우선의 원칙은 유지되어야 한다고 본다.[45)]

정지조건부 후순위특약이 붙은 후순위사채나 모든 일반 회생채권에 후순위인 채권에 대하여는 위에서 본 바와 같이 상대우선설에 따라 변제조건을 정하는 데에 별다른 어려움은 없을 것이다. 그런데 직접적인 후순위합의의 대상이 되는 선순위채권이 특정의 채권인 경우(즉 상대적 후순위약정이 있는 경우), 회생계획에서 이러한 후순위약정을 어떻게 취급하여야 할 것인가? 이에 관하여는 앞 '(3) 1) 채무자와 후

---

45) 우리 법원의 실무 예를 보면 구회사정리법이 적용되었던 정리회사 (주)엔터프라이즈네트워크에 대한 정리계획(2005년 1월 ; 2004회13)에서는, 정리채권인 후순위전환사채 및 후순위신주인권부 사채에 대하여 각각 원금의 일부를 출자전환하고 일부는 제10차 연도에 변제하며 나머지 원금 잔액은 전액 면제하는 것으로 정하였는데, 이는 후순위사채의 변제조건에 대하여 상대우선설을 적용한 예라고 할 수 있다. 이 점과 관련하여 일본에서는 BIS규제 등 자기자본의 건전성규제를 받는 금융기관이 채무자인 경우에는 조건부채권으로 구성되어 있는 후순위사채의 취급에 있어서 자기자본규제와의 정합성을 확보하고 채무자의 차재능력을 감소시키지 아니한다고 하는 약정 후순위채무의 특징을 강고히 하기 위하여 엄격한 절대원칙의 적용을 인정하여야 한다는 견해가 있다. 山本克己, "債權劣後化の約定と倒産處理手續 — 立法論的檢討," ジュリスト 제1217호(2002. 2. 15), 58면 참조. 반면에 일본의 개정 회사갱생법에서는 앞에서 본 바와 같은 당사자 간 약정에 의한 최후 순위 파산채권에 해당하는 경우 회생절차에서는 이를 약정후순위 회생채권이라고 정의하고 있고(회사갱생법 제43조 제4항 제1호), 약정후순위 회생채권은 i) 일반 회생채권과 ii) 잔여재산분배에 관하여 우선적 내용이 있는 종류의 주식의 중간에 위치하는 것으로 규정하고 있으며(동법 제168조 제1항 제4호), 동법 제168조 제3항에서는 이러한 순위를 고려하여 회생계획의 내용에 공정하고 형평에 맞는 차이를 두어야 한다고 규정하고 있다. 永石一郎(編), 앞의 책(주 21), 409면 참조. 한편 회생절차에서도 원칙적으로 절대우선설(absolute priority rule)을 취하고 있는 미국 연방파산법의 경우에는 후순위약정의 혜택을 받는 채권자조가 후순위약정을 변경하는 내용의 회생계획에 동의하면, 후순위약정은 원래의 약정이 아니라 회생계획에 의하여 변경된 내용대로 효력을 인정받게 된다고 한다. 그러나 법원의 강제인가(cram-down)에 의하여 후순위약정을 변경할 수 있는지는 명확하지 않다고 한다. Collier on Bankruptcy — 15th Edition Revised, Matthew Bender & Company, Inc., 510-10면.

순위채권자 간의 후순위약정'과 관련하여 본 것과 유사한 견해의 대립(제1설, 제2설 및 제3설과 각 유사한 견해)이 있을 것으로 생각된다. 위 파산절차와 관련하여 본 바와 마찬가지 이유로 제3설이 타당하다고 생각된다(다만, 변제조건을 정함에 있어서는 위에서 본 바와 같이 상대우선설에 입각한 권리변경이 이루어져야 할 것이다).[46] 즉, 특정의 채권과의 관계에서 후순위로 하기로 하는 상대적 후순위합의의 효력을 인정하되, 선후순위채권자 간에 공정하고 형평에 맞는 차등을 두고 회생계획에서 변제조건을 정할 수 있다고 본다. 이 경우, 후순위채권자는 선순위채권자가 전액 변제받지 못하는 경우에도 후순위채권에 대하여 일부 변제를 받을 수 있고, 선순위채권자는 후순위채권자가 불리하게 취급된 범위 내에서 선순위채권자와 동 순위인 다른 채권자보다 많은 금액의 변제를 받을 수 있을 것이다. 법 제217조 제1항 제1호의 규정에 근거하여 후순위채권자를 특정의 선순위채권자와의 관계에서 상대적으로 불리하게 취급할 수 있다고 보며, 나아가 특정채권자가 동 순위에 있는 다른 일반 회생채권자보다 변제조건에서 우대 받는다고 하더라도 이는 후순위합의에 효력을 인정한 결과 그렇게 된 것일 뿐 선순위채권 자체를 우대한 것은 아니라고 볼 수 있다. 설사 선순위채권에 대하여 우대하는 것이라고 보더라도 이는 법 제218조 제1항 제3호에서 말하는 "그 밖에 동일한 종류의 권리를 가진 자 사이에 차등을 두어도 형평을 해하지 아니하는 때"에 해당된다고 볼 수도 있을 것으로 생각된다.

46) 파산절차에서 채무자와 후순위채권자 간의 후순위약정에 관한 위 제2설과 같은 견해—즉 상대적 후순위약정은 파산절차에서 효력이 없다는 견해—를 회생절차에 적용하게 되면, 아래에서 보는 바와 같은 법 제193조 제3항에 의한 채권자 간의 상대적 후순위합의에 대한 취급과 균형이 맞지 않게 된다는 문제가 있다.

2) 채권자 간의 후순위약정

법 제193조 제3항에서 '제1회 관계인집회의 기일 전날까지 채권자 간의 변제순위에 관한 합의가 있는 때'에 관하여 따로 특칙을 둔 취지는 명확하지 아니하다.[47] 그런데 법 제193조 제3항은 "다른 채권자를 해하지 아니하는 범위 안에서 변제 합의가 되어 있는 채권에 관한 한 회생계획에서 그에 반하는 규정을 두어서는 안 된다"라고 정하고 있는바, 이 규정이 해당 채권자들에 관한 한 회생절차에서 권리의 우선순위에 관한 상대우선원칙의 적용을 배제하는 것인가 하는 의문이 생긴다. 사견으로는 위에서 후순위사채와 상대우선원칙의 관계에 관하여 살펴본 바와 같은 이유로 위 규정의 의미는, 회생계획에서 당사자 간의 변제순위에 관한 합의내용을 그대로 따라야 한다고 해석하기는 어렵고, 당사자 간의 합의에 따른 권리의 순위를 고려하여 상대우선원칙에 따라 공정하고 형평에 맞는 차등을 두어야 한다는 것으로 해석하여야 한다고 생각된다. 또한 위 규정의 적용을 받는 채권자 간 후순위약정의 경우에도 후순위채권자 몫을 선순위채권자의 변제조건에 반영해 줌으로써 선순위채권자를 동 순위의 다른 채권자보다 상대적으로 우대하여 취급할 수 있는지의 문제가 있다. 채권자 간의 후순위약정에 관하여 법 제193조 제3항에서 회생절차 내에서의 효력을 인정하는 특칙을 따로 둔 점을 고려한다면, '채권자 간의 후순위약정'의 경

47) 명확한 것은 아니나, 당초 법 제193조 제3항에 해당하는 구회사정리법 제228조 제3항의 특칙을 둔 취지는 기업구조조정촉진법에 의한 기업구조조정절차에서 체결되는 기업개선약정이나 금융기관 간 사적 워크아웃협약에 기초하여 법 제223조(구회사정리법 제190조의2)에 따라 제1회 관계인집회의 전날까지 회생계획안의 사전제출(prepackaged filing)을 함에 있어서 당초 금융기관 간에 채권에 관한 후순위약정이 있는 경우, 회생계획에서도 이를 유지할 수 있도록 근거규정을 두고자 한 것 같다고 한다. 그러나 파산절차에 있어서는 채무자와 채권자 간의 후순위합의에 관하여만 규정하고 있는 것과 균형이 맞지 않는 면이 있다.

우도 위 1)에서 '채무자와 후순위채권자 간의 후순위약정'에 관하여 살펴본 바와 동일한 내용으로 상대적 후순위약정을 반영하여 회생계획을 작성하는 것이 타당하다고 본다. 한편 채권자 간의 후순위약정에서 후순위채권자가 선순위채권이 전액 변제되기 전에 채무자로부터 변제를 받은 때에는 변제받은 금액을 선순위채권자에게 지급하기로 약정한 경우, 이러한 약정은 회생절차 밖에서는 여전히 유효하므로 선순위채권자는 후순위채권자가 회생계획에 따라 채권을 변제받은 후 회생절차 밖에서 후순위채권자에 대하여 그가 변제받은 금액을 당초 약정에 따라 선순위채권자에게 지급할 것을 청구할 수 있다고 본다.

3) 삼자 간의 후순위약정

삼자 간의 후순위약정은 채무자와 후순위채권자 간 후순위약정과 채권자 간 후순위약정이 공존하므로 앞의 1) 및 2)에서의 논의가 모두 적용된다고 할 것이다. 그리고 채권자 간의 후순위약정에서 본 바와 마찬가지로, 후순위채권자가 변제받은 금액을 선순위채권자에게 지급하기로 약정되어 있는 경우에는 선순위채권자는 후순위채권자가 회생계획에 따라 변제받은 금액에 대하여 회생절차 밖에서 이를 선순위채권자에게 지급할 것을 청구할 수 있을 것이다.

III. 국제 병행도산과 배당조정

1. 「통합도산법」의 관련 규정

「통합도산법」 제642조(배당의 준칙)는, "채무자를 공통으로 하는 국내도산절차와 외국도산절차 또는 복수의 외국도산절차가 있는 경우 외국도산절차 또는 채무자의 국외재산으로부터 변제받은 채권자는 국내도산절차에서 그와 같은 조 및 순위에 속하는 다른 채권자가 동일한 비율의 변제를 받을 때까지 국내도산절차에서 배당 또는 변제를 받을 수 없다"라고 규정하고 있다. 이 규정은 국제연합 국제무역법위원회(UNCITRAL)가 1997년 5월에 채택한 「국제도산에 관한 모델법」(Model Law on Cross-Border Insolvency. 이하 '모델법') 제32조에 기초한 것인데, 모델법 제32조는 병행도산에 있어서 동 순위 채권자들 간의 공평한 배당을 달성하기 위하여 보통법(common law)에서 인정되어 있는 이른바 'hotchpot rule'을 규정한 것이라고 한다.[48] 한편 「통합도산법」의 위 배당조정 규정과 관련하여 대법원이 제정한 채무자 회생 및 파산에 관한 규칙 제107조는, 채권자가 국내 회생절차의 개시결정 또는 파산선고가 있은 후 외국도산절차 또는 채무자의 국외재산으로부터 변제를 받은 때에도 동 채권자는 그 변제를 받기 전의 채권 전부로써 국내도산절차에 참가할 수 있는 것으로 하되(다만, 변제받은 채권액에 관하여는 의결권을 배제), 법 제642조에 따라 국내도산절차에서 그와 같은 조 및 순위에 속하는 다른 채권자가 동일한 비율의 변제를 받을 때까지 국내도산절차에서 배당 또는 변제를 받지 못하는 것으로 정하고 있다.[49]

---

48) 석광현, "채무자회생 및 파산에 관한 법률(이른바 「통합도산법」)에 따른 국제도산법," 국제거래법연구 제15집 제2호(2006), 국제거래법학회, 370면 ; 山本和彦, UNCITRAL 國際倒産モデル法の解説(8 · 完), NBL 639호(1998. 4), 53면 참조. hotchpot rule은 영미의 상속법상의 개념으로서, 유산의 평등한 분배를 위하여 일부 상속인에게 미리 지급된 재산을 병합하여 상속분을 공평하게 정하는 것을 말한다. 永石一郎(編), 앞의 책(주 21), 809면.

49) 채무자회생 및 파산에 관한 규칙(2006. 3. 23. 대법원규칙 제2002호)
제107조(채권자가 외국에서 변제를 받은 경우의 처리)

2. 외국의 입법 예

(1) 모델법 및 미국 연방파산법

배당조정에 관한 모델법 제32조의 규정은 다음과 같다.[50)]

제32조 병행절차에서의 배당의 준칙

담보부채권 또는 물권(right in rem)을 해함이 없이, 외국에서 도산 관련법에 따른 절차에서 자신의 채권에 대하여 일부 배당을 받은 채권자는, 동일한 채무자에 대한 (입법 국가의 도산 관련법을 특정)에 따른 절차에서는 동일한 조[51)]의 다른 채권자들에 대한 배당이 자신이 이미 받은 배당보다 비례적으로 작

---

① 채권자가 국내도산절차의 개시결정(파산선고를 포함한다)이 있은 후 외국도산절차 또는 채무자의 국외재산으로부터 변제를 받은 때에도 그 변제를 받기 전의 채권 전부로써 국내도산절차에 참가할 수 있다. 다만, 외국도산절차 또는 채무자의 국외재산으로부터 변제받은 채권액에 관하여는 의결권을 행사하지 못한다.

② 제1항의 채권자는 법 제642조에 따라 국내도산절차에서 그와 같은 조 및 순위에 속하는 다른 채권자가 동일한 비율의 변제를 받을 때까지 국내도산절차에서 배당 또는 변제를 받지 못한다.

50) 모델법 제32조의 원문은 다음과 같다.

Article 32 Rule of payment in concurrent proceedings

Without prejudice to secured claims or rights in rem, a creditor who has received part payment with respect to its claim in a proceeding pursuant to a law relating to insolvency in a foreign state may not receive a payment for the same claim in a proceeding under (identify laws of the enacting State relating to insolvency) regarding the same debtor, so long as the payment to other creditors of the same class is proportionately less than the payment the creditor has already received.

밑줄 친 부분은 아래 주 52의 미국 연방파산법 규정과의 대비 목적으로 필자가 표시한 것이다.

51) UNCITRAL의 사무국이 작성한 모델법의 입법에 관한 지침(Guide to Enactment of the UNCITRAL Model Law on Cross-Border Insolvency. 이하 'UNCITRAL Guide')에 의하면, 모델법 제32조는 입법국의 법에 의하여 확립된 채권의 순위에는 영향을 미치지

은 한 동일 채권에 대하여 배당을 받을 수 없다.

미국의 개정 연방파산법(Bankruptcy Code) 제1532조는[52] 모델법 제32조와 거의 동일한 내용의 규정을 두고 있다.[53]

위 모델법 제32조의 입법취지에 관하여 외국의 도산절차에서 채권자가 배당을 받은 경우, 그 배당액을 국내도산절차에서의 채권신고액

아니하고, 단지 동일한 조(same class)의 채권자에 대한 평등한 취급을 규정하고자 하는 것이라고 한다. UNCITRAL Guide, para. 199 참조. 한편 山本和彥, 앞의 논문(주 48), 53면에서는 "same class"를 동일한 순위라고 번역하고 있는데, 「통합도산법」 제642조는 "같은 조 및 순위"라고 규정함으로써 그 의미를 보다 명확히 해두고 있다.

52) 미국 연방파산법 제1532조(11 U. S. C. §1532)의 규정은 다음과 같다.

§1532 Rule of payment in concurrent proceedings

Without prejudice to secured claim or rights in rem, a creditor who has received payment with respect to its claim in a foreign proceeding pursuant to a law relating to insolvency may not receive a payment for the same claim in a case under any other chapter of this title regarding the debtor, so long as the payment to other creditors of the same class is proportionately less than the payment the creditor has already received.

위 미국 연방파산법 규정은 밑줄 친 부분을 제외하고는 모델법 제32조의 규정과 동일하고 밑줄 친 부분도 모델법의 내용과 실질적으로 차이가 나는 것은 아니므로 번역을 생략하였다. 다만, 위 'foreign proceeding'에 관한 미국의 개정 연방파산법상의 정의 규정은 모델법에서 승인대상으로 정의되어 있는 'foreign proceeding'에 관한 규정을 거의 그대로 반영하였으나 약간의 차이가 있는 것으로 보인다. 미국의 개정 전 연방파산법에서는 제508조 (a)항에서 위 제1532조와 유사한 내용의 배당조정 규정을 두고 있었으나, 아래에서 보는 바와 같이 모델법을 채택하여 연방파산법을 개정하면서 제508조 (a)항은 삭제하고 그 내용을 다소 변경하여 제1532조로 신설하였다. Alan N. Resnick/Henry J. Sommer편, Collier Pamphlet Edition Bankruptcy Code, LexisNexis (2006), 504-505면.

53) 미국에서는 2005. 4. 20. 자로 제정된 "Bankruptcy Abuse Prevention and Consumer Protection Act of 2005"에 의하여 미국 연방파산법에 국제도산에 관한 Chapter 15가 신설되었고, 종전에 미국 연방파산법원에 의한 외국도산절차의 승인을 규율하던 구연방파산법 제304조는 폐지되었다. 개정 연방파산법은 2005. 10. 17. 이후 개시된 도산사건에 대하여 적용된다. 개정 연방파산법에 신설된 Chapter 15의 규정은 모델법의 통일적인 채택과 적용을 증진시키기 위하여 가능한 한 모델법의 문언, 조문 번호 및 전체 구조를 그대로 따랐다고 한다. 위 Collier on Bankruptcy—15th Edition Revised(주 45), 1532-2면.

으로부터 공제하는 방법을 일반적으로 고려해 볼 수 있으나, 그것만으로는 채권자 간의 평등을 완전하게 도모할 수는 없으므로 외국 및 국내도산절차에서의 배당액의 총액을 가급적 조정하고자 하는 데에 있다고 한다.[54] 모델법 제32조의 규정의 요체는 대체로 아래 네 가지 점에 있는 것으로 보이고, 이는 우리「통합도산법」제642조의 해석론에 있어서도 의미 있는 논점이 된다.

첫째, 모델법 제32조는 기본적으로 배당조정의 대상을, 외국에서 도산절차가 개시됨에 따라 이른바 병행도산의 상태가 생기고 외국의 도산 관련법에 따른 절차에서 배당이 실시된 경우에 한정하고 있다. 다만, 이와 관련하여 모델법 제32조에서 말하는 '외국의 도산 관련법에 따른 절차'(a proceeding pursuant to a law relating to insolvency in a foreign state)가 외국도산절차 자체만 의미하는 것인지, 외국의 도산 관련법에 따르는 것이라면 도산절차 이외의 절차도 포함하는 것인지는 의문의 여지가 있는 것으로 보인다.[55]

둘째, 모델법 제32조는 국내도산절차의 개시와 외국도산절차에서

54) 山本和彦, 앞의 논문(주 48), 53면. 이 논문 53면에 소개되어 있는 아래 사례는 hotchpot rule을 규정한 모델법 제32조의 효과를 잘 설명해 주고 있다. 예컨대 채권자 X와 Y가 각각 100만 원의 채권을 갖고 있었는데, X가 외국도산절차에 참가하여 50만 원을 배당받았고, 국내도산절차에서 양자에게 60만 원을 배당하여야 할 경우, 만일 채권액을 공제하는 방식을 취하면 채권액은 X가 50만 원, Y가 100만 원이 되고 평등배당에 의해 X에게 20만 원, Y에게 40만 원이 배당된다. 외국 및 국내도산절차를 합하여 보면 X는 70만 원, Y는 40만 원을 배당받는 것이 되어 두 채권자 간의 평등은 이루어지지 않는다. 그런데 모델법 제32조의 준칙에 의하면, 국내도산절차에서는 우선 Y에게 50만 원을 배당한 다음 남은 10만 원을 X와 Y에게 평등배당하게 되므로(즉 X에게 5만 원, Y에게는 합계 55만 원), 외국 및 국내도산절차에서 X와 Y에게 55만 원씩의 평등배당을 할 수 있게 된다.

55) 山本和彦, 앞의 논문(주 48), 54면은, 모델법 제32조는 '외국에서의 도산 관련법하에서의 절차'에서의 배당을 문제로 삼고 있고 이것은 모델법상 승인대상이 되는 외국도산절차로서 동법 제2조 (a)항에 정의된 '외국절차(foreign proceeding)' 보다는 넓은 범위

의 배당 실시 사이의 선후관계를 명시적으로 언급하고 있지 아니한데, 법문상으로는 국내도산절차 개시 전에 외국도산절차에서 이루어진 변제도 배당조정의 대상에 포함된다고 해석할 여지가 있는 것으로 보인다.[56)]

셋째, 모델법 제32조는 담보부채권과 물권을 배당조정의 대상에서 명시적으로 제외하고 있다. 보다 정확하게는, 배당조정에 의하여 담보부채권이 불리하게 영향을 받지 않는다는 의미이다. 여기서의 '담보부채권'은 일반적으로 특정 재산에 의하여 담보되는 채권을 언급하기 위한 것이고, '물권'은 특정 재산에 대한 권리로서 제3자에게도 효력이 있는 권리를 지칭하고자 한 것으로서 해당 법상의 분류나 용어에 따라서는 어느 한 권리가 위 두 개념 모두에 해당될 수도 있는데, 입법국은 이러한 개념들을 표현하기 위하여 다른 용어를 쓸 수도 있다고 한다.[57)] 모델법에서 담보부채권 또는 물권을 배당조정 대상에서 제외한 취지 내지는 동 예외규정의 적용 결과에 관하여 다음과 같이 설명

의 절차를 시사하고 있을 가능성은 있으나 명확하지 않다고 하고 있다. 深山卓也(編著), 新しい國際倒産法制, 金融財政事情硏究會, 2001, 379-380면도 '외국의 도산 관련 법에 따른 절차'라는 것이 외국도산절차 자체에서 배당 등이 실시된 경우에 한정되는지, 그 이외의 경우도 배당조정의 대상에 포함되는 것인지는 반드시 명확한 것은 아니라고 하고 있다.

56) 深山卓也(編著), 앞의 책(주 55), 380면은 모델법 제32조에서는 국내도산절차의 개시결정과 외국도산절차에서의 배당의 실시 간의 선후관계를 묻지 않고 배당조정의 대상으로 하고 있다고 보고 있다.

57) UNCITRAL Guide, para. 200 참조. 이와 관련하여 UNCITRAL Guide, para. 199는, "To the extent claims of secured creditors or creditors with rights in rem are paid in full (a matter that depends on the law of the State where the proceeding is conducted), those claims are not affected by the provision"이라고 설명하고 있는데, 이는 담보부채권이나 물권을 보유하는 채권자의 채권이 변제되는 한도에서는 모델법 제32조의 규정이 적용되지 않는다는 점을 언급한 것으로 보이고, 위 괄호 안의 내용은 그러한 변제는 도산절차가 진행 중인 외국의 법률에 따라 판단된다는 취지인 것으로 이해된다.

하는 견해가 있다. 해당 담보권의 가치에 따라 채권자는 평등배당절차에는 참여하지 아니할 수도 있고 또는 담보권실행 후의 잔존 무담보채권에 관하여만 채권신고를 할 수도 있는데, 후자의 경우 담보권실행으로 이미 회수된 채권 부분은 잔존 무담보채권 부분을 취급함에 있어서 고려되어서는 안 된다고 한다. 마찬가지 이유에서 담보부채권자가 담보권을 실행함으로써 그의 당초의 총 채권액을 기준으로 볼 때, 배당에만 의존하는 동 순위의 다른 무담보채권자들에 비하여 높은 비율의 변제를 받게 된다는 이유를 들어 동 담보권의 실행을 저지할 수는 없다고 한다.[58)]

넷째, 모델법에서는 국내도산절차에서 동 순위에 있는 다른 채권자들의 배당률을 초과하여 국외에서 변제받은 금액을 국내도산절차의 관재인에게 반환할 것까지는 요구하고 있지 않다.

(2) EU의 도산규정[59)]

우선 EU 도산규정 제5조에서는, 채권자 일반을 해하는 행위에 대한 부인권 등의 경우를 제외하고는 어느 한 회원국에서의 도산절차개시는 도산절차개시 당시 다른 회원국에 소재하는 채무자의 재산에 대한 채권자 본인이나 제3자의 물권(담보권을 포함함)에 영향을 미치지 아니한다고 규정하고 있다(동 규정 제5조 제1항 및 제4항). 다른 회원국의 도

58) Ian F. Fletcher, Insolvency in Private International Law (second edition), Oxford (2005), 485-486면.

59) 2002. 5. 31. 발효된 유럽연합의 "도산절차에 관한 2000. 5. 29.자 1346/2000호 EC 이사회규정(Council Regulation (EC) No. 1346/2000 of 29 May on Insolvency Proceedings)"을 말한다(이하에서는 'EU 도산규정' 이라고 인용). EU 도산규정의 원문은 석광현, 국제사법과 국제소송 제3권, 박영사, 2004, 685면 이하에 소개되어 있다.

산절차로부터 격리되는 위 권리에는 담보물의 처분 및 처분대금으로부터의 채권회수 등이 포함된다(동 규정 제5조 제2항). 다만, EU 회원국에서 개시된 도산절차가 회원국이 아닌 국가에 소재하는 담보물에 미치는 효력은 각 회원국의 국내법에 따라 판단된다.[60)]

한편 EU 도산규정 제20조 제1항에서는, 동 규정 제5조에 규정된 물권(담보권 포함) 및 제7조에 규정된 소유권유보의 경우를 제외하고, 어느 한 회원국에서 동 규정 제3조 제1항에 의하여 채무자의 주된 이익의 중심지(center of main interest)에서 도산절차(즉 주 절차)가 개시된 후에 강제집행 기타 수단에 의하여 다른 회원국에 소재하는 국외재산으로부터 채권의 전부 또는 일부의 변제를 받은 채권자는 위 주 절차의 도산관재인에게 그 변제받은 금액을 반환하도록 하고 있다. 따라서 다른 회원국에 소재한 재산상의 담보권으로부터 변제받은 채권자는 그 변제받은 금액을 계속 향유할 수 있고 이를 주 절차의 도산관재인에게 반환할 필요가 없다.[61)] 또한 EU 도산규정 제20조 제2항은, 어느 한 회원국에서 개시된 도산절차에서 배당을 받은 채권자는 다른 회원국의 도산절차에서 동일한 순위 또는 조(same class or category)에 있는 채권자들이 동등한 배당을 받은 경우에 한하여 위 다른 회원국의 도산절차에서의 배당에 참여할 수 있다고 규정함으로써 외국의 병행도산절차에서 변제받은 경우에는 변제받은 금액의 반환을 요구하지 아니하고, 위 모델법 제32조와 유사한 내용으로 국내도산절차에서 배당조정만 하는 것으로 정하고 있다.

60) Philip R. Wood, Principles of International Insolvency (2nd edition), Sweet & Maxwell (2007), 867면.

61) Philip R. Wood, 앞의 책(주 60), 854면.

(3) 일본의 회사갱생법 및 파산법

일본에서는 개정「회사갱생법」및「신파산법」에서 회생절차개시 결정 또는 파산절차개시 결정이 있은 후 회생채권자 · 회생담보권자 또는 파산채권자가 회사의 재산 또는 파산재단에 속하는 재산으로서 외국에 있는 것에 대하여 권리를 행사함으로써 회생채권 · 회생담보권 또는 파산채권에 대한 변제를 받은 경우, 회생채권자 · 회생담보권자 또는 파산채권자는 다른 동 순위의 채권자가 자기가 받은 변제와 동일한 비율의 변제를 받을 때까지는 회생계획의 규정에 의한 변제나 파산절차에서의 배당(중간배당 및 최후배당)을 받을 수 없는 것으로 정하고 있다.[62] 일본의 개정「회사갱생법」및「신파산법」은 모델법이나 미국 연방파산법과는 달리 외국에서의 병행 도산절차가 없는 경우에도 국내도산절차 개시 후 이루어진 국외재산으로부터의 변제 일반에 대하여 배당조정을 하는 것으로 정하고 있고, 국외재산으로 담보되는

62) 회생채권 및 회생담보권에 있어서의 배당조정에 관한 일본의 개정 회사갱생법(2002. 12. 13. 전면개정 ; 2006. 3. 31. 최종개정) 제137조의 규정은 다음과 같다. 일본의 신파산법(2004. 6. 2. 제정 ; 2006. 12. 15. 최종개정)에서도 파산채권의 배당조정에 관하여 파산법 제109조, 제201조 제4항(최후배당) 및 제209조 제3항(중간배당)에 같은 취지의 규정을 두고 있다. 아래 "회생채권 등"과 "회생채권자 등"은 회사갱생법에서 "회생채권 및 회생담보권"과 "회생채권자 및 회생담보권자"로 각각 정의되어 있다(동법 제2조 제12호 및 제13호).

제137조(회생채권자 등이 외국에서 받은 변제)

① 회생채권자 등은 회생절차 개시결정이 있은 후에, 회생회사의 재산으로서 외국에 있는 것에 대하여 권리를 행사함으로써 회생채권 등에 대한 변제를 받은 경우에도 그 변제를 받기 전의 회생채권 등의 전부로써 회생절차에 참가할 수 있다.

② 전 항의 회생채권자 등은 다른 동 순위의 회생채권자 등이 자기가 받은 변제와 동일한 비율의 변제를 받을 때까지는 회생계획이 정하는 바에 의한 변제를 받을 수 없다.

③ 제1항의 회생채권자 등은 외국에서 변제를 받은 회생채권 등의 부분에 대하여는 의결권을 행사할 수 없다.

담보부채권이 배당조정의 대상으로부터 제외되는 것인지에 관하여는 명시적으로 규정하지 않고 있다.

3. 「통합도산법」 제642조의 해석

(1) 국제 병행도산을 전제로 하는 것인지 —'국내도산절차와 외국도산절차 또는 복수의 외국도산절차가 있는 경우'의 의미—

「통합도산법」 제642조에서 말하는 '국내도산절차와 외국도산절차가 있는 경우'라는 것이 어떤 의미인지 우선 문제된다. 즉 동 조항에 따른 배당조정이 국내도산절차와 외국도산절차의 병행을 전제로 하는 것인지의 문제이다. 먼저 국내도산절차에 관하여 보면, 법 제642조에 따른 배당조정은 국내에서 회생절차 또는 파산절차가 개시된 후 동 절차 내에서 이루어지는 변제 또는 배당에 대하여 적용되는 것이므로 배당조정을 하기 위해서는 국내에서 도산절차가 개시되어야 한다는 점은 의문의 여지가 없다. 다만, 국내도산절차가 개시되기 전에 이루어진 변제도 국내도산절차 개시 후 배당조정의 대상이 되는지 의문이 제기될 수 있는데, 이 점에 관하여는 아래 3. (2) 1)에서 따로 살펴보기로 한다.

다음으로 법 제642조에서 말하는 '외국도산절차 또는 복수의 외국도산절차가 있는 경우'의 의미에 관하여 보면, 우선 위 외국도산절차는 「통합도산법」의 규정에 따라 우리나라에서 승인된 도산절차일 것을 요하지는 않는다.[63)]

---

63) 석광현, 앞의 논문(주 48), 370면.

법 제628조 제1호는 '외국도산절차'를 "외국법원(이에 준하는 당국을 포함한다)에 신청된 회생절차 · 파산절차 또는 개인회생절차 및 이와 유사한 절차와 임시절차를 포함한다"라고 정의하고 있다. 위 '외국도산절차가 있는 경우'의 의미에 대하여 따로 논의하고 있는 견해는 아직 보이지 아니하나, 논의의 편의상 견해를 나누어 살펴보기로 한다. 우선 제1설은, 법 제642조에서 "채무자를 공통으로 하는 국내도산절차와 외국도산절차 또는 복수의 외국도산절차가 있는 경우"를 전제로 명시하고 있으므로 동조에 따른 배당조정은 '외국도산절차가 있는 때'에 한하여 적용된다고 보는 견해이다. 이 견해에 의하는 경우, 채무자의 국외재산으로부터의 변제는 외국도산절차 밖에서의 변제이더라도 변제조정 대상이 되나 그 전제로서 반드시 외국도산절차가 있어야 한다고 해석하게 될 것이다. 반면에 제2설은, 우리「통합도산법」이 모델법과는 달리 외국도산절차로부터의 변제 이외에 '채무자의 국외재산으로부터의 변제'를 굳이 따로 명시하여 포함시킨 취지는 외국도산절차가 없는 경우에도 국외재산으로부터의 변제이면 모두 배당조정 대상으로 삼고자 한 데에 있는 것으로 보아야 하고, 위 조문의 문리해석상 '채무자를 공통으로 하는 국내도산절차와 외국도산절차 또는 복수의 외국도산절차가 있는 경우'라는 것은 그 다음의 '외국도산절차'만 수식하는 문구라고 해석 못할 바는 아니므로 외국도산절차가 없는 경우에도 국외재산으로부터의 변제는 배당조정 대상이 된다고 해석하는 견해이다.[64] 그러나 제2설을 취하게 되면, "채무자의 국외재산으로부터 변제받은"이라는 문언 앞에 규정되어 있는 국내 및

64) 국내 학설들은 이 점에 관하여 명시적으로 논하고 있지는 아니한 것으로 보이나, 대체로 제2설을 전제로 하여 논의하고 있는 듯하다.

외국도산절차에 관련된 언급은 사실 모두 불필요한 내용이 되는데, 문리해석상 다소 무리가 있는 것으로 보인다.[65] 사견으로는 법문에 충실하게 위 제1설과 같이 해석하는 것이 타당하다고 생각된다. 그러나 제1설과 같이 해석하더라도 아래 4에서 논의하는 바와 같이 국외재산으로부터의 변제로서 법 제642조에 의한 배당조정의 대상이 되지 아니하는 변제(즉 외국 병행도산절차가 없는 경우의 국외변제)에 대하여도 사실상 법 제642조 및 채무자 회생 및 파산에 관한 규칙 제107조와 동일한 방법에 의하여 국외재산으로부터의 변제금액을 국내도산절차에서의 배당액으로부터 공제하여야 한다는 견해를 취하는 경우에는, 위 제1설과 제2설 어느 견해를 취하더라도 국내도산절차 내에서 이루어지는 배당조정의 실질적인 내용에 있어서는 차이가 없게 된다(다만, 외국에서의 초과 변제액에 대하여 부당이득반환을 인정할 것인지의 여부와 관련하여서는 해석 여하에 따라 차이가 생길 수 있다).

그런데 위 제1설을 취하는 경우, 법 제642조에서 말하는 "외국도산절차가 있는 경우"라는 것이 외국도산절차가 개시된 경우를 의미하는 것인지, 아니면 도산절차개시 신청은 되었으나 아직 개시되지 아니한 경우도 포함하는 것인지 의문이 있을 수 있다.[66] 사견으로는 외

65) 또한 2002. 11. 6. '「통합도산법」 제정안 설명 및 토론'이라는 주제로 법무부가 주관한 도산법 제정 공청회에 제시되었던 「통합도산법」 시안 제641조(배당액의 결정)에서는, "채무자를 공통으로 하는 국내도산절차와 외국도산절차 또는 복수의 외국도산절차가 있는 경우 법원은 동일한 채권자가 외국도산절차에서 배당받은 액 또는 채무자의 국외재산으로부터 변제받은 액을 고려하여 국내도산절차에서의 배당액을 결정하여야 한다"라고 규정되어 있던 점에 비추어 볼 때, 제2설에서와 같은 문리해석은 당초의 입법의도에 부합되는 것은 아닌 것으로 생각된다.

66) 미국 연방파산법에 따른 회생절차 또는 파산절차에서와 같이 채무자의 신청과 동시에 자동중지(automatic stay)라는 우리 「통합도산법」상의 회생절차 또는 파산절차의 개시에 준하는 효력이 생기는 경우 이 점은 문제되지 아니할 것이다.

국도산절차가 있는 경우라 함은 외국절차가 계속 중인 경우를 의미하는 것으로 보아야 하는데, 엄밀히 보면 도산절차가 개시되지 아니하고 아직 신청 중인 단계에서는 법 제642조에서 말하는 "외국도산절차가 있는 경우"에 해당된다고 보기는 어렵지 않은가 생각되며, 따라서 배당조정을 하기 위해서는 외국도산절차의 개시를 요한다고 본다. 그런데 법 제628조 제1항에 정의된 외국도산절차에는 임시절차가 포함되므로, 예컨대 개시신청 후 절차개시 전에 법원의 보전처분이 내려진 단계에서는 임시절차가 개시된 것으로 보아 "외국도산절차가 있는 경우"에 해당한다고 볼 수 있다. 따라서 외국도산절차가 개시되었는지 여부가 실제로 문제되는 경우는 별로 없을 것으로 생각된다.[67)]

(2) 배당조정의 대상이 되는 변제 — '외국도산절차 또는 채무자의 국외재산으로부터 변제받은' 의 의미 —

1) 국내도산절차 개시 전 변제도 배당조정대상이 되는가의 문제

앞서 본 바와 같이 모델법 제32조에서는 국내도산절차와의 관계에

67) 모델법 제2조 (a)항에서는 승인대상이 되는 외국도산절차를 '외국절차(foreign proceeding)'로 정의하고 있는데, 여기에는 임시절차(interim proceeding)도 포함되어 있다. 山本和彦, UNCITRAL 國際倒産モデル法の解說(2), NBL 629호(1997. 11), 40-41면에 의하면, 모델법의 논의과정에서 위 외국절차의 정의와 관련하여 외국절차의 개시에 관하여 따로 규정할 것인지 여부가 검토되었으나, 외국절차의 정의에 임시절차를 포함시키고 개시에 관하여는 따로 정하지 않았다고 한다. 나아가 개시결정 전의 절차이어도 그것이 절차라고 할 수 있는 단계이면 승인대상이 되는 임시절차로 볼 수 있다고 하며, 적어도 보전처분이 내려져 있다면(제3의 기관이 선임되어 있지 아니하여도) 승인대상이 되는 임시절차에 해당된다고 보고 있다.

서 배당조정의 대상이 되는 변제의 시기에 관하여 명시하고 있지 아니하다. 예컨대 외국도산절차가 먼저 개시되고, 국내도산절차 개시 전에 외국도산절차로부터 변제가 이루어진 경우, 모델법의 법문상으로는 그러한 변제도 배당조정의 대상이 된다고 해석할 여지가 있는 것으로 보인다. 우리 통합도산법 제642조도 모델법과 마찬가지로 이 점에 관하여 명확히 규정하지 않고 있어 의문이 제기될 여지가 있다. 이와 관련하여 배당조정의 대상이 되는 외국에서의 변제가 국내도산절차 개시 전에 이루어진 경우도 배당조정의 대상이 된다고 보는 견해가 있을 수 있다. 이 견해에서는 법 제642조의 기초가 된 모델법 제32조의 취지는, 외국에서 도산절차가 병행되는 경우 동일한 채권자에 대하여 외국도산절차에서 이루어진 배당액을 포함시켜 국내도산절차에서의 배당액을 결정함으로써 국내 및 외국 도산절차에서의 배당의 총액에 관하여 국내도산절차에서 동 순위 채권자 간의 평등을 도모하고자 한 데 있는 것이므로, 국내도산절차 개시 전에 외국도산절차에서 배당이 이루어지더라도 그 배당액을 고려하여 법 제642조에 따라 배당 또는 변제금액을 조정하는 것이 타당하다는 점을 근거로 들 수 있을 것으로 생각된다.

그러나 사견으로는 법 제642조에서 모델법 제32조의 규정과 달리 조문 앞 부분에 "채무자를 공통으로 하는 국내도산절차와 외국도산절차 또는 복수의 외국도산절차가 있는 경우"라고 규정하고 있으므로, 법문의 해석상 동조에 의한 배당조정은 국내도산절차와 외국도산절차가 모두 개시되어 계속 중인 경우에 이루어진 변제에 적용된다고 해석할 수 있다고 본다. 법 제642조에 의한 배당조정은 국내도산절차에서의 배당조정을 통하여 제한적 범위 내에서 국내도산절차의 대외적 효력을 간접적으로 실현하고자 하는 것으로 볼 수 있는바, 법 제

642조를 해석함에서 있어서 달리 명시적 근거규정이 없는 이상 국내도산절차의 개시에 의하여 포괄적 변제금지 · 강제집행금지 등의 효력이 생기기 전에 이루어진 변제에 대하여 배당조정을 할 수 있다고 해석하는 것은 법리상의 근거도 약한 것으로 보인다. 보다 근본적으로 국내도산절차 개시 전에 국내에서 적법하게 이루어진 변제에 대하여(부인권의 대상이 아닌 한) 도산절차에서 이를 회수하거나 다른 채권자들에게 그 변제금액만큼 먼저 지급하도록 하는 법리는 없으므로 '외국에서의 변제'라고 하여 달리 취급할 이유는 없다고 본다(이와 관련하여 국내도산절차 개시 전에 이루어진 외국에서의 변제에 대하여 국내도산절차에 의한 부인권을 적용할 수 있는가의 문제가 있는데, 이는 부인권행사와 관련된 국제도산법 문제로서 별도의 깊은 검토를 요하는 것이므로 이 글에서는 다루지 아니한다). 따라서 국내도산절차 개시 전에 외국도산절차나 국외재산으로부터 이루어진 변제는 법 제642조에 의한 배당조정의 대상이 되지 않는 것으로 보는 것이 타당하다고 생각된다. 채무자 회생 및 파산에 관한 규칙 제107조는 이와 같은 견해를 취하고 있는 것으로 보인다.[68)]

68) 앞서 본 바와 같이, 일본의 회사갱생법 및 파산법에서는 모델법이나 우리나라 법과는 달리 회생절차 개시결정 또는 파산절차 개시결정이 있은 후에 받은 변제가 배당조정의 대상이 된다는 점을 법문상 명확히 하고 있다. 주 62 참조. 이러한 입법의 취지에 관하여, 深山卓也, 앞의 책(주 55), 380면은, 일본법상 외국에서의 강제집행 등에 의한 배당 또는 변제도 배당조정의 대상으로 포함되고 그 근거는 국내도산절차의 대외적 효력에 있다고 보아야 하므로 배당조정의 대상도 파산선고(또는 회생절차 개시결정) 후 이루어진 것에 한정되어야 한다고 설명하고 있다. 나아가 외국도산절차에서 배당이 실시된 후 일본에서 파산선고(또는 회생절차 개시결정)가 이루어지는 것은 통상 생각하기 어려운 것이어서 모델법에 의한 배당조정의 대상이 일본법에 의한 배당조정의 대상에서 제외되는 경우는 실제로 일어나지 않을 것이라고 하고 있다.

2) 외국도산절차로부터의 변제

법 제642조에서 말하는 '외국도산절차로부터의 변제'가 외국에서 도산절차(임시절차 포함)가 개시되어 계속 중인 동안 그 도산절차에서 받은 변제를 포함한다는 것에 대하여는 의문의 여지가 없다. 또한 외국도산절차가 계속 중에 아래에서 보는 바와 같이 도산절차가 개시된 외국(그 도산절차가 승인된 다른 외국 포함)에 소재하는 국외재산으로부터 받은 변제도 배당조정의 대상이 된다고 본다. 또한 외국에서 개시된 도산절차가 취소 또는 폐지되더라도 도산절차 개시 후 취소 또는 폐지 전에 도산절차 내에서(또는 도산절차 밖에서 위 국외재산으로부터) 변제가 이루어진 경우에도 외국도산절차로부터 받은 변제(또는 국외재산으로부터의 변제)에 해당되어 배당조정의 대상이 된다고 본다.

한편 외국에서 개시된 도산절차가 성공적으로 종결되고 그후 도산절차에서 정한 변제계획에 따라 변제가 이루어지는 경우, 도산절차 종결 후 이루어지는 그 같은 변제는 개시된 외국도산절차의 효력에 의하여 이루어지는 변제로서 외국도산절차의 계속 중에 이루어지는 변제와 실질적으로 동일시할 수 있다고 본다. 따라서 위와 같은 경우 법 제642조에서 말하는 '외국도산절차가 있는 때'에 여전히 해당된다고 보아야 할 것으로 생각되고, 외국도산절차에서 정하여진 변제계획에 따라 절차 종결 후 이루어지는 변제는 실질적으로 외국도산절차로부터의 변제에 해당되는 것으로서 배당조정의 대상이 된다고 본다(해석하기에 따라서는 다음에 보는 국외재산으로부터의 변제에 해당된다고 볼 수도 있을 것이다).

3) 국외재산으로부터의 변제

배당조정을 하기 위해서는 외국에서 도산절차가 병행될 것을 요한다고 보는 위 제1설에 의하는 경우, '국외재산으로부터의 변제'가 도산절차가 개시된 외국에 소재하는 재산으로부터 받은 변제를 말하는지, 아니면 도산절차 개시국뿐만 아니라 그 외 모든 외국에 소재하는 재산으로부터의 변제도 포함되는 것인지의 문제가 있다. 어느 한 외국에서 도산절차가 개시되었다는 이유로 그 외의 모든 외국에 소재하는 재산으로부터의 변제도 배당조정 대상에 포함시킬 합리적인 이유는 없는 것으로 보이고, 그렇게 할 때 외국도산절차가 개시된 경우와 그렇지 아니한 경우의 배당조정 대상의 범위가 너무 큰 차이가 나게 된다. 외국도산절차의 개시를 배당조정의 요건으로 삼는 이상, 위 '국외재산'이라고 함은 도산절차가 개시된 당해 외국에 소재하는 재산(그 도산절차가 다른 외국에서 승인된 경우에는 그 도산절차가 승인된 외국에 소재하는 재산도 포함된다고 본다)이라고 한정하여 해석하는 것이 타당하다고 본다.[69)]

국외재산으로부터의 변제의 의미를 위와 같이 해석하는 경우, 외국도산절차가 개시되면 그 도산절차에 의하지 아니하고 이루어지는 변제는 예외적인 경우일 것이므로 우리 「통합도산법」 제642조에 따른 배당조정의 범위는 일본법보다는 모델법 쪽에 훨씬 가까워진다. 오히려 앞서 본 바와 같이 모델법 제32조에서는 "외국에서의 도산 관련법에 따른 절차"라고 함으로써 외국도산절차 자체에서 배당이 실시된

69) 한편 국내와 외국에서 모두 도산절차가 개시된 경우라고 하더라도 국내도산절차 개시 후이지만 외국도산절차(임시절차 포함) 개시 전(예컨대 신청 후 개시 전)에 이루어진 변제는, '외국도산절차로부터의 변제'에는 해당되지 않더라도 '국외재산으로부터의 변제'에는 해당될 여지가 있으므로 배당조정의 대상이 되는 것 아닌가 하는 의문이 생길 수 있다. 그러나 앞서 본 바와 같이 법 제642조에 의한 배당조정은 국내 및 외국에서 모두 도산절차가 개시된 이후 이루어진 변제에 한하여 적용된다고 보아야 하므로 외국도산절차 개시 전의 변제는 배당조정의 대상이 되지 않는다고 본다.

것에 한정되는지, 그 외의 경우도 배당조정의 대상에 포함되는 것인지 명확하지 않다는 의문이 제기되고 있는데, 우리 「통합도산법」 제642조는 '외국도산절차' 외에 위 '국외재산으로부터의 변제'를 부수적으로 추가함으로써 위와 같은 의문은 생기지 않는다

4) 변제의 유형별 검토

배당조정의 대상이 되는 변제는 국내 회생절차나 파산절차에 구속되는 회생채권, 회생담보권 또는 파산채권에 관하여 받은 변제에 한정된다고 본다.[70] 따라서 우리 통합도산법상 공익채권이나 재단채권에 해당하는 채권에 관하여 외국도산절차(또는 절차개시국에 소재하는 국외재산)로부터 받은 변제는 배당조정의 대상이 되지 않는다고 본다. 이하에서는 변제 유형별로 배당조정의 대상이 되는지에 관하여 살펴보기로 한다.

① 임의변제

외국에서 도산절차가 개시되었는지 여부를 묻지 아니하고 국외재산으로부터의 변제에 대하여 배당조정을 하는 일본의 경우에는 채무자에 의한 임의변제가 배당조정의 대상이 되는지에 관하여 견해가 나뉘고 있다.[71] 반면에 우리나라의 학설은 국외재산으로부터 받은 임의

---

70) 일본의 개정 회사갱생법 및 신파산법에서는 '회생채권 등에 대한 변제' 또는 '파산채권에 대한 변제'를 받은 경우라고 명시적으로 규정하고 있다. 주 62 참조.

71) 深山卓也(編著), 앞의 책(주 55), 379-380 · 432-433면. 임의변제는 배당조정의 대상이 아니라는 견해에서는, 일본 파산법상의 배당조정 규정에서 전제로 하는 것은 '채권자에 의한 권리행사'이고, 파산자는 파산절차 개시 후에는 재산의 관리처분권을 상실하고 그 행위의 효력을 파산채권자에 대항할 수 없다는 점을 고려하여, 임의변제의 경우는 구별하여 고찰해야 하며 파산관재인은 당해 파산채권자에 대하여 파산자로부터의 임의변제를 부당이득으로 하여 파산재단에 반환할 것을 청구할 수 있다고 한다. 伊藤眞, 破産法(第4版補訂版), 有斐閣, 2006, 179면 참조. 이 견해에 대하여는 외국에서의 파

변제도 배당조정의 대상이 된다는 데에 견해가 일치하고 있다.[72] 사견으로는 외국도산절차 밖에서 이루어진 채무자에 의한 임의변제의 경우에도 그것이 국외재산을 재원으로 하는 것으로서 법 제642조의 다른 요건을 충족하는 것이라면 배당조정 대상에서 제외시킬 이유가 없다고 본다. 그러나 위에서 본 바와 같이 법 제642조에서 말하는 국외재산으로부터의 변제는 외국도산절차가 개시된 경우로서 도산절차가 개시된 외국(그 절차가 승인된 다른 외국 포함)에 소재하는 재산으로부터 받은 변제에 한정된다는 견해를 취하는 경우, 외국도산절차 개시 후 관리처분권이 없는 채무자가 외국도산절차에 의하지 아니하고 국외재산으로부터 임의변제를 할 수 있는 경우는 거의 없을 것이고, 임의변제를 하더라도 도산절차가 개시된 외국의 법상 이러한 변제는 효력이 인정되기 어려울 것이다. 따라서 이 경우에는 우리 도산절차의 관리인이나 파산관재인(또는 외국도산절차의 대표자)은 위와 같이 무효인 임의변제를 받은 채권자를 상대로 부당이득반환청구를 하여야 하고, 배당조정규정은 적용되지 않는다고 본다.

② 강제집행에 의한 변제

모델법의 경우 제정 과정에서 강제집행에 의한 변제를 배당조정의 대상으로 포함시킬 것인지에 관하여 검토되었으나, 각국의 집행법제의 조정을 요할 가능성을 고려하여 채택하지 않기로 하였다고 한다.[73] 반면에 일본의「회사갱생법」및「파산법」의 경우에는 "회사의 재산

산법제가 속지주의인 경우에는 외국에서의 변제행위는 적법할 수도 있으므로 외국의 파산법제가 속지주의인지 보편주의인지를 구별하지 않고 부당이득으로 청구할 수 있다는 견해에는 찬성하기 어렵다는 비판이 있다. 임치용, 앞의 책(주 2), 313면 참조.

72) 석광현, 앞의 논문(주 48), 370면 ; 서울중앙지방법원 파산부 실무연구회, 회생사건실무(하), 박영사, 2006, 265면 ; 임치용, 앞의 책(주 2), 313면.

73) 山本和彦, 앞의 논문(주 48), 53-54면 참조.

또는 파산재단에 속하는 재산으로 외국에 있는 것에 대하여 권리를 행사하여 회생채권 · 회생담보권 또는 파산채권에 대해 변제받은 경우"라고 되어 있는바, 여기에 외국도산절차에서의 변제뿐만 아니라 강제집행에 의한 변제가 포함된다는 데에는 이론이 없는 것으로 보인다.[74] 우리나라의 경우, 개별적 강제집행을 통한 변제도 포함된다는 데에는 의견이 일치한다.[75] 그런데 앞서 본 바와 같이 법 제642조에서 말하는 국외재산으로부터의 변제는 외국도산절차가 개시된 경우로서 도산절차가 개시된 외국(그 절차가 승인된 다른 외국 포함)에 소재하는 재산으로부터 받은 변제에 한정된다고 하는 견해를 취하는 경우, 도산절차에 의하지 아니하고 강제집행에 의하여 국외재산으로부터 변제가 이루어지는 경우는 매우 예외적일 것으로 생각된다. 이러한 예외적인 경우를 상정해 본다면, 예컨대 외국의 도산 관련 법상으로는 외국도산절차에 구속되지 않는 채권이어서(또는 도산 관련법이 예외적으로 도산절차 밖에서 채권의 행사를 허용함으로 인하여) 도산절차 밖에서 위 국외재산에 대한 강제집행을 통하여 변제를 받았으나, 동 채권이 우리 법상으로는 회생채권 또는 파산채권으로 신고 · 시인되어 있는 경우에는 위 강제집행에 의하여 외국에서 변제받은 금액은 국내 회생절차 또는 파산절차에서 배당조정 대상이 된다고 본다.[76]

③ 국외재산상의 담보권으로 담보되는 채권에 대한 변제

앞에서 본 모델법, 미국 연방파산법 및 EU 도산규정은 담보부채권

---

74) 深山卓也(編著), 앞의 책(주 55), 379-380 · 432-433면.

75) 석광현, 앞의 논문(주 48), 370면 ; 위 회생사건실무(하), 265면 ; 임치용, 앞의 책(주 2), 313면.

76) 또한 우리 회생절차와 같은 재건형 절차가 종결된 후에 채무자가 변제계획에서 정한 채권을 변제기에 변제하지 못하여 채무자 재산에 대한 강제집행을 통하여 변제받는 경우 이에 해당된다고 볼 여지가 있을 것이다.

을 배당조정 대상에서 명시적으로 제외하고 있음에 반하여, 우리 통합도산법은 이 점에 관하여 아무런 규정을 두고 있지 않다. 이와 같이 명시적 규정이 없는 우리 통합도산법의 해석으로도 국외재산에 설정된 담보권으로 담보되는 채권(이하 '국외재산 담보부채권')에 대한 변제는 배당조정 대상에서 제외되는 것으로 해석할 수 있는지의 문제가 있다. 우선 국내의 회생절차 또는 파산절차가 국외담보의 소재지국에서 승인되어 통합도산법에 따른 국내도산절차의 효력(특히 회생절차의 경우, 회생담보권에 대한 담보권 실행 및 변제금지의 효력을 포함하여)이 국외담보에도 미치는 경우에는 국외재산 담보부채권은 회생담보권 또는 별제권부채권으로서 국내재산으로 담보되는 채권과 동일하게 취급될 것이므로 이 경우 국외재산 담보부채권의 변제는 법 제642조의 적용 대상은 아니라고 본다. 만일 통합도산법에 위반하여 국외재산 담보부채권의 변제가 이루어지는 경우(예컨대, 회생담보권의 실행이나 회생계획에 의하지 아니한 회생담보권의 변제)에는 그러한 변제는 우리 통합도산법상 무효이고 국내도산절차가 승인된 해당 외국법상으로도 무효일 것이므로 법 제642조의 적용 대상은 아니고 부당이득반환청구의 대상이 된다고 본다. 따라서 기본적으로 국외재산 담보부채권의 변제와 관련하여 법 제642조의 적용 여부가 문제되는 것은 국내 도산절차가 국외담보의 소재지국에서 승인되지 아니한 경우(해당 외국이 속지주의를 취하고 있는 경우 포함)라고 할 수 있는바, 이하에서는 이러한 경우를 전제로 하여 국외재산 담보부채권에 대한 변제가 법 제642조의 적용 대상이 되는지에 관하여 살펴보기로 한다. 그런데 이 문제는 보다 근본적인 문제로서 통합도산법상 과연 국내도산절차가 외국에서 승인되지 아니한 단계에서 국외재산상에 설정된 담보권에 대하여 국내도산절차의 효력이 미치는 것으로 보아 동 담보권으로 담보되는 채권을 회생담보권 또는 별제권으로 취급할 수 있는가의 문제와 밀접하게 연관되어 있으므로 함께 살펴보기로 한다.

i) 국외재산 담보권을 회생담보권 또는 별제권으로 보는 견해 (이하, "A설")

통합도산법은 과거의 속지주의 관련 조문들, 즉 우리 도산절차의 효력을 국내에 있는 재산으로 한정한 회사정리법 제4조 제1항 및 그와 동일한 내용의 파산법 제3조 제1항을 삭제하였고 국제도산에 관한 규정들을 신설하였다. 따라서 통합도산법은 우리나라에서 회생절차나 파산절차가 개시되는 경우, 그 효력은 채무자의 국외재산에도 미치는 것으로 정하고 있는 것이므로 절차개시 당시 채무자 소유의 국외재산으로 담보되는 채권은 회생담보권 또는 별제권으로 취급되어야 한다는 견해가 있을 수 있다. 이 견해에 의하면, 채무자 소유의 국외재산상에 설정된 담보권도 회생절차 중에는 담보권의 실행이 금지되고[77] 회생계획에 의하여서만 채권을 변제받을 수 있다고 보게 되며, 국외재산상의 담보권을 회생담보권으로 신고한 채권자가 동 담보권을 실행하여 국내의 다른 회생담보권자보다 먼저 채권을 변제받은 경우에는 동 변제금액은 국내 회생절차에서 같은 조 및 순위에 있는 다른 회생담보권자들과의 사이에 배당조정 대상이 된다. 다만, 이 견해에 의하더라도 국내의 도산절차가 파산절차인 경우에는 국외재산상에 설정된 담보권은 별제권에 해당되어 파산절차 밖에서 담보권을 실

77) 永石一郎(編), 앞의 책(주 21), 786 · 811면은 회생담보권자는 파산절차에서의 별제권과는 달리 국외재산에 대하여 개별집행할 수 없다고 하며, 국외재산으로 담보되는 회생담보권의 경우에도 배당조정의 대상이 된다고 보는 듯하나, 이 문제를 정면으로 상세히 논의하고 있지는 않다.

행할 수 있고,[78] 이때 국내 파산절차의 일반 파산채권자들은 위 담보권의 행사에 의하여 국외재산으로부터 변제받은 별제권자와 같은 조 및 순위에 있다고 볼 수 없으므로 그 변제금액은 배당조정의 대상이 되지 않는다.

ii) 국외재산 담보부채권을 회생채권 또는 파산채권으로 보는 견해 (이하, "B설")

이 견해는 통합도산법상 명문의 규정은 없으나 앞에서 본 EU 도산규정, 기타 주요 외국에서의 입법례 또는 판례와 국제도산법의 법리에 비추어 볼 때, 국내에서 도산절차가 개시되는 경우 외국에 소재하는 담보물에 대하여 자동적으로(즉 국내도산절차가 외국에서 승인되기 전에) 국내도산절차의 대외적 효력이 미침을 주장하여 담보권의 효력 또는 실행, 나아가 동 담보권으로 담보되는 채권을 제한할 수는 없다는 견해에 입각한 것이다.[79] 따라서 국외재산 담보부채권은 국내도산

78) 永石一郎(編), 앞의 책(주 21), 786면.

79) 일반론으로서, 담보권행사의 중지, 도산관재인의 담보물 사용 및 처분권, 담보권에 우선하는 권리, 도산관재인이 담보를 대체할 수 있는 권한, 채무자가 기존 담보권에 우선하는 차입을 할 수 있는지, 담보부채권자가 변제계획에 대한 표결에 의하여 구속되는지 등의 문제에 대하여는 원칙적으로 담보물 소재지법에 의하여야 하므로, 담보물이 외국에 소재하는 경우 동 담보물은 국내도산절차로부터 자유롭다고 한다. Philip R. Wood, 앞의 책(주 60), 864면. 앞에서 본 EU 도산규정(제5조)의 경우에는 이 점을 명시적으로 규정하고 있고, 영국 · 네덜란드 · 스페인 등의 경우에도 판례상 또는 국내도산법의 규정상 국외재산상의 담보권에 대하여는 국내도산절차의 효력이 미치지 않는 것으로 하고 있다고 한다. Philip R. Wood, 앞의 책(주 60), 855 · 864-865면. 이 문제와 관련하여, 독일에서는 i) 보편주의를 중시하여 도산법정지법을 우선하는 견해, ii) EU도산규정(제5조)처럼 담보권자를 보호하기 위하여 도산법정지법의 적용을 부인하고 결과적으로 속지주의와 동일한 결론을 취하는 견해, iii) 절충설로서 도산법정지법의 적용을 긍정하여 도산재단에 포함시키되 담보물의 소재지법의 도산법을 적용하는 견해와 iv) 절충설에 따라 도산재단에 포함시키되 담보물 소재지의 도산법과 도산법정지법 중

절차가 담보물 소재지 국가 등 해당 외국에서 효력을 인정받기 전에는 이를 회생담보권이나 별제권으로 취급할 수는 없고 회생채권 또는 파산채권으로 인정하여야 한다고 본다. 나아가 국외재산 담보부채권이 위와 같이 국내도산절차에서 회생채권이나 파산채권으로 인정되는 경우, 본래 담보물에 대하여 우선적 권리가 없는(즉 국내회생절차나 파산절차가 외국에서 승인된다고 하더라도 국외담보물에 대하여는 우선적 권리가 인정되지 아니하였을) 국내의 회생채권이나 파산채권을 국외재산 담보부채권과 '같은 조 및 순위에 속하는 채권'에 해당된다고 보아 담보부채권에 대한 변제금액을 나누어 갖도록 하는 것은 국내의 회생채권자나 파산채권자를 부당히 유리하게 취급하는 결과가 되고 배당조정규정을 둔 취지에도 반하는 것이므로 국외재산 담보부채권에 대한 변제는 법 제642조에 의한 배당조정의 대상에서 제외된다고 본다.[80)]

담보권자에게 유리한 법을 적용하는 견해 등이 있다고 한다. 석광현, 앞의 논문(주 48), 365면 참조. 최근에 발표된 석광현, "도산국제사법의 제문제 : 우리 법의 해석론의 방향," 사법 4호(2008. 6), 사법발전재단, 128면은, 우리 통합도산법의 해석상 위 iii) 또는 iv)와 같이 해석하는 것이 가장 설득력이 있다고 하고 있다. 필자도 이 견해가 타당하다고 본다.

80) 19세기 후반부터 이미 국내도산절차에서 hotchpot rule을 적용하여 배당조정을 한 영국에서는(1880년 Banco de Portugal v. Waddell 사건은 도산절차에서 hotchpot rule이 적용된 영국의 leading case 중의 하나이다), 순수한 국내도산절차에 있어서는 일반적인 원칙으로서 담보부채권자는 담보권을 실행할 수 있고 담보권실행에 의하여 회수하지 못한 잔액을 무담보채권으로 행사할 수 있는데, 외국의 채권자가 그의 담보권을 외국에서 실행한 후 미회수채권을 영국 도산절차에서 행사하는 경우 외국의 담보물로부터 회수된 채권을 영국의 도산절차에서 고려하여 배당조정을 할 것인지가 문제되었고, 영국의 판례상 영국에서의 도산절차 개시 전이든 후이든 관계없이, 외국법에 따라 채권자에게 부여된 담보권에 기하여 외국의 법원으로부터 회수된 금액에 대하여는 hotchpot rule은 적용되지 아니하였다고 한다. Philip St. J. Smart, Cross-Border Insolvency, Butterworths (1991), 176면.

iii) 검토

위 어느 견해에 의하든 국내에서 파산절차가 개시된 경우에는 국외재산 담보부채권의 회수금액은 배당조정 대상이 되지 않는다는 결론에서는 차이가 없다. 양 설의 차이는 국내에서 회생절차가 개시되는 경우에 생긴다. 사견으로는 국내도산절차가 외국에서 아직 승인을 받지 아니한 단계에서는 국내도산절차의 목적상으로도 국내도산절차 개시의 효력이 국외재산상에 설정된 담보권에 대하여 효력을 미친다고 보기는 어려운 것으로 생각되고, 따라서 국외재산 담보부채권을 국내도산절차에서 별제권 또는 회생담보권과 동일하게 취급할 수 없으므로 기본적으로는 B설이 타당하다고 본다. 그러나 현행법하에서 위 B설을 취하려면, 그 전제로서 국외재산 담보부채권은 우선 국외담보로부터 채권을 회수하고 그 미회수 잔액에 관하여만 국내도산절차에서 채권을 행사할 수 있어야 한다. 그렇지 아니할 경우, 즉 국외재산 담보부채권(담보가액 초과분이 있는 경우에는 그 부분을 포함하여)이 전액 파산채권 또는 회생채권으로 시인되고 그 전부에 대하여 파산채권 또는 회생채권에 대한 변제율 또는 배당률이 적용되어 변제가 이루어진다면, 국내도산절차에서 먼저 변제받은 후에 국외 담보로부터 변제받는 경우, 무담보채권 부분(즉 담보가액 초과분)에 대하여 국내절차에서의 동 순위의 다른 파산채권자 또는 회생채권자에 비하여 높은 배당률로 변제가 이루어질 우려가 있다. 이하에서는 파산절차와 회생절차로 나누어 살펴보기로 한다.

㉠ 국내도산절차가 파산절차인 경우

파산절차에 있어서 B설을 취하는 경우, 국외재산 담보부채권 부분에 관하여는 국외 담보로부터 먼저 채권을 회수한 후 부족한 금액에 관하여만 파산채권으로서 배당을 받도록—즉 별제권부채권과 같은 방식으로 배당이 되도록—할 수 있어야 한다. 그런데 현행법상 국외재산 담보부채권에 대하여 이와 같이 취급할 수 있는 법적 근거는 약한 것으로 보인다. 국제도산법의 법리, 국내 도산법 실무상의 어려움이나 외국의 입법 예 등에 비추어 국외담보에 대하여는 국내도산절차의 효력이 미치지 아니한다고 보는 위 B설이 타당하다고 본다 하더라도, 현재의 통합도산법 규정상으로는 B설에 따라 처리하기는 어려운 것으로 생각된다. 따라서 사견으로는 현행법상 국내 파산절차에 있어서는 국외재산 담보권을 별제권으로 취급하여 국외 담보로부터 회수하지 못한 금액에 한하여 국내파산절차에서 배당을 받도록 처리할 수 밖에 없는 것 아닌가 생각된다. 이것은 배당에 있어서만 국외재산 담보부채권을 국내 파산절차에서의 별제권부채권으로 보고 처리한다는 것일 뿐이고 국외재산상의 담보권을 별제권과 동일하게 취급한다는 의미는 아니다. 즉 별제권의 행사에 관한 국내파산절차에서의 다른 제한은 국내파산절차가 담보물 소재지국에 의하여 승인되기 전에는 국외재산상의 담보권에 대하여는 적용되지 않는다고 본다.[81] 이렇게

81) 국외재산상에 설정된 담보권을 국내 파산절차와의 관계에서 별제권에 해당된다고 볼 것인지의 여부에 따라 담보권의 실행 및 별제권의 행사로 회수하지 못한 부족분 파산채권의 회수방법에 있어서는 큰 차이가 생길 수 있다. 파산선고에 의하여 국외재산상에 설정된 담보권에 대하여 우리 파산절차 개시의 효력이 미치고, 따라서 동 담보권이 별제권에 해당된다고 보는 경우, 통합도산법상 별제권에 대하여 가하여지는 절차적 제한(예컨대, 파산관재인에 대하여 보충적으로 인정되는 별제권 목적물에 대한 환가권)이나 별제권 행사에 의하여 회수하지 못하는 부족분에 대하여 파산채권으로 배당받기 위한 요건 및 그 시기에 관한 제한 등이 국외재산상에 설정된 담보권에 대하여도 적용된다고 보게 될 것이다. 반면에 국내 파산절차가 해당 외국에서 승인되기 전에는 국내에서의 파산선고만으로는 파산절차개시의 효력이 국외재산에 대한 담보권에 미치지 아니한다고 본다면, 국외재산 담보권은 별제권에 해당되지 아니하고, 따라서 별제권부채권에 대하여 가하여지는 위와 같은 제약을 받지 아니하게 될 것이다. 사견으로는 국

처리하는 경우, 국외재산 담보부채권이 법 제642조에 의한 배당조정 대상이 되지 않는 것은 명확하고 따라서 모델법 등 외국의 입법례와 그 결론에 있어서 동일하게 된다. 다만, 입법론으로는, 국외재산 담보부채권의 취급에 대하여 별도의 근거 규정을 두는 것을 고려해 볼 수 있을 것으로 생각된다.

㉡ 국내도산절차가 회생절차인 경우

국내도산절차가 회생절차인 경우에는 문제 해결이 간단하지 않은 것으로 보인다. 파산절차에서는 파산절차개시 후에 실제로 별제권을 행사한 후 그로부터 회수하지 못한 금액을 파산채권으로 인정하여 변제하게 되나, 회생담보권 및 회생채권의 경우에는 회생절차개시 당시의 담보의 가액을 기준으로 채권액이 확정되어(담보의 가액을 초과하는 채권 부분은 회생채권으로 인정된다) 회생계획에 따라 변제되며, 회생절차개시 후에 담보의 가치가 변동되더라도 회생채권 및 회생담보권의 금액은 증액 또는 감액되지 아니한다. 따라서 위 A설에 의하는 경우 국외담보의 가액이 회생절차개시 후에 하락한다면, 국외재산 담보부채권자는 실제 가액보다 높은 가액을 기준으로 정하여진 회생계획상의 변제조건에 따라 변제받을 수 있게 되어 파산절차에 비하여 유리하게 된다. 한편 회생절차개시 후에 담보가액이 상승한다고 하더라도 담보권자는 외국에서 담보권을 실행하여 인상된 가격으로 채권을 회

외재산상에 설정된 담보권을 별제권으로 파악하더라도, 별제권 행사 후 부족분 채권에 대한 변제에 관하여는 통합도산법의 규정이 적용되지만, 그 외에 별제권의 행사에 관한 위와 같은 제한은 국외재산 담보에 대하여는 효력이 미치지 않는다고 해석하는 것이 타당하다고 본다. 또한 별제권의 행사에 의하여 회수하지 못한 채권금액의 소명 또는 증명에 관하여는, 담보물이 소재한 외국에서의 도산절차가 우리 회생절차에서와 같이 담보권 실행을 금지하는 절차일 수도 있다는 점을 고려하여, 탄력적으로 해석 · 운용하여야 할 것으로 생각된다.

수할 수 있게 된다. 채권자가 마음먹기에 따라서는 회생계획에 따라 회생담보권에 적용되는 유리한 조건으로 일부 변제를 받은 후에 최대한 늦게 국외담보권을 실행하고 그 회수 금액도 이를 회생담보권뿐만 아니라 회생채권의 변제에까지 충당함으로써 채권회수액을 극대화할 수 있다는 불합리한 결과도 생길 수 있다. 위와 같은 문제는 근본적으로 국내 회생절차개시 당시에 담보목적물이 소재한 외국이 속지주의를 취하고 있거나 우리 회생절차가 해당 외국에서 승인되지 아니하여 담보물인 국외재산을 국내에 반입하여 회생채무자의 재산에 편입하지 못하고 담보권의 실행도 실효적으로 금지시킬 수 없음에도 불구하고(또한 회생계획에 따른 회생담보권을 전액 변제하면 국내재산상의 담보권은 모두 소멸하는 데 반하여, 국외재산상의 담보권은 이를 소멸시키지 못할 수도 있다는 문제도 있다) 국외재산 담보부채권자를 회생담보권자조에 속하게 하여 변제조건에 있어서 우대함으로써 회생채권자 및 다른 회생담보권자와의 형평에 문제가 생기게 되기 때문이다. 실무상으로도 담보물 소재지의 파악, 회생담보권의 시부인, 회생담보권 금액을 정하기 위한 담보물 가액의 평가 등과 관련하여서도 현실적인 어려움이 있을 것으로 보인다. 또한 위 A설을 취하는 경우, 만일 채권자가 국외재산 담보부채권을 회생담보권으로 신고하지 않고 회생채권으로 신고하는 경우에는 이를 어떻게 취급하여야 할 것인지의 문제도 고려되어야 한다.[82)]

---

82) 이 경우 i) 국외재산 담보부채권을 회생채권으로 신고하였음에도 불구하고 배당조정의 목적으로는 회생담보권과 같이 취급하여 국외재산 담보부채권으로부터 변제받은 금액에 대하여는 회생담보권자들과의 사이에서 배당률을 비교하여 배당조정을 하여야 하는 것인지, 아니면 ii) 본인이 스스로 회생담보권자임을 포기한 것이나 다름 없으므로 국외재산 담보부채권으로부터 변제받은 금액은 국내의 다른 회생채권자들과 배당률을 비교하여 배당조정을 하여야 할 것인지의 문제가 생긴다. 국외재산 담보부채권의 내용

위와 같은 점을 고려해 볼 때, 국외재산 담보부채권을 회생절차에서 국내재산으로 담보되는 회생담보권과 동일하게 취급하는 것은 바람직하지 아니하다고 생각된다. 그런데 B설을 취하는 경우에도 위에서 본 바와 같이 국외재산 담보부채권 중 무담보채권 부분에 대한 불공평한 변제가 일어날 수 있으므로 그에 대한 대비가 필요하다.

사견으로는, 입법론으로서 회생절차에 있어서도 국외재산 담보부채권에 관하여는 파산절차에서의 별제권부채권에 대한 배당과 동일한 방식—즉 국외담보로부터 먼저 회수하고 남은 채권을 회생절차에서 회생채권으로 변제받는 방식—을 도입하는 방안을 고려해 볼 필요가 있다고 생각된다. 다만, 현행법하에서는 국외재산 담보부채권을 회생담보권으로 인정하되, 동 채권은 국내재산으로 담보되는 다른 회생담보권자들과는 조를 달리하여 별도의 변제조건을 적용하는 방법을 고려해 볼 수 있다. 즉 국외재산 담보부채권인 회생담보권의 경우에는 회생절차개시 당시의 담보가액을 기준으로 회생담보권으로 시인하고 담보가액을 초과하는 금액에 대하여는 회생채권으로 시인한 다음, 회생계획상으로는 국외재산 담보부채권인 회생담보권은 '국외담보로부터 우선 회수하고 회수하지 못한 잔액에 대하여 회생채권에 준하여 변제하는 것'으로 정할 수 있을 것으로 생각된다. 회생계획의 최종연도까지 국외재산 담보부채권이 변제되지 아니하는 경우에는 그 변제 가능액을 평가하여 그 금액을 공제한 잔액에 대하여 회생채권의 변제조건을 적용하여 변제할 수 있을 것이다. 담보가액을 초과

이 확인되지 아니하는 경우에는 위 ii)에 따라 처리할 수밖에 없을 것이나, 국외재산 담보부채권의 처리에 관련한 법적 불확실성을 고려하여 국외재산 담보부채권임이 추후에라도 확인되는 경우에는 이하에서 보는 바와 같이, 국외담보로부터 변제받은 후의 잔존 채권액에 대하여 회생채권의 변제조건에 따라 변제하는 것이 합리적이라고 본다.

하여 회생채권으로 시인된 채권의 변제조건도 위와 마찬가지로 국외재산 담보부채권으로부터 회수받지 못하는 채권금액이 확정되는 때에 변제하는 것으로 정할 수 있을 것이다. 이와 같이 처리하는 경우, 회생담보권의 담보가액의 평가는 국내재산으로 담보되는 회생담보권의 경우만큼 중요한 의미를 갖지는 않게 될 것이다. 왜냐하면 실제 회수액을 초과하는 금액은 회생채권에 준하여 변제되기 때문이다. 이러한 변제조건은 우리 법원의 실무상 회생채무자가 계열사의 채무에 대하여 보증채무를 부담하고 있는 경우, 주 채무자로부터 우선 변제받는 것으로 하되 주 채무자로부터 변제받지 못함이 확정되는 금액에 대하여는 미리 정해진 변제조건에 따라 변제하는 것으로 회생계획에서 정하고 있는 것과 유사하다고 하겠다. 위와 같은 방식으로 처리하는 경우, 국외재산 담보부채권자는 국내의 다른 회생담보권자와 같은 조 및 순위에 속하는 채권자가 아니므로 법 제642조에 의한 배당조정 대상이 되지 아니한다. 이와 같이 국외재산 담보부채권을 회생담보권으로 인정하더라도 이는 회생계획에 따른 변제에 있어서 국내의 다른 채권자들과의 사이에서 공평한 변제가 이루어지도록 하기 위한 것일 뿐이고, 국외재산상의 담보권을 회생담보권과 동일하게 취급한다는 의미는 아니다. 즉 회생담보권의 행사에 대한 국내회생절차상의 제한은 국내회생절차가 담보물 소재지국에 의하여 승인되기 전에는 국외재산상의 담보권에 대하여는 적용되지 않는다고 보며, 국외재산 담보부채권의 실질은 회생채권과 다름이 없게 된다고 본다. 따라서 국외재산 담보부채권을 회생채권으로 인정하면서, 회생채권자조에서도 별도의 조로 분류하여 위에서 본 바와 같은 변제조건을 적용하는 방법도 고려해 볼 수 있다. 다만, 실무상 국외재산 담보부채권자는 일단 회생담보권으로 신고해 올 가능성이 많을 것이다.

㉢ 소결론

결론적으로, 국내도산절차의 효력이 국외담보의 소재지국에서 승인되지 아니하여 국외재산상의 담보로부터 우선적인 만족을 받을 수 있는 지위에 있는 국외재산 담보부채권에 대하여는 국내도산절차에서 동일한 조 및 순위에 속하는 채권과의 공평한 배당을 도모함을 목적으로 하는 법 제642조의 규정은 적용되지 않는다고 보는 것이 타당할 것이다.[83] 비록 통합도산법에 명시적인 근거규정은 없으나 우리 통합도산법의 기초가 된 모델법 제32조에서 담보부채권을 배당조정 대상에서 제외하고 있는 점을 고려하여, 위와 같이 모델법의 규정과 동일한 내용으로 해석하는 것이 도산법제의 국제적 보편화 추세에 부응하는 바람직한 방향의 해석론이라고 생각된다.[84]

83) 배당조정의 대상이 되지 아니하는 이러한 변제에는 담보권의 실행에 의한 변제(예컨대 외국도산절차가 우리 파산절차와 유사한 절차로서 도산절차 밖에서의 담보권 실행을 인정하는 경우), 외국도산절차에서 정한 변제계획에 의한 변제(예컨대 외국도산절차가 우리 회생절차와 유사한 절차로서 담보권의 실행이 금지되고 변제계획에 의한 변제만 허용하고 있는 경우), 기타 외국의 도산 관련법에 따라 외국도산절차 대표자가 한 변제(예컨대 법원의 허가 등 외국의 도산 관련법이 허용하는 바에 따라 피담보채무를 임의변제하는 경우) 등이 모두 포함된다고 본다.

84) 그런데 해당 국외재산 담보부채권이 배당조정 대상에서 제외되는 '담보부채권'에 해당되는지 여부를 판단함에 있어서 어느 나라의 법에 의할 것인지의 문제가 있다 이와 관련하여 모델법 제32조에서 예외로 하고 있는 '담보부채권'의 해석과 관련하여서는 국내법에서 담보권으로 인정되는 경우(국내의 국제사법에 의한 준거법이 담보권을 인정하는 경우)에는 설사 해당 외국절차에서 일반채권으로 취급되어도 담보부채권으로 인정하여야 할 것이라고 하는 견해가 있다. 山本和彦, 앞의 논문(주 48), 54면. 이 견해에서는 반면에 국내법에 의하여는 담보권이 인정되지 아니하나 외국절차에서 담보권으로 취급되는 경우에 국내절차에서 이를 일반채권으로 취급하여야 할 것인지는 문제인데, 채권의 순위는 각국이 정하는 바에 따른다는 모델법 제13조 제2항의 취지에 비추어 국내도산절차에서는 일반채권으로 취급할 수 있을지는 검토를 요하는 논점이라고 하고 있다. 「통합도산법」의 해석과 관련하여서도 앞으로 검토가 필요한 문제이다. 사견으로는 외국도산절차나 담보물 소재지(또는 담보권의 실행지)에서 유효한 담보권으로 인정되고(설사 우리 국제사법에 의하여 정해지는 법에 의하여서는 담보권이 인

(3) 구체적인 배당조정방법
—'그와 같은 조 및 순위에 속하는 다른 채권자가 동일한 비율로 변제받을 때까지 배당 또는 변제 받을 수 없다'의 의미—

1) 배당조정의 사례 및 회생절차와 관련된 고려사항

국내 파산절차에 있어서 파산절차 개시 당시 총 파산채권액이 100이고 그중 A가 20, 다른 파산채권자들이 80을 갖고 있고, 국내의 총 배당대상 재산이 30(예상 배당률 30%)이라고 하자. 만일 A가 국내파산절차 개시 후 국외재산으로부터 2(자신의 파산채권의 10% 상당)를 임의변제받은 경우, 국내파산절차에서 배당조정을 하면 A는 다른 채권자들이 각 파산채권의 10%(합계 8)을 배당받을 때까지 파산절차에서 배당을 받을 수 없게 되고, 다른 파산채권자들에게 8을 배당하고 남는 22에 대하여는 A(4.4) 및 다른 파산채권자들(17.6)이 동일한 비율로 배당받게 될 것이다(배당은 파산절차개시 당시의 채권을 기준으로 한다). 그렇다면 A는 국외재산으로부터 변제받은 금액(2) 및 국내파산절차에서 배당받은 금액(4.4)의 합계 6.4를 변제받게 되고 다른 파산채권자들은 합계 25.6(8+17.6)을 변제받게 된다. 국내배당재산을 기준으로 한다면 배당률이 30%가 되어야 하나, 배당조정의 결과 배당률이 32%가 되었다. 결국 채권자 A가 국외재산으로부터 변제받은 금액 2를 배당재산에 추가하여 이를 전체 채권자가 채권액에 비례하여 배당받은 것과 동일하게 된다.

정되지 않는다고 하더라도) 그러한 담보권이 「통합도산법」상의 회생담보권이나 별제권에 준하는 외국법상의 담보권이라면, 국내도산절차에서도 회생담보권 또는 별제권으로 인정될 수 있고 나아가 법 제642조의 적용을 받지 아니하는 '담보부채권'에 해당된다고 보는 것이 타당하지 않을까 생각된다.

한편, 회생절차에서 회생절차 개시 당시 A가 회생채권 20을, 다른 회생채권자들이 회생채권 80을 갖고 있고, 회생채권에 대한 변제율을 30%로 하여(이 경우, 회생채권에 대한 국내 회생절차에서의 총 변제재원은 30이 된다) 매년 말 10%씩 3년간 분할변제되는 내용으로 회생계획에 정하여져 있다고 하자(다만, 회생담보권자는 없는 것으로 가정한다). 채권자 A가 국내회생절차 개시 후 회생채무자의 국외재산으로부터 2(자신의 회생채권의 10%)를 임의변제받았다고 할 때, A는 국내회생절차에서 다른 회생채권자들이 8(10%)의 변제를 받을 때까지, 즉 처음 1년째는 변제를 받을 수 없고 2년째 및 3년째에 비로소 다른 회생채권자와 같이 각 10%의 변제를 받을 수 있는 것이 된다.[85] 그런데 이 방법을 그대로 적용하면, A는 국내 회생절차에서 2년 및 3년차에 각 2, 합계 4의 변제를 받게 되어 외국에서의 변제액과 합하여 6을 변제받으며, 다른 회생채권자들은 합계 24의 변제를 받게 된다. 이 결과는 동일한 사례에 대하여 회생채권자들에 대한 변제액이 파산절차에서의 배당액보다 작아짐을 보여 준다. 그 이유는 국외재산으로부터 변제된 금액이 회생채권자들에 대한 추가변제재원으로 이용되지 않았기 때문인데, 이와 같은 내용으로 회생계획을 작성하면 회생채권자의 희생하에 후순위권리자인 주주나 회생채무자에게 이득을 주는 부당한 결과가 생긴다. 그러므로 위 사례에서 2차년도부터는 A를 제외한 회생채권자들에게 이미 변제한 8을 제외한 나머지 변제재원을 22로 산정하여 이를 기준으로 회생채권이 변제될 수 있도록 회생계획에서 미리 정해 줄 필요가 있다. 채무자의 재산을 모두 환가하여 채권자들과 주주에게

85) 深山卓也(編著), 앞의 책(주 55), 433면에서도 회생절차에 관한 유사한 사례에서 이러한 방법을 적용하여 설명하고 있으나, 이하에서 논의하는 회생계획 작성시의 고려사항에 관하여는 언급하고 있지 않다.

배당하는 파산절차와는 달리 회생절차의 경우에는 회생계획에 따라 권리변경된 후의 회생담보권과 회생채권 전액을 변제한 경우, 채무자는 회생담보권 및 회생채권에 대한 책임을 면하게 된다. 따라서 회생절차의 경우에는 회생계획의 작성기준일 전에 이미 배당조정 대상이 되는 변제가 있었음이 확인된 부분에 대하여는 이를 회생계획상 변제조건에 반영하고, 아울러 회생계획의 작성기준일 후 배당조정의 대상이 되는 변제금액이 확인될 경우에 대비하여 동 변제금액을 추가적 변제재원으로 삼아 종국적으로 동일한 조 및 순위에 있는 채권자들에게 그에 상응하는 금액이 추가로 변제될 수 있도록 회생계획에서 미리 정하여 두어야 한다고 생각된다.

그런데 위 회생계획과 관련된 논의는 회생담보권자가 없는 경우를 전제로 한 것인데, 회생담보권자가 있는 경우에는 국외재산으로부터의 변제금액을 회생채권자들 간에서만 나누어 갖는 것은 상대우선의 원칙을 채택하고 있는 우리 도산법제에 있어서는 의문이 있다. 즉 회생담보권자가 회생계획에서 채권 전액을 변제 받은 경우에는 국외재산으로부터의 추가 변제액을 그보다 후순위인 회생채권자조에서 나누어 갖더라도 문제가 없을 것이나, 회생담보권자들의 채권이 권리변경이 되어 채권 전액이 변제되지 아니하는 경우에는 국외재산으로부터의 추가변제액은 우선적으로 회생담보권자들의 몫으로 배분하는 것이 맞을 것으로 본다. 다만, 이 경우에도 권리의 우선순위를 고려한 공정하고 형평에 맞는 차등을 둘 수 있다는 상대우선의 원칙에 반하지 않는 범위 내에서 국외재산으로부터의 추가변제액의 일부를 회생채권자조에 분배하는 것은 가능할 것이다.

2) 부당이득반환청구의 성립 여부

채권자가 국내도산절차 개시 후 외국도산절차 또는 국외재산으로부터 받은 변제금액이 국내도산절차에서 동일한 조 및 순위에 있는 다른 채권자들에 대한 배당률(변제율)을 초과하여 변제된 것이더라도 법 제642조의 배당조정 규정에서는 외국에서 변제받은 채권자에 대하여 국내에서의 추가배당만 금지할 수 있을 뿐이고 국내도산절차에서의 배당률을 초과하여 외국에서 이미 변제받은 금액을 반환할 것을 청구할 수 있는 근거는 되지 못한다.

이와 관련하여 이러한 경우 국내의 관리인이나 파산관재인이 초과변제를 받은 채권자를 상대로 부당이득반환청구를 할 수 있는가의 논의가 있다. 일본에서는 이 점에 관하여 학설이 대립되고 있으나,[86] 우리나라에서는 부당이득의 성립을 부정하는 데에 견해가 일치하고 있다.[87] 그 근거에 관하여는, i) 부당이득의 성립을 인정할 것인지는 입법정책의 문제이므로 「통합도산법」의 해석론의 문제인데, EU도산규정(제20조)은 채권자가 외국도산절차에서 채권의 변제를 받은 경우 hotchpot rule을 적용하고, 나아가 채권자가 도산절차에 의하지 아니하고(즉 외국에 있는 재산에 대한 강제집행을 통하거나 채무자의 임의변제에 의하여) 채권의 변제를 받은 경우 이를 주 절차의 도산관재인에게 반환할 것을 규정하는 데 반하여, 통합도산법은 다른 채권자가 동일한 비율의 변제를 받을 때까지 국내도산절차에서 배당 또는 변제를 받지 못하도록 규정할 뿐이므로 부당이득의 성립을 부정하여야 하고 통합도산법이 정하는 범위를 넘어 일반 부당이득법의 법리에 의하여 해결

86) 일본에서의 학설에 관하여는, 임치용, 앞의 책(주 2), 314면 참조.

87) 석광현, 앞의 논문(주 48), 371면 ; 위 회생사건실무(하), 266면 ; 임치용, 앞의 책(주 2), 314면.

할 사항은 아니라고 설명하는 견해와[88] ii) 우리 국제사법 제31조[89]에 의하여 정해지는 부당이득반환청구의 준거법을 고려할 때 외국 소재 재산으로부터 변제를 받는 경우, 당해 외국법에 기한 변제가 적법함에도 대외적 효력을 인정하는 우리 파산법의 규정을 근거로 부당이득을 판단하는 것은 문제가 있고, 외국에서 부당이득반환청구소송을 제기할 경우 국제재판관할권을 인정받기도 어려울 것이며, 정책적 관점에서도 외국 소재 재산으로부터 변제받기 위해 노력한 채권자와 그에 무임승차하는 다른 채권자들과의 형평이 문제되고 외국 소재 재산을 추적하려는 노력에 찬물을 끼얹는 격이 되어 거시적으로 보아 국내채권자들에게도 득이 되지 않기 때문이라고 설명하는 견해가 있다.[90]

법 제642조는 기본적으로 외국의 도산절차로부터 이루어진 변제에 관한 것인데 외국의 사법주권하에 채권자 일반에 대한 공평한 변제를 위해 외국의 도산법제에 따라 진행되는 외국도산절차로부터의 변제의 효력을 국내도산법 위반임을 이유로 그 효력을 부정하는 것은 적절치 아니하다는 점, 법 제642조 자체가 외국도산절차로부터의 변제를 일응 적법하다고 전제한 것이라고 볼 수 있고, 외국의 입법 예에서도 외국도산절차에서 이루어진 변제에 대하여까지 그 효력을 부정하여 부당이득반환을 인정하고 있지는 아니하다는 점 등을 고려할 때, 부당이득의 성립을 부정하는 견해가 타당하다고 본다. 그러나 법 제642조의 적용대상이 아닌 국외변제의 경우에는 아래 4에서 보는 바와

88) 석광현, 앞의 논문(주 48), 371면.

89) 국제사법 제31조는, "부당이득은 그 이득이 발생한 곳의 법에 의한다. 다만, 부당이득이 당사자 간의 법률관계에 기하여 행하여진 이행으로부터 발생한 경우에는 그 법률관계의 준거법에 의한다"라고 규정하고 있다.

90) 임치용, 앞의 책(주 2), 314-315면.

같이 부당이득반환을 인정할 것인지 여부에 관하여 여전히 논란의 여지가 있다고 본다.

4. 법 제642조가 적용되지 아니하는 국외변제의 취급

법 제642조에 의한 배당조정은 외국의 병행도산절차를 요한다고 하는 견해에 의하게 되면, 외국에서 도산절차가 병행되지 아니하는 상태에서 국외재산으로부터 이루어지는 변제는 국내도산절차에서 어떻게 취급하여야 하는가 하는 문제가 제기된다. 이 문제를 검토함에 있어서 기본적으로 고려하여야 할 점은, 국외재산으로부터 변제를 받은 채권자를 과거 속지주의 시절에서와 동일하게 취급하는 것은 국외재산에 대하여 국내도산절차의 효력이 미치지 아니한다고 정한 종래의 속지주의 규정들을 폐지한 통합도산법의 취지에 반하게 되고, 외국도산절차가 없는 경우의 국외변제에 대한 배당조정 규정을 명시적으로 두고 있지 아니한 우리 법하에서는 그러한 국외변제로 인한 채권자 간의 불공평을 방지하거나 해소하기 위한 방안을 강구할 필요가 있다는 점이다.

(1) 국외재산 담보부채권에 대한 변제

외국에서 병행도산절차가 없는 경우에도 국외재산 담보부채권에 대하여는 위에서 법 제642조의 규정과 관련하여 검토한 내용이 그대로 적용된다고 본다. 따라서 파산절차의 경우에는 국외재산 담보부채권에 대한 변제 금액을 제외한 나머지 무담보채권 금액에 대하여 파산채권으로서 국내 파산절차에 참가할 수 있고, 이 경우 국외재산 담보부채권에 대한 변제는 국내도산절차에서도 그 효력이 인정된다. 회생절차의 경우, 국외재산 담보부채권을 회생담보권으로 인정하되(앞서 본 바와 같이 회생채권으로 인정할 수도 있다), 회생계획에서 변제조건을 정함에 있어서 국외담보로부터 먼저 채권을 회수하고 나머지 금액에 대하여 회생채권에 준하여 변제하는 것으로 정할 수 있다. 그러나 위에서 본 바와 같이 담보권행사 제한 등에 관한 통합도산법상의 다른 규정들은 국외재산상의 담보권에 대하여 적용되지 않는다고 보아야 하므로 국내도산절차상의 제한에 위반하여 담보권이 실행되거나 담보부채권이 변제되더라도 부당이득반환청구의 대상은 되지 않는다고 본다(위 '국외재산상의 담보권'에 해당되는지 여부에 관하여 어느 나라의 법에 의하여 판단할 것인지의 문제에 관하여는 주 84 참조).

(2) 기타 국외재산으로부터의 변제

외국에 병행도산절차가 없는 경우에 국외재산으로부터 이루어진 그 밖의 유형의 변제에 대하여는 아래와 같은 방법을 고려해 볼 수 있다.

1) 국내 배당액으로부터의 공제
—법 제642조와 사실상 동일한 방법

속지주의를 폐지하고 수정된 보편주의를 채택하고 있는 통합도산법상 적어도 국내도산절차의 목적 상으로는, 파산절차 또는 회생절차의 개시에 의하여 외국에 소재하는 채무자의 재산(단, 위에서 본 바와 같은 이유에서 국외담보는 제외)은 도산재단(파산재단 또는 회생채무자의 재산)을 구성하는 것이므로 해당 외국법에 따라 국외재산으로부터 유효하게 변제받은 금액은 도산재단으로부터 변제된 것으로 볼 수 있고, 따라서 그 변제금액을 해당 채권자에 대한 국내도산절차에서의 배당액으로부터 공제하는 것이 법상 가능하다고 볼 수 있다. 이와 같은 견해를 취하는 경우에는 굳이 아래에서 보는 바와 같이 부당이득반환을 인정하여 외국에서 이루어진 변제의 효력을 전면적으로 부인하지 아니하고 국외재산으로부터의 변제의 효력을 일응 인정하되, 국내도산절차에서의 배당 과정에서 국외재산으로부터의 변제액을 합리적으로 공제함으로써 제한된 범위 내에서 동 순위 채권자 간의 평등한 배당을 이룰 수 있게 된다. 그런데 국외재산으로부터의 변제금액을 국내 배당액으로부터 합리적으로 공제하는 방법이라는 것은, 결국 법 제642조 및 채무자 회생 및 파산에 관한 규칙 제107조의 규정에서 정한 배당조정방법과 실질적으로 동일한 방법이 될 것으로 생각된다. 따라서 이 견해를 따르게 되면 법 제642조에 의한 배당조정의 대상과 관련하여 외국도산절차의 병행을 요할 것인지에 관한 논의의 실익은 사실상 별로 없게 된다.[91)]

2) 부당이득반환청구

법 제642조에 의한 배당조정의 경우에는 우리 통합도산법상 외국도산절차 등에서의 변제를 일응 적법한 것으로 전제하고 국내도산절차에서 소극적으로 배당을 조정하는 것이므로, 여기서 더 나아가 국내도산절차에서의 배당률을 초과하는 국외재산으로부터의 변제액에

---

91) 이 경우 법 제642조에서 외국도산절차와 관련한 규정을 따로 둔 취지가 무엇인가 하는 의문이 제기될 수도 있을 것이나, 외국의 사법주권하에서 채권자 일반에 대하여 진행되는 외국도산절차에서 이루어진 변제는 국내도산재단으로부터의 변제라고 보기 어려운 점이 있으므로 법 제642조에서 그러한 변제에 대하여도 국내도산절차에서 배당조정을 할 수 있다는 것을 분명히 해 두기 위한 것이라고 볼 수도 있지 않을까 생각된다.

대하여 부당이득반환까지 인정되어서는 안 된다는 점은 위에서 살펴본 바와 같다.

그러나 외국도산법제에 의하여 적법하게 진행되는 외국도산절차에 수동적으로 참여함으로써 그 도산절차에서 변제받는 경우(법 제642조의 적용대상인 경우)와 채권자가 개별적으로 강제집행이나 임의변제에 의한 변제를 받음으로써 국내 도산법의 금지에 적극적으로 위반하여 국내의 다른 채권자에 앞서서 우선변제를 받고자 한 경우(법 제642조의 적용대상이 아닌 경우)는 달리 취급되어야 한다는 견해가 있을 수 있다. 이 견해에서는 통합도산법상의 국내도산절차의 대외적 효력에 근거하여, 적어도 국내도산절차와의 관계에서는 개별적인 권리행사에 의한 위 국외재산(국외담보는 제외)으로부터의 변제는 절차개시 후 파산채권이나 회생채권의 변제를 금지하고 있는 통합도산법 규정에 위반되어 효력이 없으므로 관리인 또는 파산관재인은 해당 채권자를 상대로 부당이득반환청구를 할 수 있고, 이 경우 변제의 효력 및 부당이득을 판단함에 있어서 우리나라 법원은 우리 통합도산법을 강행적으로 적용하여 도산절차 개시 후에 통합도산법에 위반하여 이루어진 변제의 효력을 부정하고 우리 민법에 따라 부당이득을 명할 수 있다고 보게 될 것이다.[92] 다만, 우리나라 법원이 관할을 갖는 채권자의 경우

---

92) i) 독일법에 관한 견해로서, Hans Hanisch, "Crediting a Creditor with Proceeds Recovered Abroad out of the Debtor's Assets Situate Abroad in Domestic Insolvency Proceedings," Cross-Border Insolvency : Comparative Dimensions"(edited by Ian F. Fletcher), United Kingdom National Committee of Comparative Law (1990), 201면은, 외국도산절차에서의 변제는 배당조정 대상이 될 뿐이나 개별적인 강제집행이나 임의변제는 부당이득반환의 대상이 된다고 보고 있다. 동 논문 195-196면에 의하면, 독일에서는 과거에는 판례상 독일에서 도산절차가 개시된 후에 국외재산에 대한 개별적인 강제집행이 있더라도 국외재산 소재지국법에 따라 적법하게 이루어진 것이면 독일법상으로도 그 효력이 인정되고 부당이득의 반환을 명할 법리상의 근거가 없다고 보았으나, 1983년 독일의

에 한하여 제한적으로 부당이득의 법리를 적용할 것인지의 문제를 따로 검토할 필요가 있다. 부당이득의 범위는 원칙적으로는 국내법상의 금지에 위반하여 변제된 채권 전액이 될 것이나, 종국적으로는 국내도산절차에서 해당 채권자에게 적용되었을 변제율을 초과하는 금액이 되게 될 것이다. 국외재산으로부터 변제받은 금액이 아직 파산관재인 또는 관리인에게 반환되지 않고 있는 동안에는 해당 채권자에게 지급할 배당액에 대하여 부당이득반환청구권을 자동채권으로 하여 상계함으로써 실질적으로 위 1)의 방법과 동일한 방법으로 배당조정을 할 수 있을 것이다.

그런데 위 견해에 대하여는, 국내도산절차의 효력이 외국에서 승인되지 아니한 상태에서 통합도산법상 국내도산절차 개시의 효력이 국

Bundesgerichtshof (Federal Supreme Court in Civil and Criminal Matters)의 판결에 의하여 독일에서 도산절차가 개시된 후에 국외재산에 대하여 이루어진 강제집행에 의하여 변제된 금액에 대하여 독일 민법을 적용하여 부당이득반환을 인정하였다고 한다. ii) 영국의 경우에도 영국의 도산절차개시 후에 외국에서 채무자의 재산에 대하여 개별적으로 강제집행을 하여 변제받은 채권자는, 영국의 법원이 동 채권자에 대하여 재판관할권을 갖고 있는 경우에는 적어도 동 채권자가 영국의 도산절차에서 채권신고를 하였다면, 동 변제금액을 영국 도산재단에 반환할 의무가 인정될 수 있다고 한다. 다만, 외국도산절차에서 변제된 금액에 대하여는 영국의 도산절차에서 배당조정 대상이 될 뿐이고 부당이득반환까지는 인정되지 않는다고 한다. Philip St. J. Smart, 앞의 책, 193-200면 ; Hans Hanisch, 앞의 논문, 200면. iii) 미국의 경우에는(주 80) 미국의 개정 전 연방파산법 제508조 (a)항(앞에서 본 바와 같이 개정 연방파산법의 제1532조로 대체되었다)에서 외국도산절차로부터의 변제에 대하여 배당조정만 인정하고 부당이득반환까지는 인정하지 않는다고 한다. Philip R. Wood, 앞의 책(주 60), 856면. 미국 연방파산법상 외국도산절차 이외에서의 개별집행 등에 의한 변제에 대하여 부당이득반환이 인정되는지는 확인하지 못하였다. 다만, 미국의 법원이 인적 관할(personam jurisdiction) 또는 준물적 관할(quasi in rem jurisdiction)을 갖는 채권자가 미국의 연방파산법상의 권리행사 중지(stay)에 위반하여 외국에서 개별적으로 권리를 행사할 경우, 법정모독(contempt of court)에 따른 제제를 받을 수 있다. 석광현, 앞의 논문(주 48), 357면 ; Philip R. Wood, 앞의 책(주 60), 853면.

외재산에 대하여 효력이 미친다고 보기 어렵고, 설사 그렇지 않다고 보더라도 국내도산절차의 대외적 효력을 이유로 국외재산 소재지국의 법상 유효하게 이루어진 변제의 효력을 전면적으로 부정하고 부당이득반환을 인정하는 것은 국내도산절차의 대외적 효력을 지나치게 확대 적용하는 것이며, 아울러 부당이득의 성립 여부를 판단함에 있어서도 과연 우리 통합도산법 및 민법을 적용할 수 있는지는 의문이 있다는 반론이 있을 수 있다. 사견으로는 법 제642조의 적용대상이 되는 외국도산절차로부터의 변제의 경우와는 달리, 외국도산절차 밖에서 개별적인 강제집행이나 채무자의 임의변제에 의하여 변제받은 채권자의 경우에는, 우리나라 법원이 동 채권자에 대하여 관할을 갖는 경우, 위에서 본 바와 같은 이유에서 부당이득의 성립을 인정하는 견해가 보다 타당한 견해라고 본다. 부당이득의 성립 여부에 관하여는 앞으로 보다 깊은 검토와 논의가 필요한 것으로 생각된다.

IV. 맺음말

이 글에서 논의 대상으로 삼은 일부 주제들은 필자의 능력을 넘는 어려운 문제들을 포함하고 있고, 충분한 연구와 검토 없이 논리가 전개된 부분도 있다. 그럼에도 이 주제들을 택한 것은 국제금융거래에서 실무상 실제로 다루고 있거나 다룰 것으로 예상되는 문제들과 관련하여 해석상의 의문점들을 부각시킴으로써 앞으로 보다 깊은 연구와 논의의 토대가 되었으면 하는 바람에서이다. 이 글에서는 국제 병행도산에 있어서 중요한 문제라고 할 수 있는 부인권에 관련된 국제도산법 문제를 다루지 못하였는바, 앞으로 이에 관하여 깊이 있는 논의와 연구가 이루어질 것을 기대한다. 최근 「자본시장과 금융투자업에 관한 법률」이 제정되고 상법 개정안이 국회에 제출됨으로써 우리 금융시장의 국제화에 크게 기여할 것으로 보인다. 우리 도산법제가 선진화된 법제로서 더욱 발전하기 위해서는 도산법의 기초가 되는 담보법, 신탁법 등 민사법 영역에서도 부족한 점을 개선하기 위한 시의 적절한 입법이 필요하다고 생각된다.

12

제12장 국제금융에서의 신탁과 국제사법*

석광현**

I. 머리말

1. 신탁

영국의 Maitland는 신탁(trust)이 아마도 앵글로 색슨 법전통의 '가장 특유한 업적(the most distinctive achievement)'일 것이라고 하였으나, 독일의 von Gierke는 단적으로 영국법의 신탁을 이해할 수 없다고 하였다.[1] 이렇듯 신탁법제는 영미법계와 대륙법계의 차이가 선명하게 드

---

* 이는 BFL 제17호(2006. 5), 60면 이하에 게재한 글을 전재한 것으로 석광현, 국제사법과 국제소송 제4권, 박영사, 2007, 551면 이하에도 수록되어 있다. 다만 여기에서는 스위스의 신탁협약 가입을 반영하고 자본시장통합법을 다소 언급하였다. 또한 이 글의 말미에 최근의 국내문헌을 소개하였다.

** 서울대학교 법학전문대학원 · 법과대학 교수

1) 전자는 Henry Hansmann and Ugo Mattei, The Functions of Trust Law : A

러나는 법영역의 하나라고 할 수 있다.[2)] 신탁은 기본적으로 재산에 대하여 관리 · 처분권을 가지는 법적 주체와 실질적(또는 경제적) 주체의 분열을 인정하는 제도인데, 이를 통하여 법인을 설립하지 않으면서도 일정한 재산을 출연자와 관리자의 도산으로부터 절연된 독립한 재산(segregated funds 또는 ring fenced funds)으로 전환할 수 있는 장점이 있으므로 현재 전 세계적으로 자선신탁, 증권투자신탁, 부동산신탁과 자산유동화 또는 유산계획(estate planning) 등을 위한 신탁 등 다양한 형태로 활용되고 있다.

여기에서 논의하는 신탁은 영미법계에 특유한 신탁(trust)을 말한다. 예컨대 독일에서도 신탁(Treuhand)의 개념이 존재하지만[3)] 영미의 그것과는 다른데, 가장 큰 차이는 영미법상은 소유권(또는 기타 권리)이 신탁의 설정에 의하여 분할됨으로써 '법적 권리(legal title)'는 수탁자에게, '형평법상의 권리(equitable title)'[4)]는 수익자에게 귀속하는 데 반하

Comparative Legal and Economic Analysis, 73 N.Y.U. L. Rev. 434, 470 (1998)에서, 후자는 Peter Czermak, Der express trust im internationalen Privatrecht, Peter Lang, 1986, S. 1에서 각각 재인용.

2) Czermak, 앞의 책, 2면 각주 2에 소개된 문헌들 참조. 대륙법계 국가에서도 영미의 신탁을 계수해야 한다는 주장도 있다.

3) 독일의 신탁법이론에는 로마법적 신탁이론, 독일법적 신탁이론과 수권신탁개념이 있다고 한다. 상세한 것은 Kai Schulte-Bunert, Das Vertragsstatut der Treuhand im internationalen Privatrecht, Peter Lang, 2005, S. 11ff. 참조. 新井 誠, "比較信託法—實質法," 國際信託の實務と法理論, 有斐閣, 1990, 7면은 독일에는 로마법적 신탁이론과 독일법적 신탁이론이 있고 후자에 해제조건부신탁과 수권신탁이 있다고 한다. 유럽 국가들의 신탁법의 차이를 보여 주는 자료는 예컨대 Michele Graziadei, Ugo Mattei and Lionel Smith (eds.), Commercial Trusts in European Private Law, Cambridge University Press, 2005 ; Hayton, Kortmann and Verhagen, Principles of European Trust Law, Kluwer Law International. 1999의 Part II(pp. 1-64)를 참조. 유럽의 일부 학자들은 유럽신탁법원칙을 작성한 바 있다. 위 Hayton, Kortmann and Verhagen의 Part I (pp. 65-215) 참조.

4) 이를 'proprietary interest' 또는 'beneficial interest'라고 부르기도 한다.

여, 대륙법계에서는 이러한 소유권(또는 기타 권리)의 분열을 인정하지 않는 데 있다.[5] 그러나 신탁법이라는 성문법을 제정하여 일본 민법과의 조화를 도모하면서 영미의 신탁제도를 도입한 일본[6]과, 또한 이를 받아들인 우리나라의 지위는 독특하다. 즉 우리나라는 기본적으로 대륙법계에 속하지만, 신탁법에 관한 한 영미의 신탁을 도입하여 양 법계의 법리가 혼재하는 혼합 법계에 속한다. 우리 신탁법상 신탁이라 함은 신탁설정자(위탁자. 경우에 따라 '신탁자' 또는 '신탁설정'자라고 부른다)와 신탁을 인수하는 자(수탁자)와 특별한 신임관계에 기하여 위탁자가 특정의 재산권을 수탁자에게 이전하거나 기타의 처분을 하고 수탁자로 하여금 일정한 자(수익자)의 이익을 위하여 또는 특정의 목적을 위하여 그 재산권을 관리 · 처분하게 하는 법률관계를 말한다(제1조 제2항).

2. 논의의 범위

증권투자신탁, 부동산의 개발이나 처분 · 관리신탁(REITs), 연금신탁과 자산유동화의 예만 보더라도 우리의 경제현실에서도 신탁은 매우

---

5) Czermak, 앞의 책, 8면 참조. 방석호, "저작권 신탁관리계약의 법적 의미와 분석," 민사판례연구 제27집(2005), 651면도 동지. 물론 공익신탁의 경우 수익자가 존재하지 않는다. 독일법상의 신탁과 영미법상의 신탁의 비교는 Hein Kötz, Trust und Treuhand, Vandenhoeck & Ruprecht (1963)과 Czermak, 앞의 책, 185면 각주 594에 인용된 문헌들 참조. 위 책의 일본어 번역은 ハイン ケッツ(著)/三菱信託銀行信託研究會(譯) トラストとトロイハント：イギリス・アメリカとドイツの信託機能の比較, 1999 참조.

6) 최동식, 신탁법, 법문사, 2006, 35면 ; 이재욱/이상호, 신탁법해설, 한국사법행정학회, 2000, 45-46면.

중요한 기능을 수행하고 있음은 명백하고,[7] 국제금융에서도 담보권의 신탁, 사채신탁 등의 형태로 이용되고 자산유동화에서도 신탁이 이용된다.

신탁에 따른 법률관계에 외국적 요소(foreign element)가 없는 경우, 즉 순수한 국내신탁의 경우와 달리 외국적 요소가 있는 신탁(이하 '국제신탁')의 경우 국제재판관할과 준거법의 결정이라는 국제사법적 문제가 발생한다. 우리 국제사법은 국제재판관할의 결정에 관하여 총칙만을 두고 있을 뿐 신탁에 관하여 특칙을 두고 있지 않고, 준거법에 관하여도 아무런 규정을 두고 있지 않으며, 신탁법에도 양자에 관한 아무런 규정이 없다. 여기에서는 국제신탁에서 제기되는 국제사법상의 논점을 간단히 논의한다.

국제사법의 관점에서는 첫째 임의신탁(voluntary trust)[8]과 법률상의 신탁(trust created by operation of law), 둘째 생전신탁(inter vivos trust, living trust)과 유언신탁(testamentary trust)의 구별이 의미가 있는데, 국제금융의 맥락에서 신탁을 바라보는 우리의 관심은 영미의 전통적인 신탁, 즉

7) 최동식, 앞의 책(주 6), 4-6면. 우리나라에서는 신탁법상의 신탁이 별로 활용되지 못하고 있다는 이영준, 한국민법론[총칙편](2003), 163면의 설명은 뜻밖이다. 방석호, 앞의 논문, 654-655면도 신탁법 자체는 그다지 빛을 보지는 못했다고 하고, 더 나아가 "현행 신탁법 자체는 영미 신탁법을 그대로 받아들였다고 하지만 외형만을 받아들였을 뿐 내용상으로는 정작 로마법상의 'Fiducia' 라는 개념이 내포하는 수탁자와 수익자의 특별한 관계 대신 독일 민법학이… 발전시킨 신탁행위이론(Treuhandtheorie)을 오히려 더 많이 담고 있다고 할 수 있다" 라고까지 한다. 그러나 이는 지나치게 나간 것이라고 생각한다. 독일의 신탁행위에 관한 문헌으로는 김준호, 신탁행위론, 법문사, 1997을, 신탁행위와 신탁법상의 신탁을 비교한 문헌으로는 우선 허규, "신탁행위와 신탁법상의 신탁," 사법논집 제5집(1974), 법원행정처, 10면 이하를 각각 참조.

8) 우리나라에서는 이를 '설정신탁' 이라고 하는데, 외국에서는 '명시신탁(express trust)' 이라고 부르기도 한다. Czermak, 앞의 책, 22면 주 72.

'증여성 신탁(gratuitous trust)'이 아니라 '상업성 신탁(commercial trust)'[9]에 있으므로, 여기에서는 당사자의 의사표시, 그중에서도 신탁계약[10]에 의하여 설정되는 생전신탁을 대상으로 한다.[11] 구체적으로 국제신탁의 준거법에 관한 헤이그신탁협약(II), 국제신탁의 준거법에 관한 우리 법의 해석론(III)과 국제신탁의 국제재판관할(IV)을 살펴본 뒤 국제신탁에 관한 국제금융거래의 실무상 문제되는 국제신탁의 사례(V)의 순서로 논의한다. 논리적으로는 국제재판관할의 결정이 준거법의 결정에 선행하지만, 여기에서는 준거법의 결정에 비중을 두어 이를 먼저 다룬다. 종래 우리나라에서는 이 주제에 관한 연구가 거의 없고 필자의 연구도 매우 부족하므로 여기의 논의는 문제제기의 성격이 강하고 좀더 깊이 있는 연구는 다른 기회로 미룬다는 점을 미리 밝혀 둔다.

II. 국제신탁의 준거법—헤이그신탁협약

신탁의 실질법에 관한 법계의 차이에 상응하여 국제사법규칙(國際

9) 우리나라에서는 신탁의 인수가 영업인가의 여부에 따라 민사신탁과 상사신탁을 구분하나, 이 글의 상업성 신탁은 상사신탁을 의미하는 것이 아니라, 증여성 신탁과 대비되는, 협상에 의한 거래(bargained-for exchange)를 실행하기 위한 신탁을 의미한다. John H. Langbein, The Secret Life of the Trust : The Trust as an Instrument of Commerce, 107 Yale L.J. 165, 167 (1997).

10) 신탁을 설정하는 당사자의 행위를 '신탁행위' 또는 '신탁설정행위'라고 하는데, 신탁행위에는 신탁계약과 유언이 있다. 다만 영미에서는 신탁선언(declaration of trust)도 허용된다. 최동식, 앞의 책, 53 · 60면.

11) 논자에 따라 차이가 있으나 대체로 영미에서는 신탁을 그 근거에 따라 첫째, 당사자의 의사의 표시에 기한 명시적 신탁 둘째, 당사자의 추정적 의사에 기한 복귀신탁과 셋째, 당사자의 의사에 관계없이 정의를 위하여 법원이 인정하는 의제신탁으로 구분한다. 여기에서는 복귀신탁도 논의의 대상에서 제외한다.

私法規則) 또한 차이가 있는데, 국제사법규칙을 통일하기 위한 국제적인 노력의 결과 1984년 10월 개최된 헤이그국제사법회의의 제15차 회기에서 신탁의 준거법과 승인에 관한 1985년 7월 1일 헤이그협약(이하 '신탁협약' 또는 '협약')이 채택되었다. 신탁협약은 1992년 1월 1일 영국, 호주와 이탈리아 등지에서 발효되었고 그 후 캐나다와 네덜란드 등이 가입하였는데 대륙법계 국가인 이탈리아와 네덜란드가 가입한 점이 특기할 만하다. 역시 대륙법계 국가인 스위스가 2007년 신탁협약에 가입한 점은 주목할 만하다. 2009년 초 현재 체약국은 12개국이다. 협약을 살펴보는 것은 그 자체로서도 의미가 있고, 우리 법상 신탁의 준거법에 관한 해석론을 전개하는 데도 도움이 되며, 우리 기업들이나 은행들이 관여하는 국제금융거래에서 신탁의 준거법이 영국법이 되는 일이 빈번하므로 영국의 국제사법규칙을 이해할 현실적인 필요가 있다. 미국은 협약에 서명하였지만 비준하지 않았고, 미국에서 신탁법은 각 주의 입법관할권에 속하는 사항이며 통일적인 국제사법규칙은 존재하지 않으므로 뉴욕주법이 신탁계약의 준거법이 되는 경우 미국, 보다 정확히는 뉴욕주의 국제사법규칙을 이해할 필요가 있다.[12)]

여기에서는 스위스의 Alfred E. von Overbeck 교수가 작성한 협약의

12) 독일, 영국과 미국의 연결원칙은 池原季雄(編), 國際信託の實務と法理論, 有斐閣, 1990, 24-67면 참조. 미국법상의 연결원칙은 통일신탁법전(Uniform Trust Code)(제107조와 제403조 등)과 미국의 Restatement Second on Conflict of Laws, 제267조 이하 참조. 동산의 생전신탁의 유효성은 제270조, 사무처리는 제272조 참조. 간단한 소개는 織田有基子, "アメリカ統一信託法典における裁判管轄と準據法," 大塚正民 · 樋口範雄(編), 現代アメリカ信託法, 有信堂, 2002, 33-53면을 참조. restatement에 관하여는 우선 道垣內正人, "アメリカ國際私法における信託の準據法," 國際信託の實務と法理論, 1990, 47면 이하 참조.

공식적인 해설보고서(Explanatory Report. 이하 '보고서')를 기초로 협약을 간략히 소개한다.[13] 신탁협약에 대하여는 별도의 기회에 상세히 논의할 예정이다.

1. 신탁협약의 특징과 체제

협약은 다음과 같은 특징을 가진다. 첫째, 신탁협약은 다른 협약들과 달리 신탁(trust) 또는 그와 유사한 제도를 가지고 있는 영미법계 국가들과 대체로 그러한 제도가 없는 대륙법계 국가들을 가교하기 위한 것이다. 협약이 신탁의 준거법만이 아니라 신탁의 승인을 함께 규율하는 것은 이 때문이다.[14] 둘째, 영미법계 국가들의 경우 그들의 법에 따라 설립된 신탁이 대륙법계 국가에서 승인되는 데 일차적인 이익이 있으나, 그들 간에도 국제사법규칙을 통일하는 의미가 있다. 한편 대륙법계 국가들의 경우 판사들에게 신탁이라는 법적 장치를 파악하는 데 적절한 수단인 국제사법규칙을 제공하는 의미가 있다.[15]

협약은 전문(前文)과 범위(제I장 제1~5조), 준거법(제II장 제6~10조), 승인(제III장 제11~14조), 일반조항(제IV장 제15~25조)과 최종조항(제V장 제26~32조) 등 모두 5개의 장으로 구분된 32개의 조문으로 구성된다.

---

13) 협약의 상세 내용은 Jonathan Harris, The Hague Trusts Convention, Hart Puboishing, 2002을 참조. 국내문헌으로는 홍유석, "상사신탁에 관한 국내법 및 섭외사법적 고찰," 안동섭 교수 화갑기념논문집, 1995, 770면 이하가 협약을 간단히 소개하고 협약의 영문과 국문번역문을 적고 있다. 일본문헌으로는 池原季雄(編), 國際信託の實務と法理論, 1990, 149-219면 참조.

14) 보고서, para. 12.

15) 보고서, para. 14.

2. 협약의 범위(제I장)

협약의 목적상 신탁(trust)이라는 용어는 어떤 자, 즉 위탁자(settlor)가 — 생존자 간에 또는 사망시에 — 수익자의 이익을 위하여 또는 특정한 목적을 위하여 자산(편의상 '자산'과 '재산'을 호환적으로 사용한다)을 수탁자의 지배하에 둔 때에 창설되는 법률관계를 말한다(제2조). 이는 법적 권리(legal title)와 형평법상의 권리(equitable title)의 구분에 착안하는 영미법계의 전통적인 신탁의 개념의 범위를 넘는 광범위한 기능적인 정의이다. 협약은 생전신탁과 유언신탁을, 그리고 동산신탁과 부동산신탁을 구별하지 않고 동일한 원칙에 따르도록 하는 데 특색이 있는데, 협약(제2조 제2항)은 협약이 적용되는 신탁이 되기 위한 요건을 열거한다.

협약은 서면에 의해 증명되는 임의신탁에만 적용되므로 법률상의 신탁과 사법상의 신탁(trust created by judicial decision)에는 적용되지 않는다.[16] 따라서 의제신탁(constructive trust)에는 협약이 적용되지 않는데, 복귀신탁(resulting trust)에 협약이 적용되는지에 관하여는 견해가 나뉜다. 체약국은 선언에 의하여 법률상 신탁과 사법상의 신탁을 협약의 적용범위에 포함시킬 수 있으나(제20조), 어느 체약국이 그런 선언을 하더라도 다른 체약국이 선언을 한 체약국의 그러한 신탁을 승인할 의무를 지는 것은 아니다.

제II장과 제III장 모두 체약국 간에 한정되지 않고 일반적으로 적용된다. 다만 체약국은 제III장을 신탁의 유효성이 체약국법에 의하여 규

16) 보고서, para. 49.

율되는 신탁에만 적용되도록 유보선언을 할 수 있다(제21조). 선언을 할 경우 협약의 적용범위는 제II장과 제III장 간에 차이가 발생한다. 제II장에 의하여 지정된 신탁의 준거법이 신탁(또는 관련된 유형의 신탁)을 규정하지 않는 범위 내에서는 협약은 적용되지 아니한다(제5조). 신탁의 승인의 경우에도 유사하다(제13조). 협약은 신탁에 관한 국제사법 규칙의 통일을 목적으로 하고, 재무사항 특히 어느 국가의 세법에는 영향을 미치지 않는다(제19조).

3. 신탁의 준거법(제II장)

협약의 제II장은 신탁의 준거법의 결정원칙을 두고 있다. 이는 실질법을 지정하는 이른바 사항규정지정이고 반정(反定, renvoi)은 배제된다(제17조).

(1) 당사자자치(當事者自治, 제6조)

신탁은 위탁자가 선택한 법에 의하여 규율되는데, 다만 그 선택은 신탁을 설정하는 증서 또는 신탁을 증명하는 서면의 조건에 명시되거나 묵시되어야 한다. 선택될 수 있는 법의 범위는 제한이 없다. 선택된 법과 신탁 간에 (실질적) 관련이 존재해야 한다는 제안이 있었지만 채택되지 않았다.[17] 그러나 선택된 준거법이 신탁제도 일반 또는 관련된 유형의 신탁을 규정하지 않는 경우에는 선택은 효력이 없고 제7조에

17) 보고서, para. 65.

따라 객관적 준거법이 적용된다(제6조 제2항). 신탁의 일부에 대해 준거법을 선택한 경우 그 준거법이 신탁을 규정하지 않는 경우에도 선택은 무효이다.[18] 협약은 명시하지 않지만 외국적 요소가 있는 신탁에 적용되는 것을 전제로 하고 있다.

(2) 객관적 연결(제7조)—가장 밀접하게 관련된 법

신탁의 준거법이 선택되지 않은 경우 또는 선택이 있지만 그의 효력이 인정될 수 없는 경우 신탁은 그것이 가장 밀접하게 관련된 법(the most closely connected law)에 의하여 규율된다(협약 제6조 제2항). 신탁이 가장 밀접하게 관련된 법을 확정하는 데 있어서는 특히 다음 네 가지 요소들, 즉 ① 위탁자가 지정한 신탁사무[19]의 수행지, ② 신탁자산의 소재지, ③ 수탁자의 거소 또는 사업소 소재지와 ④ 신탁의 목적과 그것이 달성되는 장소를 고려하여야 한다(제7조). 가장 밀접한 관련이라는 기준이 예견가능성을 해하는 것은 사실이지만, 이 조항은 예외적인 경우에만 적용되며 신탁의 개념에 친한 영미법계에서도 아직 만족할 만한 객관적 연결의 연결점을 발전시키지 못한 점에서 이를 지나치게 강조할 것은 아니라는 견해도 있다.[20]

18) 보고서, para. 70.

19) 이는 'administration'의 번역인데 이하 편의상 '신탁사무'·'신탁의 사무처리'와 '신탁의 관리'를 호환적으로 사용한다.

20) Luc Thévenoz, "Purpose, content and implementation of the Hague Convention on Trusts: Contracting States' room for manoeuvre," Markus, Alexander R./Kellerhals, Andreas/Jametti, Greiner Monique (Hrsg.), Das Haager Trust-Übereinkommen und die Scheweiz, Schulthess, 2003, S. 13.

(3) 준거법의 분열(dépeçage)과 준거법의 변경

신탁의 준거법을 정함에 있어서 분리할 수 있는 신탁의 부분, 특히 신탁사무에 관한 사항은 다른 법에 의하여 규율될 수 있다(제9조). 신탁은 장기간 존속하므로 존속 기간 중 신탁의 준거법을 변경할 필요가 있는데, 협약(제10조)에 의하면 준거법의 변경이 가능한지, 만일 가능하다면 어떤 조건하에 가능한지는 신탁의 유효성의 준거법에 따른다. 즉 협약은 준거법을 변경할 수 있다는 실질법상의 원칙을 규정하는 대신, 준거법의 변경은 신탁의 유효성의 준거법에 의한다는 저촉적(抵觸的) 원칙을 규정하는 방식을 취한다.

(4) 신탁의 준거법이 규율하는 사항과 규율하지 않는 사항—선결문제

제8조는 신탁의 준거법이 신탁의 유효성,[21] 해석 및 효력과 신탁의 사무처리를 규율함을 명시하고 또한 신탁의 준거법이 규율하는 사항을 예시한다. 이는 ① 수탁자들의 선임 · 사임 및 해임, 수탁자로 행위할 수 있는 능력과 수탁자의 지위이전, ② 수탁자들 간의 권리 · 의무, ③ 신탁재산의 관리 · 처분, ④ 수탁자들의 투자권한, ⑤ 신탁의 존속

---

21) 여기에서 말하는 유효성은 실질적 유효성을 말하는데, 선결문제는 협약의 적용범위로부터 제외되므로 그에 포함되지 않는다. 영구축적금지(rule against accumulation) 또는 영구권금지규칙(rule against perpetuities)은 이에 포함될 것으로 보이나, 경우에 따라서는 신탁 자체가 아니라 설정행위에 관한 것이라고 한다. 보고서, para. 56. 그 밖에도 D. J. Hayton, The Law of Trusts, 2003, Thomson · sweet & Maxwell, p. 74 et seq.는 영국법상 신탁의 유효요건으로 이른바 '3대 확실성', 즉 신탁설정의사(intent), 신탁의 대상물(subject-matter)과 신탁의 수익자(beneficiaries 또는 objects)의 확실성과 관리의 실행가능성(administrative workability) 등을 다룬다.

기간과 신탁의 수익을 유보하는 권한에 대한 제한, ⑥ 수탁자들과 수익자들 간의 관계와 ⑦ 신탁재산의 분배 등이다. 협약은 신탁의 존재의 준거법을 언급하지 않으나 유효성과 동일한 법에 따른다고 본다.[22] 따라서 협약상 신탁의 준거법은 원칙적으로 신탁에 관한 모든 사항을 규율한다.

그러나 협약은 유언 또는 기타 자산을 수탁자에게 이전하는 기타 행위의 유효성에 관한 선결문제에는 적용되지 않는다(제4조). 신탁이 협약의 요건을 구비하기 위해서는 신탁자산이 수탁자에게 유효하게 이전되어 수탁자의 지배하에 놓여야 하지만, 이는 협약의 적용범위로부터 배제된다. 즉 협약에 따른 신탁의 준거법은 신탁의 성립(creation) 또는 설정(establishment)과 신탁 자체의 유효성을 규율하지만, 신탁설정의 원인이 되는 유언 또는 그 밖의 수탁자로의 자산이전 행위의 유효성을 규율하지는 않는다는 것이다. 보고서는 이러한 구별을 '로켓(rocket)'과 '발사대(launcher)'라는 이미지를 사용하여 비유적으로 설명하는데, 즉 신탁이라는 로켓을 일단 궤도에 진입시키기 위하여 예컨대 유효한 유언, 증여 또는 기타 법적 효력을 가지는 행위라는 발사대가 필요한데, 협약은 로켓만을 규율하고 발사대는 규율하지 않는다는 것이다.[23] 협약이 규율하지 않는 쟁점은 일반원칙으로 돌아가 법정지(法廷地)의 국제사법에 의하여 결정되는 준거법에 따른다.

4. 신탁의 승인(제III장)

협약은 신탁의 승인에 관하여 준거법과 별도의 장(제III장)을 둔다.

22) Harris, 앞의 책, 233면.

23) 보고서, para. 53.

국제사법이론에 따르면 어느 국가의 법을 준거법으로 지정하는 것은 당해 준거법을 적용한 결과를 인정하는 것이므로 준거법의 지정과 준거법적용의 효과의 승인을 구별하여 파악할 필요는 없다.[24] 그러나 신탁의 개념 자체를 알지 못하는 대륙법계 국가들—영미의 신탁을 도입한 우리나라는 이에 해당하지 않는다—이 있으므로 협약은 별도의 장을 두어 신탁의 승인의 함의와 효력을 명시한다.

(1) 승인의 효력—일반원칙(제11조)

협약에 의하여 지정된 준거법에 따라 설정된 신탁은 다른 체약국에서도 신탁으로서 승인되는데, 승인의 최소한의 효력으로서 신탁재산은 수탁자의 고유재산과 독립한 별개의 재산이 되고, 수탁자는 수탁자의 자격으로 소송당사자가 될 수 있으며, 수탁자가 공증인 또는 공적 자격에서 행위하는 모든 사람 앞에 수탁자로서 출석하거나 행위할 수 있다(제11조). 나아가 신탁의 준거법이 요구하거나 규정하는 한 외국법에 따른 신탁의 승인의 효력으로 특히 첫째 수탁자의 채권자들은 신탁재산에 대해 권리를 행사할 수 없고, 둘째 신탁재산은 수탁자의 도산 시 수탁자의 도산재단의 일부가 되지 않으며, 셋째 수탁자가 신탁을 위반하여 신탁재산을 그 자신의 재산과 혼합(또는 혼화)하거나, 신탁재산을 양도한 때에는 신탁재산은 회복될 수 있다(제11조 제3항). 셋째는 수익자의 추급권과 관련되는데, 추급(tracing)의 대상인 재산의 소지인인 제3자의 권리와 의무는 신탁의 준거법이 아니라 법정지의

24) 澤木敬郎, "ハーグ信託條約について," 池原季雄(編), 國際信託の實務と法理論, 1990, 166면.

국제사법에 의하여 결정되는 준거법에 따르므로〔제11조 제3항 d)호 2문〕, 추급의 대상인 재산이 신탁의 개념을 알지 못하거나 추급권을 알지 못하는 국가에 있는 경우 추급권은 제한될 수 있다.

(2) 신탁의 승인의 배제

준거법의 선택, 신탁사무의 처리장소와 수탁자의 상거소를 제외하고 신탁의 중대한 요소들이 신탁제도 또는 관련된 유형의 신탁을 알지 못하는 국가와 더 밀접하게 관련된 경우에는, 어느 국가도 이러한 신탁을 승인할 의무가 없다(협약 제13조). 신탁의 중대한 요소들이라 함은, 관련된 사람들의 상거소 또는 국적 또는 재산의 소재지 등을 의미한다.[25] 이는 문면상 모든 국가들의 판사가 사용할 수 있으나, 이는 특히 신탁제도를 알지 못하는 국가들의 판사들을 위한 회피조항(escape clause)이다.[26]

(3) 신탁의 승인과 등록

수탁자가 자산, 동산 또는 부동산 또는 그에 대한 권원증서(documents of title)를 등록하고자 하는 경우, 등록하고자 하는 국가의 법에 의하여 금지되거나 그의 법에 저촉되지 않는 한, 그는 수탁자의 자격에서 등록하거나 신탁의 존재를 공시하는 다른 방법으로 등록할 권한이 있다(제12조). 제12조는 공부에 한정되는 것은 아니고 주주명부

25) 보고서, para. 122.
26) 보고서, para. 123.

와 같이 공적 기능을 가지는 사적 장부에도 적용된다.[27]

5. 신탁의 준거법 및 승인에 대한 강행법규와 공서에 의한 제한

협약에 따라 외국법이 신탁의 준거법이 된 경우, 또는 협약에 따라 외국법에 의하여 설립된 신탁이 승인된 경우에도 외국법의 적용과 신탁의 승인에는 다음의 제한이 있다.

(1) 관련된 분야의 강행법규에 의한 제한

협약에 의하여 신탁의 준거법이 결정되거나 외국법에 따른 신탁이 승인되더라도 ① 소유권의 이전과 담보권,[28] ② 도산사건에서의 채권자의 보호와 ③ 그 밖에 선의의 제3자의 보호 등에 관하여는 법정지의 국제사법에 의하여 지정된 강행법규의 적용이 배제되지 아니한다(제15조 제1항). 주의할 것은 이러한 강행법규는 법정지의 강행법규가 아니고 법정지의 국제사법에 의하여 결정되는 위 쟁점의 준거법(즉 신탁의 준거법이 아닌)의 강행법규라는 점이다. 물론 법정지법이 준거법이 되는 경우에는 법정지의 강행법규도 이에 포함된다.

신탁의 기능은 매우 다양하므로 신탁의 준거법에 의하여 또는 외국법에 따른 신탁법에 의하여 규율되는 사항이더라도, 법정지의 국제사

27) 보고서, para. 121.

28) 독일대표단은 담보권이 아니라 '물권'이라고 규정하자는 제안을 하였으나 이는 지나치게 넓고 승인에 관한 협약의 규정에 반한다는 이유로 거부되었다. 보고서, para. 143. 그러나 소유권의 이전과 담보권, 즉 담보물권에 한정한 이유는 이해하기가 쉽지 않다. Harris, 앞의 책, 374면은 이는 형평법상의 권리가 수익자에게 귀속하는지 등의 equitable title에 관한 문제를 의미한다고 한다.

법에 따르면 신탁이 아닌 다른 제도들의 준거법에 따르는 사항일 수 있는데—여기에서 우리는 신탁과 기타 인접한 제도들과의 접점의 목록을 본다— 제15조는 그러한 다른 제도들에 적용되는 준거법이 강행법규인 경우, 즉 당사자들이 미리 적용을 배제할 수 없는 성질의 것인 경우 그 준거법인 외국의 실질법이 신탁의 준거법에 우선하여 적용되도록 하기 위한 것이다.[29] 만일 제15조 제1항에 의하여 신탁의 승인이 배제되는 경우에는 법원은 예컨대 적응(adaptation)과 같은 다른 수단에 의하여 신탁의 목적을 달성하도록 노력하여야 한다(제15조 제2항). 이는 제1항이 초래할 수 있는 매우 엄격한 결과를 완화하기 위한 것이다.[30]

(2) 국제적 강행법규에 의한 제한

법정지의 국제적 강행법규 또는 직접 적용법(lois d'application immédiate)은 협약에도 불구하고 적용된다(제16조 제1항). 단순한(통상의 또는 국내적) 강행법규는 당사자의 합의에 의해 그 적용을 배제할 수 없는 법규를 말하는 데 반하여, 국제적 강행법규는 당사자의 합의에 의해 적용을 배제할 수 없을 뿐만 아니라, 더 나아가 준거법이 외국법이라도 적용되는 강행법규를 말한다. 신탁과 관련한 국제적 강행법규의 예로는 통화와 문화유산의 수출을 금지하는 법을 든다. 나아가 법원은 밀접한 관련이 있는 제3국의 국제적 강행법규에 효력을 부여할 수 있으나, 각 체약국은 이 원칙의 적용을 유보할 수 있다(제16조 제2항 · 제3항).

29) 보고서, para. 137.
30) 보고서, para. 147.

⑶ 공서에 의한 제한

협약의 규정들은 그의 적용이 공서에 명백히 반하는 때에는 무시될 수 있다(제18조).

III. 국제신탁의 준거법—우리 법의 해석론

1. 논점의 정리

위에서 밝힌 바와 같이 여기에서는 신탁계약에 의하여 설정되는 생전신탁에 논의를 한정하여 신탁의 준거법에 관한 우리 법의 해석론을 살펴본다.[31)] 우리 국제사법은 신탁의 준거법을 명시하지 않으므로 신탁의 준거법은 우리 국제사법의 대원칙, 즉 해당 법률관계 또는 쟁점과 가장 밀접한 관련이 있는 국가의 법이 된다. 종래 우리나라에서는 신탁의 성질결정과 준거법에 관하여는 논의가 별로 보이지 않는데 필자는 다른 기회에 간단한 견해를 피력한 바 있는데,[32)] 아래에서는 이

31) 신탁협약은 생전신탁과 유언신탁을 구별하지 않으나, 우리 법의 해석론으로는 유언신탁의 준거법은 유언 자체의 문제와 유언의 내용의 문제로 구분하여야 하며 후자는 상속의 준거법에 따를 사항이라고 본다. 즉 후자는 상속법적으로 성질결정할 문제이다. MünchKommBGB/Wendehorst, Band 10 Einführungsgesetz, Internationales Privatrecht 4. Auflage, C.H.Beck, 2006, Art. 43 Rn. 49.

32) 즉 신탁을 하나의 독립적인 제도로 보아 그의 준거법을 일원적으로 결정할지, 아니면 채권법적 측면과 물권법적 측면을 구분하여 별도로 연결할지가 우선 문제되고, 일원적으로 연결하는 경우에도 신탁협약와 같은 접근방법을 취할지, 아니면 독일의 일부 학설이 취하듯이 재단에 준하여 취급할지가 문제된다. 나아가 필자는 만일 우리나라가 신탁협약에 가입하였다면 일원적 처리가 가능하겠지만— 다만

를 좀더 진전시켜 본다.

2. 신탁의 성질결정의 일반이론

신탁의 준거법의 결정은 신탁의 성질결정을 어떻게 하는가에 따라 좌우된다. 국제사법학에서 '성질결정(characterization, classification, Qualifikation)'이라 함은 어떤 사안을 적절한 저촉규정에 포섭할 목적으로 독립한 저촉규정의 체계개념을 해석하는 것 또는 그의 사항적 적용범위를 획정하는 것을 말한다.[33] 성질결정을 함에 있어서는 우선 법정지법으로부터 출발하되, 연결의 대상을 법정지법상의 체계개념(Systembegriff)으로 이해할 것이 아니라 비교법적으로 획득된 기능개념(Funktionsbegriff)으로 이해하면서 당해 저촉규범의 기능과 법정책적 목적을 고려해야 한다. 이것이 요즈음 독일의 다수설인 '기능적 또는 목적론적 성질결정이론(funktionelle oder teleologische Qualifikation)' 또는 '넓은 의미의 법정지법설'인데[34] 필자도 이것이 타당하다고 본다. 따라서 국제사법의 체계개념은 실질법의 개념을 기초로 형성되지만 그보다 넓은 개념이다.

신탁의 성질결정은 이러한 이해를 출발점으로 삼아야 한다. 이는 우리 저촉규범을 해석하고, 외국법의 의미와 목적에 따른 신탁의 내

그 경우에도 신탁의 설정을 위한 신탁재산의 수탁자로의 이전은 신탁재산의 준거법(물건이라면 소재지법)에 의한다—국제사법에 명문의 규정이 없는 현재로서는 신탁의 준거법에 관하여 채권법적 측면과 물권법적 측면을 구분하여 보는 것이 설득력이 있다. 석광현, 국제사법과 국제소송 제1권, 박영사, 2001, 612면 각주 48 ; 석광현, 국제사법과 국제소송 제3권, 박영사, 2004, 591면.

33) 이호정, 국제사법, 경문사, 1983, 102-103면.

34) Jan Kropholler, Internationales Privatrecht 5. Auflage, Mohr Siebeck, 2004, §17 I.

용을 파악하여, 이를 저촉규범의 기능과 목적을 고려하면서 저촉규범에 귀속시키는 작업을 거치게 된다. 독일에서는, 이 경우 신탁에 대해 새로운 연결원칙을 도입할 것이라는 견해도 있으나 이는 기존의 연결원칙의 적용이 불가능한 경우에 한정할 것이고, 또한 아직 설득력 있는 독자적인 연결원칙을 제시하고 있지 못하므로, 지금으로서는 기존의 연결원칙을 적절히 활용하는 것이 더 적절하다고 한다.[35] 구체적인 성질결정은 아래에서 연결원칙과 함께 논의한다.

3. 신탁계약에 의하여 설정되는 생전신탁의 준거법

우리나라에는 논의가 별로 없지만, 독일에는 신탁의 성질결정에 있어서는 회사법적(또는 단체법적)으로 성질결정하는 견해, 채권법적 · 물권법적으로 성질결정하는 견해 등이 있고 그에 따라 신탁의 연결원칙이 상이하게 된다.

(1) 회사법적(또는 단체법적) 연결

독일에서는 신탁과 회사(또는 단체)의 기능적 유사성에 착안하여[36] 신탁을 회사법적(또는 단체법적)으로 또는 재단(Stiftung)으로 성질결정하는 견해가 있는데, 이는 신탁의 준거법을 정함에 있어서 회사의 설

---

35) 신탁의 성질결정에 관하여는 Czermak, 앞의 책, 99면 이하 참조.

36) 회사재산과 마찬가지로 신탁재산은 재산을 관리하는 자의 채권자들로부터 자유롭고 또한 재산에 대해 수익적 권리를 가지는 사람들의 책임이 제한되므로 회사, 특히 폐쇄회사의 유연한 형태는 신탁을 대체할 수 있다. Henry Hansmann and Ugo Mattei, The Functions of Trust Law : A Comparative Legal and Economic Analysis, 73 N.Y.U. L. Rev. 434, 472 (1998).

립 또는 법적으로 조직된 특별재산의 설립에 관한 연결원칙을 유추적용한다.[37] 스위스 국제사법은 이러한 원칙을 채택하였다. 동법은 단체의 준거법에 관하여 단체가 조직된 국가의 법이 규정하는 공시규정 또는 등록규정을 충족시키거나 그러한 규정이 없는 경우 설립준거법에 의하고, 그 요건을 충족하지 못한 경우에는 사실상의 본거지법을 적용하는데(제154조), 단체라 함은 조직된 인적 결합체와 조직된 재산통일체(organisierte Vermögenseinheiten)를 말한다(제150조 제1항). 이 원칙에 따르면 신탁의 설정과 신탁의 사무처리를 분할하여 각각 상이한 준거법에 따르도록 하는 것은 허용되지 않는다.[38]

이 견해에 대하여는 신탁은 법인격이 없고 또한 신탁은 위탁자(자익신탁의 경우)의 또는 수익자(타익신탁의 경우)의 이익을 추구하는 것이지 위탁자와 수탁자 및 수익자의 공동의 이익을 추구하는 것은 아니므로 회사법적 연결은 근거가 없다는 비판이 있다.

(2) 채권(법)적 법률관계와 물권(법)적 법률관계를 구분하는 견해

독일에서는 독일법상의 신탁(Treuhand)을 채권적 측면과 물권적 측면으로 구분하여 채권법적 측면은 국제계약의 준거법에 따르도록 하고, 신탁재산의 이전 등은 그의 종류에 따라 물건소재지법, 채권의 준

37) Staudinger/Stoll, Int SachenR, Sellier-de Gruyter, 1996, Rn. 174. 이는 회사의 연결원칙에 관하여는 독일의 전통적인 본거지법설을 취한다. 다만 이 견해도 물건에 대한 신탁의 직접적인 물권법적 효력의 문제는 물건의 소재지법에 의한다고 한다.

38) Staudinger/Stoll, 앞의 책, Rn. 175. 신탁협약(제9조)은 이러한 준거법의 분열을 허용하고, 미국에서는 종래 원칙적으로 양자는 별도로 연결되었던바, 이러한 태도는 위 견해와는 명백히 배치된다.

거법, 사원권의 준거법을 따를 것이라는 견해가 유력하고, 이는 영미법계의 신탁에도 이러한 법리를 적용하는데, 영미법계의 신탁에 상응하는 법제도는 독일 법학에는 존재하지 않으므로 이러한 구분이 불가피하다고 한다.[39] 이에 따르면 채권법적 측면의 준거법은 국제계약에 관한 독일 민법시행법(EGBGB 제27조 이하)에 따른다. 즉 당사자자치가 타당하고, 당사자의 준거법 지정이 없으면 그와 가장 밀접한 관련이 있는 국가의 법이 준거법이 되는데, 이는 신탁재산의 관리지, 수탁자의 본거지, 신탁재산의 소재지 또는 당사자 간에 존재하는 법률관계의 준거법이 된다고 한다.[40] 한편 물권법적 측면은 물건소재지법에 따른다.

일본에서도 법례는 우리 국제사법과 마찬가지로 신탁을 독립한 단위법률관계로서 규정하고 있지 않는데, 예컨대 石黑一憲 교수[41]는 과연 준거법 선택상 항상 신탁이라고 하는 것을 독자의 것으로서 취급하여 다른 문제와 구별하여 별도의 준거법을 정하여야 할 것인가에 대해 의문을 표시하고 신탁협약에 대해 다소 비판적인 태도를 취하면서, 법례의 해석상 제7조(법률행위), 제10조(물권)와 제11조(법정채권) 등의 규정에 의하여 적절히 준거법을 정하고 실질법 레벨에서 다른 문제와 함께 신탁의 문제를 취급하면 충분하다고 한다.

한편 독일에는 위와 유사하지만 법률행위에 의한 생전신탁에 관한

---

39) MünchKommBGB/Kindler, Band 11 Einführungsgesetz, Internationales Privatrecht 4. Auflage, C.H.Beck, 2006, IntGesR Rn. 290ff.

40) MünchKommBGB/Kindler, 앞의 책, Rn. 291, 292. 다만 예외적으로 위탁자가 수탁자를 콘체른법상의 의미에서 지배하는 경우에는 콘체른의 준거법, 즉 종속회사의 법을 적용할 것이라고 한다. MünchKommBGB/Kindler, 앞의 책, Rn. 292.

41) 石黑一憲, 國際私法(신판), 有斐閣, 1990, 316면.

한 채권법적으로 성질결정하여 통일적으로 연결하려는 견해도 유력한데,[42] 이는 신탁에 관한 다양한 쟁점을 통일적으로 연결하는 신탁협약에 접근하고, 신탁의 준거법 결정에 있어 당사자자치의 원칙이 적용되는 것을 쉽게 설명할 수 있다. 그러나 신탁의 설정은 신탁재산의 이전을 포함하므로 그 점에 대해서까지 채권법적 성질결정을 관철하여 당사자자치를 허용할 수는 없으므로 채권법적 연결을 관철하려는 것은 아닌 듯하고 이 견해도 예컨대 물권법적 측면은 국제사법상의 조정에 의하여 해결하고자 한다.[43]

그러나 채권법적 측면에 대해 국제계약의 법리를 적용하는 데 대하여는 영미법상 신탁은 반드시 신탁계약에 의하여가 아니라 신탁설정자의 일방적인 행위에 의하여도 설정될 수 있으므로 부적절하다는 비판이 있다.[44]

(3) 내부관계와 외부관계를 구별하는 견해

독일에는 신탁의 내부적 관계(신탁설정자, 수탁자와 수익자 간의 관계)와 외부적 관계를 구별하면서, 내부적인 관계 및 그와 밀접하게 관련된 관계에서는 채권법적인 통일적 연결을 관철하고, '수탁자 및 수익자' 와 제3자에 대한 관계, 즉 외부적 관계를 별도로 연결하는 견해가

42) Georg Wittuhn, Das Internationale Privatrecht des trust, Peter Lang, 1987, S. 120ff.

43) 영미에서도 신탁법이 계약법의 분과인지 아니면 재산법의 분과인지는 과거 Frederick W. Maitland와 Austin W. Scott의 역사적 논쟁 이래 지금도 논란이 있는데〔예컨대 Henry Hansmann and Ugo Mattei, The Functions of Trust Law : A Comparative Legal and Economic Analysis, 73 N.Y.U. L. Rev. 434 (1998) 참조〕 이도 위와 무관하지 않을 것이다.

44) Staudinger/Stoll, 앞의 책, Rn. 174.

있다.[45)]

이 견해는 수탁자와 수익자 간의 관계를 채권법적으로 통일적으로 연결하는 점에서 위에서 본 채권/물권을 구별하는 견해와 차이가 있다. 즉 이는 내부관계에서 물권적인 측면을 물권의 준거법에 따르도록 하는 데 반대하고 채권의 준거법에 의할 것이라고 한다. 법적 권리와 형평법상의 권리의 분열과, 형평법상의 권리로부터 발생하는 수익자의 수탁자에 대한 권리 또는 수탁자의 재산에 대한 물상대위도 채권의 준거법에 의할 사항에 속한다고 보지만, 이 견해도 신탁에 의해 발생하는 물권적인 지위는 물권의 소재지법에 반할 수는 없음을 인정한다. 그러나 이는 신탁에만 특유한 것은 아니고 개별준거법이 총괄준거법을 깨는 현상이라고 설명한다.[46)]

한편 '수탁자 및 수익자'와 제3자 간의 관계에 대하여는 두 가지 가능성이 있는데 그중 하나는 이를 물권법적으로 성질결정하여 신탁의 준거법이 아니라 물권의 준거법에 따를 것이라는 견해이고,[47)] 다른 하나는 영미의 신탁을 그에 상응하는 기능을 하는 독일법상의 제도, 즉 'fiduziarische Verwaltungstreuhand'로 보고 독일법에 따라 채권적으

45) MünchKommBGB/Wendehorst, 앞의 책, Art. 43 Rn 49 ; Czermak, 앞의 책, 215면 이하.

46) MünchKommBGB/Wendehorst, 앞의 책, Art. 43 Rn. 51.

47) MünchKommBGB/Wendehorst, 앞의 책, Art. 43 Rn. 53 ; Bernd v. Hoffmann, Internationales Privatrecht, 6. Auflage, C.H.Beck, 1999, §12 Rn. 18. 최동식, 앞의 책, 328면은 우리 신탁법상 수익권은 일반적으로 수탁자에 대한 채권이지만, 실질적으로는 신탁재산에 대한 채권이고 또 그것을 기본으로 하면서 신탁재산에 대한 물적 상관관계를 가지는 물적 권리라고 한다. 장형룡, 신탁법개론, 육법사, 1991, 166-167면은 수익권은 채권적 내용과 물권적 내용을 함께 가지는 신탁 특유의 권리라고 하고, 수익권의 성질에 관한 학설을 소개한다. 사견으로는 우리 신탁법상의 수익권은 영미의 신탁(trust)의 수익권과 독일의 신탁(Treuhand)의 수익권의 중간에 있다고 생각된다.

로 성질결정하는 견해이다. 후자는 예컨대 수탁자가 의무에 반하여 신탁재산을 처분한 경우 제3자와의 관계를 불법행위로 성질결정한다.[48)]

(4) 사견

신탁의 준거법에 관하여는 우리나라에서는 별로 논의가 없고 필자의 연구도 매우 부족하므로 아직 견해를 피력할 단계는 아니지만, 지금으로서는 둘째 견해가 설득력이 있으나 셋째 견해와 실제로 큰 차이는 없어 보인다. 그러나 우선 영미신탁에 따라 수익자가 가지는 형평법상의 권리 또는 실질적 소유권(equitable interest 또는 equitable ownership)의 준거법 결정에 있어 차이가 있다. 예컨대 영국법이 준거법인 신탁을 구성하는 재산이 한국에 소재하는 경우 수탁자가 신탁에 반하여 신탁재산을 제3자에게 양도하였다고 가정하자. 만일 수익자의 권리를 채권법적으로 성질결정한다면 수익자의 추급권은 신탁의 준거법인 영국법에 의할 사항이나, 물권법적으로 성질결정한다면 한국법에 따를 사항이므로 추급의 가부에 관하여 차이가 발생할 수 있다.[49)] 그러나 채권법적으로 성질결정하더라도 영국법의 적용을 관철할 수는 없

48) MünchKommBGB/Wendehorst, 앞의 책, Art. 43 Rn. 53 ; Czermak, 앞의 책, 217면 이하도 이를 채권법적으로 성질결정하고 불법행위의 준거법은 신탁의 준거법이 된다고 본다.

49) 영국법상의 추급권은 우리 법상의 추급권보다 범위가 넓고 수익자에게 유리한 원칙으로서 인정되고 있다는 점이 다르다고 한다. 최동식, 앞의 책, 144면. 독일의 연방대법원의 판결을 따르면 수탁자가 임의로 처분한 경우 비록 상대방이 신탁재산을 알고 취득하였더라도 처분은 유효하다. 이는 우리 민법에는 없는 독일 민법 제137조가 양도할 수 있는 권리의 처분권을 제한할 수 없다고 규정하기 때문이다. 따라서 선의취득의 법리를 원용할 필요도 없다. 독일에서는 추급은 허용되지 않는다. Staudinger/Stoll, 앞의 책, Rn. 176.

고, 우리 신탁법상의 수익자에 상응하는 권리를 행사할 수 있다고 본다.[50)] 그렇다면 채권법적 성질결정과 물권법적 성질결정의 차이는 상당히 축소된다.

또한 채권법적으로 통일적인 연결을 하더라도 신탁협약(제15조)에서 보듯이 신탁의 준거법의 적용은 일정한 범위 내에서 강행규정에 의하여 배제된다고 본다. 즉 미성년자와 무능력자의 보호, 소유권의 이전과 담보권과 그 밖에 선의의 제3자의 보호 등에 관하여 법정지인 우리나라의 국제사법에 의하여 지정된 준거법의 규정들이 강행규정이라면 그 범위 내에서는 신탁의 준거법에도 불구하고 동법이 적용된다는 것이다.

이렇게 본다면 신탁계약에 의한 생전신탁에 논의를 한정할 경우, 우리 법의 해석론으로서도 결과적으로 신탁협약에 접근하게 된다. 이 점을 고려한다면 지금으로서는 위 둘째 또는 셋째의 견해가 설득력이 있지만, 우리나라는 독일과 달리 영미의 신탁을 도입하였으므로 신탁

---

50) 독일(또는 스위스)에서는 수익자의 영국법상의 권리는 독일(또는 스위스)의 물권법의 기본원칙에 반하지 않는 범위 내에서만 관철될 수 있다고 한다. Daniel Girsberger/Anton Heini/Max Keller/Jolanta Kren Kostkiewicz/Kurt Siehr/Frank Vischer/Paul Volken, Zürcher Kommentar zum IPRG, 2. Auflage Schulthess, 2004, Art. 150, Rn. 16 ; Thévenoz, 앞의 책, 9면 ; Staudinger/Stoll, 앞의 책, Rn. 176. 이는 신탁법에 특유한 것은 아니고 예컨대 외국법에 따른 담보권이 설정된 동산이 독일에 들어간 경우에도 제기되는 문제이다. 독일은 물권법정주의를 취하므로 그 경우 독일 물권법질서가 허용하는 범위 내에서만 권리를 행사할 수 있기 때문인데, 이 점은 우리도 동일하다. 석광현, 국제사법 해설(제2판), 지산, 2003, 162면 참조. Staudinger/Stoll, 앞의 책, Rn. 176은 그 결과 신탁의 준거법이 영미법이더라도 물건이 독일법의 지배하에 들어온 때에는 수탁자가 의무에 반하여 신탁재산을 처분한 경우 추급권의 행사와 물권적인 물상대위는 독일법상은 허용되지 않는다고 한다. 그러나 우리 신탁법은 영미의 그것보다는 제한적이지만 일정한 범위 내에서 추급(제52조)과 물상대위(제19조)를 허용하므로 독일의 설명을 따르는 대신 이 글처럼 보아야 할 것이다. 물론 그러한 제한이 적용되는 근거는 물권법정주의이다.

을 하나의 독립한 연결대상으로 파악하면서 통일적으로 연결하는 신탁협약[51)]의 태도를 우리 법의 해석론으로서 수용하는 방향이 바람직하다. 물론 그 경우 신탁협약(제11조 및 제15조)을 고려하면서 별도의 연결원칙이 타당한 쟁점을 구체화할 필요가 있다. 따라서 그런 결론을 내리기에 앞서 신탁협약에 대하여 좀더 철저한 검토가 필요하므로 신탁협약에 대하여는 다른 기회에 좀더 상세히 논의할 생각이다. 참고로 수익자 권리의 성질결정은 수익권에 대한 담보권의 준거법 결정에 영향을 미친다. 왜냐하면 국제사법 제23조에 따르면 채권 · 주식 그 밖의 권리 또는 이를 표창하는 유가증권을 대상으로 하는 약정담보물권은 담보대상인 권리의 준거법에 의하기 때문이다. 수익권을 채권으로 성질결정하면 수익권의 준거법은 채권인 수익권의 준거법이 되고, 이를 물권으로 성질결정하면 역시 수익권의 준거법이 담보권의 준거법이 될 것이다. 그러나 후자의 경우, 물권으로 성질결정된 수익권의 준거법이 신탁재산의 소재지법인지는 논란이 있을 수 있다.

유의할 것은 수탁자의 도산시 신탁재산의 처리는 신탁의 준거법에 의하여만 결정되는 것은 아니고, 도산법정지법(lex fori concursus)[52)]이 그에 우선하여 적용된다는 점이다. 신탁협약(제15조 제1항 c호)도 도산사건에서의 채권자의 보호에 대하여는 법정지의 국제사법에 의하여 지정된 준거법의 강행규정의 적용을 방해하지 아니한다고 규정하는데, 이도 동일한 취지라고 생각된다. 결국 신탁재산이 본래의 독립성을 관철하자면 신탁의 준거법과 도산법정지법이 모두 이를 긍정하여야 한다.

51) 물론 협약상으로도 신탁의 준거법의 적용이 관철되는 것은 아니고 여러 가지 제한이 있음은 위에서 본 바와 같다.

52) '도산(절차)개시국법(state of the opening of proceedings)'이라고도 한다.

IV. 국제신탁의 국제재판관할

국제신탁과 관련하여 국제재판관할의 문제가 제기된다. 여기에서는 국제신탁에 관한 우리 국제사법상의 국제재판관할규칙을 검토한다.

1. 국제사법에 따른 국제재판관할규칙

우리 국제사법(제2조)에 따르면 우리 법원은 당사자 또는 분쟁이 된 사안이 한국과 실질적 관련이 있는 경우 국제재판관할권을 가지는데, 법원은 실질적 관련의 유무를 판단함에 있어 국제재판관할 배분의 이념에 부합하는 합리적인 원칙에 따라야 하고 국내법의 관할 규정을 참작하여 국제재판관할권의 유무를 판단하되, 국제재판관할의 특수성을 충분히 고려하여야 한다. 그런데 국제사법은 소비자계약과 근로계약의 경우를 제외하면 국제재판관할에 관하여 단편적인 규정만을 두므로, 종래 판례에 의해 발전되어 온 접근방법 특히 토지관할규정으로부터 국제재판관할규칙을 도출하려는 노력은 국제사법하에서도 상당 부분 유지될 수 있다. 다만 일단 '국제재판관할규칙=토지관할규정'으로 보고 결론이 부당한 경우 특별한 사정을 근거로 관할이 없다고 판단하는 대신, 국내의 관할규정을 참작하여 국제재판관할의 특수성을 고려해서 올바른 국제재판관할규칙을 정립해야 한다. 도메인 이름에 관한 최근 대법원 2005. 1. 27. 선고 2002다59788 판결도 이러한 취지를 따른 바 있다.[53)]

53) 즉 국제재판관할을 결정함에 있어서는 당사자 간의 공평, 재판의 적정, 신속 및 경제를 기한다는 기본이념에 따라야 할 것이고, 구체적으로는 소송당사자들의 공평,

국내법의 관할규정을 참작하여 국제재판관할권의 유무를 판단하라는 것은 적절한 관할규정이 있는 경우를 가리키므로, 국내법의 관할규정(또는 재판적)이 없다는 이유로 국제재판관할을 인정할 수 없는 것은 아니고, 그 경우 제2조 제1항의 원칙으로 돌아가 실질적 관련 원칙에 따라 국제재판관할의 유무를 판단해야 한다.[54] 위 대법원 판결도 국내법의 관할규정이 아니라 실질적 관련에 기하여 우리나라의 국제재판관할을 긍정하였다. 그런데 신탁에 관한 소송에 대하여는 민사소송법이나 신탁법에 토지관할(또는 재판적)에 관한 아무런 규정이 없으므로[55] 결국 신탁에 관한 소송에 대하여는 실질적 관련을 기초로 국제재판관할의 유무를 판단해야 하는데 그 과정에서 위에서 본 신탁의 성질결정이 중요한 의미를 가진다.[56] 종래 우리 법상은 신탁의 국제재판관할은 별로 논의되고 있지 않은데, 사견으로는 아래와 같이 경우를 나누어 볼 필요가 있다.[57]

편의 그리고 예측가능성과 같은 개인적인 이익뿐만 아니라 재판의 적정, 신속, 효율 및 판결의 실효성 등과 같은 법원 내지 국가의 이익도 함께 고려하여야 할 것이며, 이러한 다양한 이익 중 어떠한 이익을 보호할 필요가 있을지 여부는 개별 사건에서 법정지와 당사자와의 실질적 관련성 및 법정지와 분쟁이 된 사안과의 실질적 관련성을 객관적인 기준으로 삼아 합리적으로 판단하여야 할 것이라는 것이다. 평석은 석광현, "국제재판관할의 기초이론—도메인이름에 관한 대법원 2005. 1. 27. 선고 2002다59788 판결의 의의," 한양대 법학논총 제22집 제2호(2005. 12), 261면 이하 참조.

54) 이 점은 석광현, 국제사법 해설(제2판), 44면에서 지적한 바 있다.

55) 다만 예컨대 수탁자의 사임 · 해임 · 관리인선임 등 신탁과 관련한 비송사건의 관할법원에 관하여는 비송사건절차법(제39조)이 규정하고 있다.

56) 국제재판관할의 맥락에서의 성질결정은 Albrecht Conrad, Qualifikationsfragen des Trusts im Europäischen Zivilprozessrecht, Peter Lang, 2001, S. 74ff. 참조.

57) 이러한 쟁점의 정리는 Jonathan Harris, "The Trust in Private International Law," in Reform and Development of Private International Law Essays in Honour of Sir Peter North, Edited by James Fawcett, Clarenden Press, 2002, p. 205 et seq. 참조.

2. 수익권에 관한 소—특히 신탁재산이 부동산인 경우

우리 민사소송법(제20조)에 따르면 부동산에 관한 소를 제기하는 경우에는 부동산이 있는 곳의 법원에 제기할 수 있다. 부동산에 관한 소는 부동산에 관한 권리를 목적으로 하는 소인데, 그에는 부동산의 소유권의 존부확인, 소유권에 기한 인도청구와 같은 부동산상의 물권에 관한 소와 계약에 기한 부동산의 이전등기나 인도를 구하는 소와 같은 부동산에 관한 채권의 소가 포함되지만, 이는 부동산 자체에 관한 소에 한정되므로 부동산의 매매대금 또는 임대료의 지급을 구하는 소는 이에 포함되지 않는 것으로 해석된다.[58] 이러한 토지관할규칙을 국제재판관할규칙을 정함에 있어 참작할 수 있다.

그런데 예컨대 부동산신탁의 수익자가 그가 가지는 형평법상의 권리(equitable interest)를 주장하기 위하여 소를 제기하는 경우 이것이 부동산 자체에 관한 위 물권에 관한 소 또는 채권의 소에 포함될 수 있는가가 문제된다. 사견으로는 수익자의 수익권을 부동산에 관한 물권이라고 볼 수는 없고,[59] 나아가 부동산에 관한 채권의 소도 부동산 자체에 관한 소에 한정되므로 이를 긍정하기는 어렵다.

---

58) 이시윤, 신민사소송법, 박영사, 2003, 88면. 이처럼 제20조는 부동산 자체에 관한 소에 한정되므로, 제3자에 대한 관계에 있어서 영미법의 신탁에 따른 수익권을 물권법적으로 성질결정하더라도 동일한 결론이 될 것으로 생각한다.

59) 브뤼셀협약(제16조 제1호)에 따르면, 부동산에 대한 물권이나 부동산에 대한 임차권을 목적으로 하는 소에 대하여는 부동산이 소재하는 체약국의 법원이 전속관할을 가지는데, 유럽법원의 1994. 5. 17. Webb v. Webb 사건 판결〔Case C-294/92 Webb v Webb (1994) ECR I-1717〕은 수익자가 수탁자에 대하여 수익권(beneficial interest)을 주장하는 소, 보다 정확히는 아들이 아버지의 수탁자로서 프랑스 소재 부동산을 소유하는 사실의 확인과 아버지인 위탁자에게 부동산의 법적 소유권을 귀속시키기 위하여 필요한 문서의 작성을 명하는 소는 부동산에 관한 물권에 관한 소에 해당하지 않는다고 판시하였다.

3. 신탁의 외부관계

아래에서 논의하는 신탁의 내부관계(즉 위탁자 · 수탁자와 수익자들 간의 관계)와 달리 외부관계는 국제재판관할에 관한 일반원칙에 따른다.[60] 대외적인 관계에서 수탁자는 신탁재산의 소유자의 지위에 서서 신탁재산의 계산으로 권리를 양도하고 취득할 수 있으므로 수탁자와 제3자 간의 관계는 통상적인 원칙에 따른다는 것이다. 예컨대 제3자가 수탁자에 대하여 신탁재산과 관련하여 소를 제기하는 경우 수탁자에 대해 일반관할을 가지는 국가의 법원 또는 예컨대 계약에 관한 사건이라면 그에 대하여 특별관할을 가지는 국가의 법원에 소를 제기하면 된다.

4. 신탁의 내부관계

신탁의 내부관계에서는 우리 국제사법상 피고의 주소지 국가가 일반관할을 가질 것이지만 신탁을 위한 특별관할의 근거는 존재하지 않는다. 그런데 유럽연합의 민사 및 상사사건의 재판관할과 재판의 집행에 관한 규정(이하 '브뤼셀규정')과 헤이그국제사법회의 차원에서 1999년 작성된 민사 및 상사사건의 국제재판관할과 외국재판에 관한 협약의 예비초안에는 특별관할에 관한 규정이 있으므로 이를 간단히 살펴보고 우리 법의 해석론을 논의한다.

---

60) Jan Kropholler, Europäisches Zivilprozeβrecht 8. Auflage, Verlag Recht und Wirtschaft, 2005, Art. 5 Rz. 117 ; 브뤼셀협약에 대한 Schlosser 보고서, para. 110 ; Reinhold Geimer/Rolf A. Schütze, Europäisches Zivilverfahrensrecht : Kommentar 2. Auflage, C.H.Beck, 2004, A.1 Art. 5 Rn. 327.

즉 브뤼셀규정(제5조 제6호)은 내부관계의 특별관할을 별도로 명시한다. 즉 체약국에 주소를 가진 피고가 신탁의 위탁자, 수탁자 또는 수익자로서 제소되는 경우 신탁이 주소를 가지는 국가의 법원이 특별관할을 가진다(제5조 제6호). 제6호가 적용되는 신탁은 법령 즉 제정법에 의한 신탁과, 여기에서 논의하는 바와 같은 명시적으로 설정된 신탁에 한정되고 묵시적 신탁(implied trusts 또는 resulting trusts)과 의제신탁(constructive trusts)은 포함되지 않는다.[61]

신탁이 법정지에 주소를 가지고 있는가는 법원이 자국의 국제사법을 적용하여 결정한다(브뤼셀규정 제60조 제3항). 이러한 조항을 둔 이유는 신탁은 법인격이 없으므로 신탁 자체를 상대로 그의 주소지에 소(訴)를 제기할 수 없는데, 만일 수탁자의 주소지에서만 소를 제기할 수 있다면 수탁자가 주소지를 변경함으로써 신탁에 관한 소의 제기를 어렵게 할 우려가 있기 때문이다.[62] 다만 문면상 알 수 있듯이 이는 위 당사자들이 피고가 되는 경우에 한정되고 원고가 되는 경우를 포함하지 않는다.[63]

또한 헤이그국제사법회의의 1999년 예비초안(제11조 제2항)[64]도 신탁의 유효성, 해석, 효력, 관리 또는 변경에 관한 소송에서 신탁증서에 지정된 법원이 없는 경우, 신탁사무가 주로 행해지는 국가, 신탁의 준

61) 위에 언급한 유럽법원의 Webb v. Webb 사건 판결. Kropholler, 앞의 책, Art. 5 Rz. 120. 브뤼셀규정과 브뤼셀협약에 관하여는 석광현, 국제사법과 국제소송 제3권, 2004, 368면 이하 ; 석광현, 국제사법과 국제소송 제2권, 박영사, 2001, 321면 이하 각 참조. 그러나 신탁의 분류에 관하여는 논란이 있다.

62) Kropholler, 앞의 책, Art. Rz. 114 ; Geimer/Schütze, 앞의 책, A.1 Art. 5 Rn. 325.

63) Schlosser 보고서, Rn. 112.

64) 2001년 초안도 대체로 이를 유지하나 조금 변경되었다. 1999년 초안과 2001년 초안에 관하여는 석광현, 국제사법과 국제소송 제2권, 2001, 396면 이하 ; 석광현, 국제사법과 국제소송 제3권, 2004, 429면 이하 각 참조.

거법이 속하는 국가[65] 또는 신탁이 소송의 목적과 가장 밀접한 관련을 가지는 국가에 특별관할을 인정한다. 이는 위탁자, 수탁자 및 수익자 간의 분쟁, 즉 신탁의 내부적인 분쟁을 가리키는데,[66] 문면상 이는 그러한 자들이 피고가 되는 경우에 한정되는 것은 아니라는 점에서 브뤼셀규정과는 다르다.[67]

다만 브뤼셀규정의 해석상 수탁자들 간의 관계, 수탁자와 수익자들 간의 관계가 계약적 성질을 가지는지에 관하여는 견해가 나뉘는 것으로 보인다.[68] 계약적 성질을 부정하는 견해는 신탁이 반드시 신탁계약에 기초한 것은 아니라는 점과 신탁의 내부관계에서 발생하는 분쟁에 대해 위에서 본 바와 같이 별도의 관할규정을 두기 때문이 아닐까 생각된다.[69]

여기에서 우리의 관심사는 첫째, 우리 국제사법의 해석론으로 실질적 관련을 기초로 브뤼셀규정이나 1999년 예비초안과 유사한 국제재판관할규칙을 도출할 수 있는지와 둘째, 신탁의 내부관계를 채권적인 계약관계로 성질결정하고 민사소송법(제8조)을 참작하여 의무이행지의 국제재판관할을 인정할 여지가 있는가이다. 이 점은 앞으로 검토

65) 이 경우 준거법과 법정지의 병행이 가능하므로 매우 실용적이다. Harris, 앞의 책, 207면.

66) Peter Nygh/Fausto Pocar Report (Preliminary Document No. 11 of August 2000), p. 62. 2001년 초안의 제11조 제3항은 괄호에서 이를 명시한다.

67) 예비초안은 신탁의 개념을 정의하지 않는데 이에 관하여는 신탁협약이 도움이 될 것이라고 한다. Peter Nygh/Fausto Pocar Report, p. 61.

68) Kropholler, 앞의 책, Art. 5 Rz. 114는 이를 부정하나, Geimer/Schütze, 앞의 책, A.1 Art. 5 Rn. 37은 계약관할과의 경합을 긍정한다.

69) 또한 영국의 경우 1999년 '계약(제3자의 권리)법'을 제정함으로써 제3자를 위한 계약을 도입한 지금은 다르지만 전통적으로 이를 허용하지 않았던 영국법은 수익자와 수탁자 간의 관계를 계약관계로 파악하지 않는 점도 고려되었을지 모른다.

할 사항이지만, 우선 둘째의 논점에 관하여 위에서 본 것처럼 신탁의 내부관계를 채권법적으로 성질결정한다면 여기에서 논의하는 신탁계약의 경우 의무이행지의 국제재판관할을 긍정할 수 있을 것이다. 한편 첫째의 논점도 이른바 실질적 관련에 근거한 관할로서 긍정할 여지가 있으나, 브뤼셀규정의 그것과 1999년 초안의 그것 중 선택할지 아니면 그 밖의 어떤 규칙이 적절한지는 연구할 과제이다.

5. 신탁계약상의 관할합의

국제신탁의 경우에도 신탁계약에서 국제재판관할합의를 할 수 있다. 신탁계약의 당사자들, 즉 위탁자와 수탁자가 관할합의에 구속됨은 물론이나, 수익자도 그에 구속된다. 종래 우리 법상으로도 이러한 관할합의가 가능하다고 본다.[70] 브뤼셀규정(제23조 제4항)[71]은 위탁자·수탁자 또는 수익자를 상대로 제기하는 모든 소송에서, 신탁에 따른 위 당사자들 간의 관계나 그들의 권리 또는 의무가 문제되는 때에는 신탁증서에 의해 관할을 부여받은 회원국의 법원이 전속관할을 가짐을 명시한다. 이는 반드시 신탁계약만이 아니라 위탁자에 의하여 일방적으로 작성된 신탁증서에 포함된 관할조항의 효력이 수탁자와 수익자들에게 미치도록 하는 데 의의가 있다. 그러나 이는 제5조 제6호의 경우처럼 신탁의 내부관계에 한정된다.[72)]

70) 종래 예컨대 사채신탁의 경우 수익자인 사채권자가 발행회사 또는 수탁자에 대하여 사채원리금의 지급을 구하는 소에 관하여 신탁계약에서 관할합의를 하고 이러한 합의를 사채의 조건에도 명시한다.

71) 이는 과거 브뤼셀협약 제17조 제3항과 유사하다.

72) Kropholler, 앞의 책, Art. 23 Rz. 29. 위 조항은 신탁선언에 의한 경우에도 적용된다.

헤이그국제사법회의의 1999년 예비초안(제11조 제1항)도 임의로 설정되고 서면에 의해 증명되는 신탁의 유효성, 해석, 효력, 관리 또는 변경에 관한 소송에서 신탁증서에 지정된 체약국의 법원은 신탁증서가 달리 규정하지 않는 한 전속관할을 가진다고 규정한다. 이는 위탁자 · 수탁자 및 수익자 간의 분쟁 즉 신탁 내부적인 분쟁을 가리킨다.

헤이그국제사법회의는 2005년 6월 30일 「재판관할합의에 관한 협약(Convention on Choice of Court Agreements)」을 채택하였는데, 동 협약은 신탁에 관하여 별도의 규정을 두지 않는다.[73] 신탁계약상의 관할합의에도 동 협약이 적용될 수 있을 것이다.

V. 국제신탁에 관한 실무상의 몇 가지 논점

국제금융거래에서 신탁은 다양한 맥락에서 이용되고 있으나 여기에서는 사채신탁, 담보부사채신탁, 담보권의 신탁과 증권투자신탁의 경우를 간단히 살펴본다.

1. 사채신탁

(1) 재무대리인과 수탁자

우리 기업이 유로채(euro bonds)를 발행하는 경우 통상 재무대리인

73) 위 협약에 대하여는 석광현, "2005년 헤이그 재판관할합의협약의 소개," 국제사법연구 제11호(2005), 법영사, 192면 이하 참조.

(fiscal agent)을 두고 수탁자(trustee)를 두지 않으나, 전환사채(CB), 교환사채(EB) 또는 신주인수권부사채(BW)와 같은 주식연계사채(equity linked bonds)를 발행하는 경우에는 수탁자를 둔다. 그 밖에도 담보부사채나 후순위채(subordinated bonds)의 경우, 관련 법률[74] 또는 사채가 상장될 증권거래소의 규정이 요구하는 경우 수탁자를 둔다. 재무대리인을 둘 경우 발행인은 재무대리인과 재무대리인계약서를 체결하나, 수탁자를 둘 경우 발행인은 수탁자와 신탁계약(trust deed. '신탁증서' 라고도 한다)을 체결한다.[75] 수탁자는 발행인의 대리인이 아니라 사채권자들의 대표자로서 그들에 대해 사채계약 및 그의 준거법이 부과하는 충실의무를 부담하고, 발행인은 수탁자 또는 그가 지시하는 자에게 지급함으로써 사채원리금의 지급의무를 면한다. 발행인의 사채원리금의 미지급 기타 채무불이행(event of default)이 발생한 경우 사채권자들을 위하여 조치를 취할 권리와 책임이 수탁자에게 귀속한다.

(2) 신탁계약과 신탁의 준거법

유로채의 발행과 관련된 계약서들과 사채의 준거법으로는 통상 영국법(또는 뉴욕주법)이 지정되고, 준거법에 상응하여 런던 또는 뉴욕주의 법원이 관할법원으로 지정된다. 따라서 우리 기업이 유로채를 발행하는 경우 신탁계약의 준거법도 당사자가 지정한 영국법(또는 뉴욕

74) 예컨대 미국의 1939년 신탁증서법(Trust Indenture Act of 1939 제306조)에 따르면, 채무증서의 청약 또는 매매가 미국의 우편 또는 기타 주간통상의 수단을 사용하는 경우 그 채무증서는 신탁증서법의 요건을 구비한 신탁증서에 따라 발행되어야 하고 동법의 요건을 구비해야 한다.

75) 수탁자를 두는 경우의 장단점은 Philip R. Wood, International Loans, Bonds and Securities Regulation, Sweet & Maxwell, 1995, para. 10-3 et seq.

주법)이 된다.[76] 위 계약서들 예컨대 인수계약서, 재무대리인계약서, 대리은행계약서, 간사단간계약서 등은 통상의 채권계약이므로 우리 국제사법(제25조 이하)의 국제계약의 준거법에 관한 법리에 따르고, 사채도 채권적 권리를 표창하는 증권이므로 동일한 법리가 적용된다.[77] 신탁계약도 종래 동일한 법리 특히 당사자자치의 원칙에 따르는 것으로 이해되고 있으나, 신탁계약 특히 영미법에 따른 신탁계약의 경우 다음의 논점을 검토할 필요가 있다.

1) 우리 상법의 수탁회사에 관한 규정의 적용 여부

우리 상법은 사채모집의 위탁을 받은 회사를 수탁회사라고 하는데, 수탁회사는 사채권자를 위하여 사채의 상환을 받음에 필요한 재판상 또는 재판 외의 모든 행위를 할 권한이 있다(상법 제484조 제1항). 그러나 종래 국내사채 발행의 실무는 수탁자를 두 가지 기능으로 나누어 사채모집의 위탁을 받은 증권회사를 주간사회사라고 하고, 사채권자를 위하여 사채의 상환을 받음에 필요한 모든 행위를 할 권한이 있는 수탁회사를 그와 구별하고, 그에 따라 주간사회사는 발행회사와 '인수 및 매출계약'을 체결하고 사채모집과 납입 등의 발행절차만을 책임지는 데 반하여, 수탁회사는 발행회사와 '모집위탁계약'을 체결하고 사채원리금의 상환을 관리한다.[78] 상법상 수탁회사는 사채권자의 법정대리기관이지 신탁의 법리에 의한 수탁자로 이해되지는 않으므

76) 영국법이 준거법이면 1925년 수탁자법(Trustee Act 1925)이, 뉴욕주법이 준거법이면 1939년 신탁증서법(Trust Indenture Act of 1939)이 적용되는데 물론 이는 동법의 적용요건이 구비되는 경우에 한한다.

77) 유로채의 준거법에 관한 상세한 내용은 석광현, 국제사법과 국제소송 제1권, 2001, 611면 이하. 이 글은 석광현, 같은 책, 612면 각주 48의 연장선상에 있다.

78) 이철송, 사채발행제도, 한국상장회사협의회, 1990, 98-99면.

로, 이는 준거법이 영국법(또는 뉴욕주법)인 신탁계약상의 유로채의 수탁자의 지위와는 차이가 있다.[79]

우리 기업이 유로채를 발행하면서 신탁계약의 준거법을 영국법(또는 뉴욕주법)으로 지정한 경우 우리 상법의 수탁회사에 관한 규정이 적용되는가가 문제되는데, 필자는 부정설을 취하였고 이것이 종래의 실무이기도 하다.[80] 사채의 발행인, 수탁회사와 사채권자들 간의 법률관계는 발행인과 수탁자 간에 체결하는 신탁계약(과 그에 따른 신탁)이 규율하므로 수탁자 또는 수탁회사의 지위는 신탁계약(과 그에 따른 신탁)의 준거법이 결정할 사항이라고 본다. 따라서 상법은 신탁계약의 준거법이 한국법인 경우 적용된다. 만일 이와 달리 우리 기업이 발행하는 사채라고 하여 신탁계약(과 그에 따른 신탁)의 준거법에 관계없이 수탁회사에 관한 상법의 규정이 적용된다고 보자면—이 경우 동 규정은 국제적 강행법규가 된다—[81] 신탁계약의 준거법에도 불구하고 상법의 규정을 강행적으로 적용하려는 입법자의 의지가 표시되어야 하는데 이러한 의지를 간취할 수 있는 근거가 없다.

2) 사채신탁은 신탁인가

통상의 신탁에서는 위탁자가 수탁자에게 재산을 이전하고 그 재산을 중심으로 신탁관계가 형성되는 데 반하여, 사채신탁의 경우 위탁

---

79) 그 결과 종래 일본 또는 한국의 기업들이 유로채를 발행하면서 관련계약의 준거법을 일본법이나 한국법으로 하는 경우 수탁자가 아니라 재무대리인을 두는 방식을 취하였다.

80) 신영무, 증권거래법, 서울대학교 법학연구소(편), 법학전서 59, 서울대학교출판부, 1987, 531면은 외채에 관하여도 수탁회사에 관한 상법 제484조가 적용되는 것처럼 쓰고 있으나 이는 근거가 없다.

81) 국제사법(제7조)은 국제적 강행법규의 개념을 명시한다.

자인 사채의 발행인이 수탁자에게 이전하는 권리, 즉 신탁재산이 없는 것이 아닌가라는 의문이 있다. 더욱이 실무상 유로채 신탁의 경우 원칙적으로 사채권자가 발행회사에 대한 직접적인 채권자이고 원리금의 지급도 지급대행자를 통하여 사채권자에게 직접 이루어지며, 수탁자는 채무불이행이 발생한 경우에 비로소 발행회사에 대하여 자기에게 직접 지급할 것을 청구할 수 있는 권리를 가지는 것으로 규정하기도 한다.[82)]

이런 이유로 담보부사채신탁의 경우와 달리 무담보사채신탁이 통상의 신탁의 성질을 가지는지에 관하여는 영국에서도 논란이 있다. 만일 사채권자를 단순한 수익자로만 본다면 그는 수익권만을 가지는 것이 되고 사채권자로 취급되기가 어렵다.[83)] 그러나 담보부사채의 경우와 달리 담보권의 위탁은 없지만, 수탁자가 사채원리금의 지급을 요구할 수 있는 권리를 위탁받은 것으로 구성한다면 이러한 채권을 신탁재산으로 볼 수 있을 것이다. 특히 채무불이행 발생 후에는 문제가 없고 문제는 채무불이행 발생 전인데, 그 경우 수탁자도 발행인에게 사채원리금의 지급을 요구할 수 있는 권리를 가지는 것으로 구성함으로써 문제를 해결하는 것으로 보인다.[84)] 실무상 먼저 체결되는 다

82) Terence Prime, International Bonds and Certificates of Deposit, Butterworths, 1990, p.297 et seq. 참조. 落合誠一, "社債受託," 池原季雄(編), 國際信託の實務と法理論(1999), 有斐閣, 100면도 참조.

83) Ravi C. Tennekoon, The Law & Regulation of International Finance, Butterworths, 1991, p. 226.

84) Woods, 앞의 책, para. 10-12는 수탁자와 사채권자들의 권리가 병존하되 다만 채무불이행 전에 발행인이 사채권자에게 지급하면 그 범위 내에서 수탁자에 대한 채무를 면하는 것으로 규정한다고 하고, 신탁재산은 발행인에게 지급을 요구할 수 있는 권리라고 한다. Tennekoon, 앞의 책, 226면도 이와 유사하게 발행인이 신탁증서에서 수탁자에게 지급하기로 하는 약속이 신탁재산이라고 한다. 실무상으로는 수탁자와 사채권자의 권리의 관계를 규정함으로써 이중지급이 일어나지 않도록

른 계약서들과 달리 신탁계약은 사채원금의 납입일(즉 closing 일)자로 작성되는데 이는 신탁을 설정하자면 신탁재산이 수탁자에게 귀속되어야 하기 때문이다.

3) 신탁의 승인과 관련하여

신탁의 승인과 관련하여 흥미로운 것은 영국에서는 영국법에 따라 설정된 신탁이 대륙법계 국가에서 승인될지를 논의하는 점인데, 이는 사채신탁뿐만 아니라 신탁 일반에 관련된 문제이다. 위에서 언급한 바와 같이[85] 영미의 신탁을 도입한 우리나라에서는 영국법(또는 뉴욕주법)에 따라 설정된 신탁은 승인될 수 있고, 신탁의 준거법의 선택도 유효하다. 그 결과 예컨대 수탁자의 (신탁사무와 관련 없는) 채권자들은 신탁재산에 대하여 집행할 수 없고, 수탁자의 파산시 신탁재산은 파산재단을 구성하지 않는다. 이는 신탁협약(제11조)이 규정하는 승인의 효력과 같다. 나아가 제11조에 따르면 수탁자가 신탁을 위반하여 신탁재산을 자신의 재산과 혼합하거나 신탁재산을 양도한 때에는 신탁재산을 회복할 수 있으나, 그럼에도 불구하고 당해 재산의 소지인인 제3자의 권리와 의무는 법정지의 국제사법규칙에 의하여 결정되는 법에 따른다.

우리 기업의 유로채 발행시 신탁계약의 준거법이 영국법(또는 뉴욕주법)이 되는데, 실무를 뒷받침하기 위하여 종래 우리 변호사들은 법률의견서(legal opinion)에서 그러한 준거법의 선택이 유효하고 따라서 만일 한국에서 소송이 제기된다면 한국 법원은 당사자들이 지정한 신

하는 것으로 보인다.

85) 신탁협약은 이러한 문제를 해결하기 위한 국제적인 노력의 산물이다. 그러나 이미 지적한 바와 같이 석광현, 국제사법과 국제소송 제3권, 2004, 591면 참조.

탁계약의 준거법을 적용할 것이라는 점을 확인하는데, 실무상으로는 신탁계약도 통상의 국제계약 즉 채권계약과 동일시하는 것이 아닌가 생각된다. 물론 한국 변호사가 내는 법률의견서의 주안점은 발행인의 신탁계약상의 의무에 있고 신탁 자체의 준거법을 문제 삼는 것은 아니므로(예컨대 수탁자의 의무와 수탁자가 신탁에 반하여 신탁재산을 처분한 경우의 문제에 대하여는 한국 변호사가 법률의견을 내지 않는다) 실무상 큰 문제는 없을 것으로 생각되지만, 우리 법률가들도 '신탁 자체의 준거법'이 문제된다는 사실을 인식할 필요가 있다. 즉 위에서 언급한 바와 같이 물상대위의 문제와 수탁자가 신탁에 반하여 재산을 처분한 경우 추급의 문제가 있으므로 법률의견의 범위를 적절히 제한하고 경우에 따라서는 혹시 유보사항을 좀더 추가할 필요성도 검토할 필요가 있다.[86] 또한 신탁협약(제4조)에서 보듯이 신탁의 설정단계에서 재산권이 수탁자에게 신탁적으로 귀속되는 것은 신탁의 준거법에 의할 사항이 아님을 유념해야 한다.

4) 신탁계약의 준거법이 규율하는 사항의 범위

신탁계약의 준거법이 위탁자와 수탁자 간의 계약관계뿐만 아니라 수탁자와 수익자들(즉 사채권자들)의 관계도 규율한다.[87] 사채신탁의 경우 신탁계약의 채권법적 측면만이 강조되고 있지만, 사채신탁을 신탁으로 보는 한 신탁계약의 준거법 지정은 신탁(trust) 자체의 준거법을

86) 물론 법률의견서에는 준거법이 외국법이더라도 강행적으로 적용되는 한국법이 있다는 취지의 유보는 예외없이 포함된다.

87) Philip Wood, Law and Practice of International Finance Volume 2A, Clark Boardman Company, Ltd., 1990, p. 9-159. 과거 전통적으로 제3자를 위한 계약을 허용하지 않았던 영국법은 수익자와 수탁자 간의 관계를 계약관계로 파악하지는 않는데, Wood가 이를 계약이라고 부르지 않는 것은 이런 이유도 있지 않을까 생각된다.

지정하는 의미가 있다.[88] 우리나라에서는 신탁계약의 준거법이 규율하는 사항의 범위에 관하여 논의가 없으나 신탁협약(제8조)이 참고가 된다. 즉 우리 국제사법의 해석론으로도 신탁의 유효성, 해석 및 효력과 신탁의 사무처리와 그 밖에 동조가 열거하는 사항들이 신탁의 준거법에 의하고, 수익자가 형평법상의 권리(equitable interest)를 가지는지도 신탁의 준거법에 의한다고 본다.[89] 다만 신탁협약(제4조)에서 보듯이 신탁의 설정을 위하여 수탁자가 사채권 기타 재산권을 취득하였는지는 당해 재산의 준거법에 따를 사항이다.

5) 신탁의 준거법이 신탁의 개념을 모르는 국가의 법인 경우

신탁계약이 신탁의 개념을 알지 못하는 국가의 법을 준거법으로 지정하거나 신탁의 준거법 소속국의 법이 인정하는 것보다 광범위한 권한을 수탁자에게 인정할 경우 그 효력이 문제될 수 있는데, 이에 관한 유명한 사건이 룩셈부르크 법원의 1971년 Four Seasons 사건 판결이다.[90] 위에서 본 바와 같이 신탁협약상으로도 전자의 경우 체약국은

88) 실무상 신탁계약이 이를 명확히 규정하는 경우도 있으나 항상 그런 것은 아닌 듯하다.

89) Wood, 앞의 책, para. 10-11은 영국법에 따른 사채신탁의 경우 수익자들의 권리는 수탁자에 대한 채권적인 권리(debtor-creditor claim in contract)가 아니라 물권적인 권리(proprietary right)라고 하고, 그 결과 수탁자의 파산시에도 신탁재산은 파산재단을 구성하지 않으며 수탁자가 신탁에 반하여 신탁재산을 처분한 경우 수익자는 선의취득의 경우를 제외하고 제3자에게까지 추급할 수 있다는 점을 그의 논리적 결과로 설명한다.

90) Faillite Four Seasons Overseas N.V. v. S. A. Finimtrust. 동 사건에서 사채의 발행인인 룩셈부르크의 Four Seasons Overseas N.V.(이하 'Four Seasons')의 수탁자인 S. A. Finimtrust(이하 'Finimtrsust')는 Four Seasons가 파산하자 신탁증서에 규정된 권한에 근거하여 사채권자집회의 결의를 거쳐 사채채권을 신고하였는데, 파산관재인은 사채권자집회의 권한을 다투었다. 룩셈부르크 법원은 위 사건에서 사채권자집회의 결의는 사채권자집회의 권한을 명시한 룩셈부르크 회사법의 범위를 넘

신탁을 승인할 의무가 없다. 그러나 근자에는 신탁의 법리를 모르는 대륙법계 국가에서도 영미법을 신탁의 준거법으로 지정하는 것을 유효하다고 보고 신탁구성에 의한 수탁자의 사채관리의 효력을 인정하는 것이 일반적이라고 한다.[91] 우리의 경우 문제는 없다.

(3) 발행회사가 도산한 경우 도산채권의 신고

사채의 발행인이 도산한 경우 사채권자의 채권을 어떻게 신고할지가 문제된다. 과거 회사정리법(제161조)은 담보부사채에 관하여만 수탁회사가 총사채권자를 위하여 정리채권의 신고, 의결권의 행사 그 밖의 정리절차에 관한 모든 행위를 할 수 있고, 그 경우 개별사채권자를 표시할 필요가 없다는 취지의 규정을 두었으나[92] 무담보사채의 경우에도 수탁회사가 수탁회사의 자격에서 자기의 이름으로 사채원리금 전체의 신고를 할 수 있는 것으로 이해되고 있다. 이는 신탁계약 또는 사채의 준거법을 묻지 아니하고 그렇게 취급하였던 것으로 보인다. 그러나 엄밀하게는 관련 준거법에 따라 수탁자 또는 수탁회사가 과연 그러한 지위를 가지는지를 판단하고, 그가 수탁자의 지위에서

은 것으로 보았다. 이 과정에서 룩셈부르크 법원은 Finimtrust를 신탁의 법리에 따른 수탁자로 취급하지 않고 대리인으로 취급하였다. 위 판결에 의하여 초래된 법적 문제점을 제거하고자 1972년 룩셈부르크는 회사법을 개정하여 사채권자들의 대리인의 권한을 계약에 의하여 확장할 수 있게 하였으나, 이는 영미법상 수탁자의 개념을 도입한 것은 아니고 사채의 관리에 관한 당사자자치의 범위를 확대한 것이었다. 룩셈부르크는 1987년 사채권자의 대리인 내지 대표에 관한 회사법을 개정함으로써 유로채시장에서의 지위를 다시 강화할 수 있었다고 한다. 위 판결의 소개는 落合誠一, 앞의 책, 106면 이하 ; Wood, 앞의 책, para. 10-14 ; Prime, 앞의 책, 317면 참조.

91) 落合誠一, 앞의 책, 105면과 111면 각주 43에 인용된 문헌 참조.

92) 이 점은 채무자회생 및 파산에 관한 법률(제143조)도 동일하다.

법적인 권리자로서 신고하는지 아니면 사채권자의 대표자로서 신고하는지를 명확히 하여야 할 것이다. 사채권자가 수탁자와 별도로 채권을 신고할 수 있는지는 신탁계약과 신탁의 준거법에 따라야 할 것이다.

2. 담보부사채신탁

담보부사채신탁법이 적용범위를 명시하지는 않지만, 이미 지적한 바와 같이[93] 우리 기업이 해외에서 발행하는 담보부사채에 담보부사채신탁법이 적용되기 위해서는 사채, 담보권 및 신탁계약의 준거법이 모두 한국법이어야 할 것으로 생각된다. 실무적으로는 신탁에 의한 담보권설정계약이 하나의 계약으로 체결되더라도 담보권의 준거법과 신탁의 준거법은 논리적으로는 구별된다. 어쨌든 이런 견해를 따른다면 담보부사채신탁법이 대폭 개정되지 않는 한 현재로서는 활용될 가능성은 크지 않다.

다만 담보목적물이 한국에 있는 재산이어서 담보권의 준거법이 한국법이 되더라도, 예컨대 영국법을 사채와 신탁의 준거법으로 하는 담보부사채의 발행이 가능한지가 문제된다. 담보부사채신탁법이 이를 금지하는 것은 아니고 사채와 담보의 준거법은 상이할 수 있으며 한국에 있는 재산에 대해 외국법을 준거법으로 하는 신탁의 설정이 가능하다고 하였으므로 이것이 불가능한 것은 아니나, 그 경우 담보부사채신탁법은 적용되지 않는다고 본다.[94] 종래 실무상으로는 담보

93) 석광현, 국제사법과 국제소송 제3권, 2004, 582면 각주 8 참조.

94) 이 경우에도 담보권의 부종성이 요구된다고 본다면 수탁자는 사채권과 담보권 양자의 수탁자가 되어야 한다. 상세한 것은 道垣內正人, "擔保附社債信託法の國際的

부사채신탁법에 의하지 아니하고 사채권자와의 개별계약으로 담보권을 설정하기도 하는데, 이는 실무상 유효한 것으로 보고 있다.[95]

3. 담보권의 신탁

담보권의 신탁이라 함은, 예컨대 다수의 금융기관들로 구성된 차관단(syndicate)이 담보부대출을 하면서 모든 대주들을 담보권자로 하는 대신 대리은행을 수탁자로 하여 담보권을 설정하는 경우와 같이, 차주 또는 물상보증인인 제3자가 담보권자를 수탁자로 하고 대주들을 수익자로 하여 담보권을 설정하는 것을 말한다.[96] 즉 일반채권에 관하여 담보부사채신탁의 경우와 유사한 방법을 이용하는 것이다. 이는 담보권의 설정시에도 편리하고, 사후적으로 일부 대주가 변경되더라도 담보계약을 양도하거나 변경할 필요가 없어 담보관리가 용이하다는 장점이 있다. 반드시 차관단대출이 아니라 1명의 대주만이 있는 경우에도 채권자와 상이한 자를 담보수탁자로 지정할 필요가 있을 수 있다. 이러한 담보권의 신탁에도 위에서 논의한 신탁의 법리가 적용된다. 따라서 예컨대 아래에서 언급하는 우리 담보법상의 제한이 없다면, 우리나라에 있는 재산에 대하여도 외국법을 신탁의 준거법으로

適用範圍," ジュリスト No.1175(2000. 4. 1), 50면 이하 ; 松本啓二, "實務家からみたユーロ債(およびサムライ債)における商法および資産流動化法上の社債の管理會社と擔保付社債信託法 —その歴史と今後の方向—," 國際商事法務 Vol. 32, No. 2(2004), 161면 이하 참조.

95) 이에 관하여는 우선 김용호/선용승, "국제금융을 위한 담보수단—개관 및 몇 가지 관련문제—," BFL 제10호(2005. 3), 113면 이하 참조.

96) 이를 '담보신탁'이라고 부르기도 하는데, 이와 달리 채권담보를 위하여 채권자에게 예컨대 부동산신탁의 수익권을 부여하는 것을 담보신탁이라고 부르기도 한다(김용호/선용승, 앞의 논문, 116면).

하는 담보권의 신탁을 설정할 수 있다고 본다.[97] 실제로 신탁의 준거법을 영국법으로 하여 우리 법에 따른 담보권을 수탁자에게 귀속시키는 거래에서 우리 변호사는 담보권이 한국법상 필요한 요건을 구비하여 수탁자에게 귀속되었다는 점에 대하여만 법률의견을 내기도 하는 것으로 보인다.

다만 신탁의 준거법이 외국법이더라도 수탁회사에게 담보권을 설정하는 것과 기타 담보권에 관한 사항은 신탁의 준거법이 아니라 법정지인 우리나라의 국제사법에 의하여 결정되는 담보권의 준거법(예컨대 담보목적물이 물건이라면 소재지법)에 따른다. 신탁협약상으로도 담보권에 대하여는 신탁의 준거법이 아니라 법정지의 국제사법에 의하여 지정된 준거법의 강행규정이 적용된다(제15조 제1항 d호). 그런데 우리 법상 신탁의 법리에 따라 대리은행을 담보권부채권(즉 채권과 담보권 양자)의 수탁자로 지정할 수는 있지만, 피담보채권과 분리하여 담보권만을 신탁하는 것은 종래 실무상 담보권의 부종성(附從性) 때문에 어려운 것으로 보고 있다. 이는 신탁의 법리 때문이 아니라 담보권의 법리에 따른 제한이다. 다만 우리 법상으로도 채권이 제3자에게 실질적으로 귀속되었다고 볼 수 있는 특별한 사정이 있는 경우에는 채권자가 아닌 제3자 명의의 근저당권설정등기도 유효하다고 본 대법원 2001. 3. 15. 선고 99다48948 전원합의체 판결이 있으므로 논란의 여지가 있다.[98]

---

97) 신탁협약의 성안과정에서 담보권의 신탁을 적용범위로부터 아예 제외하자는 제안이 있었으나 채택되지 않았다.

98) 평석은 윤홍근, "근저당권의 부종성의 한계," 민사판례연구 24권, 박영사, 2002, 56면 이하 참조.

4. 증권투자신탁

과거 1981년 이후 우리 자본시장을 외국인들에게 개방하는 초기단계에서 당시의 증권투자신탁업법[99]에 따른 계약형 투자신탁(unit trust)의 형태로 우리나라 증권투자신탁회사들은 이른바 외국인전용수익증권(beneficial certificates)을 발행하였다. 이는 외국인 투자자들로부터 자금을 모아 우리나라의 주식과 채권에 투자하기 위한 것이었는데, 신탁약관의 당사자는 우리나라의 증권투자신탁회사인 위탁자와 우리나라의 은행이 수탁자였지만 수익자들은 외국인투자자들이었다. 물론 증권투자신탁의 법적 구조를 어떻게 이해할지에 관하여는 논란이 있으나, 그 당시 신탁계약(trust deed)[100]의 준거법은 한국법으로 하고 서울지방법원을 관할법원으로 합의하였으므로 우리의 관점에서 보아 국제사법적인 문제는 별로 제기되지 않았다. 이 경우 신탁재산은 주로 한국에 소재하고 한국법에 따른 주식과 채권이지만 수익자들이 외국인투자자들이라는 점에서 논리적으로는 신탁의 준거법을 영국법으로 지정하는 것도 가능하지 않았을까 생각된다. 다만 그 경우 위 담보신탁에서 본 바와 같이 신탁의 준거법인 영국법이 규율하는 사항과 신탁재산에 관한 물권법적(또는 시원권적 또는 준물권법적) 측면의 구별이라는 까다로운 문제가 제기되었을 것이다. 필자는 과거 한국법을 준거법으로 합의한 이유를 정확히 알지 못하지만, 당시 필요한 정부의

99) 지금은 간접투자자산운용업법의 제3장 제2절 제1관(제28조 이하)에 통합되었으나, 2009년 2월 4일 이후에는 자본시장과 금융투자업에 관한 법률에 통합된다.

100) 증권투자신탁업법은 이를 '신탁약관'이라고 하였고 간접투자자산운용업법(제28조)도 동일하다. 그러나 자본시장과 금융투자업에 관한 법률은 이를 신탁계약이라 한다.

인가를 받기 위하여 한국법을 지정한 것일 수도 있고, 위와 같은 어려움을 피하기 위하여 한국법을 준거법으로 지정하면서 영국법에 따른 조건을 신탁계약에 상세하게 규정하는 방법을 취한 것일 수도 있을 것으로 생각된다.

VI. 맺음말—장래의 과제

지금까지 국제금융거래와 관련한 국제신탁의 국제사법적 논점을 살펴보았다. 신탁의 실질법과 국제사법에 대한 필자의 연구가 부족한 탓에 충분한 논의를 하지 못한 점은 아쉽다. 어쨌든 종래 우리나라에서는 신탁의 실질법에 관한 연구가 매우 부족하였는데 그나마 최근 들어 관심이 커지고 있음은 다행한 일이지만,[101] 국제신탁에서 제기되는 국제사법적 논점에 대하여는 문제의식조차 별로 없는 것이 아닌지 우려된다. 그러나 국제거래에서 신탁이 점차 널리 이용되는 추세를 고려할 때 앞으로는 신탁을 둘러싼 국제사법적 논점에 대해 좀더 큰 관심을 기울여야 마땅할 것이다.

---

101) 위에 인용한 최동식, 신탁법, 2006과 최근에 간행된 이중기, 신탁법, 2007은 우리 신탁법학의 발전에 좋은 기초가 될 것이다. 또한 大塚正民 · 樋口範雄(편저)/명순구 · 오영걸(역), 현대미국신탁법, 2005와 최수정, 일본 신신탁법, 2007도 이러한 관심의 표출이다.

편저자 약력

석광현

서울대학교 법과대학 졸업
사법연수원 수료
김 · 장법률사무소 변호사
서울대학교 대학원 졸업(법학박사)
한양대학교 법과대학 교수
서울대학교 법학전문대학원 · 법과대학 교수 : 국제거래법 · 국제사법 담당 (2007. 10. 이후)

주요 저서 및 논문
『國際裁判管轄에 관한 연구』(2001)
2001년 개정 『국제사법 해설』(2001)
『國際私法과 국제소송』 제1권(2001)~제4권(2007)
『국제상사중재법연구』 제1권(2007)
『증거조사에 관한 국제민사사법공조 연구』(2007)
「2001年 改正 韓國の國際私法―國際家族法を中心に―」(2009)

정순섭

1987년 서울대학교 법과대학 사법학과 졸업
2002년 호주 멜버른대학 Ph.D
2007년 서울대학교 법학전문대학원 · 법과대학 조교수

주요 저서 및 논문
「금융시장환경의 변화와 금융규제체계의 정비(상)」(증권법연구, 2001)
"Legal Aspects of OTC Derivatives : Reducing Legal Uncertainty through Legislative Reform" (멜버른대학 박사학위논문, 2002)
『자본시장법』(공저, 2009)